프로덕트
매니지먼트의 기술

프로덕트 매니지먼트의 기술

제품과 서비스, 그리고 현장 중심 실무 가이드

초판 1쇄 발행 2024년 1월 2일

지은이 맷 르메이 / **옮긴이** 권원상 / **펴낸이** 전태호
펴낸곳 한빛미디어(주) / **주소** 서울시 서울시 서대문구 연희로2길 62 한빛미디어(주) IT출판2부
전화 02-325-5544 / **팩스** 02-336-7124
등록 1999년 6월 24일 제25100-2017-000058호 / **ISBN** 979-11-6921-182-6 13000

총괄 송경석 / **책임편집** 박민아 / **기획·편집** 김종찬
디자인 표지 이아란 내지 박정화 / **일러스트** 김의정 / **전산편집** 이소연
영업 김형진, 장경환, 조유미 / **마케팅** 박상용, 한종진, 이행은, 김선아, 고광일, 성화정, 김한솔 / **제작** 박성우, 김정우

이 책에 대한 의견이나 오탈자 및 잘못된 내용에 대한 수정 정보는 한빛미디어(주)의 홈페이지나 아래 이메일로
알려주십시오. 잘못된 책은 구입하신 서점에서 교환해드립니다. 책값은 뒤표지에 표시되어 있습니다.

한빛미디어 홈페이지 www.hanbit.co.kr / 이메일 ask@hanbit.co.kr

지금 하지 않으면 할 수 없는 일이 있습니다.
책으로 펴내고 싶은 아이디어나 원고를 메일(writer@hanbit.co.kr)로 보내주세요.
한빛미디어(주)는 여러분의 소중한 경험과 지식을 기다리고 있습니다.

프로덕트 매니지먼트의 기술

맷 르메이 지음
권원상 옮김

Product Management in Practice, 2nd Edition

제품과 서비스, 그리고 현장 중심 실무 가이드

한빛미디어
Hanbit Media, Inc.

제가 실리콘밸리에서 나온 프로덕트 관련 책을 읽을 때면, 너무 이상적이라 위화감이 들 때가 있었습니다. 하지만 이 책은 가장 현실적으로 프로덕트 매니저의 현실을 다뤄 전 세계 어디서나 사람이 일하는 모습은 모두 똑같다고 느끼게 해 줍니다. 그만큼 실용적이고 우리 모두의 현실에서 적극적으로 활용할 만한 내용이 많이 담겨있습니다. 이상적인 꿈과 치열하기만 한 현실 사이에서 지쳤다면 이 책을 읽고 프로덕트 매니저의 삶에 위로와 용기를 얻을 수 있을 것입니다.

카카오스타일 프로덕트 오너, **이미준(도그냥)**

프로덕트 매니저에게 각 단계의 중요 체크리스트를 작성하고 공유하는 것은 매우 중요한 일입니다. 특히, 하드 스킬보다 소프트 스킬에서 놓치기 쉬운 부분이 많은데 이 책에서 제공하는 사례와 체크리스트가 큰 도움이 될 것입니다. 이 책은 현실과 이상 사이에서 매일 고민하고 충돌하는 수많은 프로덕트 매니저에게 응원과 희망의 메시지를 전달할 것입니다.

카카오브레인 Technical Project Manager, **한경철**

IT 회사의 성장과 더불어 프로덕트 매니저라는 직무에 사람들의 관심이 높아졌습니다. 그러나 정작 프로덕트 매니저의 업무를 자세히 설명해 주는 자료는 여전히 부족하죠. 『프로덕트 매니지먼트의 기술』은 저자의 경험, 인터뷰, 가상 시나리오를 바탕으로 이를 명확히 설명해 줍니다. 특히 이 책은 프로덕트 매니저가 실제 제품 혹은 서비스를 개발하며 겪는 과정을 지극히 현실적으로 다루며, 이 과정을 효율적으로 수행할 수 있는 실전 팁까지 제시해 더욱 매력적입니다. 이 책은 고객의 문제를 해결하고자 하는 모든 사람에게 유용한 자원이 될 것입니다.

아마존 시니어 매니저, **김태강**

이 책은 프로덕트 매니지먼트의 모호함에 대하여 이야기합니다. 프로덕트와 조직 모두 모호함에서 출발하기에 프로덕트 매니저는 이를 구체화하고 성공시키기 위해서 상황에 따라 다양한 역할과 포지셔닝을 취해야 합니다. 이 책은 프로덕트를 성공으로 이끌기 위해 누구도 생각하지 못했거나, 아무도 챙기지 않는 Grey 영역을 찾고, 프로덕트에 참여하는 많은 사람을 연결하며, 끊임없이 부족하고 필요한 부분을 찾아 채우는 프로덕트 매니저의 기술과 애환이 담겨 있습니다.

쿼리파이 프로덕트실 리더, **김삼영**

제가 처음 프로덕트 매니저가 되었을 때, 이 책을 봤다면 프로젝트 수행의 불안감과 시행착오를 줄이고 지금보다 훨씬 더 발전된 자신을 만들 수 있었을 것 같습니다. 프로덕트 매니저의 애환과 어려움, 나아가야 할 방향성을 명확하게 가이드해 주는 책입니다. 책을 읽다 보면 저자의 경험치와 능력치가 범상치 않음을 알 수 있으니 관심 있는 분들은 꼭 읽어보길 바랍니다.

농협정보시스템, **전준규**

프로젝트 혹은 프로덕트를 관리하는 역할의 명칭과 업무를 명확히 구분할 수 있게 해 주는 매우 유용한 도서입니다. 개발 업무를 하면서 많은 프로젝트 오너, 프로덕트 매니저, 기획자를 만났지만, 각 역할이 어떤 일을 하는지, 어떻게 구분해야 하는지 의구심만 있었습니다. 이 책에서는 구체적으로 해당 역할이 어떠한 것인지 명쾌하게 설명해 줍니다. 프로젝트의 성공 여부만이 아닌 그 역할을 잘 수행하는 좋은 프로덕트 매니저를 알아볼 수 있게 실질적인 가이드라인을 제시해 주는 도서입니다.

프론트엔드 개발자, **문주영**

프로덕트 매니저 일을 하다 보면 모든 방면에서 뛰어나야 할 것 같은, 잘못된 집착을 하게 될 때가 있습니다. 그때 이 책은 '자신을 쓸모없는 존재로 만들어라!'라는 해답을 제시하고, 무엇이 중요한지를 명료하게 상기시키며 진정한 프로덕트 매니지먼트가 무엇인지 알려줍니다.

OP.GG(오피지지) Ad Specialist, **신필수(맨오브피스)**

프로덕트 매니지먼트에 대해 설명해 주는 책은 많습니다. '누구나 그럴싸한 계획은 갖고 있다. 맞기 전까지는!'이라는 타이슨의 말처럼 프로덕트 매니지먼트에 대한 이론은 현장에서 쉽게 적용하기가 쉽지 않습니다. 이 책은 수십 번 맞으면서 배운 현장의 노하우를 담고 있습니다. 그렇기에 더욱 공감이 가고, 절실하게 다가옵니다. 프로덕트 매니지먼트를 하면서 현장에서 직접 '맞기 전'에 꼭 보세요. 그럼 안 맞을 수도 있고, 맞더라도 왜 맞는지를 알 수 있고, 그리고... 덜 아플 겁니다.

백엔드 개발자, **김동우**

『프로덕트 매니지먼트의 기술』은 프로덕트 매니저의 역할과 그에 대한 실질적인 이해를 필요로 하는 모든 사람에게 매우 유익한 책입니다. 이 책은 현실적인 이야기를 담백하게 전달하면서, 프로덕트를 만드는 과정에서 발생할 수 있는 다양한 이슈와 그에 대한 해결책을 제시하고, 이를 통해 독자들이 현실적인 문제 해결 능력을 키우는 데 도움을 줍니다. 또한, 부록에서는 다양한 분야의 프로덕트 매니저들의 인터뷰를 수록하여, 그들의 경험과 지혜를 공유하고 있습니다. 프로덕트 매니저로서의 역량을 향상시키고 싶은 분들에게 강력히 추천합니다.

데이터베이스 아키텍트, **윤명식**

이 책은 프로덕트 매니지먼트의 본질적인 인간적 복잡성을 탐구한다는 점에서 다른 책들과의 차별점을 갖습니다. 외우기 어려운 프로덕트 매니지먼트 프레임워크들의 열거가 아닌, 프로덕트 개발 과정에서 누구나 겪을 만한 현실적인 문제 상황 속 커뮤니케이션 방법, 협업 스킬 등에 대한 실전 팁, 핵심 노하우가 이 책에 가득 담겨 있습니다. 미로와 같은 프로덕트 매니지먼트의 세계에서 길잡이가 필요한 모든 분에게 이 책을 추천합니다.

포스코이앤씨 AI 연구원, 조우철

회사에서 플랫폼을 개발하면 여러 사람과의 협업이 필수입니다. 그로 인해 다양한 사람들과의 소통에 대한 어려움이 반드시 생기는데, 그때 이 책의 소통에 대한 다양한 접근 방법이 크게 도움이 될 것입니다. 또한, 이 책은 프로덕트를 만들어 나아가며 겪을 수 있는 다양한 사례를 다루고 있어 프로덕트 매니저라면 많은 실전 지식을 쌓을 수 있을 거라고 생각됩니다. 프로덕트 매니저뿐만이 아닌, 관련 있는 모든 사람에게 감동을 선사하는 책입니다.

클라우드 네이티브 엔지니어, 이기하

이 책은 프로덕트 매니저의 모습을 멋지게 포장하려 하지 않고 가장 현실적인 모습을 그대로 보여주며 최신 개발 현황, 방법 등 실무에 바로 적용할 수 있는 지식을 충분히 다룹니다. 무엇보다 프로덕트 매니지먼트의 다양한 노하우를 배울 수 있는 국내 프로덕트 매니저 8인의 인터뷰와 프로덕트 매니저에 대한 다양한 관점의 추천 도서 목록이 부록으로 구성되어 있어 프로덕트 매니저라면 큰 도움을 받을 수 있습니다. 프로덕트 매니저에게 꼭 추천하고 싶은 도서입니다.

SW 개발자, 박찬웅

내가 프로덕트 매니저가 될 자격이 있는지를 처음으로 고민했던 때가 기억난다. 지금은 방금 전에 열쇠를 어디에 두었는지조차 깜빡하곤 하지만, 그때의 경험만큼은 여전히 뇌리에 박혀 있다. 때는 2011년 어느 날 샌프란시스코에 있는 회사 사무실에 도착했고, 초록색으로 포인트를 준 벽과 회색 소파, 벽면 전체가 화이트보드로 된 모나드녹 빌딩 회의실에 앉아 있었다. 다른 두 명의 프로덕트 매니저와 내가 담당하던 사업을 논의하는 자리였는데, 그들이 정말 매력적이고 쉽게 비즈니스 사례를 발표하는 것을 보고 솔직히 감탄했다. 그들은 우리 업계나 회사에 대한 통계를 줄줄이 외우고 있었고, "전 세계에 피아노 조율사가 몇 명입니까?"와 같은 질문을 받으면, 바로 대답할 수 있을 것 같았다. 나는 동생이 휴가에서 돌아와 "반가워요. 누나, 혼자 휴가를 못 가서 어떡해요?"라고 말하며 까만 얼굴을 들이대더라도, 웃으며 "나도 너만큼이나 까맣다!"라고 말할 수 있는 그런 사람이 되고 싶었다. 나는 프로덕트 매니저란 그런 사람, 즉 사람들이 조금 못되게 굴더라도 그들을 용서해 줄 만큼 마음의 여유가 있고, 지식이 풍부해 언제나 자신감이 있는 사람이라고 생각해서 그들을 존경하게 되었고, 그들처럼 되고 싶었다.

하지만 어느새 존경이 절망으로 바뀌었다. 당시 나는 그렉(임원)에게 비즈니스와 관련하여 승인을 받을 것이 있었고, 그 전에 프로덕트 매니저들의 암묵적인 승인을 받기 위해 회의실에 있었다. 그런데, 지옥 같은 심문이 시작됐다.

"그렉의 승인을 받기에는 NPV[1] 가 상당히 낮은 것 같은데, 어떤 부분을 가정하셨나요?"

"COGS[2] 라인은 제가 사용하는 번호가 아닌데 어디서 얻으신 건가요?"

---

1 옮긴이_ Net Present Value의 약자로 신사업의 수익성을 판단하는 도구이다. 미래의 현금 흐름을 현재 가치로 환산한 후, 초기 투자 비용을 빼서 얻는 값이다.
2 옮긴이_ Cost of Goods Sold의 약자로 매출 원가를 나타내며, 판매를 목적으로 하는 상품을 생산하는 데 발생하는 직접 비용을 의미한다.

"이 작업에 대해 완전한 프로포마[3]를 작성했나요? 버전은 몇 개나 되나요?"

"당신이 생각하는 큰 그림은 무엇인가요?"

"지원 팀과 함께 작업한다고 하셨는데요. 지원 팀과 관련된 모든 일이 비용을 증가시킬 수 있다는 것을 알고 계시죠?"

"이 부분은 내부 역량 문제인 것 같습니다. 경쟁에서 우위를 점하는 데 도움이 되지는 않을 것 같네요. 결국 비용 절감 문제 아닌가요?"

질문이 너무 빨리 쏟아져 대답을 쉽게 못했는데, 어느 순간 다른 프로덕트 매니저들은 나를 대화에서 완전히 배제했다. 나는 '제길, 이 두 사람 앞에서도 이렇게 대답을 빨리 못하는데, 그렉이 질문할 때 내 입장을 어떻게 방어할 수 있겠나?'라는 생각이 들었다. 내 얼굴은 갈수록 창백해졌고, 그들이 잘난 척하는 표정을 보고 결국 패배를 인정했다. "아, 저는 회의가 또 있어서..."라고 말하며, 최대한 빨리 회의실을 빠져나왔다.

차근차근 질문에 답을 할 수도 있었지만, 그들과 다르게 내 경험에서는 질문의 답보다 주요 결함이라고 생각했던 것을 발견하고 해결하는 것이 훨씬 더 흥미로웠다. 지원 팀은 고객과 만나는 첫 번째 지점이며, 고객의 피드백을 내가 생각한 문제와 연결할 수 있었기 때문에 내 아이디어를 검증할 수 있는 중요한 원천으로 여겼다. 나는 이것이 얼마나 고객과 비즈니스에 큰 도움이 되는지 말하고 싶었다. 그렇지만, 그들에게 좋은 프로덕트 매니저는 참신하고, 명확한 재무적인 모델을 회사 중심의 BHAG(원대하고, 위험하고, 대담한 목표)를 통해 공동의 목표로 만드는 사람이었다. 그들과 나는 서로 다른 언어를 쓰고 있었다.

회사마다 달라 보인다는 점에서 프로덕트 매니지먼트는 도전적인 업무이다. 내가

---

3 옮긴이_ Pro Forma는 '가상의'라는 뜻이며, 보통 가상 재무제표, 가상 손익계산서 등등의 수식어로 쓰인다.

경력을 쌓아가면서 프로덕트 매니지먼트가 회사마다 달라지는 모습을 직접 보고 경험했다. 내가 다녔던 회사 두 곳은 분석적인 프로덕트 매니저를 높이 평가했는데, 경영진들은 달성해야 할 목표가 있고, 재무 모델을 통해 수립한 매출 목표를 명확하게 달성할 수 있는 '강력한 한 방'의 아이디어를 창출해 내는 프로덕트 매니저를 선호했다. 마지막에 일했던 회사에서는 관계를 주요하게 생각했고, 팀을 프로덕트/디자인/엔지니어링 삼위일체로 돌아가는 단위로 생각했다. 지금 내가 다음 회사를 선택하는 중요한 기준은 프로덕트 주도의 성장 전략을 개발할 수 있는지가 될 것 같다.

하지만 어떤 디지털 조직에서든 겪게 되는 프로덕트 매니지먼트와 관련된 보편적 진실이 있다. 프로덕트 매니저는 프로덕트를 직접 만들지 않지만, 출시부터 결과까지 책임을 진다. 프로덕트 매니저는 리서치와 분석을 통해 프로덕트 비전을 개발하고, 그 비전을 관련된 모든 사람과 공유하고, 경영진의 동의를 얻고, 프로덕트 팀의 동의를 얻고, 장애물을 제거해 나간다.

이 역할에는 당돌함이 필요하다. 그리고 인내심, 겸손, 회복력도 필요하다. 이처럼 이 직업은 도전적이지만, 그만큼 보람도 크다. 특히, 아이디어를 최대한 빨리 검증할 수 있는 상황에서 프로덕트가 출시되는 것을 보면 정말 기분이 좋다. 그리고 프로덕트 매니저는 회사의 모든 직급의 구성원들과 함께 일할 수 있으며, 팀과 함께 프로덕트를 개발하는 과정에서 고객 및 파트너와도 소통할 수 있기 때문에 프로덕트 매니지먼트를 통해서 자신의 일과 고객 및 회사의 성공을 쉽게 연결할 수 있다.

반면에, 아직도 생생한 11년 전의 내 기억을 되짚어 보면, 프로덕트 매니지먼트 때문에 사람들이 가진 최악의 모습이 드러날 수도 있다. 프로덕트를 만든다는 것은 영웅적인 사명이 아니며, 지위나 인정을 바라는 사람들에게는 힘든 일이 될 수 있다. 많은 사람이 자신이 프로덕트의 '미니 CEO'가 되는 일이라고 생각하거나 다른 사람들에게 지시하는 것이 나의 일이라고 생각하면서 이 분야에 뛰어든다. 내가 한때 존경했던 프로덕트 매니저처럼 다른 사람의 아이디어를 더 나은 것으로 만들기 위해 함께 일하기보다 오히려 다른 사람들의 아이디어에 구멍을 내는 사람도 있다.

내가 존경하는 프로덕트 매니저를 닮고 싶었던 시절에 『프로덕트 매니지먼트의 기술』을 읽었다면 더 좋았겠다 싶다. 저자인 맷 르메이는 유머와 너그러움을 섞어서 실제로 좋은 프로덕트 매니저의 조건(커뮤니케이션, 협업, 사용자로부터의 학습)과 나쁜 프로덕트 매니저의 특징(방어적 태도, 오만함, 경영진에게 아부하는 것)을 구분하여 설명한다. 내가 읽었던 어떤 프로덕트 매니지먼트 서적보다도 이 책은 약어나 너무 단순화한 프레임워크가 아니라 프로덕트 매니지먼트라는 업무의 지저분한 현실에 대해 이야기한다.

이 책을 읽으면서 메일침프의 최고 프로덕트 책임자 시절, 맷과 함께 협력하여 조직 전반의 프로덕트 매니지먼트 관행을 개선했던 기억을 떠올리며 웃을 수 있었고, 전례 없던 글로벌 팬데믹 기간 동안 빠른 적응과 고객 집중을 위해 노력하면서 겪었던 수많은 도전 과제도 떠올랐다. 이 책은 특히 번아웃으로 어려움을 겪고 있는 프로덕트 매니저에게 절실히 필요한 위로와 지침을 제공할 것이다.

나는 20년 동안 프로덕트 관련 경험을 통해 재무 모델을 세분화할 수 있는 능력은 정말 훌륭한 기술이지만, 솔직히 팀의 신뢰를 얻지 못하거나 고객의 문제를 해결하지 못하면 아무 소용이 없다는 것을 배웠다. 우리는 우리 분야의 텃세와 방어적 태도를 없애야 한다. 이런 면에서 『프로덕트 매니지먼트의 기술』은 우리에 더 나은 방법을 보여줄 것이다.

즐거운 독서가 되길!

나탈리아 윌리엄스

지은이·옮긴이 소개

지은이 맷 르메이 Matt Lemay

전 세계적으로 인정받는 프로덕트 리더이자 기조연설가. 스포티파이, 구글과 같은 회사와 협력해 왔으며 네트워크 구축 집단 서든 컴퍼스의 공동 설립자이자 파트너이다. 초기 스타트업부터 포춘 50대 기업에 이르는 회사까지 프로덕트 매니지먼트의 기반을 구축하고 확장했으며 GE, 아메리칸 익스프레스, 화이자, McCann 등의 디지털 전환 및 데이터 전략 워크숍을 개발하고 주도했다.

옮긴이 권원상 kwonejeong@gmail.com

'좋은 팀이 되고 싶은 사람들, 좋은 리더가 되고 싶은 사람을 돕는다.'라는 마음으로 애자일/커뮤니케이션 코치로 일하고 있다. 디지털 아카이브, 홈네트워크, 임베디드 시스템 등 다양한 분야에서 개발자로 일한 경험으로 개발 팀, 테크리드, 프로덕트 매니저에 특히 관심이 많다. 이들을 제대로 돕고 싶은 마음에 커뮤니케이션, 조직 개발, 코칭, 퍼실리테이션 등을 계속 공부하고 있다.

이 책의 초판(『Product Management in Practice』(O'Reilly, 2017), 국내 미출간)은 2017년 봄에 출간되었다. 감사하게도, 그 이후로 크게 달라진 것은 없다.

이 책을 개정하고 확장할 수 있는 기회를 얻게 되어 정말 감사하게 생각한다. 초판을 다시 읽으면서 지난 4년 동안 내 생각이 얼마나 많이 변했는지 알게 되어 놀라웠고, 그간의 일상들이 떠올랐다. 그래서 이 책이 특히 프로덕트 매니지먼트 일상에서 느낄 수 있는 불확실성과 미간이 찌푸려지는 순간을 헤쳐 나가는 데 도움이 되었으면 좋겠다. 만약 책에서 읽은 내용에 동의하지 않고 자신의 방식을 관철하고 싶다면, 그것 또한 자신이 쌓아 올린 관점과 경험에 자신감이 있는 것이므로, 자신의 프로덕트 매니지먼트가 그만큼 성숙했다는 좋은 신호이다.

집필을 진행하며 이 책에서 인터뷰한 사람들 중 상당수가 프로덕트 매니지먼트를 위한 단 하나의 '올바른 방법'이 있다는 제안에 대해 깊은 회의감을 갖고 있다는 사실에 놀랐다. 책에 실린 인터뷰들을 한 문장으로 요약하면, '내가 일하는 회사가 프로덕트 매니지먼트를 제대로 하지 못하고 있다는 생각에 너무 스트레스를 받지 않고, 내가 할 수 있는 최선의 업무에만 집중했으면 더 좋았을 것 같다.'일 것이다.

나는 이런 생각 중 상당 부분이 이제는 많은 프로덕트 매니저가 충분히 다양한 조직에서 일하고 있으며, 프로덕트 매니지먼트의 모든 것을 다 알 수는 없다는 사실을 이해하기 때문이라고 생각한다. 또한 지난 2년 동안 '이 일만 하면 모든 것이 잘 풀릴 것'이라는 구호가 이전 몇 년보다 훨씬 더 허무맹랑하게 들리게 되었고, 세상은 빠르게 변화하고 예측할 수 없다는 생각은 예전에는 고개를 끄덕일 수 있는 정도의 약간은 진부한 말이었지만, 이제는 깊이 느껴지는 경험적 현실이 되었다.

이러한 관점에서 프로덕트 매니지먼트의 즐거움을 되찾을 수 있는 기회가 있다고 믿는다. 프로덕트 매니지먼트라는 해결 불가능한 모호함과 세상이라는 환원 불가한 복잡성에는 엄청난 이점이 있기 때문이다. 항상 새로운 것을 배우고, 새로운 이야기를 나누고, 새로운 상황을 헤쳐 나가고, 새로운 실수를 저지르고, 새로운 좌절을 극복하는 이런 현실 속에서 우리 자신과 서로에게서 새로운 회복력과 적응력을 발견할 수 있다. 앞으로 다가올 모든 순간을 응원한다.

맷 르메이

현장에서 프로덕트 매니저(혹은 이와 비슷한 역할을 하는 많은 리더들)가 일하는 모습을 보면, 언제나 이런저런 회의에 불려 다니고, 계속 정리하고, 보고하고, 또 문제가 생기면 쫓아가서 해결하고, 돌아와서 회의하고, 정리하고, 보고하고, 문제 해결하는 과정을 끝도 없이 반복한다. **언제까지? 출시될 때까지 혹은 지쳐서 포기할 때까지.**

이렇게 일하는 프로덕트 매니저들과 코칭하다 보면, 주로 이런 고민을 말한다.

"목표 얼라인이 잘 안되는 것 같아요.", "사용자를 봐야 한다는데 쉽지 않네요.", "팀원들과 대화하기 어렵습니다. 제 말을 안 들어요.", "잘못하는 팀원이 있는데 어떻게 해야 되죠? 팀원들 눈치를 보게 되네요.", "윗사람과 소통하는 게 쉽지 않습니다. 늘 힘드네요.", "저한테 권한이 별로 없는 것 같은데, 팀을 어떻게 운영해야 할지 모르겠어요."

이 책은 프로덕트 매니지먼트의 이론을 다루지 않는다. 하지만 현장에서 그들이 만난, 혹은 만나게 될 문제들을 살펴보고, **'이렇게 해 보면 어떨까요?'**라는 제안을 하는 책이다. 그 제안은 철저히 저자와 저자가 만난 프로덕트 매니저들의 경험에서 얻은 인사이트와 시행착오에서 출발한다. 밑바닥부터 살아남기 위해 산전수전을 몸소 겪으며 얻게 된 그들의 경험과 인사이트가 이 일을 하고 있는 현직 프로덕트 매니저들에게 큰 도움과 위로가 될 것이다.

프로덕트 매니저도 아닌 애자일/커뮤니케이션 코치인 내가 이 책을 번역한 이유도 마찬가지다. 뭔가 도움이 되고 싶어서, 그것도 아주 실질적인 도움이 되고 싶은 마음이었다.

한편으로 이렇게 확실하지도 않고, 권한도 별로 없고, 힘든 일을 '완수'해 내는 프로덕트 매니저들은 어떤 마음일지 궁금하기도 하다. 오늘도 고군분투하는 프로덕트 매니저들에게 응원을 보낸다. 그리고 이 책에 나오는 프로덕트 매니저들만큼이나 마음 졸였던 편집자 종찬 님의 인내와 노력에 감사드린다.

코치로서 프로덕트 매니지먼트와 관련된 영업 비밀을 하나 풀어 보면, 이 책에 나오는 내용 중 정말 많은 부분은 프로덕트 매니저가 '퍼실리테이션'과 '코칭'을 할 수 있다면 매우 수월하게 적용해 볼 수 있는 것들이다. 프로덕트 매니지먼트를 탁월하게 해내고 싶은 분이라면, 꼭 '퍼실리테이션'과 '코칭'을 배워서 활용해 보시길 강력히 추천한다.

권원상

이 책을 쓴 이유 – 프로덕트 매니저로서의 첫날

프로덕트 매니저로 일하게 된 첫날만큼 철저히 준비한 적이 없는 것 같다. 정말 열성적인 학생처럼 나는 사용자 경험의 기본 원칙을 읽고, 프로그래밍 기술도 연습하고, 소프트웨어 개발 방법론을 열심히 배웠다. 또한 애자일 선언문을 달달 외웠고, 최소 기능 제품(MVP)이나 반복 개발 같은 용어도 일상 대화에서 자연스럽게 쓸 수 있었다. 정식으로 프로덕트 매니저가 된 첫날, 많은 프로덕트 매니저와 일했던 상사에게 공부를 열심히 한 학생처럼 자신만만하게 다가갔다.

"이 일을 정말 깊이 있게 파고들게 되어 정말 기대됩니다." 상사에게 말했다. "프로덕트 로드맵의 최신 버전은 어디 있어요? 분기별 목표와 KPI는 무엇입니까? 그리고 사용자 요구사항을 더 잘 이해하려면 누구와 이야기해야 할까요?" 그는 지친 표정을 지으며 심호흡을 했다. "당신은 똑똑하군요." 그가 말했다. "알아서 해 보시죠."

내가 기대했던 반응과는 거리가 멀었지만, 프로덕트 매니지먼트의 세계에서 실용적인 가이드를 찾기는 정말 어렵다는 매우 중요한 사실을 알게 됐다. 그동안 읽었던 모든 책과 공부했던 모든 '모범 사례'가 있었지만, 책상에 다시 앉았을 때 '도대체 하루 종일 무엇을 해야 하는 거지?'라는 질문만 남았다. 로드맵이 없는데, 로드맵을 어떻게 관리해야 할까? 프로덕트 프로세스가 없는데, 어떻게 프로덕트 프로세스를 모니터링 할 수 있을까?

경력 초창기에 스타트업에서 일할 때는 빠른 속도와 느슨한 직무 정의로 많은 어려움을 겪었다. 하지만 다양한 규모의 조직에서 많은 컨설팅과 교육 업무를 하면서 비슷한 패턴이 드러나기 시작했다. 고도로 프로세스 중심적인 기업 조직에서도 프로덕트 매니지먼트의 실제 업무는 대부분 변두리와 음지에서 이루어지는 것처럼 보였다. 기획 회의가 아니라 커피 브레이크 시간에 프로덕트 아이디어를 논의하고 있었다. 노련한 정치인들에 의해 고도로 규범화된 애자일 프레임워크가 무용지물이 되기도 했다. 명확하게 구조화된 프레임워크와 프로세스보다 지저분한 인간 커뮤니케이션이 지배적이었다.

지금은 내가 프로덕트 매니저가 된 첫날 스스로 던졌던 질문을 크고 작은 조직, 첨단 기술 스타트업이나 느리게 움직이는 기업의 프로덕트 매니저나 신입 및 경력 프로덕트 매니저들도 스스로 질문하고 있다.

이론상의 프로덕트 매니지먼트는 실제 프로덕트 매니지먼트 업무와 매우 다르다. 이론적으로 프로덕트 매니지먼트는 사람들이 좋아하는 프로덕트를 만드는 것이지만, 현실에서는 종종 훨씬 더 근본적인 문제에 직면하여, 프로덕트를 점진적으로 개선하기 위해 싸우는 것을 의미한다. 또한 프로덕트 매니지먼트의 주된 목적이 이론에서는 비즈니스 목표와 사용자 요구사항 사이의 삼각관계를 파악하는 것이지만, 현실에서는 비즈니스 자체의 '목표'가 정말 무엇인지 명확하게 파악하고자 끊임없이 노력하는 것을 의미한다. 이론적으로 프로덕트 매니지먼트는 체스 게임과 같다. 하지만 현실에서 프로덕트 매니지먼트는 종종 백 개의 체커 게임을 동시에 하는 것처럼 느껴지기도 한다.

따라서 이 책은 훌륭한 프로덕트를 만들기 위한 단계적 가이드가 아니며, '프로덕트 매니지먼트 성공™'을 보장하는 프레임워크와 기술 개념의 목록도 아니다. 이 책은 어떤 도구, 프레임워크 또는 '모범 사례'로도 대처할 수 없는 문제를 해결하는 데 도움이 되는 가이드이자, 모호함과 모순, 마지못해 타협해야 하는 프로덕트 매니저의 '일상 업무'에 관한 것이다. 간단히 말하면, 이 책은 내가 프로덕트 매니저로서의 첫날, 그리고 그 후 수많은 날에 필요했던 책이다.

이 책의 대상 독자

프로덕트 매니지먼트는 사용자 요구사항과 비즈니스 목표를 연결하고, 기술적 실행 가능성과 사용자 경험을 연결하고, 비전과 실행을 연결하는 독특한 '**연결**' 역할을 한다. 프로덕트 매니지먼트의 이런 연결적 특성은 연결되는 사람, 관점, 역할에 따라 매우 다르게 보일 수 있다는 의미이다.

그렇기 때문에 무엇이 '프로덕트 매니지먼트'이고 무엇이 아닌지 정의하는 것조차도 상당히 어려울 수 있다. 이 책에서 프로덕트 매니지먼트란 프로덕트와 관련된 모든 연결 역할을 의미하며, 근무하는 곳과 업무에 따라 '프로덕트 매니저', '프로덕트 오너', '프로그램 매니저', '프로젝트 매니저', 심지어 '비즈니스 분석가'가 될 수도 있다. 어떤 조직에서는 '프로덕트 매니저'가 프로덕트의 전략적 비전을 정의하는 역할을 하는 반면, '프로젝트 매니저'는 일상적인 전술을 감독한다. 또 다른 조직에서는 '프로젝트 매니저' 또는 '프로그램 매니저' 직함을 가진 사람이 비공식적으로 비즈니스 전반의 전략적 공백을 메워야 한다. 예전에 일했던 어떤 조직에서는 '비즈니스 분석가'들로 구성된 팀이 하루아침에 자신들의 책임이 무엇인지, 왜 바뀌었는지도 모르는 채 경영진의 결정에 따라 마술처럼 '프로덕트 매니저'로 바뀐 경우도 있었다.

다른 소프트웨어 도구나 프로덕트 개발 방법론과 마찬가지로 직함도 중요하게 생각하지 않는 역할에 일종의 구조와 확실성을 제공하는 방법 중 하나이다. 하지만 성공적인 프로덕트 매니지먼트는 직함이나 도구, 프로세스에 달려있지 않고 **실천**에 달려 있다. 나는 프로덕트 매니지먼트를 요가나 명상 수련과 같다고 생각한다. 결국 시간과 경험을 통해 쌓이는 것이며, 예시와 지침만으로는 완벽하게 배울 수 없는 것이다.

이 책은 프로덕트 매니지먼트의 실제 업무를 더 잘 이해하고자 하는 모든 사람을 위한 책이다. 프로덕트 매니지먼트를 처음 접하는 사람에게는 이 책이 일상 업무의 현실에 대해 명확한 그림을 그리는 데 도움이 될 것이고 프로덕트 매니지먼트 실무에 경험이 많은 사람에게는 매해 반복되는 도전과 장애물을 극복하는 데 도움이 될 것이다. 또한, 프로덕트 매니지먼트를 직접 다루지 않는 사람들에게도 프로덕트 매니저들이 늘 스트레스를 받는 이유를 이해할 수 있도록 도움을 줄 것이다. 마지막으로 단순히 계획을 세우고 문제를 해결하고자 할 때도 이 책을 곁에 두고 읽으면 많은 도움이 될 것이다.

이 책의 구성 방식

각 장은 특정 주제를 중심으로 구성하였지만, 어떤 주제는 서로 모호하게 섞여 있을 수도 있다. 1장에서 소개된 개념 중 일부는 뒷장에서 참조하는 경우도 있고, 이 책의 후반부에서 상세하게 살펴보는 아이디어 중 일부는 앞쪽에서 설명하기도 한다. 실제로 프로덕트 매니지먼트는 명확하게 정리된 교과서 같기보다는 서로 연관된 한 권의 소설 같은 경우가 많다.

이 책에서는 특정 로드맵 도구, 애자일 소프트웨어 개발 방법론 또는 프로덕트 라이프 사이클에 대해 자세히 다루지 않는다. 프레임워크, 버그 추적을 위한 플랫폼 선택, 중간 규모의 스타트업 프로젝트 팀을 위한 개발 방법론, 사용자 스토리 추정을 위한 프레임워크 등 매우 유용한 정보는 다른 곳에서도 쉽게 찾을 수 있을 것이다. 이 책의 목표는 프로덕트 매니지먼트 실무에서 선택할 수 있는 특정 도구를 다루는 것이 아니라, 그 과정에서 마주치는 모든 도구를 효과적으로 통합할 수 있는 실천법을 구축하는 데 도움을 주는 것이다.

또한 이 책에서는 전체 조직을 '프로덕트 매니지먼트를 잘하는'(또는 원하는 경우 '프로덕트 주도적인') 조직으로 만드는 요인에 대해서도 자세히 다루지 않는다. 대부분의 현직 프로덕트 매니저는 조직이 프로덕트 개발에 대해서 더 폭넓게 생각하고자 하는 변화에 크게 영향을 미치지 못한다. 심지어 최고 경영진의 프로덕트 리더도 프로덕트 개발에 대한 조직의 사고방식에 원하는 만큼 영향을 미치지 못하는 경우가 생각보다 많다. 책의 뒷부분에서 자세히 설명하겠지만, 조직에서 "이 회사는 프로덕트를 제대로 만들지 못한다."라고 불평하는 것은 엄청난 시간 낭비일 뿐만 아니라 오히려 스트레스를 받게 하는 경우가 많다.

이 책에서는 간결하게 설명하기 위해 일반적으로 프로덕트를 제공하려는 사람들을 '사용자'로, 때로는 '고객'으로 표현했다. 프로덕트를 사용하는 모든 사람이 직접 비용을 지불하는 것은 아니지만, 모든 프로덕트는 누군가 혹은 어떤 것이 사용하게 된다. 기업용 B2B 소프트웨어 판매와 같은 경우에는 '사용자'뿐만 아니라 '고객'이 있을 수 있는데, 이 둘의 요구사항을 모두 이해하고 연결해야 할 수도 있다. 이런 구분과 프로덕트 디자인에 미칠 수 있는 영향에 대해 자세히 알고 싶으면, 블레어 리브스Blair Reeves의 **'엔터프라이즈를 위한 프로덕트 관리'** 문서[4]를 보기 바란다.

마지막으로, 이 책은 프로덕트 매니지먼트 용어를 정리한 입문용 용어집이 아니다. 처음 접하는 아이디어, 개념, 또는 약어가 있다면 잠시 시간을 내서 직접 찾아보기 바란다.

---

4 https://medium.com/@BlairReeves/product-management-for-the-enterprise-f1118798376f

현직 프로덕트 매니저들의 이야기

현직 프로덕트 매니저들끼리 나누는 대화에는 마치 우리만 아는 비밀을 공유하는 것처럼 마치 음모를 꾸미는 것 같은 분위기인 경우가 많다. 궁금증 해소를 위해 살짝 공유하자면, 그 비밀이라는 것은 프로덕트 매니저의 업무가 여전히 크게 오해되고 있으며, 정말 정말 어렵다는 것이다. 프로덕트 매니저는 '모범 사례'보다는 '전쟁 이야기'를 공유할 가능성이 훨씬 더 높고, 엄청난 성공 사례보다는 실수에 관해 이야기할 가능성이 더 높다.

이런 종류의 대화가 도움이 될 만한 사람들에게 유용하길 바라는 마음에서 현직 프로덕트 매니저들의 이야기를 담았다. 책에 실린 이야기의 대부분은 "프로덕트 매니저가 된 첫날에 누군가 당신에게 해 주었으면 하는 이야기가 무엇인가요?"라는 질문에서 시작되었다. 내용을 보면 알겠지만, 이런 이야기의 대부분은 프레임워크, 도구, 방법론이 아닌 사람에 관한 이야기다. 내가 만난 프로덕트 매니저 중 몇 명은 여러 가지 이야기를 했는데, 이를 종합하면 프로덕트 매니저가 경력을 쌓는 과정에서 만나게 될 서로 다르지만 연관된 문제를 보다 포괄적으로 파악할 수 있을 것이다.

이 이야기 중 일부는 이야기한 사람이 직접 제공한 것이고, 일부는 익명으로 제공한 것이며, 어떤 것들은 여러 출처에서 취합한 것이다. 그렇지만, 이 이야기들은 모두 현장에서 만나게 되는 프로덕트 매니지먼트의 복잡하고 어려운 현실을 잘 보여준다. 나는 이런 이야기를 통해 많은 것을 배웠고, 지금도 그러하다.

셀프 체크리스트

각 장은 '셀프 체크리스트'라는 자신의 업무를 '체크'하고 '바로 시도'해 볼 수 있는 실행 목록으로 끝난다. 프로덕트 매니지먼트는 복잡하고 추상적일 수 있으므로 이 책의 주요 목표는 이 책이 현직 프로덕트 매니저에게 유용하다는 것을 입증하는 것이다. '셀프 체크리스트'의 각 항목은 해당 장에서 더 자세히 살펴본 아이디어를 실행 지향적으로 요약한 것이다.

일러두기

본문에서 프로덕트는 제품과 서비스를 통칭한다. 맥락에 따라 구분할 경우 제품, 서비스로 표기했다.

목차

CHAPTER **1** **프로덕트 매니지먼트의 실제**   30

CHAPTER **2** **프로덕트 매니지먼트의 CORE 기술**   45

CHAPTER **3** **호기심을 보이기**   60

CHAPTER 4 'TMI' 커뮤니케이션의 기술   75

CHAPTER 5 임원과 협력하기(또는, 포커 게임하기)   104

CHAPTER 15 좋을 때나 나쁠 때나   282

EPILOGUE 정말로 필요한 것   292

APPENDIX A 국내 프로덕트 매니저 인터뷰   296

프로덕트 매니지먼트의 실제

얼마 전까지 야머 Yammer 의 프로덕트 리더였고, 현재는 싱크 Sinch 의 프로덕트 담당 부사장인 프라딥 가나파티라즈 Pradeep GanapathyRaj 에게 새로 채용된 프로덕트 매니저들이 가져야 할 책임이 무엇인지 물어보았다. 그의 대답은 다음과 같았다.

- 팀원들의 강점을 이끌어 내는 것
- 팀원이 아닌 사람들, 즉 직접적 보상이 없더라도 같이 일해야 하는 사람들과도 기꺼이 협력할 것
- 모호한 상황에 대처할 것

특히 그는 세 번째 항목에서 "모호한 상황에 필요한 것을 파악하는 기술이 아마 파악한 그 일을 해내는 것만큼이나 중요할 것입니다."라는 말을 덧붙였다.

이 프라딥의 대답에서 흥미로운 점은 프로덕트에 관한 직접적인 언급이 없다는 것이다. 사람들은 대개 '고객이 사랑하는 프로덕트를 만드는 것'과 같은 문구로 프로덕트 매니지먼트를 이해한다. 물론, 사람들에게 실질적 가치를 주는 프로덕트를 전달하는 것이 프로덕트 매니저에게 중요하고, 보람 있는 일인 것은 확실하다. 하지만 실제 프로덕트 개발 과정에서는 무엇을 만든다는 것보다 커뮤니케이션하고, 지원하고, 촉진하는 일이 더 중요하다. 소프트웨어 개발, 데이터 분석 혹은 시장 출시 전략 등에 관한 전문성과 상관없이, 프로덕트 매니저는 협업하는 사람들, 즉 각자의 복잡하고 이해하기 어려운 요구사항, 야망, 의문, 한계를 가진 주변 사람들과의 협력을 통해 성공할 수 있다.

이 장에서는 프로덕트 매니지먼트에 관한 현실을 논의할 것이다. 특히 프로덕트 매니저가 바라는 자신의 역할과 현실이 다를 때 빠질 수 있는 함정들을 설명하겠다.

1.1 프로덕트 매니지먼트란 무엇인가?

이제 프로덕트 매니지먼트에 대한 정의는 프로덕트 매니저의 수만큼이나 많은 것 같다. 프로덕트 매니지먼트에 대한 다양한 정의는 모두 특정 개인과 조직에서 프로덕트 매니지먼트를 어떻게 생각하는지 이해하는 데 도움이 되지만, 여전히 많은 부분이 서로 상충되어 혼란스럽게 만들기도 한다. 또한 프로덕트 매니저가 경력을 쌓는 과정에서 겪게 될 일상적인 경험은 한 가지의 정의로 모두 담아낼 수 없기도 하다.

이런 의미에서 프로덕트 매니지먼트를 명확하게 하나로 정의하는 것은 거의 불가능하다고 이해하는 게 가장 좋은 방법이다. 나는 계속 늘어나는 프로덕트 매니지먼트에 대한 담론을 검토하면서, 프로덕트 매니지먼트에 관한 설명은 결국 각자의 고유한 관점과 경험에서 비롯된 것이라고 이해하게 되었다. 따라서 이런 상황이라면 '정의'를 내리기보다는 '설명'을 하는 게 더 도움이 될 것이라고 생각한다.

프로덕트 매니지먼트에 대한 설명 중에 특히 도움이 되는 것은 멜리사 페리Melissa Perri가 쓴 훌륭한 책 『개발 함정을 탈출하라』(에이콘출판사, 2021)에 나온 것이다. 이 책에서 페리는 프로덕트 매니저를 비즈니스와 고객 사이의 가치 교환을 담당하는 관리자라고 설명한다. 만약 지금 당신이 프로덕트 매니지먼트가 매우 방대하고, 중요하고, 복잡한 업무라는 생각이 든다면 이 일이 왜 그렇게 어려운 일인지에 대한 어느 정도의 감이 생긴 것이다.

그럼 대체 프로덕트 매니저의 일상적인 업무는 무엇일까?

이 질문에 대한 대답은 상황에 따라 달라진다. 작은 스타트업이라면 프로덕트 매니저는 제품 목업mock-up을 손보거나, 계약직 개발자와 체크인 일정을 잡고, 잠재 사용자와 비공식 인터뷰를 진행하는 것 등을 생각해 볼 수 있다. 중견 기업이라면 디자이너와 개발자로 구성된 팀과 미팅을 진행하거나, 임원들과 프로덕트 로드맵을 논의하고, 판매와 고객 서비스를 담당하는 동료들과 고객의 요구사항을 이해하고 우선순위를 정하는 업무가 프로덕트 매니저의 업무가 될 것이다. 대기업에서는 기능 요구사항을 '사용자 스토리'로 작성하고, 분석 또는 기획 부서의 동료들에게 특정 데이터를 요청하고, 수많은 회의에 참석하는 프로덕트 매니저를 생각해 볼 수 있을 것이다.

이처럼 프로덕트 매니저로 일한다는 것은 상황에 따라 수많은 업무를 처리하게 된다는 것이며, 어떤 일을 해야 하는지도 순간순간 바뀔 수 있다는 뜻이다. 하지만 직함, 산업, 비즈니스 모델, 회사 규모와 무관하게 공통적으로 프로덕트 매니저의 업무와 관련 있는 몇 가지 현실이 있다.

| 현실 1: 책임은 많으나 권한이 별로 없다 |

팀이 출시 기한을 맞추지 못했다? 이는 프로덕트 매니저의 책임이다. 담당하는 프로덕트가 분기 목표를 달성하지 못했다? 이것도 프로덕트 매니저의 책임이다. 조직에서 프로덕트 개발을 잘 지원하든 그렇지 않든 간에 프로덕트 매니저는 자신이 담당하는 프로덕트의 성패에 관해 최종적으로 책임을 지는 사람이다.

책임 있는 위치에서 일하는 것은 충분히 도전적이고 어려운 일이다. 그러나 프로덕트 매니저의 경우 조직에서 직접적인 권한이 거의 없기 때문에 문제를 해결하기가 더 어렵다. 팀 내에서 프로덕트 개발 방향에 대한 다른 의견을 강하게 주장하는 디자이너가 있다면? 팀에 좋지 않은 영향을 미치는 개발자가 있다면? 프로덕트 매니저가 해결해야 할 문제인 것은 맞다. 하지만 그들에게 지시를 내릴 수도, 직접 문제를 해결할 수도 없다.

| 현실 2: 누군가 해야 할 일이 있다면 그것도 프로덕트 매니저 업무이다 |

"아무튼, 제 업무가 아니라고요!"라는 말은 성공한 프로덕트 매니저가 절대 입에 담지 않는 말이다. 프로덕트 매니저의 업무인지 아닌지를 따지기 전에 프로덕트 매니저는 팀과 프로덕트가 성공하기 위한 것이라면 어떤 업무라도 완료해야 할 책임이 있다. 그것이 밤새워 작업한 프로덕트 팀에 커피와 아침 간식을 가져다 주는 것일 수도 있다. 불명확한 팀의 목표를 명확하게 하기 위해 임원과 긴장감 있는 대화를 하는 것일 수도 있다. 그리고 팀에 필요한 일을 팀 구성원들이 해결할 수 없는 경우에는 조직 내 다른 팀이나 부서에 도움을 요청해야 하는 것일 수도 있다.

초기 단계의 스타트업에서 '프로덕트 매니저'로 일하는 경우에는 '프로덕트 매니지먼트'와 전혀 관련 없는 일을 하느라 대부분의 시간을 쓰게 되는 경우가 많다. 내가 알고 있는 초기 단계 스타트업의 프로덕트 매니저는 커뮤니티 매니저, HR 리드, UX 디자이너, 총무로 일하기도 했다. 마무리는 해야 하는데 아무도 자기 일이라고 생각하지 않는 업무가 있다? 놀라지 마시라. 그것은 프로덕트 매니저의 업무이다. 대기업에서조차 공식적으로 프로덕트 매니저 업무에 포함되지 않는 일이라도 개선점을 찾고 실행해야 하는 그런 상황이 꼭 있기 마련이다. 팀과 프로덕트의 성과를 책임져야 하기 때문에, "이건 원래 제 업무가 아니었죠."라는 말은 포춘 500대 기업에서든 다섯 명의 스타트업이든 해서는 안 되는 말이다.

이런 상황을 더 어렵게 만드는 것은 프로덕트 매니저가 끝내야 하는 일 대부분이 혼자 할 수 있는 일이 아니기 때문이다. 프로덕트 매니저는 몇 주 동안 조용히 잠수를 타서, 책을 읽고, 기술을 연마해서 돌아와 프로덕트를 척척 만들어 낼 수 있는 여유가 전혀 없다. 주변 동료들, 때로는 나를 도와줄 이유가 전혀 없는 팀의 외부 사람에게도 지원과 가이드를 부탁해야 할 수도 있다.

| 현실 3: 프로덕트 매니저는 중간이다 |

프로덕트 매니저는 모든 것의 중간에 자리 잡게 된다. 사용자 요구사항과 비즈니스 목표 중간에서 이를 통역하고, 엔지니어와 디자이너의 중간에서 갈등을 중재하고, 회사 전략과 프로덕트에 관련된 일상적인 의사결정의 중간에서 이를 연결하기도 한다. 성공적인 프로덕트 매니지먼트의 진정한 가치는 매일매일 다양한 관점, 기술, 목표를 대표하는 사람들과 상호작용 속에서 드러난다. 그러므로 프로덕트 매니저로서 이들의 커뮤니케이션 스타일, 민감성, 말하는 것과 의미하는 것의 차이를 파악하는 방법을 익혀야 한다.

구조화되고 시스템화된 조직이든 심지어 '데이터 기반'으로 일하는 조직조차 어느 순간 드러나지 않은 분노와 해결되지 않은 갈등 속에 놓이게 된다. 다른 업무를 하는 사람들은 이런 문제를 외면하고, 그저 '자기 업무'만하면 되지만, 이런 혼란스러운 현실 속에서 사람들을 연결하고 합의를 이끌어 내는 것, 이것이 바로 프로덕트 매니저인 당신의 업무이다.

1.2 프로덕트 매니지먼트가 아닌 것은 무엇인가?

프로덕트 매니지먼트는 다양하게 정의할 수 있지만, 모든 일을 다 할 수 있는 것은 아니다. 어떤 사람에게는 실망스러울 수도 있겠지만, 다음은 프로덕트 매니지먼트가 아닌 몇 가지 현실이다.

| 현실 1: 프로덕트 매니저는 보스가 아니다 |

업계에서 프로덕트 매니저의 역할을 프로덕트의 '미니 CEO'로 설명하는 경우를 생각보다 자주 보게 된다. 공교롭게도 내가 보았던, '미니 CEO'같이 행동했던 프로덕트 매니저들은 책임보다 명예를 얻는 것에 더 관심을 보이기도 했다. 하지만 당신만큼은 프로덕트의 성패를 프로덕트 매니저인 당신이 책임져야 한다고 생각하길 바란다. 이 책임을 달성하려면 팀과의 충분한 신뢰와 팀이 열심히 일할 수 있도록 만드는 것이 중요하다. 프로덕트 매니저가 조직의 보스처럼 행동할 때 그러한 신뢰는 쉽게 사라져 버린다.

| 현실 2: 실제로 프로덕트 매니저가 프로덕트를 만드는 것이 아니다 |

어떤 사람들에게는 프로덕트 매니저가 뛰어난 발명가와 장인들처럼 비전을 세우고, 획기적인 변화를 가져올 수 있는 아이디어를 대중에게 전하기 위해 고군분투하는 것처럼 보일 수 있다. 하지만 실제로 프로덕트를 만드는 사람은 프로덕트 매니저가 아니다. 직접 무엇인가를 만드는 것을 정말 좋아하는 사람이라면 프로덕트 매니지먼트가 무엇인가를 만드는 것이 아니라 무엇인가를 연결하고 촉진하는 것이라는 점에 크게 실망할 수도 있다. 심지어 프로덕트 매니저가 기술 및 디자인과 관련된 의사결정 과정에서 좋은 의도로 의견을 냈을 때조차 프로덕트를 만드는 사람들은 그것을 짜증나고 선을 넘는 마이크로 매니지먼트로 받아들이는 경우도 많다.

물론 프로덕트 팀의 기술과 디자인 의사결정에 전혀 관심을 두지 말라는 뜻은 아니다. 동료들의 작업에 진심으로 관심을 갖는 것도 프로덕트 매니저로서 해야 하는 중요한 일이다. 그러나 문제를 해결할 때 "걱정하지 마세요. 제가 직접 해 보죠."에 익숙한 사람이라면 특히 프로덕트 매니지먼트가 더 어려울 수도 있지만, 오히려 프로덕트 매니지먼트를 통해서 어렵지만 중요한 신뢰, 협업, 위임에 관한 교훈을 배우게 될 것이다.

| 현실 3: 누가 무엇을 하라고 지시할 때까지 기다릴 수 없다 |

내가 프로덕트 매니저로 일한 첫날에 배운 것은 이 역할에 관해 명확한 가이드라인과 지침이 주어지는 것은 매우 드물다는 것이다. 회사의 규모가 클수록 특히 프로덕트 매니지먼트에 관한 경험이 오래된 회사에는 프로덕트 매니저에 기대하는 것이 잘 정의되어 있을 가능성이 높다. 그러나 그런 회사라도 무엇을 해야 하고, 누구와 논의해야 하고, 팀 내에 특정한 사람들과 효율적으로 커뮤니케이션하려면 어떻게 해야 할지를 처음부터 새롭게 정리해야 할 수 있다.

임원의 불명확한 지시를 이해하기 위해 가만히 앉아서 기다릴 순 없다. 목업에서 문제점이라고 생각되는 것을 발견하면 다른 사람들이 발견할 때까지 기다릴 수 없는 것처럼 명시적으로 지시를 받았건 아니건 자발적으로 팀의 성공에 영향을 미칠 수 있는 모든 것을 찾아내고, 평가하여, 우선순위를 지정하고 해결하는 것이 바로 프로덕트 매니저의 일이다.

1.3 좋은 프로덕트 매니저의 유형은 무엇인가?

업계에서 일부 조직이 프로덕트 매니지먼트 담당자를 채용할 때 특정한 이력을 선호하는 것은 이미 많이 알려져 있다. 예를 들어 아마존에서는 전통적으로 MBA 출신들을 선호해 왔다. 반면 구글은 스탠퍼드 대학의 컴퓨터과학과 학위를 선호하는 것으로 유명하다(이들 회사에 아직도 이런 선호가 있는지는 종종 논쟁의 주제가 되곤 한다). 이처럼 보통 프로덕트 매니저의 '전형적인' 유형이라고 하면 개발자들을 귀찮게 하지 않을 정도로 비즈니스에 정통한 사람 또는 비즈니스를 잘 아는 엔지니어이다.

물론 이런 유형에 부합하는 훌륭한 프로덕트 매니저들도 많지만, 내가 만났던 훌륭한 프로덕트 매니저 중에는 이런 '전형적인' 유형에 맞지 않는 사람도 있었다. 사실 훌륭한 프로덕트 매니저는 어떤 이력이든 상관없다. 그동안 만났던 최고의 프로덕트 매니저 중에는 음악이나 정치학, 연극, 마케팅, 비영리기관 등 다양한 이력을 가진 사람들도 많았다. 그들의 공통적인 특징은 흥미 있는 문제를 해결하고, 새로운 것을 배우고, 스마트한 사람들과 일하는 것을 좋아하는 사람들이었다.

훌륭한 프로덕트 매니저는 자신의 경험, 직면한 과제를 함께 일하는 사람들과 잘 융합하는 사람이자 현재 함께 하는 팀과 조직의 구체적인 요구사항을 만족시키기 위해 자신의 실천법을 지속적으로 개선하고 발전시키는 사람이다. 언제나 배울 수 있는 새로운 지식이 있다는 것을 알 만큼 겸손하며, 주변 사람들로부터 끊임없이 새로운 것을 배우려는 호기심을 가졌다.

프로덕트 매니저 역할을 내부에서 선발하려는 조직을 컨설팅할 때, 나는 공식 조직도가 아니라 직원들의 커뮤니케이션 방식에 대해서 회사 내의 정보가 어떻게 흘러가는지 비공식적인 다이어그램을 그려달라고 요청하곤 한다. 틀림없이 몇몇 사람들이 중간에 짠하고 등장한다. 이 사람들은 정보 중개인이자 연결자이며, 적극적으로 새로운 관점을 모색하는 개방적인 사색가이다. 이들은 보통 프로덕트 매니저의 '전형적인' 유형에 거의 맞지 않으며, 기술과 전혀 상관없는 경우도 많다. 하지만 그들은 성공적인 프로덕트 매니지먼트의 핵심인 끊임없이 도전하고 연결하는 업무를 수행하는 것에 관심과 의향이 있음을 이미 증명한 사람들이다.

1.4 나쁜 프로덕트 매니저의 유형은 무엇인가?

좋은 프로덕트 매니저의 유형은 단 하나의 유형에 해당되는 경우가 거의 없지만, 나쁜 프로덕트 매니저의 유형은 꽤 명확하다. 거의 모든 종류의 조직에서 공통적으로 나타나는 나쁜 프로덕트 매니저 유형은 다음과 같다.

| 전문용어 남발^{Jargon Jockey} 프로덕트 매니저 |

이 유형은 팀원의 설명 방식이 하이브리드 스크럼반^{Scrumban} 방법론에서는 잘 동작하지만, PSM III 인증을 받은 스크럼 마스터[5]에게는 통하지 않는다는 것을 알려주고 싶어 할 것이다(만약에 이들 용어를 잘 몰라서 검색해 보겠다고 하면, 이런 유형의 프로덕트 매니저는 그동안 어떻게 일을 했냐고, 무능하다고 깜짝 놀라 할지도 모른다). 이들은 한 번도 들어본 적이 없는 용어를 정의해서 말하기도 하고, 특히 중대한 의견 차이가 있을 때 들어보지도 못한 용어를 남발하는 경향이 있다.

| 스티브 잡스 추종자 프로덕트 매니저 |

스티브 잡스 추종자들은 다르게 생각한다™. 이들은 의자에 기대어 앉아 과장되고 도발적인 질문하기를 좋아하고, 스티브 잡스의 위대함을 계속해서 상기시켜주고 싶어 한다. 또한 스티브 잡스 추종자는 자신보다 더 빨리 달리는 말을 키우려고 하지 않아, 언제나 주변을 견제한다. 이들은 사용자들이 멍청하다고 대놓고 말하지는 않지만 자기처럼 비전이 있는 건 아니라고 매번 말할 것이다.

| 영웅 프로덕트 매니저 |

두려움 없는 영웅 프로덕트 매니저에게는 회사 전체를 구할 어마어마한 아이디어가 언제나 있다. 영웅 프로덕트 매니저는 그 아이디어가 왜 말이 안 되는지나 그 점에 대해서 이미 백만 번도 넘게 논의했다는 걸 듣는 데는 관심이 없다. 영웅 프로덕트 매니저가 전 직장에서 어떤 일을 했는지 구체적으로 말한 적이 있었나? 아마 그들은 거의 모든 일 또는 핵심적인 일들을 자기 혼자 했다고 말할 것이다.

| 일중독^{Overarchiever}[6] 프로덕트 매니저 |

이런 유형은 어찌 그 많은 일을 해낼까? 전년도에 일중독 프로덕트 매니저의 팀에서 50개나 되는 기능을 출시했다는 것을 알고 있는가? 그리고 일중독 프로덕트

---

5 옮긴이_ Professional Scrum Master™ III는 스크럼 적용 방법, 스크럼 관행 및 가치에 대한 깊은 이해가 필요한 인증이다.
6 옮긴이_ 주어진 것 이상으로 하는 초과 달성자라는 뜻인데, 일중독으로 번역하였음.

매니저가 프로덕트의 주요 출시 일정을 맞추기 위해 삼일 밤낮으로 팀원들과 함께 일을 했다는 이야기도 들었나? 일중독 프로덕트 매니저는 많은 결과를 가져올 수 있는 능력자로 회사 임원들에게 칭찬을 받긴 하지만, 그의 많은 결과들이 실제로 비즈니스나 사용자를 위한 것인지 명확하지 않다. 그리고 무엇보다 그 결과를 내기 위해 일중독 프로덕트 매니저의 팀원들은 꽤 많은 스트레스를 견뎠다. 이제 그들은 회사를 그만두고 싶지만, '아직' 회사를 그만두지 않은 사람들인 셈이다.

| 순교자^{Matyr} 프로덕트 매니저 |

좋다! 순교자 프로덕트 매니저는 분명 해낼 것이다(그림 1-1). 이 유형의 프로덕트 매니저는 프로덕트를 제때 출시하지 못하거나 목표를 달성하지 못하면 그 이유를 모두 자기 책임이라고 생각한다. 이런 유형은 매일 아침 전체 팀원을 위해 커피를 가져오는 일은 별 일 아니라고 생각하지만, 그 커피를 팀원들의 책상에 어떻게 놓을지 필요 이상으로 고민한다(사실 전혀 중요한 일이 아닌데 말이다).

그림 1-1 현실 속의 순교자 프로덕트 매니저

이들은 자신의 삶보다 업무를 우선시한다고 자주 말하지만, 팀원들이 새로운 질문이나 우려사항을 이야기하면 화를 내거나 부담스러워하는 것처럼 보인다.

놀랍게도 이런 패턴에 빠지는 프로덕트 매니저가 가장 많다. 심지어 나도 이런 적이 한두 번 있었다. 왜 그럴까? 대체로 이런 패턴은 무능함이나 악의 때문이 아니라 불안 때문에 발생한다. 프로덕트 매니지먼트 자체가 불안을 유발하는 무자비하고 혹독한 자극이 될 수 있고, 이렇게 생긴 불안은 모두를 최악의 결과로 이끈다.

프로덕트 매니지먼트는 기본적으로 연결하고 촉진하는 역할을 담당하므로, 프로덕트 매니저가 사람들에게 보여줄 수 있는 실제 가치는 수량화하기가 정말 어렵다. 예를 들어 개발자는 10,000줄의 코드를 작성하고, 디자이너는 회의실에 있는 사람들이 모두 놀라는 촉각적이고 시각적인 세계를 만들어 낸다. 그리고 CEO는 팀을 성공으로 이끄는 선구자 역할을 한다.

프로덕트 매니저는 정확히 무슨 일을 할까?

이런 질문과 가치를 입증하고 싶은 방어적인 충동 때문에 의도치 않게 자기 파괴적인 행동이 일어날 수 있다. 불안한 프로덕트 매니저는 프로덕트 매니지먼트가 정말로 복잡하고 중요한 것이라고 증명하기 위해 뜻 모를 말을 하기 시작할 수도 있다(전문용어 남발). 이런 프로덕트 매니저는 자신이 얼마나 많은 일을 했는지를 보여주기 위해 팀을 피로와 번아웃으로 이끌기도 한다(일중독). 게다가 그 모든 것을 하느라 개인적으로 얼마나 많은 희생을 감수하는지를 이상하게 드러내기 시작할 수도 있다(순교자).

프로덕트 매니저가 창출하는 가치는 대부분 팀의 업무로 드러난다. 내가 만났던 훌륭한 프로덕트 매니저들은 팀의 성공이 자신의 성공이라고 진심으로 믿고 있었다. 팀원들은 이런 프로덕트 매니저들에게 "저는 당신을 평생 믿을 겁니다."나 "아침에 출근하면서 당신을 만나면 기분이 좋더군요."와 같은 말을 한다. 자신이 하는 일에 불안한 마음이 든다면 팀원들과 얘기해 보고, 팀의 성공에 더 많은 기여를 할 수 있는 것이 무엇인지 살펴보자. **불안한 마음 때문에 나쁜 매니저가 되지는 말자!**

1.5 프로덕트 매니저는 매주 60시간씩 일하지 않는다

지난 6개월 동안 "저는 프로덕트 매니저가 되고 싶은데, 그 일을 잘하려면 주당 60시간은 일해야 한다고 하던데요?"라고 말하는 사람들을 만났다. 내가 프로덕트 매니저를 시작할 무렵에 이런 말을 들었다면 그 사람들 말에 심정적으로 강하게 동의했을 것이다. 어쩌면, "일이 잘될 때 60시간인 거죠!"라고 덧붙였을 수도 있다. 하지만 이제는 나도 그런 그릇된 믿음을 넘어서 성숙해졌고, 이 업계도 대부분 그렇게 생각하지 않을 만큼 발전했다고 믿는다.

프로덕트 매니저로 일주일에 60시간씩 일했던 때를 되돌아보면 그 60시간의 이유는 경험 부족, 불안감, 효율적으로 업무 우선순위를 정하지 못한 결과이다. 내가 뭘 해야 할지를 정확히 모르기도 했고, 그 사실을 다른 사람들이 알게 되는 것도 두려웠다. 그래서 큰 목소리로 떠들면서 사람들의 눈에 띄게 일을 하곤 했다 (말하자면, 순진한 초보자에서 일중독으로, 다시 순교자로 가는 길이었다). 이런 방식은 내 정신 건강에도 치명적일 뿐 아니라 우리 팀에도 심각한 해를 끼쳤다. 나는 저녁 8시가 넘어서도 한숨을 쉬며 키보드를 두들기고 있었고 팀원들은 그런 나를 보며 사무실에 더 있어야 하는지 고민했다.

프로덕트 매니저로서 가장 효과적이고 영향력 있던 시기에는 거의 매일 오전 10시에서 오후 4시까지만 일했다. 맞다. 이 시기에 나는 빠른 속도로 성장하던 스타트업에 있었다. 뛰어난 재능이 있던(그리고 상담도 꽤 잘했던) 동료들의 도움으로 팀이 목표를 달성할 수 있는 업무 우선순위를 정할 수 있었다. 그리고 동료들에게 내가 일을 열심히 하는 사람처럼 보이는지 아닌지를 크게 걱정하지 않게 되었다. 금요일 밤에 사무실에 얼마나 늦게까지 있었는지나 일요일 아침에 슬랙^{Slack} 메시지에 얼마나 빨리 답을 하는지를 꼼꼼하게 살피는 사람은 나 빼고 아무도 없었다.

어려운 일이긴 하지만 업무의 경계와 우선순위를 정할 줄 아는 사람이라면 어떤 일을 하든 불합리하고 건강을 해칠 만큼 오랜 시간 일해야 한다는 생각은 버려야 한다. 게다가 프로덕트 매니지먼트 분야에서는 특히나 시간의 경계와 우선순위를 정하는 어려운 일을 해낼 수 있는 사람이 더 필요하다. 장시간 근무가 프로덕트 매니지먼트의 필수 불가결한 것이라는 생각은 새로운 사람들이 이 업무를 선택하지 못하게 하고, 현장의 프로덕트 매니저들도 업무 우선순위를 정하고, 팀에 대해 합리적이고 건강한 기대를 하는 법을 배우지 못하게 할 뿐이다. 이런 문제는 반드시 극복해야 한다.

1.6 프로그램 매니저? 프로덕트 오너?

내가 프로덕트 매니지먼트를 주제로 워크숍을 할 때마다 받는 첫 질문은 항상 "프로덕트 매니저와 프로그램 매니저/프로덕트 오너/솔루션 매니저/프로젝트 매니저는 무엇이 다른가요?"이다.

왜 많은 사람이 이 질문을 하는지 쉽게 알 수 있다. 비슷해 보이는 프로덕트 관련 역할들이 계속 생겨나면서 각각의 역할과 목적을 명확하게 구분하기가 점점 어려워지기 때문이다. 프로덕트 매니저로 일하고 있는데, 갑자기 우리 팀에서 프로그램 매니저를 채용한다고 하면 그게 나한테는 어떤 의미가 될까? 내 업무가 쓸모없어 보이는 걸까? 다른 사람이 나와 같은 일을 하게 되는 것일까? 그리고 속물 같지만, 누가 더 돈을 많이 받을까?

나는 프로덕트 매니지먼트에 관한 코칭과 교육을 시작하면서 예전의 경험과 꽤 많은 인터넷 검색으로 찾은 내용들을 활용하여 이 질문에 대해서 최선의 답을 해보고자 했다. 자신 있게 앞선 질문에 답해 본다면, "아마, 대부분의 경우 프로덕트 매니저는 팀의 비즈니스 성과를 책임지는 사람이고, 프로덕트 오너는 팀의 일상적인 활동을 관리하는 사람입니다."이다. 정말 듣는 모두가 고개를 끄덕이며 인정할 수밖에 없을 답이자 구체적이고 확실한 답이 아닌가!

그러나 내가 정의한 역할과 정확히 반대로 일하고 있는 조직과 몇 주 후에 만나게 되었다. 똑같은 질문에 틀에 박힌 대답을 하니 한 임원이 내 말을 끊으면서 이렇게 말했다. "음, 저희는 말씀하신 것과 딱 반대로 정의하고 있거든요." 다시 돌아와서 팀의 활동을 관리하는 사람을 프로덕트 오너라고 하고, 프로덕트의 성패를 책임지는 사람을 프로덕트 매니저라고 부르는 이유가 무엇인가에 관한 질문이다. 이런 상황에서 "구글에는 그렇게 나오던데요?"라는 대답은 좋은 답이 아니다.

그날 이후, 이 질문에 대해서는 가능하면 즉각적으로 대답하기보다는 "팀마다, 조직마다 크게 다릅니다."라고 대답하고 있다. 어떤 조직에서는 둘의 차이점을 한 방향으로 정하기도 하지만, 다른 조직에서는 정확히 반대 방향으로 하기도 한다. 조직 구성원들과 이야기를 나누면서 그들이 그 역할에 대해 어떻게 생각하고, 당신에 대해 구체적으로 기대하는 것이 무엇인지 확인해 보자.

나는 '프로덕트 ◯◯◯'이라고 계속 생겨나는 역할 목록에 '애매하게 기술된 프로덕트 역할Ambiguously Descriptive Product Role (ADPR)'이라는 제목을 붙였다. 이렇게 한 이유는 일상 업무와 책임에 관해 명확하진 않지만, 다양한 역할을 포괄하는 개념인 셈이다. 팀에 다른 ADPR이 있는 매니저에게는 실망스럽겠지만 다음과 같이 조언하게 되었다. "동료 ADPR과 같이 앉아서 무엇을 해야 하는지, 어떻게 함께 할 것인지 함께 논의해 보세요. 서로의 직책과 역할을 명확히 나누려고 노력하기보단 같이 노력해서 나아가는 방법을 찾는 것에 집중하세요." ADPR은 절대 자신의 역할을 명확하게 정의할 수 없다. 그럴수록 질문을 많이 하고, 팀과 긴밀히 협력하며, 가장 영향력을 미칠 수 있는 업무에 집중하는 것이 분명 더 도움이 된다.

'그로쓰growth 프로덕트 매니저'나 '기술 프로덕트 매니저'와 같은 전문성을 강조한 ADPR에 관한 내 조언도 마찬가지다. 전문화된 프로덕트 매니저의 역할이 늘어나는 것과 관련해서는 복잡한 마음이 생긴다. 이런 경향은 특정한 회사에서 특정한 역할을 수행하는 사람들에게 기대하는 점들을 명확하게 하는 데 도움이 될 수는 있다. 그러나 프로덕트와 관련된 역할에 관해 사람들이 알고 있는 일반적인 내용들을 이해하기 어렵게 하는 또 다른 잘못된 정보가 될 수도 있다(이미 "글쎄요, 그 사람은 그로쓰 프로덕트 매니저로만 일을 했었는데요, 일반적인 프로덕트 매니저로 업무를 할 수 있을까요?"라는 대화를 우연히 듣기도 했는데, 이런 경우가 더 많아질 것 같아 걱정이다).

요약하면 모든 회사의 모든 팀에 있는 모든 프로덕트 관련 역할은 조금씩 다르다. 이 점을 빨리 수용한다면 자신이 할 수 있는 최선을 다해 특정한 프로덕트 관련 업무를 시작할 수 있을 것이다.

마치며: 모호성의 바다를 항해하다

이 책을 비롯하여 얼마나 많은 책을 읽었든, 얼마나 많은 기사를 스크롤했든, 일하는 프로덕트 매니저와 얼마나 많은 대화를 나눴든, 이 역할은 항상 새롭고 예상치 못한 문제가 있다. 이러한 도전에 열린 마음을 유지하고, 가능하면 내게 주어진 역할이 모호하다는 것을 완전히 새로운 것을 배울 가능성이라는 현실로 해석해 보자.

셀프 체크리스트

- ☐ 프로덕트 매니저가 된다는 것은 상이한 많은 일을 해야 한다는 것을 의미한다. 일상 업무가 비전과 상관없고, 중요해 보이지 않을지라도 팀의 목표에 기여한다면 심란해하지 않는다.
- ☐ 프로덕트와 팀의 성공에 기여할 수 있는 방법을 찾는 데 적극적으로 나선다. 누구도 당신이 할 일을 정확하게 말해 주지 않을 것이다.
- ☐ 다른 사람들에게는 사소한 것으로 여겨지더라도 잘못된 커뮤니케이션이나 불일치가 되기 전에 문제를 해결한다.
- ☐ 성공한 프로덕트 매니저의 '전형적인' 유형에 너무 집착하지 않는다. 성공적인 프로덕트 매니저는 어디에서나 나타날 수 있다.
- ☐ 불안함으로 인해 나쁜 프로덕트 매니저로 변하지 않도록 한다. 자신의 지식이나 기술을 방어적으로 과시하려는 충동을 억제한다.
- ☐ 업무 시간이 아니라 비즈니스, 사용자와 팀에 미치는 영향으로 성공을 측정한다.
- ☐ 모호하게 정의된 프로덕트와 관련된 역할(예를 들면 프로덕트 매니저, 프로덕트 오너 또는 프로그램 매니저)에 대한 하나의 '올바른' 정의를 찾지 않는다. 각 팀에 있는 각각의 프

로덕트와 관련된 역할의 고유성을 인정하고, 특별히 나에게 기대하는 것을 파악하기 위해 많은 질문을 한다.

☐ 팀에 모호하게 설명된 프로덕트 관련된 역할이 있을 때(말하자면 프로덕트 매니저도 있고 프로덕트 오너도 있을 때), 동료 ADPR과 협력하여 공동의 목표를 조정하고, 이러한 목표를 달성하기 위해 협력할 수 있는 최선의 방법을 찾는다.

프로덕트 매니지먼트의 CORE 기술

팀과 조직마다 프로덕트 매니지먼트 역할은 매우 다양하기 때문에 프로덕트 매니지먼트에 필요한 실질적인 기술을 꼭 짚어 말하기는 정말 어렵다. 이런 이유로 다른 분야에서 쉽게 정의할 수 있는 역할에 필요한 기술을 이것저것 가져와서 프로덕트 매니지먼트를 설명하는 경우가 많다. 이것은 코딩을 조금 하고, 비즈니스 역량도 약간 있고, 사용자 경험 설계도 약간 할 줄 아는 것을 '자, 봐라 이게 프로덕트 매니저다.'라고 하는 식이다.

프로덕트 매니지먼트라는 연결 업무에도 고유한 기술들이 필요하다. 이번 장에서는 이러한 기술들을 함께 정의해 보며 프로덕트 매니지먼트를 좀 더 가치 있고 고유한 역할로 정리해 볼 것이다. 추가로 프로덕트 매니저가 업무에서 탁월한 성과를 낼 수 있는 일상적인 지침도 함께 살펴보자.

2.1 하이브리드 모델: UX/기술/비즈니스

프로덕트 매니지먼트와 관련하여 널리 쓰이는 시각적 표현은 세 개의 원으로 나타낸 벤 다이어그램이다(그림 2-1). UX(사용자 경험), 기술, 비즈니스를 각각 하나의 원으로 표현하고, 이 세 개가 중첩되는 부분에 프로덕트 매니지먼트가 위치한다.

이 그림을 다양하게 변형한 것도 여러 종류를 봤는데, 어떤 때는 UX 자리에 디자이너나 사람을 넣기도 한다. 어떤 그림에서는 비즈니스를 통계나 재무로 바꾸기도 한다. 최근에 어떤 유명한 은행에서 '비즈니스, 기술, 인간'을 잘 다룰 수 있는 사람을 뽑는다는 구인 공고를 낸 적이 있는데, 그것은 현실적으로 말이 안 되는 이야기였다.

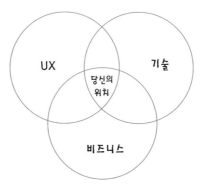

그림 2-1 마틴 에릭손의 '프로덕트 매니저란 정확히 무엇인가?[7]'에서 가져온 하이브리드 프로덕트 매니지먼트 벤 다이어그램

2021년에 나는 벤 다이어그램을 처음 만들었던 마틴 에릭손^{Martin Eriksson}과 그가 주도한 마인드 더 프로덕트^{Mind the Product}라는 커뮤니티에서 편하게 대화를 나눈 경험[8]이 있다. 이 대화에서 에릭손은 앞으로 프로덕트 매니저가 될 사람들에게 이렇게 해야 한다고 단정하기보다는 그 역할에 관한 자신의 특별한 관점을 공유하고 싶어서 벤 다이어그램을 그렸다고 설명했다.

> 어떤 방법이나 형태, 형식으로 프로덕트 매니지먼트에 대한 근본적인 정의를 내리고자 한 것은 전혀 아니었어요. 다만 내가 하고 있는 일과 그 일에 대한 제 생각은 무엇인지, 그 업무를 왜 멋있다고 생각하는지에 대해 이야기하고 싶었을 뿐이었지요.
>
> **벤 다이어그램**은 당시 내가 구성하려 했던 팀을 보면서 떠올렸어요. 저는 어떤 스타트업에서 프로덕트 담당 부사장으로 일했는데, 기본적으로 비즈니스에서 가장 처음으로 실제 프로덕트를 담당하는 역할이었지요. 그때는 뭐라고 불러야 할지도 몰랐

---

7 옮긴이_ https://www.mindtheproduct.com/what-exactly-is-a-product-manager/
8 옮긴이_ https://www.mindtheproduct.com/interpreting-the-product-venn-diagram-with-matt-lemay-and-martin-eriksson/에서 동영상으로 볼 수 있다.

지만, '어떻게 교차 기능을 가진 자율적인 팀을 구성할 수 있을까?'에 대해 많은 연구를 하고 있었어요. 주로 '우리 팀이 성공하고, 훌륭한 프로덕트를 만들기 위해 필요한 것은 무엇일까?'를 고민했죠. 그리고 가장 중요한 것, 세 가지를 떠올렸는데 **고객에 대한 약간의 감각, 사용자 경험, 비즈니스 측면에 대한 감각**, 이 세 가지 요소였어요. 어떻게 가치를 만들고 어떻게 가치를 담아 내며, 어떻게 그 가치를 기술 팀과 협력하여 실제로 제공할 수 있을까요?

이러한 팀 수준의 정의는 프로덕트 매니지먼트 역할에 관한 아주 유용하고 간결한 설명이다. 실제로 사용자와 고객에 대한 이해, 비즈니스에 대한 이해, 그리고 비즈니스와 고객 사이의 가치 교환을 향상시킬 수 있도록 팀에서 무엇을 전달할 것인지에 대한 이해, 나는 이 세 가지를 자신의 업무에 포함시키지 않는 프로덕트 매니저를 여태까지 본 적이 없다. 내가 프로덕트 매니저 일을 시작했을 때, 이 벤 다이어그램은 프로덕트 매니저가 세상에서 독특한 위치에 있다는 것을 이해하는 데 도움이 되었다. 엔지니어, 디자이너, 비즈니스 분석가가 아니라 팀의 성공을 돕기 위해 이들을 연결하고 조율하는 것이 프로덕트 매니저의 역할인 셈이다.

물론 이는 나의 개인적인 해석일 뿐이다. 벤 다이어그램을 설명하는 다른 많은 견해들이 있으며, 어떤 것은 전혀 도움되지 않는 경우도 있다. 흔히 볼 수 있는 도움이 되지 않는 설명은 한 명의 프로덕트 매니저에게 개발자, 디자이너, 비즈니스 분석가의 모든 기술과 지식이 있어야 한다는 조언이다. 소위 '평평한 원으로서의 벤 다이어그램 오류 Venn diagram-as-a-plain-circle fallacy'이다.

팀 전체, 심지어 회사 전체의 기술과 경험을 요구하는 프로덕트 매니저 채용 공고를 보고 당황한 적이 있다면, 바로 이런 오류를 직접 경험한 것이다. 이 부분에 대해서 에릭슨은 "프로덕트 매니지먼트는 이 세 가지의 교차점에 있지만, 이들 모두를 알아야 하거나 전문가여야 할 필요는 없다."고 명확히 말했다.

실제로 디자이너, 개발자 또는 비즈니스 분석가에게 필요한 기술과 이들의 의견을 조율하고 협력을 이끌어 내는 데 필요한 기술은 전혀 다르다. 벤 다이어그램은 프로덕트 매니저로서 자신의 위치를 설명하는 데는 도움이 되지만, 하나의 모델이나 설명일 뿐이며 프로덕트 매니저가 해야 할 일을 모두 설명하는 것은 아니다.

마찬가지로 에릭슨도 벤 다이어그램으로 프로덕트 매니지먼트를 이해할 때 **천편일률적으로** 이해하면 안 된다고 말했다.

2.2 프로덕트 매니지먼트의 CORE 기술

프로덕트 매니지먼트에 관한 가장 교과서적인 모습은 비즈니스 담당자, 디자이너, 엔지니어로 구성된 전형적인 '프로덕트 삼총사' 팀으로 외부의 비즈니스 이해관계자들과 정기적으로 커뮤니케이션하는 모습이다. 그러나 프로덕트 매니저는 대부분의 경우 삼총사 벤 다이어그램에 속하지 않는 이해관계자를 연결하고 조율해야 한다. 규제를 받는 대기업의 프로덕트 매니저는 변호사와 회계 담당자를 연결하고 조율하는 데 대부분의 업무 시간을 써야 될 수 있고, 신생 스타트업의 프로덕트 매니저는 프로덕트의 초기 버전을 만들기 위해 계약한 외부 업체와 창업자를 연결하고 조율하는 데 대부분의 시간을 써야 할 수도 있다.

여러 회사에서 온 사람들을 대상으로 프로덕트 매니지먼트 워크숍을 주최할 때 보통 내가 하는 첫 질문은 "목표 달성을 위해 회사에서 반드시 서로 연결하고 조정해야 하는 상위 다섯 가지 역할은 무엇인가요?"이다. 이에 대한 대답은 정말 다양하다. 실제로 어떤 사람들은 개발자, 디자이너, 비즈니스 이해관계자를 열거한다. 마케터, 영업사원, 데이터 과학자, 컴플라이언스 책임자를 나열하기 시작하는 사람도 있다. 전혀 들어본 적 없는 역할을 이야기하는 사람도 있고, 그냥 '고객'이라는 단어로 넘어가는 사람도 있다.

프로덕트 매니지먼트의 역할이 더욱 보편화되고 범위가 넓어지면서 프로덕트 매니저가 탐색해야 하는 벤 다이어그램은 점점 더 복잡해져서 예측이 어려워지고 있다. 프로덕트 매니저가 광범위한 이해관계자를 연결하고 조율해야 하는 현실을 생각하면, '조직과 팀, 산업 전반에서 프로덕트 매니저가 매일 함께 일하는 사람들을 성공적으로 연결하고 조율하기 위해 필요한 구체적인 기술은 무엇일까?'라는 의문이 자연스럽게 생긴다.

나는 이 책을 쓰면서 프로덕트 매니저의 역할을 독특하고 흥미롭게 만드는 '연결' 기술들에 대해 더 잘 설명하고 하나의 기술 모델로 정리하고 싶었다. 그리고 여러 산업 분야와 조직에서 일하는 프로덕트 매니저들과 인터뷰를 하면서 성공에 필요한 기본적인 프로덕트 매니지먼트 기술이 매우 유사하다는 것을 발견했다(그림 2-2). 프로덕트 매니저는 다음을 잘할 수 있어야 한다.

- 이해관계자들과 커뮤니케이션한다.
- 지속 가능한 성공을 위한 프로덕트 팀을 조직하고 관리한다.
- 사용자의 요구사항과 목표를 리서치한다.
- 프로덕트 팀이 목표를 달성하는 데 필요한 일상적인 작업을 실행한다.

이 CORE 기술 모델은 다양한 조직과 산업 전반에 걸쳐 있는 프로덕트 매니저의 일상적인 역할을 잘 반영한다.

그림 2-2 프로덕트 매니지먼트의 CORE 기술

이제 프로덕트 매니지먼트의 CORE 기술들을 자세히 알아보고 각 기술을 실제로 적용할 때 필요한 원칙도 함께 살펴보자.

Communication: 편안함보다 명료함

커뮤니케이션은 프로덕트 매니저가 개발하고 육성해야 하는 가장 중요한 기술이다. 팀, 이해관계자, 사용자와 효과적으로 커뮤니케이션하지 못하면 프로덕트 매니저로서 성공할 수 없다. 훌륭한 프로덕트 매니저가 되기 위해서는 서로 다른 경험과 관점을 가진 다양한 사람들 사이에서 조율과 이해를 이끌어내는 일을 견뎌야 할 뿐만 아니라, 심지어 적극적으로 즐길 수 있어야 한다.

커뮤니케이션의 기본 원칙은 '편안함보다 명료함'이다. 명료함과 편안함 사이의 선택은 굉장히 실질적인 문제이며, 커리어에서 가장 중요한 순간에 종종 직면하게 되는 문제이다. 예를 들어, 몇 주 전에 팀에서 우선순위를 낮추기로 한 기능에 대해 임원과 함께하는 회의에 참석하는 경우를 생각해 보자. 불편한 상황을 만들지 않으려고 임원이 말한 기능을 전체 프로덕트 출시 과정 안에서 보면 소소한 것이고 큰 문제가 아니라고 생각하여 '일단 그냥 두어도 되겠지.'라고 생각할 수 있다. 그러나 임원은 당신의 침묵을 그 소소한 기능이 프로덕트를 출시할 때 꼭 포함될 것이라는 암묵적 동의로 해석할 수 있다. 이렇게 불명확하게 처리한 결과는 당시에는 사소할 수도 있지만 이후에 치명적일 수도 있다.

게다가 이처럼 불편한 순간이 가장 영향력 있는 순간이 되는 것은 결코 우연이 아니다. 불편함은 명료함 부족의 징후일 때가 종종 있다. 이는 사람들이 같은 생각을 하지 않거나 기대치가 명확하지 않음을 나타내는 중요 신호이다. 프로덕트 매니저는 불편함을 두려워하기보다는 적극적으로 불편을 해소하며 자신과 팀을 위해 명확하게 할 필요가 있다.[9]

여기서 특히 내가 강조하고 싶은 것은 좋은 커뮤니케이션이 '근사한 단어를 골라서 인상적인 방식으로 말하는 것'을 의미하지 않는다는 점이다. 내가 상담한 많은 프로덕트 매니저, 특히 스스로 내성적이라고 생각하거나 모국어가 아닌 외국어로 업무를 하는 프로덕트 매니저는 커뮤니케이션 기술을 개발하는 데 있어 본질적으로 불리한 조건에서 일하고 있다고 걱정했다. 그러나 실제로 이런 프로덕트 매니

---

9 4장, 'TMI' 커뮤니케이션의 기술'에서 편안함보다 명료함을 확보하기 위한 구체적인 전략에 대해 설명한다.

저들은 모국어가 아닌 외국어로 업무를 하면서 이미 팀과 함께 명확하지 않은 것을 많이 극복해 왔기 때문에 오히려 명료한 커뮤니케이션 기술을 개발하는 데 앞서 나가고 있다는 것을 알게 되었다.

어느 단계에서 시작하든 더 나은 커뮤니케이션을 하기 위해 선택할 수 있는 단계는 항상 존재한다. 다음은 커뮤니케이션 능력을 평가하기 위해 스스로에게 물어볼 수 있는 질문들이다.

- 나는 현재 우리가 하는 일과 그 이유를 명확히 이해하는 데 필요한 질문과 대화를 팀원들과 하고 있는가?
- 다른 프로덕트 팀과 프로덕트 매니저와 협력하는 것이 사용자 및 비즈니스에 더 좋은 결과를 제공할 수 있다고 판단되면 적극적으로 연락하는가?
- 나에게 연락하는 이해관계자에게 신속하고 사려 깊게 응답하고 있는가?
- 가능한 해결책을 검토할 때 여러 가지 해결책을 일관되게 제시하고 각각의 장단점을 이해관계자에게 설명하는가?

Organization: 자신을 쓸모없는 존재로 만들어라

프로덕트 매니저는 커뮤니케이션 기술을 사용하는 것 외에도 팀이 함께 일을 잘할 수 있도록 조직을 관리해야 한다. 커뮤니케이션 기술이 개인적인 수준에서 상호작용을 관리하는 것이라면 **조직 관리**는 그러한 상호작용을 운영하고 확장하는 것이다.

개인 커뮤니케이션 능력이 뛰어나다고 해서 모두 타고난 조직 관리 능력이 있는 것은 아니다. 아무리 지식이 많고 카리스마가 있어도 조직 관리 능력이 부족한 프로덕트 매니저는 팀의 걸림돌이 되곤 한다. 이들은 팀원들에게 방향을 제시하고, 막힌 부분을 뚫어주고, 갈등을 해결하느라 정신 없이 뛰어다니지만, 직접적이고 지속적인 개입 없이는 결국 한계가 있다. 조직 관리 능력이 부족한 프로덕트 매니저는 팀원들의 "지금 당장 무엇을 해야 하나요?"와 같은 질문을 듣는 것을 좋아한다. 이 질문은 팀원들이 일상적인 우선순위를 정하는 데 프로덕트 매니저의 결정에 절대적으로 의지한다는 뜻이기 때문이다.

반면, 조직 관리에 탁월한 프로덕트 매니저는 "지금 당장 무엇을 해야 하나요?"라는 팀원의 질문을 무언가 잘못되고 있다는 신호로 받아들인다. 이들은 팀원들이 이런 질문을 하지 않고도 모두가 무엇을 왜 작업해야 하는지 항상 알 수 있도록 노력해 왔기 때문이다. 조직을 생각하는 프로덕트 매니저는 문제가 발생하면 '지금 당장 이 문제를 어떻게 해결할 수 있을까?'라고 고민하는 데 그치지 않고 '어떻게 하면 이런 일이 다시 발생하지 않도록 할 수 있을까?'라고 고민한다.

조직 관리 성공의 기본 원칙은 **'자신을 쓸모없는 존재로 만들어라.'**이다. 조직 관리에 탁월한 프로덕트 매니저는 팀과 협력하여 자신이 관여하거나 지속적으로 모니터링할 필요가 없도록 사람, 프로세스 및 도구를 자율적 시스템으로 만든다. 자신을 쓸모없는 존재로 만들려는 노력은 많은 프로덕트 매니저, 특히 개인적 노력에 대해 인정받고 싶은 프로덕트 매니저에게는 생소할 수 있을 것이다. 하지만 훌륭한 프로덕트 매니저는 개인의 노력이 팀 전체에 힘을 실어줄 때 가장 큰 영향력을 발휘한다는 사실을 잘 알고 있다. 다음과 같은 질문을 통해 자신의 조직 관리 능력을 평가해 보자.

- 내가 한 달 동안 휴가를 가더라도 팀에서 스스로 우선순위를 정하고 전달할 수 있는 프로세스를 갖추고 있는가?
- 팀원 누구에게나 "무슨 일을 왜 하고 있나요?"라고 묻는다면 모두가 즉시 일관성 있는 대답을 할 수 있는가?
- 다른 팀의 누군가가 우리 팀이 어떤 일을 하고 있는지 알고 싶다면, 이를 쉬운 방법으로 확인할 수 있는가?
- 특정 프로세스나 시스템이 우리 팀에 적합하지 않은 경우(또는 부족한 경우), 팀원들과 적극적으로 협력하여 해당 프로세스나 시스템을 변경하는가? 또는 해당 프로세스나 시스템을 바꿀 수 없다면 팀원들과 적극적으로 협력하여 해당 프로세스나 시스템과 상호작용하는 방식을 바꾸고 있는가?

Research: 사용자의 현실에서 사는 것

리서치는 프로덕트 매니저가 일상적인 업무를 하면서도 변화무쌍한 사용자의 현실과 프로덕트의 '연결'을 유지할 수 있는 방법이다. 리서치에는 사용자 인터뷰와 같은 공식 활동과 비공식적인 대화, 구글 검색, 위키 같은 소셜 미디어 등 사용자에 대한 최신 정보를 파악하는 데 도움이 되는 모든 활동이 포함된다. 호기심이 프로덕트 매니저의 핵심 사고방식이라면, 리서치는 그 호기심을 실현하고 조직의 벽을 넘어 확장하는 방법이다.

리서치 기술이 부족한 프로덕트 매니저는 왜 그 길을 가는지 자문하거나 방향을 조정할 수 있는 새로운 정보를 찾는 데 시간을 쓰지 않고, 정해진 길로만 팀을 계속해서 이끄는 경향이 있다. 이러한 프로덕트 매니저는 마감 기한은 맞출 수 있겠지만, 계속해서 시장과 사용자를 따라가기만 할 뿐이다.

리서치의 기본 원칙은 **'사용자의 현실에서 사는 것'**이다. 모든 프로덕트에는 소비자, 즉 다른 비즈니스 또는 API를 사용하는 엔지니어 등 사용자가 있다. 프로젝트 마감일 맞추기, 프로덕트 백로그 관리, 손익 계산서 균형 맞추기와 같이 당신에게 중요한 것은 사용자에게는 전혀 중요하지 않다. 사용자에게는 각자의 우선순위, 요구사항 및 걱정거리가 있고, 심지어 그중 가장 중요한 부분이 당신의 프로덕트와 전혀 관련이 없을 수도 있다. 내가 만난 성공적인 프로덕트 매니저들은 사용자가 어떻게 프로덕트와 상호작용하는지 아는 것뿐만 아니라 프로덕트가 사용자의 더 넓은 현실에 어떻게 부합하는지도 잘 이해하고 있다. 이러한 프로덕트 매니저들은 경쟁사의 프로덕트를 평가할 때 "어떻게 하면 같은 기능을 만들 수 있을까?"가 아니라 "이 프로덕트가 우리 사용자에게 어떤 의미가 있을까?"라고 묻는다.[10] 다음은 자신의 리서치 능력을 평가해 볼 수 있는 질문이다.

- 우리 팀은 적어도 일주일에 한 번은 사용자/고객으로부터 직접 학습하고 있는가? 이 질문은 테레사 토레스[Teresa Torres]의 지속적 발견에 대한 가장 탁월한 정의이다.[11]
- 우리 팀은 프로덕트와 관련된 모든 사항을 비즈니스 목표와 사용자 요구사항에 따라 결정하는가?
- 우리 팀은 사용자의 요구사항과 행동을 이해할 수 있도록 우리의 프로덕트, 경쟁사의 프로덕트, 유사한 프로덕트를 모두 정기적으로 사용하는가?
- 우리 팀이 제시한 사용자 요구사항과 목표가 실제 사용자의 요구사항과 목표를 반영하는가, 혹은 비즈니스에서 원하는 요구사항과 목표만 반영하진 않는가?

....

10 사용자로부터 직접 배우는 방법에 대해서는 6장, '사용자와 대화하기(또는 '포커 게임이란 무엇인가?')'에서 자세히 설명한다.

11 https://www.producttalk.org/2021/08/product-discovery/

Execution: 모든 노력은 성과를 위한 것이다

앞서 말한 것처럼 프로덕트 매니저는 일을 완수해야 할 책임이 있다. 이는 원칙적으로 내 업무가 아닌 것들이라도 팀이 목표를 달성하는 데 필요한 모든 작업을 해야 한다는 의미기도 하다. **실행**을 중시하는 프로덕트 매니저는 팀이 책임져야 하는 프로덕트의 목표를 이해하는 것부터 시작하여 성과를 달성하기 위해 시간, 자원 및 활동의 우선순위를 막힘 없이 정한다.

실행력이 부족한 프로덕트 매니저는 일상적인 노력과 팀의 업무 목표를 연결하지 못한다. 이 경우 쓸데 없이 해야 할 일의 양이 너무 많아서 결과 없이 노력만 하게 되는 경우가 많다. 아니면 완벽한 프로덕트를 만들려고 하거나 지표에 신경을 쓰느라 정신이 산란해져서 성과없이 결과에만 집중하기도 한다.[12]

실행 중심의 프로덕트 매니저는 목표와 결과에 대한 노력을 우선시하기 때문에 특별히 멋져 보이거나 높은 지위에 있는 것처럼 보이지 않는 사소한 업무도 기꺼이 맡는다. 이를테면 이런 프로덕트 매니저는 프로덕트 출시를 위한 중요한 단계가 이른 아침에 커피를 사러 가는 것이라면 기꺼이 갈 것이다. '**항상 도넛을 가져가세요.**'[13]라는 켄 노튼^{Ken Norton} 처럼 말이다.

프로덕트 매니저로 일하면서 나는 언제나 도넛과 커피를 살 생각을 했다. 내가 미처 몰랐던 것은 나의 직급을 뛰어넘는 대화에 참여해야 할 때가 종종 있었다는 점이다. 경력 초기, 특히 변화가 많았던 상황에 나는 주요 플랫폼 파트너와의 정말 중요한 협상을 하기 위해 '일일 부사장' 역할을 했다. 당황스럽지만 그때 나는 중요한 협상을 성공적으로 마무리해야 한다는 것보다 내가 진짜 부사장은 아니라는 사실에 아쉬워했다. 실행 중심의 프로덕트 매니저라면 개인적 영광이 아니라 조직의 목표를 명확히 하고 달성하기 위해 중요하고 높은 수준의 대화에 기꺼이 참여할 수 있어야 한다. 다음은 실행 능력을 평가하기 위해 스스로에게 물어볼 수 있는 몇 가지 질문이다.

....

12 10장, '비전, 미션, 목표, 전략 및 기타 멋진 단어들'에서 성과와 결과를 더 자세히 살펴볼 것이다.
13 옮긴이_ 이 말의 숨은 뜻은 프로덕트 매니저가 아니면 누가 팀에 도넛 배달과 같이 남들이 하기 싫은, 혹은 담당자가 없는 업무를 하겠느냐라는 의미다. https://www.bringthedonuts.com/essays/leading-cross-functional-teams.html

- 우리 팀은 프로덕트의 기능을 출발점으로 삼고, 나중에 그 영향을 추정하여 합리화하는 방식으로 우선순위를 정하는가? 아니면 사용자 및 비즈니스에 대한 영향력에서 시작하고 난 다음 그것을 달성하기 위한 다양한 방법을 평가하고 우선순위를 정하는가?
- 전술적인 대화와 활동(스프린트 계획, 스토리 작성 등)을 할 때 팀의 전략적 목표와 목적을 최우선으로 고려하는가?
- 팀의 목표와 우선순위를 반영하는 방식으로 내 시간의 우선순위를 정하고 있는가?
- 내가 팀에 필요한 업무를 수행하느라 번아웃이 될 것 같다면, 그 사실을 나의 매니저와 직접 커뮤니케이션하는가?

앞서 설명한 CORE 기술을 종합하면, 사용자 요구사항을 파악하기 위한 리서치, 이를 명확하게 표현하고 공유하기 위한 커뮤니케이션, 효과적인 솔루션의 우선순위를 정하기 위한 조직 관리, 이러한 솔루션을 제공하기 위한 실행 등이 산업과 조직 전반에 걸쳐 프로덕트 매니지먼트의 기본 활동에 필수적인 것들이다.

2.3 ...하지만 하드 스킬은 어떠한가?

이 장에서 앞서 설명한 기술들은 '소프트 스킬 soft skill'이라고 할 수 있다. 보통 소프트 스킬은 정량화하거나 측정하기 어려운 애매하고 주관적인 대인관계 기술로 생각하고, '하드 스킬 hard skill'은 고정적이고 객관적이며 측정 가능한 것이라고 생각한다. 예를 들어, 커뮤니케이션 및 시간 관리 기술은 소프트 스킬로 생각하곤 하지만, 컴퓨터 프로그래밍 및 통계 분석은 하드 스킬이라고 생각한다.

어떤 상황에서는 하드 스킬이 직무를 수행하기 위한 절대적인 필수 요소로 간주되는 반면, 소프트 스킬은 '있으면 좋은 것' 정도로 여긴다. 그리고 일부 직무의 경우 반드시 충족해야 하는 하드 스킬의 기준이 있다. 코드를 한 줄도 작성해 본 적이 없는 컴퓨터 프로그래머나, 치과대학을 다니지 않은 사람을 치과의사로 뽑지는 않을 것이다. 그러나 '하드 스킬'과 '소프트 스킬'을 엄밀하게 구별하면 두 가지 유형의 스킬 모두에 대해 축소적이고 불균형적이며 불공평하게 적용되는 경우가 많다. 예를 들어 프로그래밍과 같은 하드 스킬은 뉘앙스 차이와 기술이 필요하다고 하면서도 커뮤니케이션이나 시간 관리와 같은 소프트 스킬은 특별히 필요하지 않고, 자연스럽게 개발이 된다는 식이다. 그러나 프로덕트 매니지먼트와 관련하여 소프트 스킬과 하드 스킬을 구분하는 것은 특히 문제가 될 수 있다. 솔직히 말해서, 많은 사람과 조직이 프로덕트 매니저가 수행해야 할 일상적인 업무와 거의 관련이 없는 하드 스킬만을 기준으로 프로덕트 매니저를 고용한다. 실제로 훌륭한 프로덕트 매니저가 화이트보드에 알고리즘을 작성하지 못하거나 코드 문제를 해결하지 못해 면접에서 떨어지는 것을 보기도 했다. 대부분의 소프트웨어 프로덕트 매니저에게 가장 불안하고 당황스러운 것은 기술력이다. 지금도 프로덕트 매니저 지망생들이 가장 많이 하는 질문 중 하나는 "어느 정도의 기술력을 갖춰야 하나요?"이다. '프로덕트 매니저로서 충분한 기술력 갖추기'[14]라는 제목의 글에서 룰루 쳉 Lulu Cheng 은 이 문제에 대해 명확한 견해를 제시한다.

> 프로덕트 매니저의 일상적인 책임과 기술 수준은 회사의 산업과 규모, 그리고 담당하는 프로덕트의 영역에 따라 크게 달라진다. 동시에 보편적으로 존경받는 프로덕트 매니저가 되는 자질은 기술적 전문성과는 거의 관련이 없다.

분명 고도로 기술적인 프로덕트를 작업하는 경우, 작업하는 시스템에 대한 기본 지식이 있으면 학습 곡선이 완화되고 유리한 입장에서 출발할 수 있다. 그러나 특정한 프로덕트 매니지먼트 역할에 필요한 하드 스킬의 평가는 프로그래밍, 데이터 분석, 일반적인 숫자 계산 기술 등의 일반화된 목록이 아니라 프로덕트 매니저가 해당 역할에서 수행해야 할 구체적인 업무에서 시작해야 한다.

그렇다면 왜 이렇게 하드 스킬(특히 기술력)에만 집중하는 경향이 계속될까? 그동안 경험했던 몇 가지 오해를 반박해 보겠다.

| 오해 1: 기술 담당자들의 존중을 받으려면 하드 스킬이 필요하다 |

기술 담당자가 자신과 기술을 공유할 수 있는 사람만을 존중할 것이라는 생각은

---

[14] https://medium.com/@lulu_cheng/getting-to-technical-enough-as-a-product-manager-5b372513cd1c

솔직히 그들을 전혀 모르고 하는 말이다. 오히려 개발자인 척 '연기'하는 프로덕트 매니저가 처음에는 기술 담당자의 마음을 사로잡을 수 있을지 모르지만, 결국에는 세부 구현 사항에 대해 마이크로 매니지먼트를 하면서 오히려 기술 담당자를 소외시키는 경우가 많다. 3장에서 설명하겠지만, 커뮤니케이션 기술을 통해 동료의 전문성과 조직의 특정 상황을 존중하면서도 하드 스킬을 배우는 데 도움을 받을 수 있다.

| 오해 2: 기술 전문가에게 도전하려면 하드 스킬이 필요하다 |

개발자만큼의 기술 시스템에 대한 지식이 없다면, 어차피 그들의 하는 일을 100% 이해할 수 없다. 게다가 개발 팀이 개발 기간에 관해 대놓고 거짓말을 한다면, 근본적인 다른 문제가 있을 것이다. 이런 상황에서 실행력이 뛰어난 프로덕트 매니저는 팀이 영향력 있는 프로덕트를 신속하게 출시하도록 동기를 부여할 것이며 기술적인 세부사항 구현을 가지고 '트집'을 잡지 않는다.

| 오해 3: 기술 업무에 흥미와 참여를 유지하려면 하드 스킬이 필요하다 |

동료의 업무에 관심이 없는 프로덕트 매니저가 실패할 가능성이 높다는 것은 거의 틀림없는 사실이다. 그러나 지식과 관심은 전혀 다른 문제이며, 기술적 지식이 매우 풍부한 프로덕트 매니저 중 상당수는 오히려 새로운 것을 배우려고만 하고 동료의 업무에 깊이 관여하는 데 관심이 가장 적은 사람인 경우가 많았다. 훌륭한 프로덕트 매니저는 기술적 능력에 관계없이 동료의 기술 업무에 진정으로 관심을 갖고 기술 업무, 사용자 요구사항 및 비즈니스 목표 간에 설득력 있는 연결고리를 도출해야 한다.

| 오해 4: 데이터베이스 쿼리, 문서 작성, 사소한 변경 사항 적용 등 작업을 수행하려면 하드 기술이 필요하다 |

실제로 많은 경우 이는 100% 사실이다. '해야 하는 일이면 내 업무의 일부'라는 마음에 따라, 프로덕트 매니저는 프로그래밍 언어, 버전 관리 시스템 또는 데이터베이스 로직에 대한 구체적인 지식이 필요한 업무를 자주 만나게 된다. 예를 들어 소규모 회사에서는 프로덕트 매니저가 개발자의 도움을 받지 않고 웹사이트 문구 업데이트와 같이 사소한 코드 변경을 직접 해야 할 수도 있다. 이 경우라면 프로덕트 매니저는 팀에서 사용하는 프로그래밍 언어와 코드를 배포할 때 사용하는 도구에 대해 기본적으로 어느 정도까지는 알고 있어야 한다.

여기서 과제는 기술적 개념에 대한 전문가가 되는 것이 아니라 기술적 개념은 물론 비기술적 개념에 대해서도 편안하게 탐구하고 학습하는 것이다. 나는 비기술적인 프로덕트 매니저가 열린 마음과 호기심을 가지고 기술적인 문제에 접근할 때 고도로 기술적인 조직에서 뛰어난 성과를 내는 것을 보기도 했고, 비기술적인 프로덕트 매니저가 기술적인 업무를 관심이 없거나 접근하기 어렵다고 생각하여 상대적으로 비기술적인 조직에서도 흔들리는 것을 보았다. 훌륭한 프로덕트 매니저는 비기술적인 개념에 대한 호기심만큼이나 기술적 개념에 대한 호기심도 많다.[15]

마치며: 프로덕트 매니지먼트에 대한 논의의 변화

프로덕트 매니지먼트는 비교적 새로운 분야이고 조직마다 역할이 매우 다양해서 프로덕트 매니지먼트를 여러 다른 역할과 섞어 설명하고 싶은 유혹을 받기도 한다. 안타깝지만 이러한 접근 방식은 프로덕트 매니저의 서류상 보기 좋은 스펙(◐ '코드를 좀 아는 디자이너' 또는 'MBA 인증이 있는 개발자')과 프로덕트 매니저가 일상적인 업무에서 성공하기 위해 진짜 필요한 것 사이에 간극을 만들곤 한다. CORE 기술 모델을 통해 프로덕트 매니지먼트에 대한 이론적 논의가 실제 프로덕트 매니저의 일상적인 업무에 더 잘 부합하도록 바뀌길 기대한다.

....

15 3장, '호기심을 보이기'에서 자세히 설명한다.

- ☐ 디자이너, 개발자 또는 비즈니스 분석가가 되려 하기보다는 프로덕트 매니저 역할의 독특함을 포용한다. 이러한 역할에서 뛰어난 역량을 발휘하는 데 필요한 기술과 프로덕트 매니지먼트에서 뛰어난 역량을 발휘하는 데 필요한 기술을 혼동하지 않는다.

- ☐ 훌륭한 커뮤니케이터가 된다는 것이 '멋진 단어를 사용하고 사람들에게 깊은 인상을 남기는 것'을 의미하지 않는다는 점을 기억한다.

- ☐ 자신과 팀을 위해 무엇이든 명확하게 하려면 불편할 수도 있는 대화를 많이 해야 한다는 점을 인식한다. 불편함을 회피하거나 최소화해야 할 것이 아니라 중요한 신호로 다루는 법을 배운다.

- ☐ 개인이 아닌 조직 차원에서 문제를 해결할 수 있는 기회를 찾는다.

- ☐ 일상적인 업무를 처리한다고 사용자의 현실을 외면하지 않는다. 회사가 중요하게 생각하는 것과 사용자가 중요하게 생각하는 것은 서로 다르다는 것을 기억하고 후자를 끊임없이 옹호한다.

- ☐ 아랫사람의 업무, 윗사람의 업무 같은 것은 없다. 기꺼이 팀과 조직의 성공을 위해 필요한 모든 일을 한다.

- ☐ 팀이 책임지는 성과를 만들 수 있는 것에 모든 노력의 우선순위를 둔다.

- ☐ 스스로를 '기술적인' 사람이라고 생각하지 않더라도 "나는 기술적인 사람이 아니기 때문에 절대 이해할 수 없어!"와 같은 말은 하지 않는다. 학습하고 성장할 수 있는 자신의 능력을 믿는다.

호기심을 보이기

내가 프로덕트 매니저로 일하기 시작했을 때, 특히 데이터 과학자들을 어려워했다. 데이터 과학자들이 화이트보드에 복잡한 방정식을 적고 이상한 농담을 하곤했는데, 나는 '수학을 잘하는 사람'이 아니었기 때문에 그것을 전혀 이해할 수 없었다. 마찬가지로 데이터 과학자들이 하는 일을 제대로 이해하지 못했고, 심지어내가 질문을 해도 그들이 나에게 설명해 주지도 않을 거라고 생각하며 눈치를 보곤 했다. 그들이 군이 '나를 데이터 과학 유치원에 데려가느라 시간을 낭비하고싶을까?' 싶었다.

1년쯤 지나자 이런 방식이 내 업무를 훨씬 더 어렵게 만들고 있다는 것을 깨달았다. 업무를 하며 우리 팀원이 아닌 데이터 과학자들로부터 많은 도움을 받아야 했는데, 그때까지도 무엇을 요청해야 할지도 잘 몰랐다. 그래서 절박한 마음으로 커피 한 잔의 힘을 빌려 데이터 과학 팀의 누군가에게 다음과 같이 대화를 해 보겠냐는 이메일을 보냈다.

제목: 커피 어떠세요?
안녕하세요! 일주일을 잘 시작하셨길 바랍니다. 어떤 일을 하고 계시는지 자세히 알고 싶은데요, 이번 주에 커피 한잔할 시간 있으신가요? 목요일 아침 어떠세요?
고맙습니다!

불안감과 당황스러움에서 도망치는 마음으로 메일 전송을 누르고 바로 편지함에서 로그아웃했다. '내가 완전히 이상한 짓을 한 건 아닌가?'

몇 시간이 지나 아주 무덤덤한 답장을 받았다. 그리고 목요일 '미팅'이라고 하기에도 뭐하지만, 어쨌든 커피를 한잔했다. 그래도 이 대화를 통해 서로의 관심사

(둘 다 기타를 쳤고, 심지어 펜더^{Fender}의 재즈 마스터 기타를 좋아했다!)와 같이 하고 있는 일에 중요한 인사이트를 얻을 수 있었다. 알고 보니 이 데이터 과학자도 내가 데이터 과학 팀에 소외감을 느끼는 것처럼 프로덕트 팀에 소외감을 느꼈다. 인정하기는 어려웠지만 이러한 단절은 전적으로 내가 만든 것이었다. 다른 사람들이 내가 하는 일에 관심이 없다고 단정하면서, 나도 다른 사람들의 일에 관심이 없다는 인상을 주었기 때문이다. 이 장에서는 성공하는 프로덕트 매니저의 태도와 접근 방식에서 가장 중요한 딱 한 가지, 바로 호기심에 대해 설명하겠다.

3.1 진정한 관심 갖기

프로덕트 매니저가 나에게 개발자, 데이터 과학자, 컴플라이언스 책임자 등 전문적이고 자신과 거리가 있어 보이는 사람들의 신뢰를 얻는 방법을 묻는다면, "그들이 하는 일에 진정으로 관심을 가지는 것이다."라고 대답하겠다. "당신이 하는 일에 대해 더 자세히 알고 싶어요."라는 말은 프로덕트 매니저로서 처음 입사한 사람이든 수십 년 동안 이 분야에서 일해온 사람이든 상관없이 가장 강력한 한 마디가 될 것이다.

단순한 호기심의 표현이라도 프로덕트 매니저로서 업무에 즉각적이고 큰 긍정적인 영향을 미칠 수 있다. 다음은 열린 마음과 진정한 호기심으로 동료에게 다가설 때 얻을 수 있는 세 가지 중요한 사항이다.

| 주요사항 1: '하드 스킬'을 맥락에 맞게 이해할 수 있다 |

프로덕트 매니저가 데이터 과학이나 프로그래밍과 같은 '하드 스킬'을 배우려고 아무리 많은 시간을 투자해도, 실제 업무에서 이러한 기술을 사용하는 사람들을 절대 따라잡을 수 없다. 데이터 과학이나 파이썬에 관한 책을 읽고 난 다음 출근해서 '대화'하려고 하는 것보다 사람들에게 그들의 업무에 대해 물어보는 것이 더 많은 것을 배울 수 있다. 이러한 기술을 실제 해당 업무를 하는 사람들에게 배우면 현재 조직에 가장 중요한 하드 스킬에 대해 구체적으로 배울 수 있고, 기술 담당자들과 유대감도 높일 수 있다.

이 접근 방식은 기술 분야가 아닌 다른 분야에도 동일하게 적용된다는 점을 기억해 두자. 금융 서비스 회사의 컴플라이언스 전문가와 협력해야 하는 프로덕트 매니저가 이 전략을 매우 효과적으로 활용하는 것을 본 적이 있다. 프로덕트 매니저가 컴플라이언스 전문가가 될 가능성은 매우 낮지만, 컴플라이언스 전문가의 업무를 제대로 알고 이해하면 더 많은 정보를 근거로 의사결정을 하고, 해당 팀과 더 긴밀한 협력을 하는 데 도움이 된다.

| 주요사항 2: 무엇인가 필요하기 전에 다리[bridge]를 놓는다 |

내게 뭔가 필요할 때만 상대에게 연락한다면 누구도 당신의 연락을 달가워하지 않을 것이다. 상대에게 도움을 요청하기 전에 먼저 관계를 다져 놓으면 필요할 때 도움받기 쉬워진다.

| 주요사항 3: 신뢰 네트워크를 확장한다 |

당신이 연락하는 사람들은 각자 자신만의 신뢰 네트워크, 즉 '비공식적으로' 대화하고, 필요할 때 기꺼이 도움을 주고받을 수 있는 사람들이 있다. 매일 함께 일하는 사람들 외에 조직 내 다른 사람들과 유대감을 쌓으면 예상치 못한 곳으로 연결될 수 있는 광범위한 네트워크를 구축할 수 있다.

내 경험상 "당신이 하는 일에 대해 더 자세히 알고 싶어요."라는 말을 듣고 감사와 약간의 안도감 외에 다른 부정적인 반응을 보인 경우는 매우 드물었다. 누군가와 처음 만나기 위해 연락하는 것이 당장은 어색할 수 있지만(특히 커피가 아니라 화상 채팅을 해야 하는 경우), 언제나 가치 있는 일이다.

그러므로 잠시 시간을 내서 팀원이 아닌 다른 사람에게 연락해 보자. 예전에 한 팀으로 일했지만, 지금은 그렇지 않은 사람일 수도 있고, 그 사람의 역할을 충분히 이해하지는 못했지만, 앞으로 업무에 영향을 미칠 수 있겠다는 생각이 드는 사람일 수도 있다. 어쩌면 회사에서 멀리 떨어진 위치에 있는 사람인데, 공유 슬랙 채널에 의미 있는 댓글을 남긴 사람일 수도 있다. 연락해서 나쁜 사람은 없다. 지식과 신뢰 네트워크를 확장하기 위한 모든 행동은 올바른 방향으로 나아가는 한 걸음이다.

기업 조직의 이면

아멜리아, 미디어 대기업, 프로덕트 매니저

내가 기술 관련 작은 스타트업에서 미디어 대기업으로 이직할 때, 그 정도 규모와 크기인 회사라면 프로덕트 매니지먼트와 관련된 모든 체계가 완벽히 갖춰져 있을 것이라고 기대했다. 하지만 이직하자마자 그렇지는 않다는 것을 알게 되었다. 대기업은 일반적으로 스타트업에는 없는 형식이나 격식이 있지만, 그렇다고 해서 모든 것이 일률적이거나 예측할 수 있다는 의미는 아니다. 그리고 작은 스타트업이 "이거 엉망인데, 고쳐볼까?"라고 하면서 어려움에 대해 훨씬 더 솔직하게 이야기하는 경우가 더 많았다. 대기업에서는 사람들이 마음을 열고 당면한 문제에 대해 솔직히 이야기하기까지 몇 달이 걸릴 수도 있다.

그러한 신뢰를 쌓으려면 적지 않은 시간 동안 사람들과 커피도 마시고, 술도 한잔하고, 그들의 업무와 어려움에 대해서도 이해하는 등 프로덕트 매니저의 고전적인 기술을 많이 활용해야 한다. "제가 새로 합류해서요, 아무것도 모릅니다. 고민을 말씀해 주시면, 같이 해결책을 찾아보겠습니다."라고 말하며 개방적인 마음으로 시작하는 것이 필요하다. 기본적으로 거래도, 대가도, "제 어려움을 해결해 주세요." 같은 부탁도 하지 않고, 기대하지도 않는다. 사람들은 그런 솔직함을 높이 평가한다.

대기업에서 겪는 어려움은 경영진이 실무의 상황을 정확히 이해하는 사람이 아니라는 점이다. 그들은 기본적으로 실무 담당자로부터 보고를 받는 위치다. 그러므로 대기업에서 성공하기 위해서는 편집이든, 디자인이든, 엔지니어링이든 거대한 조직에서 확실하게 자리를 잡고 있는 사람들과 핵심적인 파트너십을 맺어야 한다. 그들은 나에게 없는 조직에 대한 지식과 역사를 많이 알고 있다. 예를 들어 마케팅 부서와 회의를 할 때 마케팅 실무에서 '정말 무슨 일이 있는지'를 설명해 줄 사람이 필요하다. 대기업에서 근무한다면, 다른 사람과의 인간적인 연결이 활발하게 이루어지고 있는지 항상 확인해야 한다.

대기업에서 프로덕트 매니저로 일하며 현장 업무의 상당 부분이 회의실 밖에서 이루어진다는 사실에 정말 놀랐다. 모든 일은 큰 회의실에서 처리될 거라고 생각했는데, 실제로는 공식적 환경의 바깥에서 사람들의 동의를 얻는 것이 더 중요하다는 것을 알게 되었다.

3.2 성장 마인드셋 키우기

스탠퍼드 대학의 심리학 교수이자 작가인 캐롤 드웩Carol Dweck은 학습과 성공에 관한 선구적인 연구에서 사람들이 '성장' 또는 '고정' 마인드셋으로 일한다고 가정한다. 성장 마인드셋을 가진 사람은 실패와 좌절을 배움의 기회로 여기지만, 고정 마인드셋을 가진 사람은 실패와 좌절을 자신의 내재적 가치에 대한 부정적인 반영으로 받아들인다. 성장 마인드셋을 가진 사람은 새로운 기술과 주제를 접하더라도 이를 성장의 기회로 받아들일 수 있다. 반면, 고정 마인드셋을 가진 사람들은 새로운 기술과 주제를 자신에 대한 위협으로 느낀다.

많은 프로덕트 매니저가 그러하듯 평생을 과잉 성취를 위해 살아왔다면, 고정 마인드셋으로 일하고 있을 가능성이 크다. 왜 그럴까? 대부분의 과잉 성취자들은 자신이 어려워하는 분야에서 실력을 키우는 것이 아니라 오히려 그 분야를 아예 회피하는 방식으로 성공을 거두기 때문이다. 고정 마인드셋의 과잉 성취자들은 자신이 당장 뛰어나지 않은 분야는 쓸모없다거나 별로 관련성이 없다거나 비생산적이라고 치부해 버린다. 내 흉을 보자면, 나는 '음악은 형식적으로 배울 수 있는 것이 아니다.'라는 이유로 대학에서 음악 이론 과목을 듣지 않았다. 하지만 사실은 음악과 관련된 내용을 읽는 것이 정말 어려웠기 때문에 그런 핑계를 댄 것이다. 지식과 기술을 좀 더 배워야 한다는 것을 인정하는 대신에 반쪽짜리 진실을 섞어 만든 이기적인 거짓말로 방어하는 편이 더 쉬웠다. 더 나쁜 것은 내가 쉽거나 자연스럽게 다가설 수 없는 것도 배워야 할 필요가 있다는 것을 받아들이려고 하지 않았던 점이다.

프로덕트 매니저로서 고정 마인드셋으로 업무를 수행하면 성공할 수 없다. 새롭게 배워야 할 것들은 정말 많은데, 과잉 성취자로 계속 일하다 보면, 무엇을 더 배워야 하는지 알게 되는 시점조차 너무 늦어 버린다. 좋든 싫든, 팀과 조직을 위해 제대로 일하고 싶다면 되도록 빨리 자신의 지식과 기술의 한계를 인정하고 해결해야 한다.

두 명의 프로덕트 매니저가 동일한 과제를 하고 있다고 가정 해 보자. 이들은 지난 몇 달 동안 대형 금융기관을 위한 새로운 모바일 애플리케이션을 개발해 왔다. 출시 일주일 전, 두 프로덕트 매니저는 컴플라이언스 부서로부터 프로젝트 진행이 승인되지 않았다는 메일을 받았다.

첫 번째 프로덕트 매니저는 고정 마인드셋으로 업무를 처리하고 있다. 그는 메일을 받고 당혹감과 분노로 얼굴이 벌게졌다. 숨을 몰아쉬며 "우리 팀은 이 일로 나를 미워할 거야."라고 격하게 되뇌었다. 그는 이미 이런 일을 겪어본 적이 있고, 아마도 규정을 준수하지 않았다며 팀원들에게 책임을 전가할 것이라는 사실도 알고 있다. 결국 다음 날, 그는 팀을 한자리에 모았다. "그거 아세요? 그 컴플라이언스 담당 멍청이들이 또 사고를 쳤어요. 이미 6개월이나 진행했지만, 프로젝트를 중단해야 합니다." 팀은 충격에 빠졌고 프로덕트는 출시되지 못했다.

두 번째 프로덕트 매니저는 성장 마인드셋으로 일한다. 그녀는 같은 편지를 받고 즉시 컴플라이언스 부서에 메일을 보냈다. 이 프로덕트 매니저는 잘 다듬은 메시지로 컴플라이언스 부서에서 프로덕트를 승인할 수 없는 이유를 정확히 이해하고 싶다고 했다. 다음 날, 그녀는 메일을 보낸 컴플라이언스 책임자와 회의를 했다. 법률적 지식이 없는 프로덕트 매니저는 컴플라이언스 책임자에게 컴플라이언스 부서에서 프로덕트를 평가하는 정확한 프로세스에 대해 설명을 부탁했다. 이 과정에서 프로덕트를 승인할 수 없게 하는 어떤 사용자 상호작용이 하나 있었다는 사실을 알게 됐다. 프로덕트 매니저가 해당 부분에 다른 접근 방식을 제안하고 양측이 모두 동의했다. 팀은 향후 프로덕트 개발에서 고려해야 할 컴플라이언스 관련 중요한 사항을 새롭게 알게 되었다. 물론, 프로덕트는 예정대로 출시되었다.

프로덕트 매니저로서 성공하려면 특정 분야에서 지식과 전문성이 자신보다 훨씬 뛰어난 사람들과 기꺼이 깊이 교류할 수 있어야 한다. 언제나 가장 똑똑한 사람이 되고 싶다면 프로덕트 매니저로 성공할 수 없을 것이다(어느 곳에서든 '가장 똑똑한 사람'이 누구인지 알아내려는 노력을 그만두면 프로덕트 매니저로서 성공할 가능성이 훨씬 더 높아진다).

3.3 실패라는 선물

진정으로 성장 마인드셋을 키운다는 것은 미지에 대해 열려 있을 뿐만 아니라 실패에 대해서도 열려 있다는 것을 의미한다. 프로덕트 매니저로서 받았던 가장 보람찬 칭찬은 내가 참석했던 회의 중 가장 어렵고 길었던 회의가 끝난 직후에 들었던 말이다. 회의실을 나오면서 어떤 임원이 "당신은 회의 시작할 때 한 가지 방법을 주장했는데, 회의가 끝날 때쯤에는 완전히 다른 방법에 대해서도 마음을 열어 놓고 있었어요. 회의실에 있던 다른 사람들이 당신을 설득할 수 있도록 열린 마음으로 있는 모습이 정말 인상적이었어요."라고 나에게 말했다. 몇 년 전만 해도 이런 말을 들으면 화가 났을 것이다. 나는 프로덕트에 대한 나의 비전을 제시하기 위해 임원과의 회의에 참석했는데, 회의가 끝날 무렵에는 사실상 자신의 비전이 아닌 다른 사람의 비전을 옹호하는 것과 마찬가지 상황이 되었으니까. 실질적으로 회사에서 나의 역할인 '프로덕트의 비전을 제시하는 사람'을 포기한 것이나 다름없었다. 하지만 이 회의를 통해 나의 아이디어가 아니더라도 회사에 가장 적합한 아이디어라면 기꺼이 따를 수 있다는 것을 임원에게 보여주었다. 내 경력에서 처음으로 내가 틀릴 수도 있다는 사실을 인정한 것이다.

그렇다고 해서 프로덕트 매니저가 다른 사람들이 원하는 것을 무조건 들어주어야 한다는 뜻은 아니다. 이 인정이 하나의 능력으로 자리잡으려면 실패한 것이 왜 실패했는지 정확히 알아야 하고, 목표 달성을 위한 나의 계획보다 공동의 목표를 더 중요하게 생각해야 한다. 다른 사람이 공동의 목표를 더 잘 반영하는 방법을 제안한 경우, 그 계획에 맞춰 조정하면 공동의 목표에 대한 조직 전체가 헌신할 수 있는 기회가 된다.

3.4 방어적인 태도를 경계한다

호기심이 프로덕트 매니저가 보여줘야 할 가장 중요한 자질이라면 호기심에 반대되는 것은 무엇일까? 내게 떠오르는 대답은 간단하다. 방어적인 태도가 그것이다.

프로덕트 매니지먼트의 모호함, 높은 연결성이라는 특성을 생각해 보면, 임원의 간섭으로부터 팀을 방어하고, 리서치 결과로부터 자신의 결정을 방어하고, 그 누구도 프로덕트 매니저로서 나의 모든 노력을 이해하거나 인정하지 않는다는 막연한 의심으로부터 자신을 방어하는 등 방어적인 자세를 취하기 쉽다.

프로덕트와 관련된 경력에서 내가 배운 가장 뼈아픈 교훈은 '내가 무언가를 지키려고 했던 모든 시도가 실제로는 그 무언가를 망쳤다.'라는 것이다. 임원의 간섭으로부터 팀을 보호하려다 보니 팀의 업무와 비즈니스 목표 사이에 큰 간극이 생겼다.[16] 또한, 리서치 결과로부터 내가 내린 결정을 방어하려고 할 때, 더 좋은 결정을 할 수 있었던 중요한 정보를 놓친 적도 있었다. 그리고 동료에게 인정받지 못하거나 과소평가되고 있다는 실제 또는 상상으로부터 스스로를 방어하려고 애쓸 때, 업무성과가 현저히 떨어졌다.

프로덕트 매니저가 일상적인 업무에서 방어적인 태도를 취하고 싶은 충동을 피하는 것은 사실 불가능하다. 하지만 이러한 충동을 관리할 수 있는 몇 가지 구체적인 방법이 있다. 다음은 방어적 태도를 경계할 수 있는 몇 가지 팁이다.

| 팁 1: 논쟁이 아닌 옵션을 제공한다 |

'예/아니요'로 싸우는 것은 방어적인 입장으로 가는 확실한 길이다. 하지만 임원진들에게 여러 가지 옵션을 제공하면 논쟁에서 승패에 연연하지 않고 여러 가지 경로를 평가하고 탐색할 수 있는 기회를 얻을 수 있다. 프로덕트 매니지먼트의 핵심은 '아니요 라고 말하는 것'이라는 설명이 많지만, 내가 겪어본 훌륭한 프로덕트 매니저들은 절대로 거절할 수 없는 여러 가지 옵션을 제공하고 팀(특히 팀과 회사 임원)의 목표와 목적에 따라 최선의 선택을 할 수 있도록 도와주었다.

| 팁 2: 불안하거나 방어적 태도로 무엇인가를 해야 한다는 생각이 들면, 이를 기록했다가 다음 날 시도한다 |

누구나 한 번쯤은 '상황을 더 잘 다룰 수 있었는데…, 더 명확하게 설명할 수 있었

---

16 이에 대해서는 5장, '임원과 협력하기(또는, 포커 게임하기)'에서 자세히 설명하겠다.

는데…, 이 질문을 했어야 했는데…' 와 같이 '아… 이런…'했던 순간이 있을 것이다. 그러나 불안한 마음에서 하는 행동이 상황을 개선하는 데 늘 도움이 되는 것은 아니며, 아드레날린이 솟구칠 때 올바른 우선순위를 정하기는 어렵다. 내가 걱정하는 상황에 대해 정신 없이 팀원들에게 메시지를 보냈다가 오히려 상황을 더 악화시키거나 팀원들을 중요한 업무에 집중하지 못하게 했다는 사실을 깨달은 적이 한두 번이 아니다. 지난 1년 동안 나는 불안으로 충동이 생긴다면, 충분하게 심호흡을 하고 이를 기록했다가 다음 날 아침에 다시 살펴보는 습관을 들였다. 푹 자고 나면 그런 행동의 약 90%는 그렇게 할 가치가 없었다는 생각이 든다.

| 팁 3: "네, 좋아요."라고 말한 다음 나머지를 생각한다 |

어떤 경우에는 방어적 태도를 경계할 수 있는 간단한 방법으로 방어적 태도를 불러오는 모든 질문이나 발언에 대해 일단 "네, 좋습니다."라고 말하고 나서 나머지를 생각해 보는 것이 좋다. 일단 "좋아요."라고 말하고 나서 다음 말을 하기 전까지 짧은 순간에 긴장된 상황을 완화하는 이 방법은 다음으로 쉽게 나아가는 데 충분히 도움이 된다. 예를 들어, 이전에 나는 주요 이해관계자 그룹에 팀의 업무 내용을 발표하는 회의에 참석했는데, 같은 팀의 엔지니어 중 한 명이 "미안한데요, 저는 아직도 이걸 왜 만들어야 하는지 완전히 이해하지 못하겠어요."라고 말했다. 나는 순간 긴장했지만, "네, 좋습니다. 이 프레젠테이션이 끝날 때 시간을 내서 우선순위 기준을 다시 한번 설명하겠습니다. 그 말씀을 해 주셔서 감사합니다!", 라고 했다. 이 방법으로 나는 회의가 완전히 다른 데로 빠지는 것을 막을 수 있었고, 엔지니어에게 중요한 공개 토론을 시작하기 전, 마음을 진정하고 생각을 정리할 수 있는 기회를 제공했다.

| 팁 4: 도움을 요청한다 |

방어적 태도에서 벗어나는 가장 의미 있는 방법은 주변 사람들에게 적극적으로 도움을 요청하는 것이다. 이 방법은 고집이 세거나, 공격적이거나, 거만하거나, 함께 일하기 어렵다고 생각하는 사람에게 도움을 요청할 때 특히 의미가 있다. 그런 사람들에게 다가가서 전문 지식을 공유해 달라고 부탁하거나 어려운 문제 해결을 도와달라고 부탁만 해도 그들과의 관계를 조금이라도 개선할 수 있다. 그래서 종종 나는 프로덕트 매니저들에게 자신이 업무를 방해하거나 자신을 오해할까봐 걱정하는 사람들을 나열해 보는 것으로 한 주를 시작한 다음, 그들에게 연락해 일대일 미팅을 잡아 허심탄회하게 대화를 나눠볼 것을 권한다.

아무리 경험이 풍부하고 냉철한 프로덕트 매니저라도 가끔은 '예/아니오'의 논쟁에 파묻히거나 핵심적인 정보를 보유한 이해관계자의 의견과 피드백을 거부하는 자신을 모습을 발견할 때가 있다. 여기서 중요한 것은 자신의 방어적 반응을 정확히 **인식**하고, 그러한 반응이 자신과 팀에 더 나은 결과를 가져올 가능성이 낮다는 것을 **인정**하고, 최대한 빠르게 개방적이고 호기심 많은 태도로 **돌아가는** 것이다.

프로덕트의 실패와 개인적 실패를 구분하기

수자나 로페스, 온피도, 프로덕트 디렉터

대학 졸업 후 내가 처음 작업한 프로덕트는 성장하는 스타트업을 위한 iOS 애플리케이션이었다. 당시, 회사에서는 프로덕트 팀에 분기별로 제공할 수 있는 기능에 대한 확답을 요구했다. 이렇게 해야 영업 팀에서 아직 프로덕트에 포함되지 않은 기능을 판매할 수 있기 때문이었다. 한 분기가 끝날 때마다 마감 기한이 있었는데, 이를 지키지 못하면 고객과 약속을 어기는 것이므로 반드시 지켜야만 하는 것이었다. 그래서 내 경력을 시작할 때 첫 번째 좌우명은 '실패는 옵션이 아니다.'였다. 냉장고 문에 자석으로 붙여 냉장고 문을 열 때마다 볼 정도로 나에게는 몸에 각인된 문구였다! 나에게 성공이란 약속한 기능을 제때 전달하는 것이었다.

그래서 나는 동료들을 몇 시간 동안 회의실에 가둬 두고, 몇 달 동안의 작업을 추정하여 작은 스토리로 나누는 고문 같은 일들을 하곤 했다. 마감 기한이 다가오면서 나는 프로덕트의 작업 범위를 줄였다. 구현하기 쉽도록, 마감을 맞출 수 있도록, 실패하지 않도록 디자이너의 디자인 작업을 가차 없이 묵살해서 디자이너를 미치게도 했다. 그러던 중 12월 회사에 마니또 이벤트를 진행했을 때 나의 수동적이고, 공격적인 행동으로 인한 현실과 마주하게 되었다. 팀원 중 하나가 '독재자'라고 쓰인 머그잔을 선물한 것이다.

프로덕트 매니저가 된 지 1년이 지났을 때, 안드로이드 애플리케이션을 맡아보겠냐는 제의를 받았다. 이때 나는 그동안 많이 배웠고, 독재자 머그잔을 넘어 성장했다는 것을 보여주고 싶었다. '실패는 옵션이 아니다!'라는 좌우명도 '빠르게 실패하고, 일찍 실패하자.'로 바꾼 상태였다. 실제로는 어떻게 해야 할지 잘은 몰랐지만, 내 분야의 리더들의 블로그나 게시물을 보면 성공적인 프로덕트를 만드는 방법으로 이 좌우명을 많이 추천해서 한번 시도해 보고 싶기는 했다. 그리고 출시 일정 대신 OKR objectives and key results[17]을 사용했다. 빠르고 일찍 실패할 준비가 돼 있어서, 여러 측면에서 일어나는 위험을 제거할 수 있었다.

계속 출시하고 계속 성장하고, 항상 일찍 실패하고 그 과정에서 사용성을 검증했다. 정말 모든 것이 좋았다. 그러다가… 숫자가 정체되기 시작했다. 새로운 사용자를 확보할 수 있을 거라고 무작정 기대하며 더 복잡한 문제 해결을 위한 서비스를 제공하려는 시도를 계속했지만, 아무런 효과가 없었다. 어느덧 일찍 실패할 수 있는 시기가 지났고, 이제는 너무 늦은 실패를 하고 있었다. 결국 프로덕트는 성장 목표를 달성하지 못했고, 왜 그런지 이해할 수 없었다. 엔지니어들은 해오던 대로 거의 매주 프로덕트를 출시하며 제대로 일을 하고 있었고 디자이너들은 최종 사용자와 반복해서 대화를 나눴다. '그렇다면… 나 때문일 거야. 나 때문에 프로덕트가 실패하는 거야.'라며 잠도 못 자고 화장실에서 울기도 하고, 교회로 도망가서 울기도 했다. 프로덕트가 실패해서가 아니라 내가 실패했다고 생각해서 울었다. 그 당시 나의 자존감과 프로덕트의 가치는 한 덩어리였다. **프로덕트의 실패와 나 개인의 실패를 혼동했고, 지쳐갔다.**

지금도 내가 작업하는 프로덕트 중 일부는 나의 기대보다 성공적이지 않다. 하지만 나는 더 이상 나를 실패자라고 생각하지 않는다. 이제는 프로덕트와 정서적 거리를 두기 위해 내 프로덕트에 대한 최악의 비평가 역할도 한다. 내가 관리하는 모든 프로덕트가 왜 형편없는지 지독할 정도로 자세하게 나열할 수 있다. 아무리 성공적인 프로덕트라도 완벽하지 않으며, 더 중요한 것은 내 프로덕트가 곧 나를 증명하는 것이 아니라는 점이다. 내 프로덕트는 어떤 목적을 위한 것일 뿐 어떤 것은 성공하고 어떤 것은 실패하기도 한다. 그래도 괜찮다.[18]

3.5 "왜?"라고 묻지 않고 이유를 묻기

주변 사람들과 함께 일하고 그들로부터 배우려고 노력하다 보면 어느 순간 다른 사람들에게 불안과 방어적 태도를 유발하는 상황이 될 때가 있다. 내 경험상, 이 상황은 상대가 답을 모르는 질문을 할 때 가장 자주 발생한다. 특히 이런 방어적 태도는 전략적으로 중요하면서도 가장 도전적인 단어인 "왜?"라는 질문을 할 때

---

17 옮긴이_ OKR은 목표(Objective)와 핵심 결과(Key Results)의 약자로, 측정 가능한 팀 목표를 설정하고 추적하는 데 도움이 되는 목표 설정 방법론이다.
18 이 이야기는 2019년 잼 런던 콘퍼런스에서 진행된 강연을 각색한 것으로, https://www.youtube.com/watch?v=69Tb_4-zyhM에서 전체 내용을 시청할 수 있다.

가장 두드러지게 나타난다.

진정한 의미에서 프로덕트 매니저의 역할은 항상 '왜'를 이해하는 것이다. 하지만 많은 프로덕트 매니저가 뼈저리게 경험했을 테지만, 사람들에게 "왜 그렇게 하세요?"라고 묻는다면 좋은 반응을 기대하기 어렵다. 나도 "어, 왜 지금 그 일을 하기로 결정하셨나요?"라고 무심코 질문을 던졌고 불쾌한 답변을 받은 적이 한두 번이 아니다. 그리고 그보다 더 자주, "어, 왜 지금 그 일을 선택하셨어요?"라는 별 뜻 없는 질문을 받고 불쾌함을 느끼며 회피적인 답변으로 답한 적이 많았다.

전략적으로 말하자면, "왜?"라는 질문 대신에 개방적이고 솔직한 "어떻게 하는지 설명해 주시겠어요?"라는 질문을 하는 것이 도움이 된다. 예를 들어, "왜 이런 것을 만들려고 했나요?"라는 질문보다 "정말 멋지네요! 팀에서 어떻게 이런 아이디어를 생각했는지 설명해 주시겠어요?"라고 질문할 때 더 대화가 잘되었다. '이유'를 묻는 질문은 질문하는 사람을 질문자가 아닌 배우고자 하는 학생의 모습으로 보이게 한다. 또한 질문을 받는 사람이 "솔직히 말해서 그 아이디어를 어떻게 생각해 냈는지 모르겠어요." 또는 "우리가 생각해 낸 것이 아니라 상사가 그냥 건네준 아이디어입니다."라고 대답하더라도 그러나 이유를 묻는 질문은 정직하고 생각 있는 답을 할 수 있는 시간과 여유를 더 줄 수 있다.

3.6 호기심 퍼트리기

훌륭한 프로덕트 매니저는 상대방의 방어적 태도를 최소화하고 호기심을 팀과 조직의 핵심 가치로 삼아 키워낸다. 진정한 호기심은 전염성이 있고, 자연스럽게 사람들이 더 협업하고, 서로의 관점을 더 잘 이해하도록 장려한다. 호기심이 많은 조직에서는 이해관계자 간의 협상을 전투보단 서로가 확장되는 시간으로 여기고, 목표와 성과에 대한 깊은 대화가 '진짜' 업무수행에 방해가 되기보다는 업무의 중요한 부분처럼 인식된다. 호기심은 모든 것을 더 흥미롭게 하고, 덜 거래적으로 만든다.

호기심을 불러일으키는 첫 번째 핵심은 프로덕트 매니저가 스스로 모범을 보이는 것이다. 그러므로 "지금은 너무 바빠서요."라는 말은 프로덕트 매니저에게는 매우 위험한 말이다. 동료가 시간을 내어 질문과 생각을 가지고 찾아온다면 아무리 사소한 질문과 생각일지라도 그런 행동을 더욱 장려해야 한다. 마찬가지로, 본인이 동료가 하고 있는 일에 관심이 있다면 그 사람에게 시간을 내달라고 부탁하는 것을 불편하게 생각하지 말자. 동료에게 배우는 데 쓰는 시간은 알차게 보내는 시간이라는 것으로 여기고 자신감을 갖자. 그리고 프로젝트에 집중하며 혼자 떨어져 작업할 시간이 필요하더라도 "실제로 무언가를 끝내려면 저만의 시간이 좀 필요해요." 같은 말은 하지 말자. 동료와 커뮤니케이션 시간이 곧 업무를 완수하는 시간이라는 점을 명심하자.

호기심을 확산하는 또 다른 좋은 방법은 동료들 사이에서 지식과 기술을 서로 나누고 키우는 것이다. 디자이너와 개발자로 구성된 팀에서 일한다면 어떤 다른 기술을 배우고 싶은지 서로 물어보자. 프론트엔드 개발에 대해 배우고 싶은 디자이너가 있을 수 있다. 또는 모바일 애플리케이션의 UX 패턴을 이해하고 싶은 웹 개발자가 있을 수도 있다. 사람들이 서로 배우고 가르치는 것을 일상 업무의 일부처럼 편하게 생각할 수 있도록 그런 환경을 만들어 주자. 어떤 프로덕트 매니저는 일주일에 하루를 '부서 간 페어링의 날'로 지정하여 디자이너와 개발자(또는 서로 다른 기술 시스템에서 일하는 개발자)가 서로 짝을 이루어 지식과 기술을 학습할 수 있도록 장려하기도 한다. 이런 공식적인 관행은 팀원 간의 호기심과 지식 공유를 중요하게 여긴다는 것을 분명하게 보여주는 시간이기도 하다.

마지막으로, '페어링의 날'처럼 프로덕트 팀이 조직 전체에 자신의 작업을 공개하는 기회를 만드는 것도 호기심을 널리 확산할 수 있는 정말 좋은 방법이다. 나는 일주일에 한 번씩 동료들에게 프레젠테이션을 서로 해 주기로 하면서 팀의 업무가 어떻게 변해가는지를 지켜보았고 정말 놀랐다. 사람들은 더 열심히 일하고, 더 긴밀하게 협업하고, 동료들로부터 받게 될 질문을 예상하여 자신의 업무의 개선점을 찾았다. 예를 들어, 마케팅 담당자는 매우 기술적인 프로젝트에는 전혀 관심이 없을 거라는 가정이 "어떻게 하면 모든 동료에게 이렇게 기술적인 프로덕트를 재미있게 설명할까?"라는 궁금증으로 바뀌었다.

마치며: 호기심이 핵심이다

모든 조직이 다르고, 모든 팀이 다르고, 모든 개인이 다르다. 프로덕트 매니저는 서로 다른 기술, 목표, 주제를 가진 사람들 사이에서 이들을 커뮤니케이션하게 하고, 조율하고, 통역해야 할 책임이 있다. 이를 위한 단 하나의 방법은 직원들이 하는 일에 대해 개방적이고 진정성과 호기심이 내재된 관심을 갖는 것이다. 어떤 기술을 사용하는 회사의 직원들에게 직접 그 기술에 대해 배우는 것은 책이나 위키피디아를 보고 배우는 것보다 항상 더 많은 가치가 있다. 실제로 개방적이고 호기심을 불러일으킬 수 있는 모든 커뮤니케이션 채널을 구축하는 것은 팀의 성공을 위해 반드시 필요한 단계이다. 이에 대해서는 다음 장인 'TMI 커뮤니케이션의 기술'에서 자세히 설명하겠다.

셀프 체크리스트

- ☐ 조직 내 사람들에게 다가가 "지금 하는 일에 대해 더 자세히 알고 싶어요."라고 말해 본다.
- ☐ 팀 외부 사람들을 알아가는 데 신경을 쓴다. 상대에게 무엇인가를 부탁하기 전에, 그들의 목표와 동기가 무엇인지 이해하는 데 시간을 쓴다.
- ☐ 특히나 자신의 업무에 영향을 받거나 오해를 할 수 있는 사람에게 연락할 때는 각별히 주의한다.
- ☐ 성장 마인드셋을 키우며 나보다 뛰어난 기술과 지식이 있는 사람에게 언제든 배울 수 있도록 마음을 열어둔다.
- ☐ 나의 계획이 아니더라도 조직의 목표에 가장 잘 부합하는 계획을 선택함으로써 '실패의 선물'을 받아들인다.
- ☐ '예/아니요'로 인한 의견 대립을 막기 위해 다양한 옵션을 제시한다.
- ☐ 회의나 대화 중에 방어적 태도를 취하는 자신을 발견하면, "네, 좋네요!"라고 말하며 시간을 벌고 다음 단계를 생각해 본다.
- ☐ 방어적 태도나 불안으로 인해 행동을 취하고 싶은 충동이 든다면, 그 행동을 적어두고 다음 날 다시 살펴본다.
- ☐ 프로덕트의 한계를 냉철하게 바라보고, 그것이 개인의 한계가 아님을 인식한다.

☐ '왜'라는 질문을 이유를 묻는 질문으로 재구성해 본다.

☐ "지금은 너무 바빠서 그렇게 할 수 없어요."라고 하거나 팀이 공개적이고 호기심 어린 질문을 하는 것을 암묵적으로 방해할 수 있는 다른 말들에 주의한다.

☐ 동료들이 서로에게 배우도록 장려하고 서로의 기술에 대해 배우고자 하는 사람들을 적극적으로 연결해 준다.

☐ 프로덕트 팀이 조직 전체와 작업을 공유하고 토론할 수 있는 '페어링 데이' 혹은 기타 기회를 마련한다.

CHAPTER 4

'TMI' 커뮤니케이션의 기술

다소 농담 같은 제목으로 이 장을 시작했다. 하지만 이 부분이 현직 프로덕트 매니저에게는 매우 심각한 문제이기도 하다. 나도 그랬지만, 많은 프로덕트 매니저에게 프로덕트 매니저로서 가장 큰 실수가 무엇인지 질문하면 '정치적으로 너무 위험해서' 또는 '공개적으로 다루기는 너무 사소해서' 제대로 커뮤니케이션하지 않은 것이라는 답변이 꼭 포함된다.

종종 위험하기도 하고 사소해 보이는 것들이 있다. 예를 들어, 팀 회의를 하는데 어떤 개발자가 자기가 임원과 따로 이야기를 했는데 프로덕트 스펙이 지금 우리가 이야기하는 것과 조금 다르다고 얘기한다. 프로덕트 매니저는 슬슬 불안해질 것이다. 처음엔 그 개발자가 잘못 알고 있다고 생각하게 된다. 지금까지 팀은 임원과 논의한 프로덕트 스펙 문서대로 작업해 왔기 때문이다. '차이가 있어도 아주 사소한 차이일 것이다. 그러므로 순간 대화를 끊어서 같은 팀의 개발자를 민망하게 만들 필요가 없고, 굳이 내가 신경 쓰지 않아도 될 것이다. 정말 별거 아닌 문제일 거고 아무도 눈치채지 못할 수준일 것이다. 이것이 큰 문제로 밝혀진다면, 정말 말이 안 되는 일이다! 정말 괜찮을 거다!'

2주가 지났다. 팀에서 프로덕트의 시연을 진행하는데, 임원 중 한 명이 떨떠름한 표정을 짓는다. 코를 찡그리며 눈을 찌푸린다. 그러면서 "이게 뭡니까?"라는 말을 심장이 완전히 멎을 정도로 또렷하게 내뱉는다. 그는 고개를 절레절레 흔들며 개발자의 발표를 막는다. "죄송하지만 제가 승인한 것과 너무 다르네요. 저는 지금 매우 혼란스럽네요." 일순간 모든 팀원이 얼어붙는다. 모두의 시선이 프로덕트 매니저를 향한다. 머릿속에서 한바탕 욕설이 하고 난 뒤, "설마 설마 했는데,

큰일 났네."라고 혼잣말을 한다.

대부분의 현직 프로덕트 매니저에게 이 시나리오는 허구가 아니다. 이런 일은 항상 일어나며, 다시는 이런 일이 없을 거라고 백만 번을 맹세해도 계속 발생한다. 충분치 않은 커뮤니케이션으로 발생할 수 있는 문제는 방금 본 것처럼 무섭고 끔찍한 결과가 대부분이다. 반면 과도한 커뮤니케이션으로 발생할 수 있는 문제는 끔찍해 봐야 상대의 째려보는 눈빛이나 몇 마디의 핀잔일 것이다. 어떤 상황에서 어느 정도의 커뮤니케이션이 충분한지 명확하지 않다면, 과하다 싶을 정도의 커뮤니케이션을 하는 편이 더 낫다. 물론 이론상으로는 쉽게 느껴질 일이다.

하지만 실제로 일상적인 업무에서 충분한 커뮤니케이션을 한다는 것은 정말 어려운 일이다. 또한, 추상적 커뮤니케이션보다 구체적인 순간에 커뮤니케이션하는 것이 훨씬 더 어렵다. 이 장에서는 과도하다 싶을 정도의 커뮤니케이션을 프로덕트 매니지먼트 관행의 일부로 만들 수 있는 몇 가지 전략적인 방법을 설명한다.

4.1 명백한 것을 질문하기

프로덕트 매니지먼트의 십계명이 있다면 벤 호로위츠 Ben Horowitz 의 '좋은 프로덕트 매니저/나쁜 프로덕트 매니저[19]'일 것이다. 이것은 인터넷이 막 활성화가 되는 시기에 호로위츠가 넷스케이프의 프로덕트 매니저를 교육하기 위해 임시로 작성한 문서이다. 짧고 간단한 문서지만 여기에는 조직에서 프로덕트 매니저에게 기대하는 것들이 "이렇게 하세요. 저렇게 하지 마세요." 형태로 매우 명료하게 정리되어 있다. 내 생각에는 모든 회사에 직무의 책임이 명확하게 설명되어 있고, 해야 할 것과 하지 말아야 할 것이 지시적인 행동 용어로 표현된 이런 '좋은 프로덕트 매니저/나쁜 프로덕트 매니저' 같은 문서가 있어야 한다.

호로위츠의 글에서 내가 제일 좋아하는 부분은 '좋은 프로덕트 매니저는 명백한

---

19 https://a16z.com/2012/06/15/good-product-managerbad-product-manager/

것을 지나칠 정도로 명확하게 설명하려고 한다. 나쁜 프로덕트 매니저는 명백한 것을 절대 설명하지 않는다.'라고 간단하게 써 있는 부분이다. 프로덕트 매니저로 일하면서 '명백한 것'을 설명하는 것이 대체 왜 중요할까 하는 의문이 있었다. 이에 대한 답은 나에게는 명백한 것이 다른 사람에게는 그렇지 않을 수 있다는 것이다. 실제로 어떤 사람에게는 똑같이 '당연한 것'이더라도 다른 사람에게는 절대 '당연하지 않은 것'일 수가 있다. 그렇기 때문에 당연해 보이는 것들이 재앙적인 오해를 불러일으킬 가능성이 가장 높다.

당연해 보이거나 자명해 보이는 일에 의문을 제기하는 것은 생각보다 큰 용기가 필요한 일이다. 예를 들어 다음 주 '출시일'과 관련된 이야기를 할 때, 다들 같은 생각을 하고 있는지 확인하기 위해 "현재 계획은 50명 정도의 사용자를 대상으로 소규모 클로즈 베타 테스트를 실시하여 데이터를 수집한 후 더 넓은 그룹에 출시할 예정입니다."라고 이미 다 아는 사실을 말하는 것은 생각보다 어려운 일이다. "네, 당연히 알고 있었습니다."라는 한결같은 대답이 돌아오더라도, 적어도 한 명은 '휴, 누군가 나서서 말해줘서 정말 다행이다.'라고 조용히 생각하고 있을 것이다.

팀의 비즈니스 및 사용자 목표를 지향하는 상황에서 명확해 보이는 것을 질문할 때의 장점은 분명히 있다. 처음부터 모두 같은 뜻이었다는 것이 밝혀지면, 공유된 이해를 바탕으로 더욱 안전하게 앞으로 나아갈 수 있고, 만약 모두의 의견이 같지 않았다는 것이 밝혀지면, 명확한 커뮤니케이션으로 더 큰 문제가 되기 전에 막을 수 있다.

대규모 회의에서 불편한 정보 전달하기

줄리아, 중견 스타트업, 선임 프로덕트 매니저

몇 년 전, 영업, 고객 성공, 마케팅 리더십 팀 등 시장 관련 부서에서 약 50명이 참여하는 큰 회의에 참석한 적이 있다. 이 회의 중에 사용자가 원하던 특정 기능에 대한 질문이 나왔고 CEO가 회사 채팅에 참여하여 최근에 바로 그 기능을 출시했다는 사실을 공유하고 널리 알려 달라고 당부했다.

딱 하나의 문제가 있었는데 이 기능이 일부 채널에는 제공됐지만, 우리가 실제로 논의하는 채널에는 아직 제공하지 않는 기능이라는 점이다. 이 중요한 회의 중에 CEO가 방금 축하한다고까지 말한 이 기능이 실제 그 기능을 요청한 사용자에게 아직 제공되지 않는다는 사실을 당장 말해야 할까?

나는 과거에 이러한 문제를 제기하지 않았을 때 끔찍한 결과를 경험한 적이 있어서 목소리를 내기로 했다. "사실 그 기능은 아직 해당 채널에 제공되지 않습니다. 해당 기능은 4분기 로드맵에 포함되어 있어요." 침묵이 흘렀다. 내가 '곤란한 상황을 만들었나?' 하며 난처함을 느끼려고 할 때 회사 채팅창에 CEO의 메시지가 떴다. **"알겠습니다, 알려주셔서 감사합니다."** 바로 그 순간 프로덕트 매니저로서 이전에는 느껴보지 못했던 안정감을 느꼈다. 나는 초기 단계의 여러 스타트업에서 일하다가 최근에 이 회사에 입사했는데, 이전 회사에서는 모든 질문을 비난으로 듣곤 했다. 예를 들어 누군가의 "저기요. 이 기능 지원하는 거죠?"라고 질문이 나에게는 "왜 아직 지원하지 않죠?"처럼 들렸다. 나는 늘 사람들의 기대보다 잘하고 싶은 마음이 있어서, 누가 그렇게 질문하면 이미 실패한 거라고 생각했다. 그래서 이렇게 큰 회의에서 CEO에게 기능이 준비되지 않았다고 알리는 것은 이전 회사의 나로서는 상상하기 힘든 일이었다. 그러나 CEO의 답변이 나에게 신뢰감을 주었고, 힘을 실어주었다.

예전에는 '사람들에게 시간이 오래 걸리거나 우선순위가 아니라고 말하면 사람들이 내가 일을 잘 못한다고 여길 거야.'라고 생각하곤 했다. 이제는 사람들이 듣고 싶어 하는 말이 아니라 정말로 무슨 일이 일어나고 있는지를 먼저 말하려고 노력한다. 프로덕트 매니저로서 자연스레 성숙한다는 것이 어느 정도인지, 서로 배려하고 지지하는 환경에서 일하는 것이 어떠한지 아직 잘은 모르겠지만, 지금보다 덜 배려하고, 덜 지지하는 분위기에서 일하게 되더라도 새로 찾은 자신감으로 잘 이겨낼 수 있을 것 같다. 이 방식이 불편할 수는 있지만, 결국에는 더 큰 영향력을 발휘할 수 있게 할 것이다.

4.2 돌려 말하지 말고 직접 말하기

몇 년 전 목요일 밤 9시쯤 내 매니저로부터 예상치 못한 문자 메시지를 받았다. '오늘 밤에 아이폰 애플리케이션의 새 버전을 애플리케이션 스토어에 제출할 수 있다면 정말 좋을 것 같아요!'라는 내용이었다.

혼란스러웠다. 긴급한 건가? 말은 부드럽게 하는 것을 보면 우선순위가 낮은 건가? 지금 당장 하라는 건가? 아니면 그냥 휴대폰 문자로 매니저가 자신의 비전을 보여준 건가? 평소의 나라면 아마 순교자 같은 꼴을 하고 컴퓨터 앞에 앉아 짜증을 내며 애플리케이션을 제출하고 나서, '그럼요. 문제없어요.'라고 영혼 없이 열정적인 척하는 메시지를 보냈을 것이다.

하지만 이번에는 컴퓨터에서 한 시간이나 떨어진 콘서트장에 있었다(물론, 콘서트 중에 휴대폰을 확인했던 나를 이해하지 못할 수도 있다). 수동−공격적 Passive-aggressive[20] 초과 근무라는 일상으로 돌아가기 싫었던 나는 밖으로 나와 매니저에게 전화를 걸었다.

"저기, 정말 죄송한데요. 제가 지금 콘서트에 왔어요. 지금 집에 가서라도 애플리케이션을 등록해야 한다면, 바로 하겠습니다." 수화기 너머로 들려오는 목소리는 망설이고 있었다.

"아, 네, 오늘 밤에 마켓에 등록되면 정말 좋을 것 같… 아닙니다. 콘서트에 가셨다면 … 신경 쓰지 마시고 내일 아침에 얘기하시죠."

"좋습니다. 감사합니다."라고 기분 좋게 말했지만 곧바로 깊은 두려움에 휩싸였다. 내가 일과 삶의 균형이라는 보이지 않는 선을 넘은 건 아닐까? 이기적인 목적을 위해 회사에 나쁜 짓을 한 건 아닐까? 늘 스스로 의심해 왔던 것처럼 나란 인간은 끔찍하고 이기적인 걸까?

다음 날 아침, 질책을 받을 마음의 준비를 했다. 그러나 매니저는 놀랄 만큼 무덤덤해 보였다. "네, 어젯밤에 애플리케이션을 바로 제출했으면 좋았겠지만, 오늘 제출해도 괜찮아요. 최종 제출 시점에 큰 차이가 있는 것도 아니니까요."

"네 알겠습니다. 그런데, 부탁 하나 해도 될까요?". 이 순간 나는 평소와 다르게 직설적으로 말했다. "앞으로 저에게 바로 뭘 하라고 말씀하실 때는 아주 아주 명확하게 말씀해 주셨으면 합니다. 어제 메시지를 받았을 때 얼마나 급한 상황인지 알기 어려웠어요. 급하게 제가 해야 할 일이라면 가능한 모든 방법을 동원해서 꼭 하겠습니다. 그렇지만, 단순히 **'하면 좋은 것'**이라면 가능하면 명확하게 말씀해 주

---

20 수동−공격적(Passive-aggressive)은 상대에게 욕설, 폭언, 폭력 등 적극적 공격을 가하는 것이 아니라 수동적인 자세와 행동으로 상대를 화나게 하는 것을 말한다. 일을 미루기, 책임을 지지 않기, 일의 지연에 대해 변명하기, 상대의 결점 찾기 등이 수동−공격적 패턴이다. 짜증 나는 상사가 시킨 일을 까먹거나, 열받은 상사 앞에서 어리둥절한 표정을 짓는 것도 이런 수동−공격적 행동의 하나이다.

시면 좋겠습니다. 어떠세요?"

10초 남짓이었지만 이렇게 직접 말하는 나 스스로가 썩 마음에 들었다. 한편으로는 그동안 내가 동료들에게 했던 대부분의 부탁이 "만약에… 하면 정말 좋겠네요."나 "저기! 가능하시면, 혹시, 아마…" 또는 "이야 날씨가 좋네요. 저는 샌드위치 좋아하는데 혹시 샌드위치 좋아하시나요? 음, 궁금한 게 있는데요. 저기, 시간 좀 있으시면…"로 시작했음을 깨달았고 반성했다.

대개는 프로덕트 매니저는 직접적으로 조직을 관리할 수 있는 권한이 없기 때문에, 프로덕트 출시를 늦추거나 완료된 작업에 대해 재요청을 하려면 최대한 '좋은' 말로 표현하고 싶을 것이다. 하지만 무엇을 요청하는 것인지(심지어는 요청하는 것인지 아닌지) 모호하게 말하는 것은 좋지 않다. 이는 책임 회피이면서 '나쁜 사람'이 되지 않고 원하는 결과를 얻으려는 수동적이고 공격적인 시도이다.

프로덕트 매니저는 변명, 과도한 사과, 자기 비하를 하려는 경향이 강하다. 그러나 이는 매니저와 팀 전체에 해롭고 위험한 행동이다. 몇 년 동안 나는 사람들이 내게 화를 낼 기미를 보이면 자기 비하를 사용하여 슬그머니 그런 상황을 빠져나왔다. 빡빡한 마감 일정이나 새로운 업무 요청이 있을 때면 "짜잔, 우리 모두의 즐거운 마감일을 위해 프로덕트 매니저가 등장했습니다. 뭘까요?" 이렇게 말했고 긴장도 풀고 나도 '팀의 일원'임을 보여주는 좋은 방법이라고 생각했고, 그럭저럭 팀원들이 이런 방법을 재미있어하기도 했던 것 같았다.

하지만 길게 보면 팀에 좋은 영향을 끼친 것 같지도 않고 사실 별로 재미도 없었다. 내 감정을 숨기고 나를 비하하는 방법으로는 팀원들에게 마감 기한을 당겨 달라고 하거나 이미 끝났다고 생각한 업무를 재작업해 달라고 요청하는 이유를 명확히 전달할 수 없었다. 그 당시 내 목표는 팀원들이 우리의 목표를 위해 더 노력해야 하는 이유를 이해하는 것이 아니라, 그저 가능한 할 빨리 대화를 끝내는 것이었다. 이것은 내가 요청한 것이 큰 의미가 없다고 얘기하는 것과 같다. 왜냐하면 내가 업무의 의미를 전달하는 책임을 다하려고 하지 않으면 그 업무를 요청할 수 있는 사람이 될 수 없기 때문이다. 아무도 의미가 담기지 않은 채 일만 요청하는 사람을 좋아하지 않는다.

프로덕트 매니저로 일을 하게 되면 사람들이 원치 않는 일을 요청해야 할 때가 있다. 이러한 일이 팀의 성공을 위해 정말 중요한 일이라면 팀원들이 그 이유를 제대로 이해하도록 돕고 팀원들과 협력하여 우선순위를 낮출 수 있는 다른 작업이 무엇인지 파악해야 한다. 팀 성공에 필수적인 일이 아니라면 팀의 시간 우선순위를 신중하게 정하고 있는지, 아니면 막연하게 중요해 보이는 일이라면 무조건 "예!"라고 하는지 자문해 보자.

4.3 당신만의 잘못이 아니며, 의도보다 결과가 더 중요하다

팀에서 문제가 발생하면 프로덕트 매니저가 모든 책임을 져야 한다는 조언을 종종 듣게 된다. 나도 초보 프로덕트 매니저 시절, "무엇인가 잘못되면 프로덕트 매니저의 잘못인지 아닌지 상관없이 무조건 다 프로덕트 매니저 때문입니다."라는 말을 자주 들었다.

그때는 이 조언을 마음 깊이 새기고 순교자 역할을 자처했다. 그리고 나니 우습게도 약간의 안도감마저 생겼다. 팀에 문제가 생기면 "넵. 다 제 잘못입니다. 제가 못난 탓이죠."라고 말하면 어쨌든 하던 일을 계속할 수 있었다. 사실 이렇게 하는 게, 팀을 다 모이게 한 후, 왜 이런 기대 이하의 결과가 생겼는지, 앞으로 더 좋은 결과를 얻기 위해 어떤 조치를 취할 수 있는지에 대해 솔직한 대화를 하는 것보다 훨씬 쉬웠다.

물론 책임에 대해서 언급한 부분에는 어느 정도 맞는 말이다. 프로덕트 매니저는 팀이 제공하는 결과에 최종적인 책임이 있다. 하지만 이는 혼자서 감당할 수 있는 책임이 아니다. 모든 잘못을 프로덕트 매니저의 개인적 실패로 돌려버리면 팀은 배우고 성장할 수 있는 중요한 기회를 놓치게 된다. 실수의 원인일 수 있는 시스템적 문제를 팀과 협력하여 해결하기보다, 팀의 모든 문제를 혼자 감당하는 태도는 앞서 이야기한 자신을 쓸모없는 존재로 만든다는 원칙에도 위배된다.

시스템적 문제를 해결하는 것과 개인적 비난을 퍼붓는 것 사이의 경계는 매우 모호하다. 지난 몇 년 동안 나는 이 모호한 경계를 분명히 하고, 어려운 대화를 객관화하기 위해 '긍정적 의도를 가정하라.'라는 이야기를 자주 들었다. 물론 이 말은 '잘못된 일에 대해 내 잘못이 아니더라도 프로덕트 매니저로서 개인적인 책임을 지라.'라는 지침보다 확실히 더 바람직하다.

하지만 '긍정적 의도를 가정한다.'가 일반화되면서 몇 가지 한계도 드러났다. 이 문구로 인해 안타깝게도 지난 1년여 동안 활발한 대화가 필요한 상황에서 일종의 수동-공격적인 문제점을 드러냈다. "어떻게 감히 우리 팀에 문제가 있다고 할 수 있어요? 제가 최선을 다하고 있다는 것을 모르시나요? '긍정적 의도를 가정한다.'라는 전제에 무슨 문제라도 있나요?" 같은 대화 말이다.

끔찍한 감정적 골드버그 장치[21]가 투영과 지연을 암시하듯이, '의도'에 집중한다는 그 생각이 우리를 이상하고 어두운 감정의 영역으로 끌고 들어간다. 좋건 나쁘건, 좋은 의도가 있는 사람들도 많은 해를 끼칠 수 있고, 반대로 나쁜 의도를 가진 사람들이 가끔씩 실수로 긍정적 결과를 만들기도 한다. 대체로 이런 대화에서는 의도보다는 결과에 초점을 맞추는 것이 도움된다.

실제로 나는 대인 관계나 팀의 문제를 중재할 때 "이런 상황이 원하는 결과에 도움이 되었습니까?"라는 질문을 활용한다. 예를 들어, 어떤 프로덕트 매니저가 씩씩거리면서 찾아와 엔지니어링 부서 사람이 자신을 의사결정 과정에서 소외시켰다는 이야기를 하면(생각보다 자주 발생하는 일이다). 나는 이럴 때 해당 팀에 "이런 상황이 의도한 결과였나요?"라고 묻는 습관이 생겼다. 만약에 "네, 그를 참여시킬 시간이 없었어요."라고 답하거나 "네, 우리 팀의 의사결정 과정에 참여시킬 만큼 그를 신뢰하지는 않아요."라고 대답하면 거기서부터 대화를 시작할 수 있다. 또는 "그렇지 않아요. 저는 모든 사람들이 참여하도록 최선을 다했는데, 왜 그들이 소외감을 느끼는지 모르겠어요."라고 대답한다면, 그 프로덕트 매니저는 엔지니어링 담당자와 대화를 시작하여, 무슨 일이 있었는지 확인하고, 다음에는 더 좋은 결과를 위해 함께 노력할 수 있다.

----

21 옮긴이_ 골드버그 장치(Rube Goldberg Machine)는 미국 만화가 루브 골드버그가 고안한 것으로 모양이나 작동원리는 거창해 보이지만, 하는 일은 아주 단순하거나 재미만을 추구하는 매우 비효율적인 기계를 말한다.

개인 수준의 관점을 벗어나 전체 시스템 관점에서 보면, 우리의 의도라는 것이 아주 적절하지 않을 때도 많다는 것을 알 수 있다. 우리의 일은 비즈니스와 사용자에게 더 나은 결과를 일관성 있게 제공할 수 있도록 시스템을 개선하는 것이다. 그러므로 동료의 불만이나 상처받은 감정에 직면하면, "그래, 그런 이야기를 해줘서 고마워요. 우리가 원한 결과는 아닌 것 같네요. 앞으로 어떻게 하면 더 나은 결과를 얻을 수 있을까요?"와 같은 말로 반응하는 것이 감정적인 대답보다 더 도움이 된다. 이렇게 감정에서 결과 중심으로 관점을 전환하면 대화가 수동적이고 공격적인 지적(또는 부끄러움 없는 순교자 행세)으로 악화되는 것을 막을 수 있다.

자기 비하에서 벗어나기

M.L., 100명 규모의 스타트업, 프로덕트 매니저

나는 프로덕트 매니지먼트라는 업무를 대하는 방법에서 자기 비하가 더 이상 올바른 것이 아니라는 것을 알게 된 순간을 여전히 잊지 못한다. 밤샘 작업과 막판 재작업이 잦은 정말 어려운 프로젝트를 맡은 지 한 달 정도 지났을 때였다. 그때는 팀원들을 힘들게 한 것에 대해 진심으로 죄책감이 있었다. 그래서 "네, 그렇죠. 다 제 탓입니다.", "넵. 모든 건 내 잘못이지만, 이 혼란을 수습하는 여러분들은 정말 최고예요."처럼 약간 과장된 사과와 극적인 자기 비하로 팀의 긴장을 줄이기 위해 최선을 다했다.

그러던 중 갑자기 우리 팀의 한 개발자에게 메일을 받고 정말 뜨끔했다. 그는 내가 나의 일에 관해 이야기하는 방식을 걱정했다. 정말로 내가 하는 일에 대해 그렇게 나쁘게 생각하는지, 정말 팀을 위해 아무것도 못 한다고 생각하는지 궁금했고 심지어 팀원들이 프로덕트 매니저의 업무를 제대로 인정하지 않는 것처럼 느껴지는 행동을 한 것은 아닌지 걱정된다고 했다.

답장을 작성하면서 문득 이런 생각이 들었다. 사실은 내가 할 수 있는 게 아무것도 없다고 생각하지도 않았고, 지금 일어나는 일이 모두 내 탓이라고 생각하지도 않았다. 그렇게 생각하지도 않으면서, 나는 수동-공격적인 행동으로 내 탓을 했고, 이는 "제가 부탁하는 일에 제발 토 달지 마세요."라는 말을 내뱉은 것과 마찬가지였다. 팀원들과 왜 야근이 필요한지, 왜 재작업을 해야 하는지 허심탄회하게 대화할 만큼 성숙하지 못했다. 한편으로 프로덕트 매니저로서 팀의 야근 작업과 막판 변경의 장단점을 회사 임원과 솔직하게 이야기할 만큼 자신감도 부족했다. 그냥 임원에게는 "넵. 원하는 대로 하시죠."라고 말하고, 팀에게 "죄송해요. 형편없네요."라고 말하기가 더 쉬웠던 것 같다.

그 후 이런 자기 비하 행동에서 벗어나기 위해 내가 사용하는 생각 훈련이 있다. 자기 비하

표현을 하고 싶은 충동을 느끼면 스스로에게 질문을 한다. '만약 팀원 중 누가 나를 가로막으며 '그럴 필요 없어요. 당신은 정말 잘하고 있고, 우리는 당신의 의견을 존중합니다.'라고 말하면, 나는 안심할까 아니면 짜증 날까?' '안심'이라면, 팀원들과 함께 회고를 통해 내 업무에서 자신감이 떨어지게 하는 다른 근본적인 문제가 없는지 확인하려고 노력한다. '짜증'이라면 자기 비하로 회피하려고 했던 어려운 질문이나 대화 상황이 있었는지를 나 자신에게 묻는다. 그다음에는 용기를 내어 팀과 함께 그 질문을 다루거나 대화를 해 보려고 적극적으로 노력한다.

자기 비하를 하지 않는 훈련을 한 지 몇 년이 지나면서 팀원들과 함께 실제로 무슨 일이 일어나고 있는지, 우리가 실제로 무엇을 할 수 있는지를 열린 대화로 이야기하는 데 훨씬 익숙해졌다. 왜 우리가 지금 이 일을 하는지? 무엇을 결정하는 일을 하고 있는지, 특정 결정을 어떻게 내렸는지와 같은 까다로운 질문을 받기도 한다. 그러나 이런 질문에 답을 계속 하다 보면 더 나은 프로덕트 매니저가 되고, 방어적 태도를 덜 보이는 사람이 될 것이다.

4.4 '승인'이 아니다: "괜찮아 보입니다."

내가 프로덕트 매니지먼트로 경력을 시작하던 무렵에는 업무의 각 단계마다 권한이 있는 사람들의 '승인'을 완벽하게 받아 두면 어떤 문제도 없을 것이라고 진심으로 믿었다. 그래서 팀의 분기별 로드맵을 마무리하기 전에 반드시 회사 임원에게 발표했다. 그리고 디자인 목업을 실제 소프트웨어로 만들기 전에는 프로덕트의 룩앤필에 관한 구체적 의견을 줄 것이라고 생각되는 임원들에게 목업을 보냈다. 겉으로는 피드백을 받고 싶다는 것이지만, 속으로는 일종의 간단한 승인 표현, 즉 나중에 일이 잘못되었을 때 효과적으로 나를 보호해 줄 수 있는 체크 박스 같은 의미였다.

대개 임원들은 '알겠습니다.' 혹은 '보내줘서 고맙습니다.'와 같이 간결하고, 수동적인 인지의 형태로 승인 표현을 보내왔다. 사실 그 정도면 충분했다. 나중에 누군가 우리 팀 작업에 대해 문제를 제기하면 '알겠습니다.'라고 쓰고, 바로 '한 달 전에 이렇게 보냈는데 피드백이 없었는데요. 이 말은 수정할 필요가 없다는 뜻이죠!'라고 답장을 보내면서 당당하게 승리하는 모습을 보여줄 수 있을 거라고 생각했다.

그러나 '무르기 없음no backsies'은 꼭 지켜야 하는 사내 정치 규칙이 아니라는 사실을 금세 깨달았다. 5장에서 다루겠지만, 이해관계자, 특히 임원은 매우 바쁜 사람들이라 회의에서 잠깐 고개를 끄덕이거나 '알겠습니다, 감사합니다.'라는 이메일을 보낸다고 해서 프로덕트 매니저 관점에 주의 깊게 생각한다는 것은 아니며, 어떤 참여의 의미가 있는 것도 아니다. 프로덕트 매니지먼트 관점에서 보면 불충분한 긍정적인 동의는 엄청나게 위험하다. 게다가 "괜찮아 보입니다."라는 말만큼 무관심하고, 모호하게 동의하지 않는다는 것을 표현하는 단어도 없다. 훌륭한 프로덕트 매니저는 사람들이 "괜찮아 보입니다."라는 대답을 거의 할 수 없게 만든다. 다소 어색하고, 신경 쓰이는 질문이라 하더라도 늘 열린 질문을 한다. 3장에서 설명했지만, 논쟁이 아닌 선택할 수 있는 옵션을 제공해서 이해관계자가 수동적으로, 흐릿한 눈으로 고개를 끄떡이거나 두 단어로 된 이메일 답장을 하는 것이 아니라 적극적인 참여를 하도록 요청한다.

피드백이나 승인을 요청하는 회의나 이메일에서 의미 있는 선택지나 열린 질문을 적어도 하나 이상 포함시키는 것이 도움이 된다. 이메일에서 '첨부한 다음 분기 로드맵 확인 부탁드립니다. 궁금한 점은 질문해 주세요.'라고 쓰면 투명하게 협업하는 것처럼 보이지만, 실제로는 로드맵에 따라 프로덕트를 전달하기 시작하면 "도대체 이게 뭐야? 왜 내가 미리 못 봤지?"라는 반응을 피할 수 없게 된다. 이와 비교해서 다음과 같은 이메일을 보내면 응답을 받을 가능성이 훨씬 높다. '첨부된 다음 분기 로드맵 확인 부탁드립니다. 보시다시피 6~8번째 스프린트에서 두 가지 옵션을 고려하고 있습니다. 어떤 것이 팀 목표에 더 적합하다고 생각하시는지 금요일까지 알려주시기를 바랍니다.'[22]

---

22 옮긴이_ 이메일과 채팅에서 구체적이고 시간제한을 두고 요청하는 것이 왜 중요한지는 13장, '집에서 시도하기: 원격 근무의 시도와 고난'에서 자세히 설명한다.

4.5 "괜찮아 보입니다."의 해결법: 동의하지 않음과 헌신[23]

여러 이해관계자와 있는 대화에서 "괜찮아 보입니다." 쪽으로 무게 중심이 쏠리면 더욱 설득력이 생기면서 반대 의견을 내기 힘들게 된다. 일대일 대화에서 한 사람의 의견에 동의하지 않는 것도 어색한데, 10명의 대화에서 다수의 의견에 동의하지 않는 것은 정말 난처할 수 있다. "괜찮아 보입니다."라는 말은 그 말에 직접적인 반대만 하지 않는다면 아주 무난하게 넘어갈 수 있는 유혹적인 말이다.

고맙게도 인텔의 훌륭한 직원들이 바로 이런 상황을 다루기 위해 '동의하지 않음과 헌신'이라는 기술을 만들어 냈다. '동의하지 않음과 헌신'은 매우 간단한 개념이다. 그룹으로 내린 모든 결정은 관련된 모든 사람이 앞으로 진행할 것에 대해 긍정적으로 헌신할 것을 약속해야 한다. 그리고 그 약속으로 도달하는 과정에서는 '말하지 않고 넘어갔을 질문', '우려사항', '반대 의견'을 모두 해결해야 한다.

예를 들어, 프리미엄freemium[24] 프로덕트의 무료 혹은 유료 부분에 새 기능을 추가할 것인지에 관해 각각 두 개의 회의가 열린다고 가정하자. 첫 번째 회의는 암묵적 합의라는 전통적 규칙으로 진행된다. 모든 사람이 동의하거나 반대하는 사람이 한 명도 없으면 결정이 내려지고 이후 업무가 진행된다. 이 기능을 개발하는 팀의 프로덕트 매니저는 약 10명의 임원급 이해관계자 그룹에 자신의 주장을 설명해야 한다. 경쟁 분석, 사용량 예측, 매출 목표 등을 신중하게 검토한 후 이 기능을 무료 부분에 포함할 것을 강력하게 추천한다. 그 후 "질문 있는 사람 있나요? 이 접근 방식이 좋은 것 같나요?" 미지근하게 고개를 끄덕이는 사람이 몇 명 있고, 대체로 침묵을 지킨다. 결국 안도의 한숨과 함께 "네, 좋습니다!"로 마무리한다.

개발 팀에서는 바로 흥미 있는 새로운 무료 기능을 구현하기 시작한다. 기술적 세

---

23 옮긴이_ 동의하지 않음과 헌신(Disagree and commit)은 의사결정이 진행되는 동안에는 각 개인이 동의하지 않을 수 있지만, 일단 결정되면 모든 사람이 그 결정에 헌신해야 한다는 경영 원칙이다. 인텔, 아마존, 넷플릭스 등 많은 기업에서 의사결정의 한 방법으로 활용하는 것으로 알려져 있다. 이 글에서는 좋은 게 좋은 것이라는 문제점을 해결할 수 있는 방안으로 제시하고 있다.

24 옮긴이_ Freemium은 기본 서비스는 무료로 하지만, 추가 서비스는 유료로 하는 수익 모델이다. 국내에서는 '부분 유료화'라는 용어로 쓰인다. 무료 게임 애플리케이션에서 유료 아이템을 파는 것이 대표적인 예이다.

부사항을 협의하고 마케팅 카피를 작성하는 등 모든 것이 순조롭게 진행된다. 그런데 회의가 끝난 지 2주 후, 제안 방향에 고개를 끄덕이던 이사 중 한 명으로부터 이메일을 받았다. '미안하지만, 가격 정책 결정과 관련해서 풀어야 할 몇 가지 문제가 있어 잠시 진행을 보류하셔야 할 것 같습니다.' 나는 속으로 '잠시만요, 뭐라고요? 모두가 동의한 줄 알았는데요.'를 말하며 화나고 실망하는 마음을 최대한 억누르고 최선을 다해 얼른 이메일에 답장을 보낸다. '알려주셔서 감사합니다. 죄송한데, 제가 좀 헷갈리네요. 이 기능은 무료로 하자고 모두 동의하신 거 아니었나요?'라고 답장을 보낸다. 몇 시간 후 받은 답장에는 '네, 수익 담당 부사장이 가격 전략을 재검토 중이며 지금 당장은 무료 기능을 추가하는 것이 적절하지 않다고 판단하셨어요. 다음 주에 더 자세한 정보를 알려드리겠습니다.' 고개를 절레절레 흔들며 깊은 한숨을 내쉰다. 이제 팀에 회사의 전체 가격 책정 전략에 변화가 생겼고, 이로 인해 2주 동안 노력한 것이 물거품이 되었다고 말해야 한다. 팀원들의 사기에 큰 영향이 있을 것이고, 팀의 일정에도 큰 차질이 생기겠지만, 어쩔 수 없다. 지금으로서는 희망과 기다림, 화풀이 외에 달리할 수 있는 일이 없다.

이제 '동의하지 않음과 헌신'이라는 규칙으로 운영되는 두 번째 회의를 상상해 보자. 회의에 참석한 각 사람은 결정을 내리기 전에 구체적이고 긍정적인 약속을 해야 하며, 모든 사람은 약속을 하는 데 방해가 될 것 같은 것을 질문하거나 이견을 제기할 책임이 있다. 이제 첫 번째 예시와 같이 경쟁 분석, 사용량 예측 및 수익 목표를 신중하게 검토한 후 해당 기능을 무료로 배포할 것을 강력히 추천하는 제안을 한다. 모여 있는 이해관계자들에게 다음과 같이 말한다. "좋습니다. 이번에는 회의 방식을 조금 다르게 시도해 보겠습니다. 이번 건은 팀의 중요한 결정이므로 여러분들이 가지고 있는 모든 정보를 테이블 위에 올려놓고 확인하고 싶습니다. 그래서 저는 여러분 한 명 한 명에게 제가 설명한 방식으로 진행할 의향이 있는지 물어보려고 합니다. 그렇게 하실 수 없다면 이유를 말씀해 주세요. 이유를 듣고 나서 어떻게 해야 할지 함께 고민해 보겠습니다."

프로덕트 마케팅 책임자에게 "앞으로 이 기능을 무료로 제공하는 것에 동의합니까?"라고 묻는다. 그들은 약간 당황한 듯 "네, 네, 동의합니다."라고 얼버무리나

싶더니 "네, 좋습니다."라고 말한다. 잠시 멈췄다가 계속한다. "분명히 말씀드리지만, 지금은 가능한 최선의 결정을 내릴 수 있도록 모든 질문이나 우려사항을 테이블 위에 올려놓는 것입니다. 확신이 없을 때는 예라고 답할 필요는 없습니다." 그들은 긴장하며 몇 번 웃더니 "아, 아닙니다. 감사합니다. 네, 약속합니다."라더니 "충분히 이해가 됩니다."라고 말한다.

다음은 수익 운영 담당자 차례다. 보기에 바로 확신이 서지 않는 것 같았다. 역시 "사실, 지금 당장 약속할 수 있을지는 모르겠습니다."라고 한다. "수익 담당 부사장이 가격 책정 전략을 재평가하고 있는데, 그 결과가 나오기 전에는 확답을 드릴 수 없을 것 같네요."라며 잠시 멈칫한다. "네 감사합니다. 언제쯤 이에 대해 명확해질까요?"라고 묻는다. 상대는 "어, 다음 주에 다시 연락드리겠습니다."라고 한다.

이렇게 되면 다음 주에 수익 팀과 여러 차례 후속 미팅을 해서 회사의 가격 정책이 어떻게 왜 변하고 있는지 작업 전에 더 잘 확인할 수 있다. 그동안 팀은 유무료 여부에 영향을 받지 않을 기능에 대한 작업을 진행하면 되고, 이후에 다시 회의에 참석했던 이해관계자들을 소집하고, 수익 운영 책임자의 전폭적인 지지를 받아 회사의 가격 책정 전략이 유료 쪽에 더 많은 기능을 추가하는 방향으로 어떻게 바뀌었는지 설명할 수 있다. 프로덕트 매니저는 우여곡절이 있었으나 팀과 이해관계자의 의견을 충분히 수렴하여 이러한 변화를 헤쳐 나갈 수 있었다는 사실에 마음이 놓일 것이다.

이 예에서 알 수 있듯이 '동의하지 않음과 헌신'이 조직에서 발생할 수 있는 모든 단절과 잘못된 커뮤니케이션을 해결하지는 못하지만, 이런 문제들을 적절한 시기에 생산적으로 드러내는 데는 도움이 된다.

다른 모범 사례처럼 '동의하지 않음과 헌신'을 구현하는 방식은 팀과 조직에 따라 달라진다. 다음은 이를 시도해 볼 수 있는 몇 가지 팁이다.

| **팁 1: 이 방법을 사용하기 전에 '동의하지 않음과 헌신'을 소개한다** |
'동의하지 않음과 헌신'은 공식화된 모범 사례이며, 인텔이나 아마존과 같은 기업에서도 채택하고 있으므로 합의 절차를 위한 실험으로 도입할 수 있다. 특히 사

람들이 '동의하지 않음과 헌신'을 비협조적인 팀원에 대한 수동—공격적인 개인적 비판으로 오해할 수 있으므로, 제대로 소개하는 것이 중요하다.

| 팁 2: 침묵을 동의하지 않는 것으로 해석한다 |

대개 회의에서 침묵은 암묵적 동의로 해석된다. 일반적으로 누군가 앞으로 진행 방안을 제안하고, "질문있습니까?"로 프레젠테이션을 마무리할 때, 아무도 질문하지 않으면 거의 동의가 완료된 것으로 생각한다. '동의하지 않음과 헌신'의 경우 긍정적인 신호만 받아들이게 되므로, 침묵은 일종의 비동의로 간주한다. 회의 참가자들에게 이를 명확히 전달해야 한다. "침묵하시는 분은 의견에 동의하지 않는 것으로 생각하겠습니다. 이제 각자의 생각과 우려사항을 공유해 봅시다."라고 말한다. 이 방법을 처음 시도할 때는 그 순간이 아마 프로덕트 매니저 경력에서 가장 불편한 순간이 될 수도 있겠지만, 그것을 견디면 회의 때 가장 조용한 사람들에게 얻을 수 있는 인사이트에 놀랄 것이다.

| 팁 3: 규모가 큰 회의에서는 간단한 펄스 체크[25]를 해 본다 |

대규모 회의, 특히 화상으로 진행되는 대규모 회의에서는 "이 제안에 동의하시는 분들은 모두 저한테 엄지손가락을 들어 주시겠습니까?"라는 간단한 질문이 회의를 마무리하는 데 도움이 되는 경우가 많다. 한두 명이라도 그렇지 않은 반응을 보이면, 추가 질문을 통해 더 깊이 파고들 수 있고, 다른 참여자들에게는 반대 의견도 환영하며 진지하게 의견을 받겠다는 것을 보여줄 수 있다.

| 팁 4: 목표를 설정하고, 검증하고, 학습한다 |

그런데, 사람들이 특별한 이유 없이 이후 진행 방향에 동의하고 참여하지 않으려고 하면 어떻게 해야 할까? 믿기지 않을 수도 있지만, 이것은 좋은 신호다. 다르게 생각하면 회의에 참여한 사람들이 잘못되었다고 생각하는 것에 헌신하지 않을 만큼 충분히 회의에 참여하고 있다는 의미이다. 이때 대화를 진전시키는 방법은

---

25 옮긴이_ Pulse Check, 그대로 번역하면 맥박 체크인데 말 그대로 간단한 질문들로 참여자들의 상황을 파악하는 것이다.

성공 기준을 설정하고 나중에 결정을 재검토할 계획을 세우는 것이다. 그런 다음 선택한 접근 방식이 효과가 있는지 검증하고 그에 따라 조정하면 된다.

예를 들어 엔지니어링 팀과 회의 중인데 프로덕트 개발 주기를 2주로 할지, 6주로 할지에 대해 합의되지 않는 경우라고 해 보자. 모든 사람이 합의되도록 노력하기보다는 "우선 2주로 개발 주기를 시도해 본 다음 한 달 후에 2주가 팀 목표를 달성하는 데 도움이 되는지 검토하고, 도움 되지 않으면 그때 다른 방법을 시도해 보면 어떨까요?"라고 제안할 수 있다. 이러면 의사결정이 이루어지고, 결정한 내용에 대해 성공을 측정하고 앞으로의 과정을 조정하는 데 대한 책임을 공유할 수 있다.

| 팁 5: 이 방법의 핵심을 완전히 잘못 이해하고 "좋아요. 우리는 동의하지 않음과 헌신 방법을 쓰고 있으니 당신의 동의 여부는 중요하지 않습니다."처럼 말하지 말자 |

이 내용을 써야 할지 말지 고민되었는데, 어떤 사람들은 '동의하지 않음과 헌신'의 개념을 동료에게 "당신이 동의하든 말든 상관없어요. 우리는 동의하지 않음과 헌신 방법을 쓰고 있으니 당신은 상관 없습니다."라고 말하면서 극단적인 것으로 이해하는 경우도 있다. 동의하지 않음과 헌신의 목적은 말하지 않고 넘어가는 망설임, 우려, 질문을 드러내기 위한 것임을 명심하자. '동의하지 않음과 헌신'을 사용하여 반대 의견을 가진 사용자를 질책하고 복종하게 만든다면 완전히 잘못 이해하고 있는 것이다.

'동의하지 않음과 헌신'을 사용하여 더 좋은 솔루션 찾기

J.A., 프로덕트 매니지먼트 컨설턴트

나는 캘리포니아에 있는 미디어 대기업을 위한 프로덕트를 개발하는 소규모 컨설팅 회사와 같이 일하고 있었다. 내부 프로세스를 논의하는 회의에서 퇴근 후에 들어오는 고객의 메일을 어떻게 처리할지에 대한 질문이 나왔다. 이 문제는 팀원들 사이에서 민감한 문제였고, 직접 질문을 했을 때 대부분이 침묵했다.

결국 회사의 시니어 중 한 명이 "고객에게 제때 응답하는 것이 중요합니다. 그러니 이메일을 확인하면 바로 답장을 보내야 할 것 같습니다."라고 했다. 다른 누군가가 "하지만 두 사람이 메일 수신인에 있으면 어떻게 하죠?"라고 물었다. 세 번째 사람이 나서서 "근무 시간 이후 메일이 와서 답장할 계획이라면, 먼저 메일의 참조자들에게 슬랙 메시지를 보내서 메일을 받았다고 알려준 다음에 고객에게 답장을 보내면 어떨까요?"라고 제안했다. 테이블 주변에서 고개를 끄덕이는 사람이 몇 있었다. 충분히 협업으로 해결할 수 있는 부분이었고 앞으로 나아갈 수 있었다.

하지만 테이블 주위 대다수의 표정은 여전히 긴장되어 있었고, 몇몇은 여전히 믿을 수 없을 정도로 조용했다. 나는 이미 '동의하지 않음과 헌신' 방법을 배웠고, 이 순간이 그 방법을 시도해 보기에 좋은 순간인 것 같았다. 회의 참석자 모두에게 이 방식에서는 동의만을 긍정의 신호로 해석하며 침묵을 포함한 다른 신호는 제안된 방법에 동의하지 않는 것으로 생각하겠다고 말했다. 테이블을 돌면서 대부분의 사람이 '좋다. 우선 시도해 보고 어떤 일이 일어나는지 지켜보자.'라는 취지로 약속하고 있었다. 하지만 회의 내내 가장 조용했던 한 사람이 "흠, 이 계획은 괜찮아 보이지만 굳이 그날 밤에 메일을 보내야 하는지 모르겠네요. 저는 고객이 밤에 이메일을 보내면 다음 날 아침에 답장을 보냅니다. 이렇게 업무를 계속 처리하면 시간이 지남에 따라 고객은 이런 방식에 어느 정도 익숙해지겠죠. 결국에 고객들은 밤늦은 시간보다는 업무 시작 시간에 이메일을 보낼 테고, 내가 서둘러 답장을 보내지 않으니 모든 일이 더 잘 풀릴 것 같은데요."라고 말했다.

순간 회의실의 분위기는 마치 창문이 열리는 것처럼 극적으로 바뀌었다. 이전 방식에 대해 미온적인 태도를 보였던 사람들이 심야에 잘못 전달된 이메일, 급하게 내린 잘못된 결정, 불분명한 고객 관리 기대치로 인해 망친 저녁 식사 계획에 대한 이야기를 나누기 시작했다. 가장 조용했던 사람의 의견으로 **팀 전체가 새로운 길을 향해 열정적으로 헌신할 수 있었고, '동의하지 않음과 헌신' 방법을 쓰지 않았다면 창문은 절대 열리지 않았을 것이다.**

4.6 다양한 커뮤니케이션 스타일 고려하기

많은 프로덕트 매니저에게 과도한 커뮤니케이션은 자연스러운 일이며, 심지어 이것이 프로덕트 매니지먼트를 시작하게 된 이유이기도 하다. 이러한 관점에서 보면 질문을 많이 하거나, 회의에서 발언하거나, 자세한 서면 답변을 제공하는 것을 꺼리는 사람을 종종 '나쁜' 커뮤니케이터로 생각할 수 있다.

프로덕트 매니저로 일하면서 문서를 꼼꼼히 작성하고 정작 회의 때는 다소 즉흥적인 논의를 선호하는 내 커뮤니케이션 성향과 맞지 않는 사람들 때문에 종종 좌절한 적이 있다. 이 문제가 '좋은 커뮤니케이션'과 '나쁜 커뮤니케이션'의 문제가 아니라 일하면서 마주칠 수 있는 다양한 커뮤니케이션 스타일뿐이라는 것을 깨닫는 데 시간이 오래 걸렸다.

프로덕트 매니저라면 자신의 커뮤니케이션 스타일이 모든 사람과는 맞을 수 없다는 것을 깨닫는 게 정말 중요하다. 언뜻 보기에 커뮤니케이션이 서툴러 보이는 사람들이라도 열린 마음으로 호기심을 갖고 대화해 보자. 이해와 공감의 마음을 가질수 있도록 내가 자주 만났던 몇 가지 일반적인 커뮤니케이션 스타일을 소개한다.

| 비주얼 커뮤니케이터 |

어떤 사람들은 개념을 시각화하기 전까지는 이해하지 못한다. 나는 언어로 커뮤니케이션을 하는 사람으로서 이 사실을 받아들이는 데 오랜 시간이 걸렸다. 꼼꼼하게 작성한 메시지를 멍한 눈으로 보는 사람을 만나면 좌절감에 빠져 더 많은 말을 하기도 했다. 당신이 비주얼 커뮤니케이터가 아니라면 팀에 있는 비주얼 커뮤니케이터와 함께 아이디어를 빠르게 스케치하거나 시각적 프로토타입을 만들면서 자신의 생각을 다듬고 집중할 수 있는 좋은 기회를 가져보자.

| 오프라인 커뮤니케이터 |

그저 대화에 참여시키려고 했을 뿐인데, 자신을 곤란하게 만들었다고 생각하여 회의가 끝나고 나에게 항의하는 경우도 꽤 많았다. 처음에 일종의 어린 시절의 방어기제가 아닌가 싶기도 했지만, 무언가를 말하기 전에 충분히 생각하고 싶어 하는 사람도 있다는 것을 인정하게 됐다. 그래서 팀 내 오프라인 커뮤니케이터에게는 가능하면 특정 질문이나 과제에 대해 미리 알려주고 생각을 나누기 전에 충분히 고민할 수 있도록 한다. 특히 회의에서 발언하거나 발표를 요청할 때는 미리 알려주어야 한다.

| 문제 상황을 기피하는 커뮤니케이터 |

프로덕트 매니저의 일상 업무에서 "예." 또는 "제가 보기엔 괜찮네요."라는 간단한 대답을 듣는 시간을 순수한 긍정과 격려를 받는 것처럼 귀하고 소중한 순간으로 느낄 수 있다. 그러나 이러한 자신감을 주는 "예."라는 대답이 언제나 철저한 분석의 결과에서 비롯된 것은 아니다. 프로덕트 매니저에게는 편안함보다 명료함을 우선시하는 것이 중요한 일이지만, 모든 사람이 그런 성향인 것은 아니다. 첫 반응이 항상 "예."인 사람에게 피드백을 받아야 한다면 예/아니요로 대답할 수 없는 피드백을 요청하자. 피드백을 요청할 때 더 명확하고 더 열린 마음으로 그런 사람들의 암묵적인 도전을 받아들이면 조직 내 모든 사람으로부터 더 나은 피드백을 수집하는 데 도움이 될 것이다.

팀의 특정한 사람들에 대해 더 많이 알게 되고, 그들의 커뮤니케이션 스타일을 이해할수록 팀과 조직의 커뮤니케이션을 더 원활하게 할 수 있다. 누군가의 커뮤니케이션 스타일을 파악하는 가장 쉬운 방법은 그 사람이 나에게 무엇인가를 알려주는 방식을 살펴보는 것이다. 대개 사람들은 자신이 가장 쉽게 정보를 받아 들일 수 있는 방법으로 다른 사람들에게 정보를 전달한다.

4.7 프로덕트 매니저의 커뮤니케이션: 사과하지 않기

효과적인 프로덕트 매니지먼트를 위해서는 여러 사람에게 많은 시간을 부탁해야 하므로 사람들이 프로덕트 매니저를 자신의 '진짜' 업무에서 멀어지게 하고, 회의 참석을 강요하거나 지겹도록 많은 이메일에 답을 달라고 요구하는 성가신 멍청이쯤으로 생각할 수 있다. 나도 처음 프로덕트 매니저 일을 할 때는 동료들에게 가능한 최소한의 회의에 참석하도록 해 보겠다고 말하고, 그렇게 하려고 최선을 다했다. 회의 일정을 잡을 때는 팀에서 중요한 문제를 함께 해결할 수 있는 좋은 기회라고 생각하기보다는 성가신 일 정도로 여겼었다.

나부터가 그렇게 생각한다면 팀의 모든 회의는 시간 낭비로 취급될 것이고, 결국에는 이 생각이 시간 낭비가 될 것이라는 자기 충족적 예언임을 한참 후에 깨달았다. 패트릭 렌치오니Patrick Lencioni는 자신의 책『Death by Meeting』(Jossey-Bass, 1705)에서 사람들이 나쁜 태도로 회의에 임한다면 아무리 절차를 개선해도 회의가 개선될 가능성이 낮다고 지적했다. 이메일과 다른 형태의 비동기식 커뮤니케이션도 마찬가지이다. 동료들에게 이메일을 귀찮은 것으로 이야기한다면 동료들도 당신과 마찬가지로 이메일을 귀찮게 대할 것이다. 또한 너무 많은 수신 메시지에 '압도'당하는 것 같다고 불평하면 동료들은 팀의 성공에 중요한 대화에 참여하기 전에 당신에게 불편함을 끼칠까 한 번 더 생각할 것이다.

팀원들이 회의에 시간을 낭비하고 있다고 느낀다면, 팀원들에게 최근에 참석했던 가장 생산적이고 좋았던 회의에 대해 물어보자. 그 다음 '좋은' 회의가 어떤 것인지에 대한 명확하고 달성 가능한 비전을 함께 만들어 보자. 팀원들이 이메일이나 채팅 메시지에 압도당하고 있다고 말하면 팀원들과 협력하여 사용하는 커뮤니케이션 채널에 대한 기대치를 명확하게 설정한다.[26] 팀이 서로 커뮤니케이션하는 시간의 가치를 경시하지 말고 그 시간을 잘 활용할 수 있도록 만들어야 한다.

팀을 넘어선 목표와 동기 이해하기

A.G., 직원 500명 규모의 출판사, 프로덕트 매니저

어렸을 때는 주로 다른 부서의 사람들이 일을 왜 제대로 하지 않을까라는 생각을 하며 종종 좌절감을 느꼈다. 심지어 그들이 재미와 게임을 위해 권력을 휘두르는 바보이거나 얼간이라고 생각했다. 하지만 지금은 사내 정치로 고민하는 사람이 나에게 조언을 구하면, 사람들은 모두 똑똑하고 최선의 의도가 있다고 생각해야 한다고 말한다. 이것은 마음 따뜻해지는 쿰바야[27] 같은 주문이 아니라 프로덕트 매니저로서 생존하고 성공하는 데 도움이 되는 전술적이고 실용적인 조언이다.

출판사에서 일할 때 나는 다량의 콘텐츠에 의존하는 프로덕트를 구축하는 임무를 맡았다. 그런데 콘텐츠 담당 부사장은 우리가 사용할 수 있는 콘텐츠를 제한하기 위해 안간힘을 쓰고 있었다. 나는 "이렇게 하는 건 역겨운 힘겨루기이며, 그는 부끄러워해야 합니다."라고 말하며 격분했다. 그때 현명한 매니저가 부사장과 직접 논의해 보는 것이 좋겠다고 조언했다. 나는 (놀랍게도 침착하게) 부사장을 만났고, 부사장은 콘텐츠 확보가 실제로 어떻게 이루어지는지 설명해 주면서 내가 생각하는 대로 하면 콘텐츠 파트너를 화나게 할 가능성이 높다는 것이었다. 실제로 파트너가 사업을 접을 수도 있는 수준이었다. 그는 자신의 거래선과 해당 콘텐츠 소스의 장기적인 생존 가능성을 보호하고 있었다.

----

26 이에 대해서는 13장, '집에서 시도하기: 원격 근무의 시도와 고난'에서 자세히 설명한다.
27 옮긴이_ Kumbaya, 아메리카 흑인의 그리스도교 음악.

그렇다. 그는 멍청하지도 않았고, 바보도 아니었다. 그때의 나는 그 결정에 동의하지 않았지만, 그가 왜 그렇게 결정했는지 이해했고, 화를 낼 이유가 없었다. 그의 목표와 더 중요하게는 그의 고객이 나와 달랐기 때문이었다. 매우 겸손해지는 경험이었다.

그 이후 나는 소매업, 소셜 미디어, 식음료 등 다양한 업계에서 일했고, 이러한 역학 관계는 계속 반복됐다. 비즈니스의 각 부분에서는 목표와 고객에 따라 다른 최적화가 필요한 경우가 많다. 프로덕트 매니저는 자신의 팀과 긴밀히 협력하라는 지시를 받지만, 어떤 점에서는 비즈니스의 다른 부서 사람들과 협력하는 것이 훨씬 중요할 때도 있다. 물론 그때도 팀원들과는 여전히 같은 목표와 일상적인 관심사를 공유하고 있겠지만, 그것이 비즈니스의 다른 부서와 완전히 상충될 수도 있다. 최종 사용자의 요구사항은 잘 고려하지만, 실제로 비즈니스를 운영하기 위한 중요한 공급업체와 파트너와의 관계는 잘 모를 수도 있다.

프로덕트 매니저로서 이 모든 것을 파악하는 것은 당신의 몫이다. 당신의 역할은 정의상 여러 기능을 수행해야 하지만, 다른 모든 사람의 역할은 그렇지 않다. 당신은 커뮤니케이션 전문가로서 채용되었지만, 다른 사람들은 수학을 잘하거나 공급업체와의 관계가 좋아서 채용되었을 수도 있다. **커뮤니케이션은 프로덕트 매니저의 업무지만, 다른 모든 사람들이 커뮤니케이션의 전문가가 되길 기대할 수는 없다.** 내가 가장 좋아하는 두 가지 질문은 "목표가 무엇인가요?"와 "무엇을 위해 최적화하고 있나요?"이다. 이 두 가지 질문을 자주 그리고 진심으로 활용하는 덕분에 프로덕트 매니저 생활이 훨씬 더 나아졌다(그리고 프로덕트 매니저가 아닌 생활도!).

4.8 'TMI' 커뮤니케이션의 실제: 세 가지 시나리오

프로덕트 매니저는 다양한 상황에서 여러 사람과 커뮤니케이션을 하지만, 몇 가지 시나리오가 업계 전반에 걸쳐 반복해서 나타나는 경향이 있다. 이 절에서 프로덕트 매니저를 위한 세 가지 일반적인 커뮤니케이션 시나리오와 이에 대해 어떻게 접근할 수 있는지 함께 살펴보고 각 시나리오에 대한 상황을 읽고 나서 잠시 시간을 두고 자신이 어떻게 대처할 것인지 생각해 보자. 이런 연습을 하면 각 상황을 특정 조직 상황의 리듬, 성격 및 이슈에 맞게 조정하는 데 큰 도움이 될 것이다.

시나리오 1

계정 관리자: 2주 안에 이 기능을 구축하지 않으면 가장 큰 고객을 잃게 됩니다.

개발자: 원격으로 안정적이고 성능이 뛰어난 기능을 개발하려면 최소 6개월이 걸립니다(그림 4-1).

그림 4-1 '긴급한' 요청으로 기술적 반발이 생김

현재 상황

이 사례는 서로의 지향점이 다른 흔하고 일반적인 상황이다. 계정 관리자의 임무는 고객을 유지하는 것이다. 개발자의 임무는 부끄럽지 않고, 버그가 없고, 잘 정리된 소프트웨어를 만드는 것이다. 계정 관리자는 소프트웨어의 성능과 같은 요소에 직접 신경 쓸 이유가 없다. 반면에 개발자는 (일반적으로) 고객이 유지될 것인지 여부에 직접 신경 쓸 이유가 없다. 오히려 불합리한 고객이 한 명 줄어든다는 것은 오히려 개발자에겐 막판 요구사항이 한 건 줄어든다는 좋은 의미일 뿐이다. 여기서 중요한 건 계정 관리자와 개발자 모두 각자의 단기 목표를 위해 노력하고 있다.

할 수 있는 일

여기에는 계정 관리자와 개발자의 입장 모두에 여러 가지 가정이 작용한다. 이 고객에게 이 기능이 정말 필요한가? 이 기능을 구축하지 않으면 정말 고객을 잃게 될까? 개발자가 고객의 요구사항을 완벽하게 이해하고 있는가? 아니면 6개월이 라고 하면서 시간을 더 벌려고 하는 것인가? 여기서 우리는 계정 관리자가 요청 하는 특정 기능에 대해 논쟁하기보다는 고객이 겪고 있는 근본적인 문제를 더 깊 이 파헤쳐 볼 필요가 있다. 계정 관리자는 고객의 요구사항을 더 잘 이해하기 위 한 파트너이고, 개발자는 가능한 해결책을 모색하기 위한 파트너로 참여하는 것 이다. 새 기능을 개발하지 않고도 기존 기능을 더 잘 이해할 수 있도록 고객과 간 단한 대화를 해 보는 것으로 문제가 해결될 수도 있다.

피해야 할 패턴과 함정

자, 이제 2주인지 6개월인지를 결정해 봅시다.

2주나 6개월 모두 완전히 임의적인 기간일 수 있다. 계정 관리자는 '2주'를 '정말 빨리'라는 의미로 말했을 수도 있고, 개발자는 '6개월'을 '절대 안 돼요, 그 기능을 작업하고 싶지 않아요.' 의미로 말했을 수도 있다. 잘못된 선택을 피하고 문제의 핵심을 파악하자.

맞습니다. 2주 안에 이 문제를 해결해야 되겠네요.
그리고 소프트웨어가 성능과 안정성을 갖춰야 하는 것도 맞죠.

모두의 편을 들려고 하지 말자. 전혀 효과가 없을 것이다. 분명 더 좋은 방법으로 목표 지향적인 대화를 촉진할 수 있으며, 이것이 프로덕트 매니저의 역할이다. 가 장 좋은 시나리오는 2주 이내 성능과 안정성에 대한 우려를 최소화하는 솔루션을 찾는 것이다. 개방적이고 탐구할 수 있는 대화를 유도하는 것이 중요하다. 사람들 이 듣고 싶어 하는 말을 해서 점수를 따려고 하지 말자.

2주마다 계획을 하는데, 이미 이번 계획은 다 설정되었습니다.
나중에 다시 오시죠.

진심으로 고정된 반복 주기로 일하는 경우 이와 같은 막판 추가 작업은 어떤 대가 를 치르더라도 피해야 하는 경우가 많으며, 이러한 안전판을 유지해야 하는 데는 그만한 이유가 있다. 하지만 이유가 있다고 해서 막판 요청이 들어오는 것을 완전히 막을 수는 없으며, 이런 요청을 밀어내는 것보다는 각 요청을 평가하고 우선순위를 정하는 프로세스를 마련하는 것이 더 도움이 된다.[28]

시나리오 2

디자이너: 이 디자인의 네 가지 버전을 만들었는데 어떤 버전이 가장 마음에 드십니까(그림 4-2)?

그림 4-2 여러 옵션을 제시하는 디자이너

현재 상황

디자이너가 프로젝트의 목표에는 모두 어느 정도 잘 맞지만, 색상과 같은 주관적인 차이가 있는 버전을 네 개나 만들었는데, 디자이너의 의견이 명확하지 않은 경우가 있다. 또는 디자이너에게는 프로젝트의 목표가 명확치 않아서 선택을 떠넘겨 책임을 회피하려는 것일 수도 있다. 또는 디자이너는 채택되길 바라는 시안이 있는데, 여러 개 중에 고를 수 있다는 착각을 주기 위해 몇 가지 '더미' 옵션을 만든 것일 수도 있다.

....

28 이에 대해서는 12장, '우선순위 결정하기: 모든 것이 모이는 곳'에서 자세히 설명한다.

할 수 있는 일

어떤 옵션이 프로젝트의 목표에 가장 잘 맞는지를 질문하여 디자이너를 신뢰하고 있음을 보여줄 수 있는 기회이다. 또한, 디자이너가 어떤 시안이 가장 좋다고 생각한다면, 개인적 선호보다는 목표라는 맥락에서 해당 시안에 대해 다시 생각해 보게 할 수 있다. 선호가 뚜렷하지 않다면 프로젝트의 목표가 충분히 명확한지에 대해 두 사람이 충분히 대화를 나눌 수도 있다. 여러 시안을 선택할 수 있는 가능성이 있으면 디자이너와 함께 각 시안을 검증하고, 어떤 선택이 프로젝트 목표에 가장 부합할지 확인하는 방법을 논의할 수도 있다. 서로 다른 의견을 가질 수 있지만 항상 같은 목표를 지향해야 한다.

피해야 할 패턴과 함정

B가 마음에 드네요!

쉽고 편한 대답이다. 결국 디자이너가 프로덕트 매니저의 생각을 물은 것이기 때문이다. 어떤 경우에는 디자이너가 제시한 몇 가지 변형된 것 중에 하나를 선택하는 것이어서 어찌 보면 단순한 문제일 수 있다. 하지만 개인적인 취향 외에 명확한 이유 없이 서둘러 결정을 내리기보다는 조금 더 깊이 파고드는 것이 좋다.

다들 모여서 어떻게 생각하는지 이야기해 봅시다!

생각이 많은 UX 디자이너가 '디자인 위원회' 때문에 시각 디자인 업무를 그만두었다고 알려주기 전까지 오랫동안 내가 쓰던 전략이다. 자신이 담당하는 업무에 관해 여러 사람이 각각의 의견을 쏟아내는 것보다 더 나쁜 상황은 없다.

전 상관없어요. 어떤 것을 선택하셔도 괜찮습니다.

특별한 이유가 없는데 같은 일을 네 번이나 하는 사람은 거의 없다. 관여하지 않겠다고 말해서 그 노력과 네 가지 버전을 만들게 된 숨은 문제를 무시해서는 안된다.

...그리고 보너스 질문

디자이너가 딱 하나의 시안을 가져올 때는 어떻게 할까? 아무리 관대하더라도 바로 비평하고 싶은 마음은 접어두자. 그 대신 디자이너에게 디자인에 도달한 과정을 설명해 달라고 요청한다. 이렇게 하면 디자이너가 프로젝트의 전반적인 목표를 어떻게 이해하고 있는지 자세히 알아볼 수 있으며, 사소한 오해가 있으면 이를 해결하기 위해 노력할 수 있다.

시나리오 3

개발자: 죄송하지만 왜 이렇게 불필요한 절차를 따르라고 하는지 이해할 수가 없는데요. 그냥 제 업무만 하게 해 주시면 안 됩니까(그림 4-3)?

그림 4-3 '불필요한 프로세스'라고 생각하는 개발자

현재 상황

"이 프로세스는 우리에게 너무 과중합니다.", "불필요한 단계를 모두 따르고 싶지는 않아서요.", "이건 대기업의 횡포 아닙니까?"와 같은 말은 그저 프로세스를 싫어하는 일반적인 불평처럼 보이지만,[29] 프로덕트 매니저로서는 해결해야 할 일이 있다는 중요하고 의미 있는 신호다. 팀이 개발 프로세스에 투자하지 않는다고 느끼거나, 개발 프로세스가 업무에 방해가 된다고 생각하여 자체적으로 팀에서 특

---

29 이에 대해서는 7장 "모범 사례'에 관한 불편한 진실에서 자세히 설명하겠다.

정한 개발 프레임워크나 프로세스를 채택한다면, 커뮤니케이션 및 촉진자로서의 프로덕트 매니저의 역할은 근본적으로 실패한 것일 수 있다.

할 수 있는 일

무엇보다도 개발자의 피드백을 진지하게 받아들여 보자. 우선 개발자의 솔직한 의견에 고마워하고, 사람들이 우려사항을 솔직하게 공유할 수 있어야 팀이 성공할 수 있다는 점도 분명하게 밝힌다. 오프라인 일대일 대화를 통해 우려사항을 해결하려고 하기보다는 다음 팀 회의에서 이 피드백을 다시 한번 말해 줄 수 있는지 물어본다. 이렇게 하면 프로덕트 매니저가 팀 프로세스를 무자비하게 집행하는 사람이 아니라 팀이 목표를 가장 잘 달성할 수 있도록 프로세스를 같이 파악하고 채택하게 돕는 조력자라는 점을 명확히 하는 데 도움이 된다.

피해야 할 패턴과 함정

잠시만 사용해 보세요. 당신의 생활이 편해질 거라고 약속합니다!

'잘될 거라고 약속합니다.'와 '잘될 수 있도록 함께 노력합시다.'에는 사소하지만, 중요한 차이가 있다. 팀원에게 프로세스 변경을 비판 없이 받아들이라고 요구하는 것은 팀원의 의견을 무시한다는 표현일 뿐, '연결'과 '지원'의 표현이 아니다. 팀이 프로세스에 투자하지 않는다고 생각하면 그 프로세스는 결국 실패할 가능성이 높다.

맞아요. 일단 프로세스는 잊으세요.

엔지니어에게 원하는 대로 자유롭게 작업할 수 있는 권한을 부여하는 것은 권한 위임이나 최소한의 존중을 표현하는 것처럼 생각할 수 있지만, 결국에는 작업 결과의 사용자와 비즈니스에 미치는 영향과 엔지니어를 멀어지게 하는 것이다. 결국 누군가는 팀이 구축한 결과물에 대해 책임을 져야 할 것이다. 그리고 팀이 수행하는 작업을 조직의 목표와 연결하기 위한 프로세스가 없으면 없을수록, 그 책임의 대가는 더 커질 것이다.

알아요, 알아요, 제가 못나서 그렇지요, 상사가 프로세스를 따르라고 했거든요. 최대한 덜 고통스럽도록 제가 노력해 보겠습니다.

앞서 설명했듯이 자기 비하는 프로덕트 매니저가 흔히 사용하는 일반적인 대응 방법이다. 하지만 의미 없는 프로세스를 주입하려는 다른 사람의 시도에 자신도 모르게 말려든다면 그 프로세스는 정말 무의미한 것이 될 것이다. 상사가 요구한 프로세스를 적절한 프로세스라고 생각하지 않는다면, 상사와 조금 불편한 대화를 해야 할 때이다.

마치며: 의심스러우면 커뮤니케이션하자!

일상적인 커뮤니케이션 업무에는 세심함, 적응력, 미묘함이 필요하다. 그러나 프로덕트 매니저로서 내리는 가장 중요한 결정은 '뻔한 이야기, 불편한 이야기 혹은 이 둘에 해당되는 이야기를 기꺼이 꺼낼 수 있는가?'라는 간단한 질문으로 귀결되는 경우가 많다. 이러한 대화를 시작하는 데 두려움이 없을수록, 그리고 팀과 조직 내에서 이러한 대화가 이루어질 수 있는 공간을 더 많이 만들수록 당신과 당신의 팀은 더 큰 성공을 거둘 수 있다.

셀프 체크리스트

- ☐ 과도하다 싶을 정도로 커뮤니케이션을 한다. 언급할 가치가 있는지 확실치 않을 때는 그 내용 자체를 언급한다.
- ☐ '뻔한 질문'을 두려워하지 않는다. 사실, 뻔해 보이는 일일수록 모든 사람이 같은 생각을 하고 있는지 확인하기 위해 더 끈질기게 노력한다.
- ☐ 회사 내의 '좋은 프로덕트 매니저/나쁜 프로덕트 매니저'와 같은 문서를 작성해서 조직 내 프로덕트 매니저의 행동 기대치를 명확하게 제시한다.
- ☐ 책임을 회피하는 "만약..."이나 "혹시... 가능할까요?"와 같은 문구로 문장을 시작하지 않는다. 무언가를 요청할 때는 명확하게 요청하고 그 이유를 말한다.

- [ ] "이런 상황이 원하는 결과였나요?"와 같은 질문을 통해 감정과 의도가 아닌 결과로 대화의 초점을 맞춘다.

- [ ] "괜찮아 보입니다."라는 말은 '주의를 기울이지 않고 있다.'라는 뜻임을 잊지 말고, 항상 참여적이고 긍정적이며 구체적인 피드백과 동의를 목표로 한다.

- [ ] '동의하지 않음과 헌신' 또는 조직 내에서 유사한 목표를 달성할 수 있는 다른 접근 방식을 사용하여 사람들이 회의에서 의견을 말할 기회를 갖도록 한다.

- [ ] 사람마다 커뮤니케이션 스타일이 다르다는 사실을 기억한다. 상대방의 커뮤니케이션 스타일이 나와 다르다고 해서 '나쁜 커뮤니케이터'로 낙인찍거나 나쁜 의도를 가지고 있다고 가정하지 않는다.

- [ ] '회의 싫어하는 사람' 또는 '이메일 싫어하는 사람'이 되고 싶은 유혹을 피한다. 다른 사람의 시간을 요청할 때 사과하지 말고 그 시간을 잘 활용할 수 있도록 노력한다.

- [ ] 팀원들에게 그들이 참석했던 가장 가치 있고 잘 운영된 미팅에 대해 물어보자. 그런 다음 팀원들과 협력하여 '좋은' 회의가 어떤 것인지에 대한 명확한 비전을 설정한다.

- [ ] 디자인을 선택하거나 개발 일정을 정하는 등 흔하게 일어나는 일반적인 커뮤니케이션을 비즈니스 목표와 사용자 요구사항에 대한 전략적인 커뮤니케이션으로 만들기 위해 노력한다.

임원과 협력하기
(또는, 포커 게임하기)

아버지가 장인(그러니까 나의 외할아버지)을 처음 만났을 때 저녁 식사가 끝나고 친선 포커 게임에 초대받았다고 한다. 아버지는 대개 남자들끼리 경쟁하며 친해질 수 있는 상황에서 탁월한 능력을 발휘하는 사람이 아니었다. 게다가 나만큼이나 카드를 잘 못하셨다. 그렇지만, 이런 특별한 상황에서 아버지는 카드 실력에 크게 연연하지 않으셨다고 한다. 왜냐하면 아버지의 목표는 포커 게임에서 본인이 이기는 게 아니고 미래의 장인이 이길 수 있도록 하는 것이었기 때문이다. 부모님 모두 이 방법은 꽤 잘 먹혔다고 말씀하셨다.

프로덕트 매니저로 일하면서 이 이야기를 여러 번 생각해 보게 되는데, 특히 조직에서 나보다 훨씬 더 많은 권한을 가진 사람들과 회의하는 자리에 앉아 있는 경우에 더 그렇다. 대부분 중대한 이해관계가 걸린 회의에서(포커 게임 상황처럼) '승리'한다는 의미가 회의 석상에 앉은 모두에게 같은 의미일 필요는 없다. 임원과 같이 일할 때 '승리'하는 가장 좋은 방법은 아버지의 방법처럼 다른 사람이 승리하도록 돕는 것일 때가 많다.

좋든 나쁘든, 임원은 당신이 알지 못하는 비즈니스에 대한 중요한 고급 정보를 알고 있는 경우가 많다. 이 정보를 바탕으로 그들은 프로젝트 도중에 당신이 세운 우선순위를 무시하거나 바꿀 수도 있다. 심지어 임원 사이에 오가는 대화에 나온 민감한 세부사항을 밝힐 수 없어서 "내가 그렇게 말했으니까!"라는 식의 횡포를 부릴 수도 있다. 요컨대, 임원은 항상 포커 게임의 '승리자'다. 당신이 받아들여야 하는 임무는 반드시 비즈니스와 사용자가 임원과 함께 승리하도록 하는 것이다.

이 장에서는 임원과 협력(비즈니스 용어로 '상사 관리'[30]라고 한다)하기 위한 몇 가지 현실적인 전략을 살펴본다. 여기서 말하는 임원은 조직 내에서 직접적인 의사결정 권한을 가진 모든 사람을 의미한다. 소규모 스타트업의 경우 창업자나 투자자가 이에 해당할 것이고, 대기업이라면 소속 부서 또는 다른 부서의 임원이 될 것이다.

5.1 '영향력'에서 정보로

'영향력 influence을 통한 리더십'이라는 개념은 이 책의 초판[31]을 비롯하여 프로덕트 매니지먼트 관련 문헌에서 흔히 볼 수 있는 개념이다. 물론 대부분의 프로덕트 매니저는 조직에서 직접적 권한을 행사하지 않고도 일을 완수할 방법을 찾아야 한다. 하지만 나는 지난 몇 년 동안 영향력이라는 말을 쓰지 않는데, 그 이유는 너무 많은 프로덕트 매니저가 정보를 선별하거나, 위험과 가정을 생략하거나, 일정과 성과를 모두 과장하여 약속하는 등의 방법으로 임원들을 미리 정해진 경로로 유도하는 '영향력'을 행사하려고 하는 것을 봤기 때문이다. 이런 경우 비즈니스와 사용자에게는 애매한 결과인데도 임원에게 성공적인 '영향력'을 행사한 것만으로 결과가 '승리'처럼 비춰질 때가 많다.

임원이 잘못되었거나 비논리적인 결정을 내리는 것처럼 보일 때가 있다. 때로는 진짜 잘못된 결정일 수도 있다. 그러나 어떤 때는 당신이 알지 못하는 고급 정보(예 보류 중인 기업 인수 또는 향후 회사 전략의 변경 등)를 알고 있기 때문일 수 있고, 어쩌면 결정을 내릴 때 고려해야 할 전술적 절충 방안을 임원에게 충분히 알리지 않았기 때문일 수도 있다.

이런 이유로 나는 프로덕트 매니저의 업무로 임원에게 '영향력'을 미치는 것보다

---

30 옮긴이_ 상사 관리는 Managing Up을 번역한 것인데, 하버드 비즈니스 리뷰 등에는 상사와 어떻게 일할 것인지를 다루는 Managing Up이라는 분류가 따로 있을 정도로 많이 다루는 주제이다.
31 『Product Management in Practice』(O'Reilly, 2017)

정보를 제공하는 것이 더 생산적이라는 결론을 내렸다. 프로덕트 매니저가 임원에게 다루어야 할 의사결정의 목표, 의사결정에 따른 현실적 장단점에 대해 잘 알려주었다면, 자신이 원하는 의사결정이 되지 않더라도 성공적으로 업무를 수행한 것이다.

그동안 나는 프로덕트 매니저의 책임이 크고, 직접적인 통제 권한은 없는 상황에서 인력 배치와 관련된 이슈를 다룰 때 '영향력'과 관련된 문제가 생기는 것을 여러 번 보았다. 그리고 프로덕트 매니저라면 누구나 한 번쯤 자신이 야심 차게 세운 로드맵을 바라보면서 약속을 지키기 위한 자원이 부족하다고 걱정해 본 경험이 있을 것이다. 내가 코칭하는 프로덕트 매니저들에게 "로드맵을 만들 때는 엔지니어가 열 명은 될 것 같았는데, 지금은 두 명 밖에 없습니다."와 같은 말 또는 "임원은 제 업무가 정말 필수적인 업무라고 여러 번 말했어요. 그런데, 자원이 부족한 상황에서 어떻게 충분한 서비스를 제공할 수 있을까요?" 같은 말을 많이 듣는다. 이런 상황은 앞서 설명했듯이, 과잉 성취를 추구하는 대부분의 프로덕트 매니저에게 더 많은 자원을 달라고 리더를 설득해야 한다는 암시가 된다. 하지만 실제로 이때 리더와 이야기를 해 보면 대개는 매우 다른 이야기를 듣게 된다. 나는 임원에게 "엔지니어 두 명만으로 열 명의 엔지니어로 구성된 팀에서 해야 할 업무를 수행해야 합니다."라는 말을 들어 본 적이 없다. 오히려, "네, 몇 달 전만 해도 그 업무가 정말 중요했지만, 현재 회사 차원에서 몇 가지를 재평가하고 있어서 당분간은 그 업무에 자원을 투입하는 것이 최선인지 확신할 수 없습니다."라는 말을 자주 들었다.

훌륭한 프로덕트 매니저는 임원이 정보에 입각한 결정을 내릴 수 있도록 돕고, 3장에서 설명한 것처럼 이러한 결정과 관련된 장단점을 임원이 적극적으로 이해할 수 있도록 논쟁이 아닌 옵션을 제공할 수 있어야 한다. 더 많은 자원을 요구하기보다는 확실한 제안과 함께 여러 옵션을 제시해 보자. "열 명의 엔지니어면 원래 로드맵과 거의 비슷한 성과를 얻을 수 있고 엔지니어가 두 명인 경우에는 범위를 줄인 로드맵에 맞는 성과가 있을 것입니다. 또한, 엔지니어가 다섯 명 정도라면 회사의 우선순위에 따라 로드맵을 확장할 수도 있습니다. 그러나 보고한 데이터를 보시면 알겠지만, 열 명의 엔지니어인 경우 비즈니스 측면에서 가장 높은 투자 수익률*return on investment*(ROI)를 얻을 수 있을 것이라고 생각합니다. 선택은 당신의 몫입니다."

임원 결정에 이의를 제기할 수 있는 용기

애슐리 S., 엔터프라이즈 전자 회사, 프로덕트 매니저

어떤 대기업 전자 회사에서 프로덕트를 개발하던 때였다. 우리 팀은 워크플로 및 자산 관리를 구축하는 업무를 담당했다. 프로젝트가 시작될 무렵 고위 임원에게 유럽 지사 중 한 곳에서 사용하던 특정한 워크플로 관리 소프트웨어를 기반으로 프로덕트를 개발하라는 지시를 받았고, 당시 나는 한 조직에서 이미 사용하고 있는 소프트웨어라면 그것을 기반으로 핵심 기능을 확장하면 되겠다고 생각했다.

그런데, 이 소프트웨어 개발사와 논의를 시작하자마자 앞길이 순탄치 않을 것임을 확신했다. 그 회사는 "저희 소프트웨어에서는 그렇게 할 수 없는데요."라는 말을 반복할 뿐이었다. 심지어 우리의 기본적인 기능 요구사항도 충족시키지 못했다. 장애물이 생길 때마다 점점 더 복잡한 우회 방법을 쓸 수밖에 없었다. 도대체 '왜 이 기술을 선택했을까?'라는 의문이 들 때가 많았다. 그때마다 대답은 대개 "이미 투자를 했으니 계속 진행하시죠."였다. 프로젝트 기간이 길어질수록 그 결정을 점점 다시 검토하기가 더 어려웠는데, 그 이유는 지시받은 소프트웨어에 대한 해결 방법을 개발하는 데 많은 시간을 할애했기 때문이다. 우리는 프로덕트가 '완성'될 때까지 사용자에게 프로덕트를 보여주지 않았고, 그 시점에는 기술적 해결 방법에 매몰되어 사용자 요구사항을 제대로 이해할 수조차 없었다. 결국 이후 사용자들은 "이건 형편없네요."라고 했고, 우리는 "넵."이라고 답할 수밖에 없었다. 결국 우리는 아예 프로덕트를 출시하지 않기로 결정해야만 했다. 초기 선택에 대한 매몰 비용의 우려로 인해 프로덕트에 투자한 모든 것이 곧바로 손실로 이어졌다.

그런 상황이 다시 온다면, 기술에 대한 하향식 결정에 반대할 것이다. 프로덕트 매니저로서 **내 커리어에 큰 기여를 했다고 생각하는 것 중 하나는 용기를 내어 도전적인 대화를 해왔다는 것이다.** 우리는 기본적으로 수직적인 명령 체계를 따르도록 훈련받았기 때문에 임원들로 가득 찬 회의실에서는 이렇게 하기가 매우 어려울 수 있다. 우선은 임원의 질문과 비판이 개인을 향한 것이 아니라는 점을 이해해야 한다. 대개 주니어 프로덕트 매니저들은 임원의 질문과 비판을 인신공격으로 해석한다. 감정적으로 대응하지 말자! 오히려 "제가 이 점에 대해 다른 의견을 말씀드려도 될까요? 그렇게 가정하신 이유를 말씀해 주실 수 있을까요?"라고 용기를 내어 말할 수 있어야 한다.

프로덕트 매니저는 언제나 "왜 이렇게 오래 걸려요?"라는 질문을 받는다. 이런 상황에서도 방어적 태도를 취하지 않고, 질문으로 풀어내어 답할 수 있어야 한다. 시니어 리더가 새로운 기능을 추가하는 결정을 할 때는 그가 생각하지 못하는 '숨어 있는' 작업까지 고려하고 그 작업을 이해할 수 있도록 도와준다. 그리고 그들에게 선택권을 주고 각 접근 방법의 장단점을 알려준다. 언제나 결정권이 그들에게 있다는 것을. 즉 소유권이 그들에게 있다는 것을 분명히 해 두자. 그렇게 해야, 우리 vs 그들의 상황이 아니라 우리의 상황이 된다.

5.2 마음에 들지 않더라도 답변은 답변이다

몇 년 전, 나는 프로덕트 매니저 그룹을 대상으로 회사 차원의 계획과 새로운 기획의 '이유'를 명확히 하는 것이 중요하다는 교육을 한 적이 있다. 강의실에 있던 한 프로덕트 매니저가 재빨리 손을 들며 "죄송하지만, 저도 그런 시도는 여러 번 해 봤는데요, 아무 소용이 없던데요." 끼어들었다. 나는 예를 들어 달라고 요청했고, "지난번에 매니저가 어떤 기능을 구현해야 한다고 계속 말해서, 그 '이유'가 무엇인지를 지겹도록 질문했는데, 결국 'CEO가 어떤 분과 약속했기 때문이다.'라는 답을 들었습니다. 이런 상황에서 굳이 더 노력해야 할까요?"

원하는 답을 듣지 못해 실망스럽겠지만, 이 프로덕트 매니저는 '왜'를 명확하게 했기 때문에 자신의 역할을 다한 것이다. 실제로 프로덕트 매니지먼트 업무를 하다 보면 자신과 팀이 부적절하거나 자의적으로 보이는 작업을 하게 될 때가 있다. 하지만 이러한 잘못된 지시나 자의적으로 보이는 지시 뒤에 숨은 이유를 알면 오히려 유리해질 수 있다.

예를 들어, 내 경우 많은 프로덕트 매니저와 협업하면서 어떤 기능의 '이유'를 찾다가 그것이 '마케팅' 때문이라는 사실을 알게 될 때가 많았다. 일부 프로덕트 매니저들은 이유를 알고 난 후에 조직의 방향이 '제품 주도'가 아니라 '마케팅 주도'라는 불만을 토로하기도 한다. 그러나 다른 훌륭한 프로덕트 매니저들은 이 사실을 업무를 진행할 때 고려해야 할 제약 조건과 기회를 더 잘 이해할 수 있는 좋은 결과로 받아들인다. 이 사실을 알고 마케팅 팀원들과 열린 마음과 호기심을 가진 채 대화를 하다 보면, '이 기능은 AI 기술을 활용한 것이다.' 또는 '다음 대규모 이벤트에서 자랑할 수 있는 기능이다.'와 같이 임원에게 구체적으로 약속을 했다는 사실을 알게 될 수도 있다. 이렇게 제약 조건을 더 잘 이해한다는 것은 제약 조건 내에서 작업하면서도 비즈니스와 사용자에게 가치 있는 것을 제공할 수 있다는 의미이다. 많은 것을 'AI 기반'으로 설명하거나 언제까지 무엇인가를 제공해야 한다는 것은 아직도 그 무엇인가가 무엇인지를 파악해야 할 여지가 많다는 의미이다.

5.3 "우리 상사는 바보야!" 축하한다. 팀을 망하게 했다

프로덕트 매니저가 임원으로부터 원하는 답변이나 결정을 얻지 못하면, 바로 그 임원을 희생양으로 만들어 팀 내부의 결속력을 다지는 데 열심인 경우가 있다. 나도 프로덕트 매니저 경력 초기에 임원에게 불합리하다고 생각하는 요청을 받을 때 가장 먼저 드는 생각은 늘 '안 돼, 우리 팀원들에게 비난받을거야.'였다. 책임을 회피하고 싶어서 가능한 빨리 임원들과 대화를 끝내고 팀으로 돌아가서 "저 멍청한 놈이 왜 이렇게 우리를 괴롭힐까요…. 이제부터 우리는 이걸 작업해야 합니다. 쿨럭.. 제 잘못이 아닙니다."라고 말하곤 했다. 당장이야 이런 방법이 팀의 신뢰와 존경을 유지하면서 임원을 달래는 유일한 방법처럼 보일 것이다. 하지만 장기적으로 결코 좋은 방법이 아니다. 팀에 가서 "우리 상사는 바보야!"라고 말하는 순간 팀을 망하게 만드는 것이다. 점차 팀원들은 임원이 하는 모든 요청을 자의적이고, 불합리한 것으로 생각하기 시작할 것고 조직의 목표에 맞는 프로젝트에 투입하는 시간과 에너지를 마지못해 '자신이 아닌 윗사람만을 위해 일하는 것'으로 생각할 것이다. 결국 팀원들은 당신의 역할을 임원과 '연결'하는 것이 아니라 임원으로부터 자신들을 '보호'하는 것으로 인식하게 된다. 이런 역할을 성실히 수행할수록 조직 내에서 점점 팀을 코너에 몰리게 만든다. 조직의 동의할 수 없는 요청으로부터 팀을 보호하고 방어하기 위한 것들이 팀을 망치는 상황으로 끌고 가는 셈이다.

그렇다면 임원의 결정이나 지시에 동의하지 않을 때 어떻게 팀과 효과적으로 커뮤니케이션할 수 있을까? 차분하게 당면한 업무 목표와 제약 조건을 이해한 대로 팀에 설명하고, 최대한 영향력 있는 업무 수행 방법을 팀과 함께 찾아보자. 내가 팀원들에게 "저도 이 결정에 완전히 동의하는 것은 아니지만, 우리는 회사 내의 많은 부서와 일하고 있고, 언제나 모든 결정에 동의할 수는 없겠죠. 그런데 저는 이 결정에서 우리가 사용자들의 실제 문제를 해결하는 좋은 기회를 찾을 수 있다고 생각하고, 그 방법을 우리 팀이 함께 찾아보면 재밌겠다고 생각했어요."라고 간단하고 투명하게 인정했을 때 팀이 얼마나 빨리 태도를 바꿀 수 있는지 확인할 수 있었다.

재미있을지는 모르겠지만, 이 절의 초안은 5년 전 당시 자신의 역할에 회의를 느끼고 있던 어떤 프로덕트 매니저와 대화를 하고 난 뒤 자책감이 들어 작성한 것이다. 물론 나도 익숙한 상황이었다. 최근에 바로 그 프로덕트 매니저였던 아비가일 페레이라를 만났는데, 그녀는 현재 프로덕트 리더로 성공하여 두 명의 뛰어난 프로덕트 매니저를 직접 관리하고 있었다. 아비가일은 그때를 다음과 같이 회고했다.

> 프로덕트 관련 업무를 처음 시작할 무렵에 저는 업무에서 감정적 측면을 다루는 것이 익숙하지 않았어요. 프로덕트 매니지먼트라는 업무는 대개 권한 없이 이끌어야 하는데, 이는 인내심과 자신감이 엄청나게 필요한 일을 수백만 번 반복해야 한다는 의미였죠. 저는 프로덕트 및 엔지니어링 팀 회의를 피난처로 삼았어요. 일종의 '프로덕트 치료'였던 거죠. 이 회의에서 저는 팀원들과 저를 힘들게 하는 이해관계자, 충분히 인정받지 못하고 있는 상황 또는 제 업무와 관련된 여러 부분에 대해 위로 받았습니다. 처음에는 이 회의가 제가 해야 할 말을 하고 마음속에 있는 것을 털어놓을 수 있는 안전한 공간 같았어요. 우리 대 그들, 다윗 대 골리앗의 대결 구도가 활력을 불어넣어 주는 것 같았죠. 프로덕트 아이디어를 발전시키는 데 성공하지는 못하더라도 적어도 팀원들에게 지지는 받겠다는 목표 의식이 생겼어요.

> 그러나 결국 잘된 것은 하나도 없었죠. 잠깐의 안도감은 있었지만, 좌절감이라는 감정에 불을 붙인 거죠. 지나고 나서 이렇게 편하게 말하지만, 그때 저는 제가 통제할 수 있는 것을 받아들이고 앞으로 나가기보다는 제 자존심을 달래기 위해 좌절감에

땔감을 준 셈이었어요. 일시적인 트라우마 같은 상황에서 유대감은 중독성이 컸고, 일종의 큰 사명감을 느끼게도 했어요. 몇몇 동료들과는 여전히 친구로 지내고 있지만, 부정적인 이야기를 나눈 것 외에는 서로 공유하는 것이 별로 없다는 점도 알게 됐고요. 프로덕트 담당자가 된다는 것은 아주 높은 주인의식과 자신의 아이디어에 대한 확고한 믿음이 필요합니다. 요즘 제가 깨달은 것은 저의 아이디어를 지킨다는 이유로 현실을 놓아버리는 대가를 치러서는 안 된다는 것이에요. 이제는 불만을 토로해야 할 때보다 적절한 사람에게 연락을 해요. 일종의 전략입니다. 저는 스스로 오너일 뿐만 아니라 리더라고 생각해요. 사람들이 앞으로 나아가려면 관계를 발전시켜야 할 뿐 아니라 다른 사람을 희생해서는 안 되는 섬세한 균형이 필요하다는 것을 알게 되었어요.

팀원들과 동지애와 결속력을 다지고자 하는 프로덕트 매니저에게 이런 종류의 유대를 억제하는 방법은 팀원들과 유대감을 유지하는 데 위협이 될 수 있다. 하지만 페레이라가 언급했듯이, 훌륭한 프로덕트 매니저이며 프로덕트 리더가 되는 데 필요한 '인내와 자신감'은 이러한 위협을 진정으로 극복해야 찾을 수 있다.

비즈니스 목표로부터 팀을 '보호'하는 것의 위험성

손 R., 성장 단계의 이커머스 스타트업, 프로덕트 매니저

내가 런던의 이커머스 스타트업에서 프로덕트 매니저로 일할 때였다. 우리 팀은 블랙 프라이데이 판매 페이지를 만드는 일을 담당했다. 이커머스 기업에 블랙 프라이데이는 매우 중요한 날이며, 우리 팀에는 성공을 위한 명확한 아이디어가 있었다. 사용자 요구사항과 매우 밀접하게 일치하는 프로덕트 아이디어였지만, 비즈니스 관점에서는 상대적으로 리스크가 높았다. 팀원들이 과감하게 사용자 중심의 접근 방식을 시도하길 바랐기 때문에, 비즈니스 관점의 구체적인 목표는 신경 쓰지 않았다.

사실 출시 전까지는 모든 것이 순조로웠다. 한 가지 걸리는 점은 우리가 개발한 프로덕트는 우리 팀에서 이해했던 기본 사용자 요구사항을 충족했지만, 비즈니스에서 염두에 두었던 성공 지표에는 미치지 못했다. 만약 그때 내가 팀과 함께 비즈니스 관점의 목표를 더 솔직하게 이야기했다면, 사용자 요구사항과 비즈니스 관점의 우려와 성공을 잘 조율하는 솔루션을 구축할 수 있었을 것이다. 결국 우리는 프로덕트 출시 후 촉박한 일정과 사기가 크게 떨어진 상황에서 방어적 태도로 프로덕트에 대해 다시 고민해야 했다.

돌아보면, 이때 나는 근본적인 갈등을 드러내기보다 숨기며 팀을 고립시켰다. 팀과 비즈니스 전반에 걸쳐 발생하는 모든 문제에 대해 내가 필터 역할을 하는 상황을 만들었는데, 이로 인해 기술 담당자를 비기술 담당자로부터 보호하고, 단기적으로 관리를 잘하는 것처럼 보일 수 있었다. **그러나 비즈니스에서 바라는 것과 팀이 원하는 것 사이에 근본적인 불일치가 있을 때 팀을 '보호'한다는 명분으로 비즈니스를 무시한다면 결코 문제를 해결할 수 없다.**

5.4 임원들을 깜짝 놀라게 하지 말 것

나는 몇 년 전에 프로덕트 매니저로 일하던 회사의 새로운 로드맵을 작성하는 업무를 맡았다. 여유를 두고 조직의 각 부서에 동의를 구하고, 사람들의 우려사항을 듣고, 의견을 조율하고, 임팩트 있고 달성할 수 있는 계획을 세우기 위해 정말 많은 시간을 썼다.

임원이 모두 모여 로드맵에 동의하는 회의가 끝난 후에, 한 임원이 나를 옆으로 불렀다. "정말 창의적인 분이시네요. 다음에 우리가 모두 모일 때 더 창의적인 옵션을 제시해 주면 좋겠어요."라고 했다. 나는 '물론이다!'라고 속으로 기뻐하며 '창의적인 사람'이라는 모자를 쓰고 다음 주 내내 정말 멋진 계획, 즉 내가 정말 원했던 계획을 세우는 데 대부분의 시간을 보냈다.

다음 주 로드맵 회의 전날, 그 고위 관계자에게 이메일을 보냈는데, 약 100페이지 정도였던 것으로 기억한다. 이메일에는 새롭고도 과감한 방향에 대해 내가 생각한 계획이 자세히 담겨 있었고, 내가 창의력을 발휘할 수 있게 해 준 것에 대해 감사하는 내용도 덧붙였다. 그날 밤 나는 조직에서 가장 높고 중요한 사람 중 한 사람이 나를 도와주고 있다는 확신에 잠을 푹 잘 수 있었다.

다음 날 회의는 한마디로 말하면 피바다였다. 새로운 아이디어 발표를 시작하자마자 다른 임원이 "지난주에 이미 로드맵에 합의한 줄 알았는데요?"라며 끼어들었다. **이게 뭐지?** 무엇보다 나를 큰 충격과 분노에 휩싸이게 만든 건, 더 '창의적인 해결책'을 요구했던 바로 그 임원이 프로젝트가 완전히 기존 궤도에서 벗어났다고 나를 질책하기 시작하면서부터였다. 나는 격분하여 두 팔을 치켜들고 눈물을 흘리고 싶었지만, 최선을 다해 참았다. **어떻게 나한테 이럴 수 있지?**

나는 이 일에 대해 오랫동안 매우 화가 났다. 하지만 돌이켜보면 나는 그 운명적인 회의에 접근하는 방식에서 두 가지 이상의 큰 실수를 저질렀다. 첫째, 그토록 열심히 공유하고 의견들을 반영하기 위해 노력한 원래의 로드맵을 믿어준 다른 모든 사람의 신뢰를 근본적으로 배신했다. 둘째, 변명의 여지가 없이 긴 이메일을 통해 임원에게 '창의적인' 프로덕트 비전을 제시했지만, 그가 실제로 이를 지지하는지 여부는 전혀 알 수 없었다. 이 두 가지 큰 실수가 합쳐져 한 가지 큰 실수가 됐다. 중요한 고위급 회의에서 기존의 합의된 내용과 다른, 전혀 새로운 내용을 발표하여 임원들을 놀라게 한 것이다. 설상가상으로 회사의 미래에 대해 서로 다른 비전을 가지고 씨름하는 임원들로 가득 찬 중요한 고위급 회의에서 이런 실수를 저지른 것이다. 많은 비난이 쏟아졌지만, 대부분은 내 탓이었다.

이런 상황에서 해결책은 매우 단순하다. '큰' 회의에서 임원에게 발표하는 내용은 절대로 깜짝 놀랄 만한 내용이어서는 안 된다. 새로운 아이디어를 고위 그룹에 발표하기 전에 항상 임원에게 개별적으로 설명하는 것이 좋다. 이 장의 핵심인 어설픈 비유로 돌아가 보자. 임원은 항상 포커 게임에서 이길 것이다. 그리고 회의실의 모든 임원의 시간을 비즈니스와 사용자에게 진정으로 유익한 아이디어에 투자할 수 있도록 잘 배분한다면, 어떤 임원이 이기든 비즈니스와 사용자도 함께 승리할 확률이 매우 높다.

그리고 누군가의 사무실에 '잠깐 들리는 것'만 할 수 있는 원격 근무 상황에서는 임원과 시간을 잡는 것이 말처럼 쉽지 않다는 것을 기억해 두자. 중요 회의 전에 임원과 시간을 낼 수 없는 상황이라면 발표할 '큰 아이디어'를 작게 나누고, 한 가지 방법만을 주장하지 말고 여러 가지 옵션을 제시하는 것이 좋다. 예를 들어, 중요한 회의에서 완전히 새로운 로드맵을 발표하는 대신 잠시 시간을 내어 회사의 높은 수준의 목표에 다시 집중한 다음, 기존 로드맵과 새로운 로드맵을 목표 달성에 도움이 될 수 있는 두 가지 옵션으로 제시할 수도 있다. 그러면 회의실의 임원들이 새 로드맵에 대해 반사적으로 공격하는 대신 기존 로드맵을 선택할 수 있는 여지가 더 많아질 것이다.

점진적으로 동의를 확보하고, '대대적인 공개'는 피한다

엘렌 C., 엔터프라이즈 소프트웨어 회사, 프로덕트 매니지먼트 인턴

내가 대형 소프트웨어 회사에서 인턴으로 일할 때 첫 번째 프로젝트는 인기 있는 오피스 제품군을 위한 자막 시스템을 개발하는 것이었다. 명확한 비즈니스 사례, 구현과 관련된 잘 이해되는 규정. 어떤 모습이 성공일지에 대해 잘 정의된 느낌이 있었다. 프로젝트 착수 전에 많은 지침을 받았고 여러 경로가 가능한 실행 방법들을 수동으로 검증했으며, 이해관계자들이 직접 실행해 볼 수도 있었다. 정말 잘 진행됐다.

그 후 두 번째로 맡게 된 프로젝트는 같은 오피스 제품군에 커뮤니케이션을 위한 댓글을 달 수 있는 시스템이었다. 이 프로젝트가 정말 기대가 되었는데, 개인적으로 댓글의 필요성은 못 느꼈지만, 댓글 시스템에 적용할 수 있는 기능과 관련된 아이디어가 많았다. 정말 멋진 것을 만들겠다는 원대한 계획이 있었다. '왜'부터 구체적인 설계 및 실행 세부사항까지 모든 것을 포함하는 스펙 문서를 열심히 작성했고 이 프로젝트가 나에게 큰 성취가 될 것이라고 생각했다.

드디어 내가 작성한 스펙 문서를 검토할 때가 되었는데, 그때부터 잘 진행되지 않았다. 사실 끔찍했다. 모두가 "이건 정말 대단한데 왜 아직 안 했지?"라고 말할 거라고 생각했지만, 모두가 하나같이 나에게 안될 이유를 말했다. 내게 너무 당연해 보이는 일 뒤에 내가 전혀 이해하지 못하는 맥락들이 있었다. 게다가 나는 감정적으로 너무 몰입해 있어서, 피드백을 받고 싶지 않았었다.

돌이켜보면 많은 새로운 프로덕트 매니저가 저지를 수 있는 실수를 한 것이다. 바로 '대대적인 공개'를 통해 한 번에 모든 것에 대한 동의를 받으려고 했다는 점이다. 핵심적인 사용자 요구사항에 대해 사람들이 동의하도록 하거나 그 요구사항을 해결하기 위한 여러 가지 선택 가능한 옵션을 제시하지 않았다. 대신 "이것이 바로 우리가 해야 할 일이며 그게 바로 이유다."라고 말했을 뿐이다. 사람들을 개별적으로 찾아가 공개하면 "이건 좀 끔찍한데요. 일단 이렇게 고치는 게 어떨까요?"라고 말하며 나아갈 방법을 제시해 줄 수 있지만, 대규모 회의에서 모든 것을 한꺼번에 공개하면 사람들은 어디에 피드백을 줘야 할지 모른다. '대대적인 공개'로는 앞으로 나아갈 방법을 얻을 수 없다.

5.5 사내 정치 속에서 사용자 중심의 관점을 유지한다

사내 정치를 탐색하는 것은 꽤 많은 시간이 필요하며, 실제로 여러 가지 작업이 필요하다. 그러나 항상 성공은 결국 이해관계자를 만족시키는 능력이 아니라 사용자를 만족시키는 능력에 달려 있다는 사실을 기억해야 한다. 상사와 상사의 상사가 좋아하는 프로덕트를 만들었지만, 사용자에게 실질적인 가치를 제공하지 못한다면 프로덕트 매니지먼트의 기본 원칙 중 하나인 '사용자의 현실에서 사는 것'을 따르지 않은 것이다.

다음은 사내 정치를 탐색하는 동안에도 사용자 중심의 관점을 유지하기 위한 몇 가지 팁이다.

| 팁 1: 사용자의 생생한 사례를 준비하자 |

궁극적으로 이해관계자가 아닌 사용자를 위해 프로덕트를 만들어야 한다는 점을 기억하자. 사용자와 정기적으로 대화해서 사용자의 피드백을 받아두고(당연히 그래야 한다), 임원에게 옵션을 제시할 때 사용자 요구사항을 현실화할 수 있는 충분한 정보를 준비해 두자. 제공하려는 기능이 사용자에게 왜 필요한지 명확하지 않으면 애초에 제안하지 않는 것이 좋다.

| 팁 2: 사용자 요구사항과 비즈니스 목표를 연결하자 |

'비즈니스에 좋은 것'을 만들라는 임원의 지시에 맞서 프로덕트 매니저가 '사용자에게 좋은 것'을 옹호하는 모습으로 보이는 건 매우 흔한 일이다. 하지만 이렇게 된 상황에서 가장 큰 문제는 사용자 요구사항과 비즈니스 목표 사이의 균형이 맞지 않는 것이 아니라, 애초에 이 두 가지가 서로 상충되는 것으로 인식하게 된다는 것이다. 비즈니스 목표와 사용자 요구사항 사이에서 줄다리기를 하고 있다는 생각이 들면, 더 세게 당기는 것이 아니라 사용자 요구사항과 비즈니스 목표 사이에 명확하고 긍정적인 상관관계가 있는지 확인해 보는 것이 해결책이 될 수 있다.

기본적으로 특정 기능이나 프로덕트를 제안할 때는 사용자 요구사항과 비즈니스 목표 간의 관계를 매우 정확하고 자세하게 수치화해서 설명하자. 예를 들어 이런 식으로 설명해 보자. "온보딩 경험을 더 빠르고 덜 부담스럽게 만들 수 있다면, 신규 사용자 등록을 약 20%를 늘릴 수 있을 것으로 예상합니다. 신규 사용자 한 명당 약 1달러의 광고 수익이 발생한다는 점을 고려할 때, 이는 분기 매출 목표를 달성하기 위한 중요한 방법이 될 것입니다."

| 팁 3: 스크립트를 뒤집어 임원에게 사용자에 관해 물어보자 |

조직 전체에 사용자 중심주의를 장려하고 싶다면 임원에게 사용자 요구사항에 대해 무엇을 알고 있는지 물어보자. 사용자에게 가치를 제공하고, 비즈니스 목표를 달성하도록 돕는 것이 우리의 목표임을 분명히 해두자. 임원과 미리 정해진 하나의 솔루션에 대해 토론하기보다는 사용자 요구사항에 대한 여러 솔루션을 함께 탐색해 보자.

임원과 달리 사용자는 자신의 목표를 강하게 주장하며 무엇인가를 요구하는 경우는 거의 없다. 그럼에도 이러한 사용자의 목표를 이해하고 옹호하면 가장 논쟁의 여지가 많은 임원과의 대화에도 일관성과 목적을 부여할 수 있다.

사라진 검색창

M.P., 비영리 단체, 프로덕트 매니저

중간 규모의 어떤 비영리 단체에서 프로덕트 매니저로 일할 때 나는 주요 사이트 재설계를 진행하는 업무를 맡았다. 이 일이 매우 어려운 일이 될 거라는 것을 맡은 즉시 알았다. 사이트에서 본인의 부서가 어떻게 표현될지에 대해 강하게 주장하는 임원들이 많았기 때문이다.

최종 디자인에 서명을 받아야 할 사람들을 모아서 운영 위원회를 구성했다. 매주 점진적인 작업 결과를 보여주면서 프로젝트를 추진할 수 있었다. 물론, 특정 부서가 더 잘 드러나길 원해서 몇 번 싸운 적도 있었지만, 언제나 다들 만족할 만한 타협안을 찾을 수 있었다. 정해진 기간과 계산에 맞게 프로젝트를 완료한 건 다시 생각해 봐도 기적이었다.

프로젝트는 크게 성공한 것 같았지만, 몇 주 후에 이 단체에서 주최하는 행사를 찾기 위해 웹 사이트를 이용하면서 몇 가지 문제가 보였다. 프로덕트 매니저 입장에서는 성공한 사이트였 겠지만, 사용자 입장에서는 혼란스러운 부분이 많았다. 최상위 수준에서 탐색할 때는 담당자 가 속한 부서까지 잘 보였지만, 부서를 잘 모르는 사용자 입장에서 이런 분류는 거의 의미가 없었다. 무엇보다도 검색창이 없는 것이 가장 큰 문제였다.

돌이켜보면 그 당시 나는 임원을 만족시키는 데 너무 몰두한 나머지 사용자 요구사항을 대변하는 것을 완전히 잊고 있었다는 사실을 깨달았다. 이제는 임원들과 함께 일할 때면 어떤 결론에 도달하기 전에 사용자 요구사항부터 시작하여 회의실에 있는 사람들의 자존심이 아닌 사용자에게 가장 좋은 결정을 내릴 수 있도록 노력한다.

5.6 임원도 사람이다

마지막으로, 임원도 사람이라는 점을 기억하자. 그들도 밤잠 설치게 하는 걱정, 치러내야 할 전투, 희망과 야망, 좌절 등 저마다의 고민이 있다. 그들과 하는 상호작용이 본인에게는 매우 중요하고 의미 있어 보일 수 있지만, 그들은 이미 다른 일에 몰두하고 있을 가능성이 높다.

임원에게 인정이나 검증을 받지 못한다고 느끼거나, 그들이 의도적으로 정보를 숨기고 있다는 생각이 들 때는 이 점을 떠올리자. 그들이 정말 바쁘기 때문일 가능성이 높으며, 그들이 숨긴다고 생각하는 정보는 정말로 그들이 모를 수도 있다.

5.7 임원과의 포커 게임: 세 가지 시나리오

임원과 함께 작업할 때 벌어지는 일반적인 시나리오 세 가지를 살펴보자. 이 시나리오들은 무시무시한 '갑질하기'[32]의 변형이다. 임원이 진행 중인 작업에 불쑥 나타나 어떤 비판을 하거나, 갑작스럽게 새로운 것을 요청하거나, 무슨 일이 있어도 계속 진행해야 한다는 무리한 요구를 하는 식이다. 내가 아는 모든 프로덕트 매니

....

32 옮긴이_ 원문에서는 swoop-and-poop로 표현되었는데, 직역하면 난데 없이 등장해서 똥을 싸지르는 것을 말한다. 보통은 마감일까지 별로 신경 쓰지 않다가 진행된 결과에 대해 이러쿵 저러쿵 비판하는 스타일을 지칭하기도 한다.

저는 적어도 한 번 이상 이런 상황을 경험했을 것이다. 4장의 시나리오를 다룰 때처럼, 시나리오를 보고 이런 상황을 어떻게 다룰 수 있을지 잠시 생각해 보자.

시나리오 1

임원: 방금 디자이너가 작업한 것을 봤어요. 색상도 마음에 들지 않고 제가 승인한 프로덕트와는 전혀 다른 것 같아요(그림 5-1).

그림 5-1 고전적인 갑질하기

현재 상황

이 사례의 임원은 현재 자신이 소외되었다고 생각한다. 자신이 알지 못하는 무엇인가가 진행되고 있으며, 이는 자신의 권위와 통제감이 위협받고 있는 것이라고 생각한다. 다시 CORE 기술로 되돌아가 보자. 조직 관리를 생각하는 프로덕트 매니저는 이 상황을 팀이 임원과 커뮤니케이션하는 방식에 근본적인 문제가 있다는 신호로 인식하고 이러한 단절을 해결할 확장 가능한 방법을 모색한다.

할 수 있는 일

우선 바로 사과하는 것이 좋다. 임원이 자신이 모르는 새로운 것을 봤다고 생각한다면 프로덕트 아이디어와 디자인을 승인하는 방식이 제대로 작동하지 않고 있다는 것이다. 어떤 일이든 임원을 놀라게 하거나 소외감을 느끼게 하는 것은 절대로 자신이 원하는 것이 아니라고 설명한다. 그 다음 임원에게 진행 중인 작업을 확인할 수 있는 적절한 시간과 방법을 물어보자. 진행 중인 작업을 확인받기 위해 어떻게 할 수 있는지를 물어보자. 정기 주간 회의가 필요할지, 이 과정에서 프로덕트의 방향성을 놓쳤다고 생각하는 부분은 어디인지 등 근본적으로 문제를 해결할 수 있는 방법을 찾아보자.

피해야 할 패턴과 함정

> **이게 바로 당신이 승인한 것과 같은 거예요.**
> **유일한 차이점은 단지 외관상 소소한 겁니다.**

지금 당신은 당신의 권한과 권위를 훨씬 뛰어넘는 사람과 대화하고 있기 때문에 소송 모드로 가는 상황은 좋지 않다. 이 상황에서 진짜 문제는 무엇인가? 변경된 것 자체인가? 아니면 임원이 알지 못하던 새로운 것을 보고 있다는 것인가?

> **지난주에 업데이트된 목업을 보내드리고 피드백을 부탁드렸는데,**
> **응답이 없으셨거든요!**

긍정적이고 구체적인 동의가 없다면 진정한 동의가 아니다. 업데이트한 목업이 받은 편지함에 쌓여 있는 10,000개의 메시지 중 하나였는데, 아무 응답을 받지 못했거나 심지어는 '괜찮아 보이네요.'라는 일반적인 답변을 받았다면, 차라리 목업을 보내지 않는 것이 나을 수도 있다. 실무적인 내용으로 승부를 보려고 하는 것은 도움이 되지 않는다.

> **좋아요, 원하는 색상으로 변경해 드리겠습니다.**

임원 발언을 주의 깊게 살펴보면 실제로 프로덕트를 수정해 달라는 요청이 아니라는 것을 알 수 있다. 이는 본질적으로 프로덕트의 문제가 아니라 커뮤니케이션 문제이며, 이 문제는 전자를 바꾼다고 해서 후자가 해결되지 않는다.

네, 그건 그냥 당신 의견일 뿐이죠.

'당신이 틀렸다.'라는 것이 단지 의견일지라도 되도록 이렇게 하지 않길 바란다. 임원은 말할 것도 없고 누구와도 의견 대립을 벌이는 것은 최선의 상황에서조차 나쁜 길로 가는 것이고, 이런 상황에서 긍정적인 결과를 가져오는 경우는 거의 없다.

시나리오 2

임원: 이번 주에 이미 팀에서 작업 중인 것으로 알고 있지만, 며칠 전에 논의한 추가할 수 있는 다른 기능에 기대가 많아요. 우선적으로 이 기능을 작업해 주실 수 있나요(그림 5-2)?

그림 5-2 새로운 기능 요청이라는 갑질을 하는 임원

현재 상황

언뜻 보기에는 팀의 빡빡한 업무 계획에 자신의 애완 프로젝트를 슬쩍 끼워 넣으려는 임원처럼 보일 수 있다. 하지만 이 임원의 말을 열린 마음으로 받아들인다면, 그녀의 동기는 방해가 아니라 흥분과 기대다. 임원이 시간을 내어 현재 개발 계획에 없는 기능이라도 특정 기능에 대한 기대감을 표현하는 경우, 이는 임원의 우선순위와 팀의 우선순위를 맞춰 볼 수 있는 좋은 기회이다.

할 수 있는 일

이 특정 기능이 임원에게 왜 그렇게 흥미로운지, 왜 이번 주 업무의 일부로 해당 작업을 팀에서 포함하지 않았는지에 대해 공개적이고 투명하게 대화하자. 이 임원이 조직의 목표가 바뀔 수도 있는 고위급 대화에 참여했는데, 자신이 그 대화를 알지 못할 수도 있다. 또는 아이디어에 대해 매우 흥분한 나머지 팀이 진행 중인 구체적인 목표에 대해 생각하지 않을 수도 있다. 그리고 제안받은 기능이 실제로 팀이 작업하고 있는 기능보다 조직에 더 중요할 수도 있다는 가능성을 열어두자. 하지만 그렇다고 현재 팀에서 정리한 우선순위를 일일이 재정의하기보다는 우선순위를 정하는 전반적인 방법을 바꾸는 방법에 대해 임원과 이야기해 보자.

피해야 할 패턴과 함정

예!

이런 요청에 즉시 동의하면 팀에서 업무 우선순위를 정하는 데 사용하는 기존 프로세스가 훼손될 뿐 아니라, 실제 결과물이 임원의 머릿속에 있는 추상적인 아이디어에 부합하지 않을 수도 있다. 이 기능을 요청하는 이유를 시간을 들여 충분히 이해하지 않았다면 어떤 것도 약속하면 안 된다.

안 돼요!

임원이 시간을 내어 당신을 찾아와 특정 기능에 대해 흥분하는 모습을 보였다면 분명 중요한 이유가 있을 것이다. 어차피 팀의 원래 우선순위를 고수할 계획이더라도 이 임원이 이 기능에 대해 왜 그렇게 흥분하는지 이해할 기회를 가지자.

글쎄요. 시간이 얼마나 남았는지 두고 봐야죠.

이 상황에서 근본적인 질문은 팀이 새로운 기능을 개발할 시간이 있는지 여부가 아니라, 왜 이 임원이 애초에 새로운 기능에 그토록 열광하는지에 대한 것이다. 단순히 가능 여부라는 문제로만 접근한다면 조직과 임원의 목표와 동기를 잘 이해할 수 있는 중요한 기회를 놓치는 것이다.

시나리오 3

임원: 저는 이 일을 오랫동안 해 왔고, 이 기능이 큰 성공을 거둘 것이라는 것을 알고 있으니 저를 믿어 주셨으면 합니다. 아시겠죠(그림 5-3)?

그림 5-3 어떤 기능이 무조건 성공할 것이라고 주장하는 임원

실제 상황

임원도 사람이기 때문에 당신과 마찬가지로 방어적이고 격분할 때가 있다. 다른 점이 있다면, 임원은 "내가 그렇게 말했으니까!"라고 그럴 듯하게 변명할 수 있지만, 당신은 그럴 수 없다는 점이다. 경력을 쌓다 보면 공통점을 찾기 위해 노력하기보다는 명확하지 않은 명령만 하는 임원과 대화해야 할 때가 있다. 특히 불분명한 명령만 내리는 임원과 대화해야 할 때는 더욱 그렇다.

할 수 있는 일

임원까지 올랐다면 이미 많은 성공 경험이 있을 것이고, 이런 성공 경험이 그들의 경험과 기대를 형성했을 것이다. 이런 부분을 이해하는 것이 생각보다 많이 도움 된다. 특히 내게 도움이 된 방식은 "이 기능으로 우리가 성공할 것이라고 생각하시니 정말 기대가 됩니다. 당신의 지금까지의 성공을 바탕으로 앞으로 계속 발전할 수 있도록 이 기능을 실행하기 위해 어떤 생각을 하시는지 이해할 수 있도록 도와주세요."라는 취지의 말을 하는 것이다. 개방적이고 호기심 어린 후속 질문을 하고 관심과 참여를 유지시키자. 만약 대화가 진전이 없고, 상대의 기분이 좋은 날이 아니라는 생각이 들면(물론 그럴 수도 있다), 나중에 이런 질문을 할 수 있는 시간을 정해서 달력에 등록할 수 있을지 물어본다.

피해야 할 패턴과 함정

뭐든 말씀하세요, 보스!

당신이 개발한 기능이 실패하더라도 임원이 "성공을 주장한 사람이 바로 저였으니, 실패는 전적으로 제 책임입니다."라고 말하며 책임질 가능성은 거의 없다. 아마 이 임원은 실행 과정에서 드러난 사소한 결함을 찾아내서 "내가 시킨 대로만 했어도 큰 성공을 거둘 수 있었을 거예요!"라고 주장할 가능성이 훨씬 더 높다.

글쎄요, 이 기능은 실패할 것 같은데요.

특정한 임원과 매우 돈독한 관계를 구축한 게 아니라면, 의견을 놓고 대립할 때 뭔가를 얻을 가능성은 거의 없다. 이 기능이 실패할 것이라고 생각하더라도 당신이나 임원이 모두 완전하지 않은 정보로 대립하고 있을 가능성이 높다. 당신의 임무는 관련된 모든 사람이 더 나은 결정을 할 수 있도록 가능한 많은 정보를 테이블 위에 올려놓는 것이다.

미안하지만, 당신이 시킨다고 해서 뭘 하지는 않을 거예요.

임원 입장을 생각해 볼 때 그들도 아무 이유 없이 "그냥 내 말대로 해!"라고 지시하는 것은 아닐 것이다. 그들 나름대로의 논리도 있을 테니, 완전히 동의하지 않더라도 그 논리를 최대한 이해하는 것이 당신의 역할이다. 언제나 그렇지만, 열린 마음은 방어적 태도보다 훨씬 더 많은 것을 얻을 수 있다.

마치며: 임원과의 협업은 걸림돌이 아닌 업무의 일부이다

임원과의 협업은 프로덕트 매니저의 업무에서 특히 어렵지만, 매우 중요한 부분이다. 특히 창업자와 임원이 현재와 미래에 당신의 운명을 크게 쥐고 흔드는 것처럼 느껴질 때가 있다. 그렇지만 임원도 사람이며 당신처럼 자기 의심과 방어라는 함정에 빠질 수 있다는 점을 기억해 두자. 그들이 최선의 결정을 내릴 수 있도록 최대한 돕고 그들의 경험을 통해 배우며, 인내심과 호기심을 잃지 말자.

셀프 체크리스트

- [ ] 임원과 작업할 때는 자신의 '승리'를 목표로 하지 않는다. 그들이 좋은 결정을 내릴 수 있도록 힘을 실어주고, 당신이 가치 있고 지원을 받을 수 있는 생각 파트너thought partner가 될 수 있음을 보여준다.
- [ ] 임원으로부터 원하는 답을 항상 얻을 수 있는 것은 아니며, 그들이 프로덕트에 대한 비난을 했을 때 당신 개인에 대한 비난이 아니라는 사실을 받아들인다.
- [ ] 임원이 얼마나 무지하고, 오만하고, 고집불통인지를 팀에 이야기해서 그들로부터 '팀'을 보호하려고 하지 않는다. 대신 당신이 일하는 상황에서 제약 조건을 공개적으로 인정하고, 그 조건 하에서 미칠 수 있는 영향력을 키운다.
- [ ] 중요한 회의에 어마어마한 아이디어를 던져서 임원을 놀라게 하지 않는다. 가능하면 일대일 회의에서 천천히 신중하게 아이디어를 나눈다.
- [ ] 사내 정치로 사용자 요구사항이 묻히지 않도록 한다. 사용자 요구사항이 결정의 기준이 되도록 하고, 임원과 회의에서 사용자의 관점을 반영하도록 노력한다.
- [ ] 비즈니스 목표와 사용자 요구사항을 연결하여 사용자 중심의 비즈니스 가치를 강화할 수 있도록 가능한 모든 기회를 활용한다.

☐ 임원이 "화요일까지 완료할 수 있나요?"와 같은 질문을 하면, 암묵적인 요구가 아닌 실제 질문으로 받아들인다.

☐ 갑질하는 임원을 만났을 때 이전 대화의 세부사항을 문제 삼지 않는다. 상대방이 앞으로의 대화에서 소외감을 느끼지 않도록 근본적인 문제를 진단하고 해결할 수 있는 기회를 찾아 본다.

☐ 임원이 갑자기 팀에서 다른 작업을 하기를 원한다면 그 이유를 알아본다. 내가 알지 못하는 고위 관계자들 사이에서 중요한 대화를 하였을 수도 있다.

☐ 임원들도 방어적이고 지칠 수 있는 사람이라는 것을 기억한다.

☐ 임원과 협업할 때도 항상 열린 자세와 호기심, 인내심을 유지한다.

사용자와 대화하기
('포커 게임이란 무엇인가?')

이제 이전과는 매우 다른 포커 게임에 있다고 상상해 보자. 당신은 현재 온라인 게임 스타트업의 직원인데, 카드 게임에 대한 기본적인 사용자 요구사항과 행동을 더 잘 이해하기 위해서 포커 게임 모임에 참여할 수 있는지 물어보았다. 몇 번 이야기가 오간 다음, 모임의 주최자가 "포커에 대해 잘 아시는지 모르겠네요. 규칙을 설명해 드릴까요?"라고 물어본다.

깨닫지 못할 수도 있지만, 지금 이 순간이 사용자에 관한 획기적인 인사이트를 얻을 수 있는 기회가 될 수도 있고 아닐 수도 있다.

잠시 멈춰보자. 모임의 사람들이 당신을 신뢰하길 바랄 텐데, 만약에 이 사람들이 당신을 아무것도 모르는 바보라고 생각한다면, 특별히 관심을 가질 일이 있을까? 일단 자신감 있게 "네, 저도 포커 좋아합니다. 텍사스 홀덤[33]을 할까요, 아니면 오마하[34]를 할까요?"라고 물어보자. "홀덤!"이라는 따뜻한 대답이 돌아오면 그들이 당신을 허락한 것이다. '휴.' 어젯밤 위키피디아에서 검색하느라 보낸 시간이 보람이 있었다. 첫 패가 시작되면 바로 본론을 꺼낸다. "오늘 밤 게임에 초대해 주셔서 정말 고맙습니다. 아시겠지만, 저는 온라인 카드 게임에 관해 리서치하러 왔습니다. 여러분이라면 최고의 온라인 포커 애플리케이션에 어떤 기능이 있으면 좋겠나요?"

....

33 옮긴이_ 플레잉 카드로 즐기는 가장 대표적인 '커뮤니티 카드 포커' 게임이며, 패 2장과 공유카드 5장으로 족보를 맞춰서 높은 쪽이 승리하는 게임이다. 마인드 스포츠로서도 가장 인기 있고 대규모 대회가 많은 포커 종목이다. 외국에서는 포커 하면 따로 무슨 종목이라고 언급이 없으면 포커는 거의 텍사스 홀덤을 뜻한다(출처: 위키피디아).
34 옮긴이_ 오마하 홀덤은 텍사스 홀덤과 유사한 카드 게임이다. 족보와 커뮤니티 카드가 5장이라는 점은 텍사스 홀덤과 동일하지만 핸드를 4장씩 받는점이 다르다(출처: 위키피디아).

탁자에 둘러앉아 있는 사람들 중 누구도 이 질문에 흥미를 보이지 않는다. 잠시 침묵이 흐른 후 옆에 있던 사람이 "몇 년 전에 휴대폰에 포커 애플리케이션을 설치한 적이 있긴 해요. 그런데, 별로 사용하진 않았어요.".

그래, 잘 되고 있다.

"어떤 점이 별로였을까요?"

"솔직히 기억이 잘 나지 않아요. 그냥 흥미가 생기지 않았나 봐요."

거의 다 왔다.

"왜 흥미를 끌지 못했다고 생각하세요?"

"어, 모르겠어요. 게임이 그다지 흥미롭지 않았나 봐요."

고개를 끄덕인다. 그렇지!

집에 오는 길에 노트북을 꺼내서 다음과 같이 적는다.

온라인 포커 애플리케이션이 인기가 있으려면 일단 흥미로워야 한다.

고해상도 그래픽, 시끄러운 음악, 빵빵 터지는 효과 이런 것이 역시 가장 흥미를 유발하는 온라인 포커 게임이다. 실제로 애플리케이션에 달린 태그도 꽤 좋다. 몇 달 전에 '포커 애플리케이션에서 원하는 것은 무엇인가요?'라는 리서치를 실시했을 때, '그래픽'과 '사운드'가 상대적으로 높은 우선순위로 나타나기도 했다. 이제 가장 성공적인 온라인 포커 애플리케이션을 만들기만 하면 된다.

이제 다른 길을 선택한다고 가정해 보자. 짧게 소개를 마친 후 주최자가 "포커를 얼마나 잘 아시는지 잘 모르겠네요. 규칙을 설명해 드릴까요?"라고 넌지시 물어본다.

잠시 멈칫한다. 사람들이 당신을 아주 초보라고 생각하는 것을 원하지는 않지만, 게임에 대해 당신이 가지고 있는 선입견 때문에 게임이 그들에게 어떤 의미인지를 잘못 이해하는 것도 원하지 않는다. 소심하게 "저 사실 좀 서툴러요. 설명 좀 해 주시겠어요?"라고 대답한다.

몇몇 사람들의 눈이 동그래진다. 말장난은 아니었는데… 어색한 분위기에 당황스러워서 얼굴이 빨개진다. 어쨌건 모임 주최자는 당신이 포커에 대해 아무것도 모른다고 가정하고 규칙을 설명하기 시작한다. 주최자가 게임에 관해 계속 설명하는 동안 테이블에 앉은 사람 중 일부가 서로 알 듯 모를 듯 눈빛을 주고받으며 낄낄거리기 시작한다. 당신이 "죄송해요. 혹시 제가 실수했나요?"라고 말한다. 테이블에 있는 사람이 대답한다. "아뇨, 아뇨. 우리가 이 게임을 너무 오랫동안 함께해왔기 때문에 그 과정에서 우리만의 작은 규칙이 생겼나 봐요."라고 말한다. "다른 사람과 이 게임을 우리 방식대로 하려고 하면 아마 그들이 떠나거나 우리가 쫓겨날 것 같아서요!"라고 말하며 모두가 웃는다.

집에 오는 길에 노트북을 꺼내 다음과 같이 적는다.

게임 플레이어는 자신이 속한 사회 집단의 특정 요구와 기대에 부응하기 위해 게임의 규칙을 변경했다.

잠시 이마를 찡그린다. '포커 애플리케이션에서 원하는 것은 무엇인가요?'라는 리서치를 했을 때와는 전혀 다른 결과다. 당신은 정말 놀라운 사실을 발견했고, 이것이 지금 만들고 있는 프로덕트에 큰 영향을 미칠 수도 있다. 지금까지 생각해 보지 못한 많은 질문이 남았다. 카드 게임에서 비공식적인 규칙은 어떤 역할을 하는가? 낯선 사람과 카드 게임을 하는 것과 친구들과 하는 것은 무엇이 다른가? 이런 질문이 어디까지 이어질지는 모르지만, 이런 질문을 알게 되어 다행이다.

6.1 임원과 사용자는 다르다

프로덕트 매니저의 일 중에서 사용자와 대화하기가 가장 쉬운 것처럼 보이기도 한다. 사용자를 찾아내고, 대화하고, 사용자와 대화하다 보면 '사용자 중심'에 필요한 것들을 자연스럽게 얻게 될 거라 생각할 것이다. 하지만 실제론 사용자와 대화하는 것이 프로덕트 매니저가 학습하기 가장 어려운 것이다. 왜 그럴까? 프로덕트 매니저가 이전에 배웠던 임원과 성공적으로 협력하는 방법들이 사용자로부터 배우는 것에는 하나도 도움이 되지 않기 때문이다.

임원들과 협업할 때는 상위 수준의 전략과 세부 실행 방안 사이에 설득력 있는 연결 고리를 만들어야 한다. 옵션을 제시하고, 장단점을 설명하며, 임원이 최선의 결정을 내릴 수 있도록 힘을 실어 주는 것이 필요하다. 그리고 결정을 내려야 할 때가 되면 앞으로 나아갈 길에 대한 구체적이고 확실한 약속을 해야 한다.

하지만 사용자와 대화할 때는 목표가 크게 달라진다. 이때 프로덕트 매니저의 임무는 설명하거나, 조율하거나, 정보를 제공하는 것이 아니다. 대신 사용자의 목표, 요구사항, 현실에 대해 가능한 한 많이 듣고 배우는 것이다. 앞서 설명한 리서치의 원칙으로 돌아가면, 사용자를 회사의 현실로 끌어들이는 것이 아니라 프로덕트 매니저가 사용자의 현실에 들어가 몰입하는 것을 의미한다. 이 아이디어를 실천하려면 사용자에게 '똑똑해 보이는 것'보다는 '멍청해 보이는 것'이 더 중요하다.

많은 프로덕트 매니저가 이게 무슨 말이냐며 혼란스러워할 것이다. 흔히들 프로덕트 매니저라면 프로덕트, 비즈니스, 사용자에 대한 폭넓은 지식을 갖추고 있어야 한다고 기대하곤 한다. 그러나 사용자와 성공적으로 대화하고 사용자로부터 잘 배우려면 프로덕트 매니저는 구체적인 답변과 특정한 솔루션을 제공하고 싶은 유혹을 적극적으로 물리쳐야 한다. 어떤 프로덕트 매니저는 사용자 인터뷰를 하고 난 다음 나에게 "정말 바보 같은 기분이 들었어요. 왜 많은 프로덕트 매니저들이 인터뷰하는 걸 싫어하는지 이해되네요."라고 솔직하게 말했다.

사용자 피드백 세션에서 아이디어를 '피칭'하는 것의 위험성

T.R., 초기 단계 엔터테인먼트 스타트업, 프로덕트 매니저

나는 초기 단계 엔터테인먼트 스타트업에서 프로덕트 매니저로 경력을 시작했다. 이 회사에서는 팟캐스터들의 협업과 퍼블리싱 과정을 지원하는 도구를 개발했다. 명확하고 참여가 활발한 고객을 대상으로 하는 정말 멋진 아이디어가 있었고, 그런 프로덕트를 만드는 곳에 함께 하게 되어 꽤 기뻤다.

하지만 초기 프로덕트 프로토타입이 나오면서 꽤 혼란스러워졌다. 팟캐스트와 관련된 경험은 상당히 많았지만, 프로덕트 개발 작업 흐름에 대해서는 잘 이해하지 못했기 때문이다. 솔직히 나에게는 팟캐스트를 제작하기 위한 흐름이라기보다는 일종의 소프트웨어를 만들어 가는 과정 같았다. 왜 이런 형태로 프로덕트가 만들어졌는지 궁금해서 창업자에게 다음 사용자 피드백 세션에 참석하겠다고 말했다.

사용자 피드백 세션이 시작한 지 몇 분 만에 어떤 상황인지 정확하게 이해할 수 있었다. 사용자가 자기소개를 하기도 전에 창업자가 우리 프로덕트가 팟캐스팅 분야에 가져올 혁신에 대해 열변을 토하고 있었다. 창업자는 사용자가 직접 프로토타입을 살펴보게 하지도 않고 말로 각 단계를 설명하면서 "멋지지 않습니까?"라는 말로 각 단계를 마무리했다. 굳이 말할 필요도 없겠지만, 겉으로만 이 사용자 피드백 세션이 큰 성공처럼 보였다.

창업자의 환상을 깨고 싶은 마음은 전혀 없었지만, 이 프로덕트가 회사의 핵심 아이디어라고 정말 믿고 있었기 때문에 내가 직접 다음 사용자 피드백 세션을 진행하고 팀에서 검토할 수 있도록 동영상을 찍어 두겠다고 이야기했다. 이후 내가 진행한 세션에서는 사용자에게 별다른 설명을 하지 않고, 프로토타입을 앞에 놓고 어떤 것을 기대하는지 설명해 달라고 했다. 처음에 사용자는 프로덕트를 어떻게 써야 하는지 전혀 몰랐지만, 몇 분 만에 이 프로덕트로 무엇을 해야 하는지 이해하게 되었다.

창업자와 함께 이 세션을 기록한 동영상을 보는 건 쉽지 않았다. 처음에 그는 내가 프로덕트에 대해 충분히 설명하지 않았고, 사용자가 프로덕트의 가치를 이해하도록 돕지 않았다며 지적했다. 그러나 그날 업무가 끝날 때쯤, **"한 시간 가까이 우리 프로덕트 앞에서 당황하고 침묵하는 사용자를 지켜본다는 것 쉬운 일은 아니네요. 그래도 영상을 보고 나서 든 생각이 있습니다."**라고 했다. 바로 그때 창업자는 실제 사용자가 아닌 프로덕트 매니저의 의견이라면 절대 고려하지 않았을 우리 프로덕트에 대한 근본적인 부분에 대해 다시 평가하게 되었다.

6.2 맞다, 사용자와 대화하는 방법을 반드시 배워야 한다

프로덕트 매니저가 어느 범위까지 사용자 리서치를 해야 하는지는 조직마다, 팀마다 크게 달라진다. 하지만 비공식적인 사용자 리서치는 프로덕트 관련 회의에서 편안하게 대화할 때나 가족과의 '기술' 관련 통화까지 정말 모든 곳에서 이루어진다. 그렇기 때문에 프로덕트 매니저라면 사용자 리서치에 관해 학습하는 데 일정 시간 이상을 투자하는 것이 좋다. 사용자 리서치에 대해 잘 알아 두면, 공식적인 사용자 리서치를 하는 경우가 아니더라도 현재 사용자와 잠재 사용자들과의 상호작용을 최대한 활용할 수 있다.

나는 지난 몇 년 동안 훌륭한 사용자 연구자 및 민족지학[35]학자들과 함께 일할 수 있는 행운을 누렸다. 그 시간 동안 나는 지금까지 해 온 사용자 리서치가 형편없었다는 것을 깨달았고 앞으로 더 나은 사용자 리서치를 할 수 있도록 많은 것을 배웠다. 이 과정에서 비즈니스 파트너인 **트리샤 왕**^{Tricia Wang}이 멘토링을 포함해 정말 많은 도움을 주었다. 트리샤는 사용자 리서치를 개선하는 유일한 방법은 자주 연습하고, 솔직하게 반성하는 것이라고 설명했다. 다시 말해, 내가 형편없는 사용자 리서치를 많이 해 보지 않았다면, 지금 수준의 사용자 리서치도 못 했을 것이다.

이 장의 마지막에 있는 '체크리스트'에서 몇 가지 가이드를 추천하겠지만, 이 책이 사용자 리서치에 대한 종합적인 가이드가 될 수는 없을 것이다. 다만, 솔직한 성찰을 위해 내가 직접 사용자 리서치를 수행한 경험 중에서 기억에 남는 몇 가지 팁을 공유하고자 한다.

| 팁 1: 일반화가 아닌 특정 사례에 대해 질문한다 |

이 방법은 이미 사용자 리서치에 관한 책과 강좌에서 많이 다루는 것이고, 내가 현장에서 유용하게 사용하는 전략이다. 간단하게 "점심에 주로 무엇을 드세요?"나 "가장 좋아하는 음식이 무엇인가요?"라는 질문보다는 "마지막에 드신 식사에 대해 설명해 주세요."라는 질문이 더 도움이 된다는 뜻이다. 이때 중요한 점은 종합적이고 추상적인 답변보다 구체적인 예시가 사용자의 현실을 더 정확하게 반영한다는 것이다. 이 전략은 음악이나 음식처럼 특정 취향과 선호에 따라 가치 판단이 크게 달라질 수 있는 주제를 사용자와 대화할 때 특히 유용하다. 예를 들어, 사람들은 일반적으로 음악을 듣는 구체적인 사례('지난번 달리기할 때 두아 리파[36]의 새 앨범을 들었어요.')에 대해서는 꽤 빠르게 이야기하지만, '음악 취향'이나 '좋아하는 아티스트'에 대해 물어보면 금방 얼어붙어 버린다.

....

35 옮긴이_ 민족지학(民族誌學)은 인간 사회와 문화의 다양한 현상을 정성적, 정량적 조사 기법을 사용한 현장 조사를 통해 기술하여 연구하는 학문의 분야이다. 문화기술지(文化記述誌 ethnography) 또는 민속지학(民俗誌學)이라고도 한다(출처: 위키피디아).
36 옮긴이_ Dua Lipa. 영국의 싱어송라이터, 모델, 패션 디자이너, 배우(출처: 위키피디아).

| 팁 2: 듣고 싶었던 말을 들었다고 해서 너무 좋아할 필요는 없다 |

때로는 사용자가 대화 초반에 당신이 기대했던 바로 그 말을 아예 대놓고 하는 경우도 있다. 그런 상황에서 나는 "맞아요. 우리가 이야기하던 게 바로 그거죠! 굉장하네요. 정말 고맙습니다."라는 말을 하곤 했다. 하지만 한참 후에 이런 말이 사용자의 실제 요구사항을 깊게 이해하는 데 방해가 된다는 사실을 깨닫게 되었다. 여기서 멘토의 방향 전환 조언도 도움이 됐다. 사용자는 완전히 다른 이유로 당신이 계획했던 바로 그 솔루션을 설명할 수도 있다. 이런 이유로 사용자의 이유를 충분히 이해하지 못하면, 제대로 가치를 제공하지 못하는 프로덕트를 만들게 될 수도 있는 것이다.

| 팁 3: 사용자에게 업무를 대신해달라고 요청하지 말자 |

디자인 씽킹 워크숍에서 자주 소개되는 옥소^{OXO}의 '위에서 보는' 계량컵 이야기는 마크 허스트$^{Mark\ Hurst}$의 경이로운 저서 『Customers Included』(Creative Good, 2013)에도 실려있다. 옥소의 연구원들이 고객들에게 "어떤 계량컵을 원하세요?"라고 질문했더니, 고객들은 합리적인 기능 목록을 쏟아냈다. "튼튼했으면 좋겠어요!", "손잡이가 편했으면 좋겠어요!", "부드럽게 따를 수 있었으면 좋겠어요!"라고 답했다. 하지만 연구진이 사용자에게 계량컵을 실제로 사용해 보게 한 결과, 계량컵을 채운 후 사용자가 계량컵 옆에 쪼그리고 앉아 옆면의 수치와 눈이 수평이 되도록 하는 일관된 행동 패턴을 발견할 수 있었다. 그래서 '위에서 보는' 계량컵이 탄생했다(그림 6-1).

이 사례는 사용자에게 작업을 대신해달라고 요청할 때의 함정을 잘 보여준다. 사용자에게 기능 목록을 나열해 달라고 요청한 후, 완성된 목록을 가지고 팀에 돌아가서 "좋은 아이디어를 가져왔어요. 우리 사용자가 특별히 요청했거든요!"라고 말할 수 있다. 하지만 사용자는 자신의 목표와 요구사항을 해결하기 위해 꼭 당신회사의 프로덕트를 써야 할 필요가 없고, 프로덕트 개선을 위해 고민할 필요도 없다. 사용자의 목표와 요구사항을 회사의 고유한 기회로 연결하는 것은 사용자의 일이 아니라 당신의 일이다.

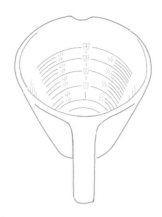

그림 6-1 '위에서 보는' 계량컵

요약하면, 사용자와 대화하는 방법에 대해서는 늘 더 많은 것을 배울 수 있다. 사용자 대화를 더 잘하기 위해선 사용자 리서치와 관련된 책과 기사를 많이 읽어야 하며, 조직에 사용자 연구자가 있다면 멘토링과 가이드를 받는 것이 큰 도움이 된다. 어서 가능한지 물어보자. 사용자 리서치가 쉽지는 않더라도 포기하지 말고 계속 연습하자. 사용자에게 배우는 것뿐만 아니라 사용자로부터 배우는 방법을 학습하는 것에 대해서도 늘 열린 자세와 호기심을 유지해야 한다.

6.3 페르소나 논 그라타[37]

'사용자에게 배우기' 과정을 시작하면 '어떤 사용자를 우선적으로 고려해야 할까?'라는 의문을 가지게 될 것이다. 많은 경우 이 질문을 탐색할 때 사용자별로 이름과 배경을 부여해서 사용자 유형을 일반화한 '사용자 페르소나'로 작업하게 될 것이다. 예를 들어, 작은 규모의 비즈니스를 하고 있는 10명의 사용자에 대한 인터뷰를 진행한 후, 서로 다른 두 가지 요구사항과 행동을 정리하여 각각을 대표하는 두 개의 사용자 페르소나('버트'와 '어니'라고 하자)를 도출할 수 있다.

....

37 옮긴이_ 페르소나 논 그라타(Persona non grata)는 라틴어로 '환영할 수 없는 인물'이라는 뜻이며, 외교 용어로 기피 인물을 의미한다.

처음 프로덕트 매니저로 일할 때 UX 디자이너가 사용자 페르소나를 만들자고 했는데, 나는 바로 "아니요. 저는 진짜 사용자를 많이 알고 있으니 가짜 사용자를 만들 필요는 없어요."라며 화를 낸 적이 있다. 페르소나를 만들겠다는 동료를 방해하고 기를 꺾기도 했지만, 그 이후 나는 실제로 이 페르소나가 매우 유용하다는 것을 깨달았다. 맞다. 지금의 나는 여러 사람의 인터뷰를 합성하여 누구보다 앞장서서 '가짜' 사람을 만든다. 이 방법은 우리 자신 이외의 다른 사람을 염두에 두고, 그들을 위한 다양한 사용자 요구사항을 폭넓게 찾아낼 수 있기 때문에, 더 나은 의사결정을 내리고 궁극적으로 더 나은 프로덕트를 제공하는 데 도움이 된다.

물론 그렇다고 해서 페르소나를 항상 좋게만 사용할 수 있다는 뜻은 아니다. 사용자 페르소나는 프로덕트 세계의 다른 어떤 도구나 기법보다도 우리의 선입견을 '모범 사례'라는 좋은 말로 포장할 수 있는 방법이기도 하다. 다음은 이러한 함정에 빠지지 않도록 하기 위한 몇 가지 팁이다.

| 팁 1: 페르소나가 실제 리서치에 근거하고 있는지 확인한다 |

미국 중소 도시에서 피부과 의사로 일하는 친구가 있다. 그 친구가 한때 선 라[Sun Ra][38]의 망토를 두르고 무대에 섰던 재즈 뮤지션이라는 사실을 최근에 알았다. 정말 사람은 여러 모습을 가진 존재이다. 실제 사람과 대화하지 않고 페르소나를 만든다면 페르소나가 아니라 고정관념을 만들고 있을 가능성이 높다. 거의 모든 프로덕트 매니저는 불편하고 편향적인 페르소나에 대한 이야기를 알고 있다. 실제로 페르소나가 사용자의 목표, 요구사항, 행동에 대한 실제 인사이트가 아닌 인구통계학적 기반 가정에만 근거한 경우, 고정관념만이 전부일 수 있다.

| 팁 2: 일정한 주기로 페르소나를 업데이트하자 |

프로덕트는 변하고, 시장도 변하고, 사람도 변한다. 내 경험에 따르면, 정기적으로 페르소나를 업데이트하지 않는 팀은 아마도 페르소나를 앞으로도 전혀 업데이

---

38 옮긴이_ 전설적인 재즈 음악가. 자유 분방함, SF와 이집트 신화에 기반한 특이한 콘셉트의 페르소나로 활동해 기인으로도 유명했다.

트하지 않게 될 가능성이 높다. 계획을 세워서 자주 페르소나를 다듬는 것의 단점은 거의 없다. 초기에 사용자 리서치를 잘해서 페르소나를 변경하지 않기로 했더라도 생각을 바꿔 주기적으로 페르소나를 업데이트하는 것을 강력히 추천한다. 그러면 페르소나가 최신 상태라는 더 확실한 믿음을 가지고 앞으로 더 나아갈 수 있다. 또한 업데이트를 하며 다른 가치 있고 신선한 인사이트를 얻을 수도 있을 것이다.

| 팁 3: 안티 페르소나를 사용하여 프로덕트가 페르소나를 위한 것임을 분명히 하자 |

보통 구체적인 페르소나를 만드는 것보다 범위가 넓은 일반적인 페르소나를 만드는 것이 더 쉽지만, 이렇게 하면 그저 '모든 사람'을 대변하는 페르소나 집합을 만드는 것일 뿐이다. 진심으로 업무에 집중하고자 하는 팀과 조직이라면 '안티 페르소나'(우리 프로덕트에서 지원하지 않는 사람들에 관련된 유형)를 정의하여 회의를 통해 프로덕트의 구체적인 사항을 정하는 데 활용한다. 예를 들어, 안티 페르소나를 활용하면 '자신의 꿈에 아낌 없이 투자하는 야망 있는 중소기업 소유주 어니(목표 페르소나)'를 위한 기능을 개발할 때, '간접비를 철저하게 피하는 위험 회피형 중소기업 소유주 버트(안티 페르소나)'를 위한 기능은 명확하게 개발하지 않는 것으로 결정할 수 있다.

현재 많은 사람이 사용자 페르소나를 사용할 때 빠질 수 있는 함정은 짐 캘바흐 Jim Kalbach의 책인 『The Jobs To Be Done Playbook』(Two Waves Books, 2020)'에서 상세하게 설명하는 '완료해야 할 작업Jobs To Be Done(JTBD)'과 같은 다른 접근 방식을 활용해서 피하고 있다. 그러나 앞서 설명한 것처럼 가정이 포함되거나, 페르소나 관련 업무를 진행하지 않거나, 광범위하게 페르소나를 정의하는 경우에는 이 방식도 잘 동작하지 않을 수 있다.

'파워 유저'에 유혹당하다

조나단 버트필드, 초기 단계의 퍼블리싱 스타트업, 프로덕트 매니저

내가 작가를 위한 '독자 연결 도구'를 개발하던 때, 초기 프로토타입과 목업을 실제 사용자들에게 공개할 수 있어서 매우 기뻤던 경험이 있다. 그 당시 우리는 출판계의 좋은 인맥을 가

지고 있었고, 유명한 리더십 팁과 명확한 사용자들의 문제를 해결하는 프로덕트가 우리에게 있다고 믿었기 때문에 무조건 성공할 것이라고 생각했다.

우리는 전문가 네트워크를 활용하여 사람들에게 다가갔고, 몇몇 유명 작가들에게 받은 반응에 정말 고무되었다. 그들은 소셜 미디어 초창기부터 트위터나 페이스북과 같은 플랫폼을 사용하여 자신의 독자들에게 직접 다가가는 데 앞장섰던 사람들이었다. 이들은 보통 직원이나 팀을 두고 자신의 온라인 활동을 관리했으며, 새로운 도구를 쓰고 싶어 했다. 우리는 이 프로덕트가 성공할 것이라는 분명한 신호를 받았다.

하지만 동시에 유명하지 않은 저자들과 출판 업계 전문가들은 반대의 목소리를 냈다. 많은 작가가 이용하지 않을 것이라고 단호하게 말했고, 출판업계의 많은 전문가도 작가들이 우리가 기대하는 일은 하지 않을 것이라고 말했다. 하지만 고무된 우리는 그런 말을 들으려 하지 않았는데, 그 이유는 결국 우리 프로덕트를 즐겨 사용하는 성공한 저자들이 더 많다고 생각했기 때문이다. 우리 프로덕트를 탐탁지 않게 여기는 작가들도 막상 우리 서비스를 이용하면 생각을 바꿀 것이라고 믿었다.

하지만 이 이야기는 해피 엔딩이 아니었다. 스타트업은 실패했다. 고객을 충분히 확보하지 못했기 때문이다. **우리는 이미 성공한 사람들의 이야기에만 귀를 기울였는데, 그들은 우리가 목표로 삼았던 실제 타깃 고객이 아니었다.** 실제 우리의 사용자들은 우리가 사용자에게 원했던 일을 할 시간도, 자원도 없다고 말했으며 애초에 잘 이해도 되지 않는다고 분명하게 이야기했다. 하지만 우리는 우리가 듣고 싶은 이야기를 하는 사람들의 목소리에만 귀를 기울였고, 프로덕트가 시장에 출시된 후에 그 대가를 치렀다.

6.4 프로덕트와 리서치: 적에서 절친으로

어떤 조직에서는 프로덕트 매니저 혼자 '사용자의 목소리'를 대변하는 경우가 있다. 또 다른 조직에서는 프로덕트 매니저가 탐색적 인터뷰를 수행하고, 사용자 페르소나를 개발하며, 사용성 테스트를 총괄하는 디자이너 및 연구자들과 협업하는 경우도 있다. 이론적으로 프로덕트 매니저와 연구자는 긴밀하게 협력해야 한다. 결국 훌륭한 프로덕트라면 사용자에게 가치를 제공해야 하고, 사용자 리서치는 그 가치가 무엇인지를 정확하게 파악하는 데 중요한 도구이기 때문이다. 그러나 실제로는 프로덕트 매니저와 연구원의 관계는 훨씬 더 복잡하고 갈등과 논쟁거리가 많다.

이러한 어려움은 프로덕트 매니저가 사용자 인사이트와 비즈니스 목표, 임원의 변심, 출시 일정, 그리고 '사용자 중심'을 현실적으로 어렵게 만드는 기타 모든 것들 사이에서 균형을 유지해야 한다는 단순한 사실에서 비롯된다. 안타깝게도 연구자의 관점에서는 이런 상황 때문에 프로덕트 매니저를 마감에 집착하고 고객을 무시하는 회사의 아첨꾼에 불과한 것처럼 느낄 수 있다.

실제 프로덕트 매니저는 기존 계획 및 약속과 잘 맞지 않는 사용자 인사이트를 새롭게 제안 받는 경우 늘 좋은 반응을 보이지는 않는다. 다음은 사용자 리서치와 프로덕트를 더 잘 일치시키기 위한 몇 가지 팁이다.

| 팁 1: 두려움 없이 차분하게 제약 조건을 설명한다 |

연구자는 프로덕트 매니저에게 중요한 사용자 인사이트를 제시하곤 하지만, 프로덕트 매니저는 이를 '전략에서 벗어난 것', '불가능한 것' 또는 조치를 취하기에는 '너무 늦은 것'이라고 무시하곤 한다. 이렇게 무시할 때는 방어적인 태도에서 비롯된 경우가 많으며, 프로덕트 매니저가 계획을 수립한 상황에서 타당성에 의문을 던지는 인사이트는 프로덕트 매니저에게 위협으로 느껴지기 때문이다.

훌륭한 프로덕트 매니저라면 이런 인사이트를 무시하기보다는 차분하게 두려움 없이 작업 중인 제약 조건을 설명하고 연구원들과 협력하여 그 제약 조건 내에서 최대한으로 반영할 기회를 모색한다. 예를 들면 다음과 같이 직접적이고 열린 마음으로 접근해 볼 수 있다. "이 내용을 공유해 주셔서 정말 고마워요. 이 인사이트가 우리의 방향을 어떻게 바꾸게 될지 알겠습니다. 우선 다음 달에 이 기능을 소규모라도 제공하기로 약속하겠습니다. 그리고 추가로 반영할 만한 곳이 있을까요?"

| 팁 2: 중요한 인사이트를 방대한 슬라이드 속에 묻어두지 말자 |

PPT 파일은 그야말로 인사이트의 무덤이다. 연구원과 프로덕트 매니저들이 인사이트를 임원이 무시한다고 불평할 때, 그런 인사이트들은 대개 방대한 슬라이드 파일 속에 묻혀 있다. 정말 중요한 인사이트라면 이해관계자들에게 직접 언급하고, 목표 달성에 어떻게 도움이 되는지 최선을 다해 설명하자. 나와 함께했던 연구 팀은 다양한 이해관계자 그룹과의 직접적 협업을 촉진하기 위한 방법으로 매월 줌^{Zoom}을 활용하여 공개적인 '인사이트 공유'를 진행했다. 이 회의에서는 지난 달의 연구 결과를 간략히 읽어본 다음, 해당 연구 결과를 활용하는 방법과 앞으로 우선순위를 정해야 할 새로운 연구에 관해 열린 대화를 나눴다. 시간이 지나면서 이러한 월례 회의는 프로덕트 매니저와 연구원이 함께 협업하는 장이 되었을 뿐만 아니라 공통된 사용자 요구사항과 인사이트를 중심으로 다른 프로덕트 매니저의 우선순위와 목표를 더 잘 이해할 수 있는 계기가 되었다.

| 팁 3: 팀 전체가 참여한다 |

프로덕트 매니저가 질문을 마구 던질까 봐, 답을 정해 둔 솔루션을 강요할까 봐, 경험이 적을 때 했던 여러 성가신 일들을 떠맡길까 봐 두려워서 연구원들이 프로덕트 매니저를 자신의 작업에 초대하는 것을 주저하곤 한다. 마찬가지로 프로덕트 매니저는 엔지니어와 디자이너가 전문 용어를 사용하거나, 기존 작업을 옹호하거나, 그들이 자신의 경험을 쌓아가는 과정에서 수도 없이 하게 되는 다른 성가신 일을 떠맡게 될까 봐 사용자 리서치에 엔지니어와 디자이너를 초대하는 것을 주저하는 경우도 많다. 이처럼 팀과 함께 리서치를 하려면 답답하고 인내심이 필요하지만, 참여하는 모든 사람들의 리서치 기술을 향상시키고 솔루션을 구축하는 사람들의 거리를 좁히는 장점이 있다. 사용자 연구에 적극적으로 참여하는 사람들은 연구를 통해 실제로 무언가를 만들어 낼 가능성이 훨씬 더 높다.

프로덕트 매니저와 연구자는 사용자 요구사항과 비즈니스 목표를 가운데 두고 긴장 속에서 서로 반대편에 서게 되는 경우가 종종 있다. 그러나 그럴 때일 수록 더 긴밀하게 협력하면 이런 긴장을 효과적으로 해결할 가능성이 높아진다. 늘 그렇듯이 마음을 열고 솔직하게 이야기하며 개인에 대한 의견으로 받아들이지 말자.

마치며: 사용자와 대화하는 방법은 선택이 아닌 필수

지금까지 여러 가지 예를 들어 설명했지만, 당장은 사용자와 대화하는 것이 모든 프로덕트 매니저에게 쉽고 자연스럽지 않을 수 있다. '사용자의 현실에서 사는 것'에 필요한 기술을 발전시키는 것은 내부 이해관계자를 성공적으로 관리하는 데 도움이 되었던 특정한 행동을 탈학습[39]해야 한다는 것을 의미하기 때문이다. 그러나 이 방법은 사용자의 관점에서 세상을 더 잘 이해하는 데 도움이 될 수 있는 '모든 사람'과 '모든 것'에 대해 항상 개방적이고 호기심 어린 태도로 접근하는 것을 의미하기도 하므로 사용자와 대화하는 방법은 우리가 반드시 배워야 할 지식이다.

셀프 체크리스트

- ☐ 사용자와 커뮤니케이션한다!
- ☐ 사용자와 대화하는 것은 시간이 걸리는 기술이라는 사실을 인정하고 수용한다.
- ☐ 사용자와 대화하는 것과 임원과 협력하는 것은 다르며 서로 다른 접근 방식이 필요하다는 점을 기억한다.
- ☐ 테레사 토레스의 책 『Continuous Discovery Habits』(Product Talk LLC, 2021), 마크 허스트의 책 『Customers Included』(Creative Good, 2013), 스티브 포티걸Steve Portigal의 책 『사용자 인터뷰』(지앤선(志&嬋), 2015)', 에리카 홀Erika Hall의 책 『꼭 필요한 만큼의 리서치』(웹액츄얼리코리아, 2020), 토머 샤론Tomer Sharon의 책 『It's Our Research』(Morgan Kaufmann, 2012), 기타 연구 방법을 향상시키는 데 도움이 될 만한 책을 읽는다.
- ☐ 지식이나 전문성을 내세워 사용자에게 깊은 인상을 주려고 않는다. '멍청하게' 보이는 것처럼 느껴지더라도 사용자가 자신의 현실을 설명할 수 있는 공간을 최대한 많이 만든다.
- ☐ 조직에 사용자 연구원이 있는 경우, 이들에게 연락하여 그들이 사용하는 도구와 접근 방식을 안내해 달라고 요청한다.
- ☐ 사용자와 경험에 대해 이야기할 때는 광범위한 일반화보다는 구체적인 사례에 대해 질문한다.
- ☐ 사용자에게 당신의 일을 대신해달라고 부탁하지 않는다. 사용자의 요구사항을 파악하기 위해 최선을 다한 다음 이러한 요구사항을 가장 잘 해결할 수 있는 구체적인 프로덕트와 기능에 대해 생각한다.

....

39 옮긴이_원문에서는 Unlearning이라는 표현을 썼다. 언러닝이라고 하거나 폐기 학습으로도 번역한다. 언러닝은 배운 것을 의도적으로 잊으며, 새로운 시도를 하는 것을 의미한다.

☐ 팀에서 사용하는 모든 사용자 페르소나(또는 '수행해야 할 작업')가 실제 리서치에 근거하고 있는지 확인하고 정기적으로 업데이트한다.

☐ 중요한 인사이트가 거대한 슬라이드 파일 더미에 숨겨져 사라지게 하지 않는다.

☐ 연구원과 함께 협업할 때는 기존 계획에 영향을 줄 수 있다는 이유로 특정한 인사이트를 외면하지 말고 예산, 마감일, 기능 약속 등 작업 중인 제약 조건을 차분하고 구체적으로 설명한다.

'모범 사례'에 관한 불편한 진실

대기업이든 소기업이든 프로덕트 매니저를 교육할 때 받게 되는 첫 번째 질문은 대개 '모범 사례'에 관한 것이다. "넷플릭스에서는 프로덕트 매니지먼트를 어떻게 하나요?", "구글에서 정의하는 프로덕트 매니저와 프로그램 매니저의 차이는 무엇인가요?", "업계 최고의 회사들처럼 프로덕트 팀을 운영할 수 있는 확실한 방법은 뭘까요?"

물론 이런 질문은 좋은 질문이며 답을 알아 두는 것도 좋다. 그런데 이런 질문에는 다른 의도가 숨겨져 있다. 이를테면 '넷플릭스는 프로덕트 매니지먼트를 이렇게 하는구나. 똑같이 따라만 하면 우리도 성공을 거두겠지?' 같은 생각이다.

흔히 이런 생각에 마음이 끌리는 이유는 쉽게 이해할 수 있다. 프로덕트 매니지먼트라는 업무가 모호하기 때문에, 지금과 같은 프로덕트 매니지먼트 분야를 정의한 기업으로부터 지침을 얻어서 따라 하고 싶은 건 당연하다.

하지만 어떤 면에서는 이런 사고방식이 더 위험할 수 있다. 다음은 프로덕트 매니저가 모범 사례에 시선을 빼앗길 때 성공적으로 업무를 수행하기 어려워지는 구체적인 세 가지 상황이다.

| 상황 1: 모범 사례에 집중하다 보면 호기심을 잃게 된다 |

프로덕트 매니지먼트의 성공을 단순히 정해진 모범 사례를 반복하면 이뤄진다고 생각하는 것은 프로덕트 매니저로서 반드시 만나게 되는 난처하고, 예측할 수 없고, 게다가 피할 수도 없는 인간적 복잡성과 관련된 것을 모두 무시해 버리겠다는 의미이다. 지나칠 정도로 모범 사례를 따르려는 프로덕트 매니저는 같이 일하는 사람뿐 아니라, 때로는 현재 작업 중인 프로덕트에 대해 호기심을 잃게 되기도 한다. 누구든 어떤 것이든 모범 사례를 따르지 않으면 성공으로 갈 수 있는 '천편일률적'인 접근 방법에 대한 위협으로 여기게 된다.

| 상황 2: 모범 사례는 동화 같은 결말이라는 잘못된 약속으로 연결된다 |

거의 모든 '모범 사례'는 '그리고 그들은 행복하게 살았어요.', '수십억 달러에 사업을 매각했어요.', '회사의 4분기 매출 목표를 70만 달러 초과 달성했어요.' 또는 '팀에서 SAFe[40]를 100% 채택했어요.'처럼 아름다운 이야기로 마무리된다. 하지만 현실에서 '영원히 행복했답니다.'라는 결말은 절대 일어나지 않는다. 수십억 달러에 매각된 사업을 새로운 소유자가 완전히 해체할 수도 있고, 매출 목표를 초과 달성한 회사가 1년 만에 폐업할 수도 있고, SAFe를 100% 채택한 팀이 그 프레임워크를 사용하여 전혀 쓸모없는 기능을 만들어 낼 수도 있다. 삶은 계속되고 변화는 피할 수 없으며 '모범 사례'는 영구적인 솔루션이 될 수 없다.

| 상황 3: 모범 사례를 마법처럼 생각하면 반드시 슬픔과 실망을 겪는다 |

모범 사례에 관한 대화는 대개 낙관과 희망으로 시작한다. 그러나 이런 모범 사례는 조직의 기존 습관이나 리듬과 충돌할 수밖에 없기 때문에 곧 운명론과 좌절감으로 이어진다. '왜 이런 모범 사례는 우리에게 효과가 없을까?', '누가 잘못했을까?', '누가 이해하지 못한 걸까?' 이런 질문은 '우리 조직은 너무 위계적이어서 프로덕트 매니지먼트에 능숙하지 않다.' 또는 '구성원들이 변화하려고 노력하지 않았다.'와 같이 암울하고 전혀 도움이 되지 않는 결론으로 끝난다. 조직의 고유한 특성을 조직이 변화하는 데 도움이 되는 것이 아니라 변화를 가로막는 장애물로 여기게 되는 것이다.

그렇다고 해서 모범 사례를 논할 필요가 없다는 것은 아니다. 이 책은 모범 사례로 꽉 차 있다! 하지만 모든 회사가 부러워하는 성공 사례에는 프로세스, 인력, 엄

----

40 옮긴이_ SAFe®(Scaled Agile Framework®)는 엔터프라이즈 규모에서 애자일 관행을 구현하기 위한 일련의 조직 및 워크플로 패턴이다.

청난 행운과 좋은 타이밍 등 많은 요소가 작용한다는 점을 꼭 기억해야 한다. 모범 사례를 배우고 논의할 때 잊지 말아야 할 몇 가지 중요한 사항을 살펴보고, 모범 사례를 금방 깨질 약속이 아닌 소중한 리소스로 쓸 수 있도록 하자.

7.1 과대 광고를 믿지 말자

가끔 회사 X는 어떻게 프로덕트 매니지먼트를 잘할 수 있었는가에 대한 질문이 쇄도하면, 사람들에게 다음과 같은 간단한 실습을 해 보라고 한다.

> 5분 동안 X 회사의 프로덕트를 사용하면서 눈에 보이는 이슈와 문제점, 즉 내가 그 회사에서 일하게 된다면 첫날부터 바로 고치고 싶은 점을 적어 보라고 한다.

이 실습을 할 때 사람들이 보통 "5분만 더 주실 수 있나요?"라고 하거나, 또는 내가 직접 이 연습을 진행하는 경우 "종이를 더 쓸 수 있나요?"라는 질문을 하곤 한다. 이 실습의 목표는 사람들이 환멸과 패배감을 느끼게 하는 것도 아니고 '업계 최고'의 회사가 자사 프로덕트에 있는 명백한 결함을 놓치고 있다는 것을 보여주려는 의도도 아니다. 모든 회사에는 그 회사만의 사내 정치, 자원 제약 조건, 물류 등의 도전이 있다는 것을 상기시키는 것이다. 구글의 프로덕트 매니저가 개발자들과 끊임없이 간식을 먹으며 하이파이브를 했다던가, 페이스북의 프로덕트 매니저가 스타트업과 같은 10억 명의 사용자에게 영향을 주는 코드를 변경할 수 있는 자유를 누린다는 이야기가 많지만, 실제로 이런 조직의 프로덕트 매니저가 만나게 되는 일상적인 어려움은 당신의 조직에서 프로덕트 매니저가 직면하는 일상과 매우 비슷할 것이다.

'업계 최고' 기업에 관한 사례 연구의 대부분은 솔직히 말하면 채용 광고나 다름없다. 프로덕트 및 엔지니어링 인재를 확보하기 위해 경쟁하는 기업들이 업무 환경을 사실대로 설명할 이유는 별로 없으며, 군이 부정적으로 묘사할 이유도 없다. 사람들이 '모범 사례'를 어떻게 탐색하는지에 대한 내용을 현실적이고 자세하게 알고 싶다면, 인맥을 최대한 활용해 해당 업체의 현직 프로덕트 매니저와 이야기해 보자. 그들의 이야기는 당신이 조직에서 만나는 문제와 훨씬 더 비슷할 것이며, 그들이 선택한 도구와 기술이 가진 잠재적인 단점과 한계에 대해 더 많은 통찰을 얻을 수 있을 것이다.

회사가 '잘못하고 있을 때' 프로덕트, 팀, 멘탈 관리의 우선순위 정하기

레이첼 딕슨, 미디어 회사, 프로덕트 디렉터

경력 초기에 나는 운 좋게 서로 신뢰하고 협력을 잘 하는 분산된 프로덕트 팀에 합류했다. 책임을 분담하고 문제를 해결하기 위해 함께 노력했으며, "이 요구사항은 아직 명확치 않아요." 같은 말을 솔직하게 할 수 있었다. 우리는 권한과 자율성이 있었고 나는 진정한 프로덕트 매니저가 된 것 같은 기분이 들었다.

이후 다른 회사에서 비슷한 역할을 맡게 되었을 때, 아예 다른 상황을 맞이해 조금 놀랐다. 여기서는 모두 같은 공간에서 일했지만, 거의 협업은 하지 않았다. 엔지니어를 전략적 파트너가 아니라 티켓을 받는 사람, 그저 업무를 처리하는 사람으로 취급했다. 심지어 우리는 서로 다른 도구를 사용했는데, 그 당시 나는 그것을 '잘못된 도구'라고 생각했다. 간단히 말해 이 회사를 프로덕트 개발 또는 프로덕트 매니지먼트를 '제대로' 할 줄 모르는 곳으로 생각했다. 나는 이 문제로 많은 시간을 스트레스에 시달렸고, 스트레스 때문에 정신적으로 심각한 타격을 입었다. 프로덕트 개발에 대한 사고방식을 크게 바꿔야 한다는 대화를 회사 경영진과 반복적으로 나누었지만 답답할 뿐이었다. 하지만 돌이켜보면 그렇다고 해서 프로덕트가 좋아지거나 팀이 강해지지 않았다. 조직 전체에 저항하는 데 많은 시간을 보내면서, 팀과 사용자를 위한 일은 거의 하지 못했기 때문이다.

그때로 돌아가면 나 스스로에게 "프로덕트, 팀, 멘탈 관리에 집중하고 조직에서 프로덕트 매니지먼트를 '올바르게' 하고 있는지에 대해서는 너무 걱정할 필요가 없다."라고 조언하고 싶다. 경력을 쌓다 보면 충분한 권한이 있는 환경에서 제약 조건이 많은 환경으로 바뀌는 때가 있을 수 있다. 어떤 경우는 팀의 신뢰를 충분히 회복해야 하는 상황을 만날 수도 있다. 서류상으로는 '승진'한 것처럼 보이지만 실제로는 책임과 관련하여 한 단계 후퇴한 것처럼 느껴질 때도 있을 수 있다. 때때로 부정적인 생각에 빠질 수 있겠지만, 오히려 이럴 때야말로 프로덕트 매니지먼트가 조심스럽고, 흥미로운 부분이다. 자신의 경력에서 이런 불완전한 순간을 겪고 나면 이후 자신의 역량을 충분히 발휘할 수 없다고 느낄 때에도 이 기억을 통해 조금이라도 영향력을 발휘할 방법을 알 수 있을 것이다.

7.2 현실과 사랑에 빠지다

스타트업에서 처음 일하는 프로덕트 매니저나 거대한 다국적 기업의 경험 많은 프로덕트 매니저들과 이야기를 하다 보면, 어느새 회사에서 프로덕트 매니지먼트를 제대로 하지 않는다거나 아예 '프로덕트 매니지먼트'가 없다는 식의 대화로 흘러가는 경우가 많다. 이런 이야기들을 하다 보면 어떤 회사든 프로덕트 매니저로 일하기가 어렵다는 사실을 인식하는 데 도움이 되기도 하지만, 자칫 불만과 독선에 빠질 수도 있다. 어쨌거나 회사에서 프로덕트 매니지먼트가 무엇인지도 모르는데 왜 굳이 프로덕트 매니지먼트를 하겠다고 노력해야 할까? 아무리 좋은 '모범 사례'라도 '변명' 앞에서는 아무런 힘을 쓸 수 없으며, '우리 회사는 이런 거 잘 몰라요.'라는 변명만큼 강한 변명도 없다.

사실 모든 조직에는 업무에 있어 몇 가지 정해진 제약 조건들이 있다. 물론 제약 조건들은 비즈니스 모델, 규모, 리더의 태도 및 경험에 따라 달라질 수 있다. 이러한 제약 조건을 빨리 인정하고 이해할수록 그 안에서 최선의 방법을 찾을 수 있다. 어떤 조직에서 정해진 제약 조건이 바뀔 가능성이 없거나 적어도 내가 바꿀 수 없다는 것을 인식할 때, 사용자에게 가치를 제공하기 위해 당신과 팀이 할 수 있는 모든 일에 다시 집중할 수 있다. 나는 이 과정을 '**현실과 사랑에 빠지는 것**'이라고 생각한다.

조직에 바닥과 천장이 있다고 상상해 보는 시각적 비유를 들어 설명해 보겠다(그림 7-1). 천장이 바라는 만큼 높지 않을 수 있으며, 이런 경우 밀실 공포증이나 불편함을 느낄 수 있다. 때로 쉽게 처리할 수 있는 일을 무리해서 힘들게 하고 있다고 느낄 수도 있다. 그래서 다리를 뻗어서 최선을 다할 수 있는 공간을 조금 더 확보하기 위해 천장을 높이는 데 노력을 쏟기로 했다고 하자. 팔도 아프고 심하게 지칠 때까지 조직에서 '올바른 방식'으로 프로덕트를 만들도록 열심히 밀어붙이기 시작했다고 하자.

이 그림에서 문제가 무엇일까? 천장을 높이기 위해 에너지를 쏟으면 그만큼 사용자에게 가치를 제공하는 데 쏟는 에너지가 줄어든다. 천장이 낮다는 것은 당신이 바라는 만큼 빠르고 효율적으로 많은 가치를 제공할 수 없다는 의미일 수도 있지만, 천장에 내려앉아 완전히 갇히기 전에도 더 많은 가치를 제공할 수 있는 여지가 있을 수 있다.

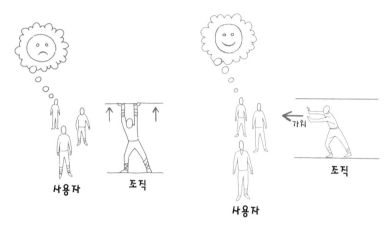

그림 7-1 조직이 가진 여러 한계를 극복하기 위해 노력하는 것과 그런 한계 내에서 사용자에게 가치를 제공하기 위해 노력하는 것 중에 어느 쪽이 더 성과가 있을까? 어느 쪽이 긍정적인 결과를 가져올 가능성이 더 높을까?

그렇다고 해서 조직의 한계에 도전할 가치가 전혀 없다거나 제약 조건과 한계를 비판 없이 수용하라는 말은 아니다. 하지만 내 경험상 조직의 제약 조건과 한계를 확장하는 가장 좋은 방법은 그 안에서 할 수 있는 최선의 일을 하는 것에서 시작된다. 한계와 제약 조건을 극복하면서 비즈니스와 사용자를 위한 성취를 지속적으로 달성하면, 다른 사람들이 이러한 한계를 이해하고 의문을 제기하도록 도울 수 있는 훨씬 더 나은 위치에 서게 될 것이다.

무엇보다 좋은 것은 현실과 사랑에 빠지면 프로덕트 매니지먼트 작업이 훨씬 쉬워진다는 점이다. 프로덕트 매니지먼트를 '완벽하게' 해야 한다거나 때로는 프로덕트 매니지먼트를 '올바르게' 해야 한다는 생각을 포기하면 고유한 상황과 제약 조건 내에서 프로덕트 매니지먼트를 **효과적으로** 수행할 수 있는 방법에 더 집중할 수 있다(물론 제약 조건은 항상 존재한다).

7.3 유용한 허구로서 프레임워크 및 모델

나는 이 일을 지금까지 해 오면서 프로덕트 매니지먼트의 기본 도구, 프레임워크, 개념 중 어떤 것들은 너무 추상적이고 이론적이며 현실에 맞지 않는다고 대놓고 무시한 적이 있었다. 프로덕트 매니지먼트의 현실을 접할수록 그런 것들이 현실을 지나치게 단순화했다고 생각되었기 때문이다. 사람들이 비즈니스 모델 캔버스와 같은 일반적인 프로덕트 매니지먼트 도구에 대해 물어보면 나는 "그래요, 현직 프로덕트 매니저가 비즈니스 모델 캔버스를 써서 새로운 비즈니스 모델을 처음부터 생각해 낸 적이 정말 언제였을까요?"라고 자신 있게 대답하곤 했다. 그런 다음 속으로 하이파이브를 하고 하루를 시작하곤 했다.

돌아보면 이는 일종의 방어 수단이었을 뿐 더 나은 프로덕트 매니저, 코치 또는 리더가 되는 데 전혀 도움이 되지 않았다. 물론 지금까지도 내가 아는 한 현직 프로덕트 매니저 중 비즈니스 모델 캔버스를 사용하여 실제 조직에서 완전히 새로운 프로덕트를 개발한 사례는 없다. 하지만 내가 아는 많은 프로덕트 매니저가 프로덕트 아이디어 세션에 앞서 비즈니스 모델 캔버스의 아이디어를 사용하여 집중하고 생각을 가다듬었다. 마찬가지로, 내가 아는 어떤 현직 프로덕트 매니저도 자신의 조직이 프로덕트 개발 분야에서 보편화되어 있는 에릭 리스$^{Eric Ries}$가 쓴 『린 스타트업』(인사이트, 2012)의 핵심 개념인 '최소 기능 제품$^{minimum viable product}$'에 관한 표준적인 접근 방식을 완벽하게 따른다고 말한 적이 없다. 하지만 많은 사람이 '최소 기능 제품'에 관한 대화를 통해 조직이 고객으로부터 얼마나 자주 학습하고 있는지, '충분'을 어떻게 정의하고 있는지에 대해 정말 중요한 질문을 던지는 데 도움이 되었다고 말했다.

최근에 나는 대부분의 프로덕트 매니지먼트 프레임워크와 모델을 유용한 허구라고 생각하는 것이 도움이 된다는 것을 알게 되었다. '유용한'과 '허구'를 똑같이 강조하고 싶다. **'유용한 허구'**라는 개념은 철학적 허구주의 학파에서 유래한 것으로, 위키백과[41]에서 **허구주의**는 "세상에 대한 설명으로 보이는 진술은 문자대로

---

41 https://oreil.ly/JpDZ8

해석해서는 안되며, 대신 어떤 것을 문자 그대로의 사실로 취급하는 척하는 '믿게 만든다.'('유용한 허구')의 사례로 이해해야 한다."고 정의한다. 허구주의의 개념에 대한 자세한 내용은 **스탠포드 철학 백과사전**[42]에서 확인할 수 있다.

이러한 관점으로 보면 "이 프레임워크나 모델이 프로덕트 매니저의 일상적인 업무를 정확하게 표현한 것인가?"라는 질문을 하지 않아도 된다(대답은 항상 "아마도, 어느 정도는!"이 될 것이다). 대신, 어떤 모델이나 프레임워크도 반드시 허구의 작품이라는 것을 이해하는 데서 출발하여 '이 허구의 어떤 부분이 나에게 유용할까?'를 물어볼 수 있다. 이 질문은 내가 한때 반사적으로 거부했던 일부 프로덕트 매니지먼트 프레임워크 및 모델에 대해 보다 개방적이고 생산적인 관점을 갖는 데 도움이 되었다. 예를 들어, 나는 '프로덕트 라이프 사이클 프레임워크'라는 허구가 더 이상 목표를 달성하지 못하고 근본적으로 재평가해야 하는 프로덕트와 기능과 관련된 쉽지 않은 대화를 하는 데 매우 유용하다는 것을 알게 되었다.

프로덕트 매니지먼트의 모호함과 복잡성이 부담스러울 때 유용한 허구는 앞으로 나아가는 데 도움이 될 수 있다. 또한 이러한 허구가 정말 허구임을 인식하면 팀과 조직의 특정 요구사항을 충족하기 위해 '모범 사례'를 조정하는 데 도움이 된다.

작은 단계를 확장하고 체계화하여 큰 영향력 만들기

자레드 이, 정부 기관, 프로덕트 매니저

민간 부문과 정부 기관에서 프로덕트 매니지먼트 업무를 수행하면서 배운 중요한 것 중 하나는 프로덕트 매니지먼트를 '정석대로' 수행하지 않는 조직에서 일하더라도 업무 방식을 개선할 수 있는 여지가 항상 존재한다는 것이다. 그리고 인내심을 갖고 동료들과 함께 노력하면 예상치 못한 문제가 발생하더라도 항상 앞으로 나아갈 수 있고, 나아갈 수 없을 때, 안전하게 잠시 뒤로 물러서서 기다리는 방법도 있다는 것을 동료들과 함께 배울 수 있다.

정부 조직에서는 한 사람이 떠난다고 해서 모든 것이 무너지는 상황이 발생해서는 안 된다. 정부를 혁신하는 선구자 같은 영웅이 중요한 것이 아니고, 국민에게 정부가 더 나은 서비스를 제공할 수 있도록 모든 기회를 확장하고 체계화하는 방법을 찾는 것이 더 중요하다. 이런

----

42 https://oreil.ly/mazeG

의미에서 작고 어쩌면 당연해 보이는 조치가 실제로 엄청난 영향을 미칠 수 있다. 예를 들어 여러 정부 기관이 사용할 수 있는 템플릿화된 콘텐츠 관리 시스템을 만드는 정도의 간단한 일이나 계약업체와 협력하여 간단한 디자인 원칙을 적용하는 정도의 간단한 작업 등이 있다. 항상 속도와 규모 사이의 균형을 맞추어야 하며, 정부 기관의 업무 속도를 늦춰서 조금씩 나아가도록 강제할 수 있지만, 이러한 작은 발걸음도 많은 사람의 삶에 상당한 영향을 미칠 수 있다.

어떤 프로덕트 담당자들은 정부 기관을 향해 "그들은 잘못하고 있어요. 팀에 권한을 부여하지 않습니다! 아직도 폭포수 모델을 답습하고 있어요!"라고 말할 것이다. 하지만 사람들에게 진정으로 도움이 되는 기술을 구축하는 것이 더 큰 목표라면 이러한 운영상의 어려움은 충분히 극복할 가치가 있다. 항상 원하는 대로 정확하게 일을 처리할 수는 없지만, 사람들의 삶에 의미 있고 지속적인 영향을 미칠 수 있는 일을 할 수 있다.

7.4 당신은 여기에 있다

어떤 팀과 조직은 '모범 사례'가 될 만큼 잘 정리되고 문서화된 프로덕트 개발 프로세스로 작업할 수도 있고, 어떤 팀과 조직은 처음부터 다시 시작하는 경우도 있다. 여러 측면에서 공식적인 프로세스가 없다는 것도 그 자체로 하나의 과정일 수 있다. 공식적인 구조가 전혀 없는 팀이나 공식적인 구조가 잘 정리된 팀이나 모두 같은 이유로 변화에 저항하는 경우가 많다. 대부분의 팀원들이 특정 방식으로 일을 하는 데 익숙해서 현재를 뒤흔드는 것을 원치 않기 때문이다.

공식적인 프로덕트 개발 프로세스가 있는 조직에서 일하든 주먹구구 시스템을 사용하는 조직에서 일하든 관계없이, 나는 항상 시간을 내서 지금 조직에서 프로덕트가 어떻게 개발되는지 파악하는 것이 도움이 된다고 생각한다. '다음에 무엇을 작업할지 어떻게 결정하는가?', '작업에 걸리는 시간은 어떻게 예측하는가?', '로드맵에 있는 것을 실제 완료해야 하는 작업으로 어떻게 세분화하는가?', 그리고 '언제 완료되었는지 어떻게 알 수 있는가?'

나는 종종 함께 일하는 사람들에게 펜과 종이를 들고 현재 프로덕트 개발 프로세스가 어떻게 진행되는지 그대로 그려보라고 요청한다. [그림 7-2]와 같은 그림으로 경영진의 화난 얼굴, 엔지니어와 디자이너 사이의 엄청난 간극, 한눈에 보이는 사용자나 고객의 부재 등 말로 표현하기 어려운 심오하고 걸러지지 않은 것들을 관찰할 수 있다. 나처럼 펜으로 종이에 이해하기 어려운 단어를 쓰는 방법이 어렵다면 크리스티나 워드케 Christina R Wodtke 가 쓴 책인 『Pencil Me In』(Boxes & Arrows, 2017)을 읽어보길 적극 추천한다.

조직에 공식 프로세스가 없더라도 함께 일하는 방식을 시각적 또는 문자로 표현하면 팀원들이 현재에도 업무가 진행되는 방식이 있다는 사실을 이해하는 데 도움이 되며, 이를 통해 현재의 업무 방식이 목표 달성에 도움이 되는지, 그렇지 않은지 쉽게 평가할 수 있다. 현재 위치와 나아갈 방향을 명확히 파악하지 않은 상태로 프로세스를 변경해서는 안 된다.

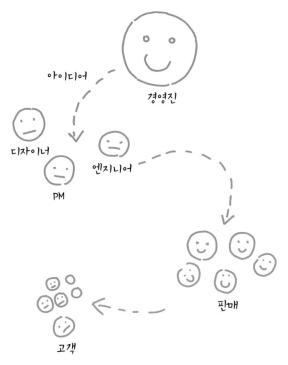

그림 7-2 '프로세스가 없는' 프로덕트 팀의 협업 방식을 아마추어 솜씨로 가상으로 그려 본 것이다. 이 시각적 표현에서 무엇을 추정할 수 있는가?

7.5 무엇을 해결하고 있는가?

'모범 사례'를 통해 실제 결과를 얻으려면 항상 조직의 구체적인 요구사항과 목표에서 출발하여, 목표를 달성하는 데 도움이 될 수 있는 사례를 생각하는 것이 좋다. 이렇게 접근하지 않으면 공감을 충분히 얻지도 못하고, 의심과 저항에 부딪혀 결국 실패할 수밖에 없는 변화를 추진하게 될 위험이 있다.

물론 복잡한 인간 문제를 이해하는 데는 시간이 필요하고, 프로덕트 매니저가 '결과를 빨리 보여줘야 한다.'라는 압박감을 느낄 때 도구와 프레임워크의 채택과 배포를 서두르는 안타까운 경향이 있다. 내가 종종 한쪽 팔에 문신으로 새겨야 한다고 농담을 하곤 하는 '**도구는 중요하지 않다** The Tools Don't Matter'[43]라는 훌륭한 글에서 켄 노튼은 도구와 프레임워크에서 벗어나 근본적인 인간 문제로 대화를 전환할 수 있는 몇 가지 질문을 추천한다.

- 로드맵을 위해 어떤 도구를 추천하는가? → 앞으로 출시될 프로덕트를 내부 및 외부 청중에게 어떻게 전달할까?
- 프로덕트 비전을 위해 어떤 도구를 사용하는가? → 공유된 비전을 중심으로 팀원들에게 동기를 부여하는 방법은 무엇인가?
- OKR을 추적하는 데 가장 좋은 도구는 무엇인가? → 회사에 중요한 것과 그렇지 않은 것을 어떻게 결정하고 전달하는가?
- 스크럼과 칸반 중 어떤 것을 추천하는가? → 무엇을 빌드하고 무엇을 빌드하지 않을지 어떻게 결정하는가?
- 콘셉트 공유를 위한 와이어프레임 툴을 추천한다면? → 초기 프로덕트 아이디어를 어떻게 전달하는가?

팀 및 조직의 고유한 도전 과제와 기회를 잘 이해하기 위해 그들과 협업할 때 이러한 질문에 최근 논의를 어떻게 했는지와 같은 구체적인 질문과 답변으로 시작하는 것이 도움이 된다. 예를 들어, 어떤 팀의 구성원들은 무엇을 빌드하고, 무엇을 빌드하지 말아야 하는지에 대해 서로 의견이 다를 수 있다. 그러나 "지난 계획

---

43 https://www.bringthedonuts.com/essays/the-tools-dont-matter/

회의에서 무엇을 빌드하고, 무엇을 빌드하지 않을지 어떻게 결정했나요?"라고 질문하면 팀의 목표 달성에 영향을 미치는 실제 문제를 발견할 가능성이 높다.

7.6 "하지만, 바로 직전에 했을 때 효과가 있었어요!"

프로덕트 매니저는 여러 조직을 옮기면서 이전 회사에서 경험했던 '모범 사례'를 축적하곤 한다. 이런 모범 사례는 종종 프로덕트 매니저를 채용하는 면접 과정에서 말하곤 한다. 예를 들면, "새로운 애자일 프로세스를 도입했고, 다음 해에는 모든 릴리스 목표를 달성할 수 있었습니다." 또는 "분기별 목표를 엄격하게 설정하기 시작했고 예상보다 빠르게 매출을 늘릴 수 있었습니다."와 같은 이야기이다. 프로덕트 매니저가 새로운 조직에서 일을 시작할 때, 전 직장에서 효과가 있었던 것이 새 조직에도 효과가 있을 것이라는 기대를 하는 경우가 많다.

이러한 기대는, '모범 사례'를 실제로 조직마다 적용했을 때, 각 조직의 고유한 이유로 성공할 수도, 실패할 수도 있다는 현실을 간과하는 것이다. 애초에 이런 모범 사례는 '모범 사례'라고 할 수 있는 수준에 도달하기까지 많은 시행착오가 있었을 가능성이 높고 모든 조직은 좋든 싫든, 시행착오, 테스트 및 학습, 실패 및 조정이라는 같은 프로세스를 겪어야 한다.

프로덕트 매니저들이 흔히 저지르는 큰 실수 중 하나는 새로운 조직을 이전 조직과 똑같이 운영하려고 하는 것이다. 한 번에 너무 많은 변화를 하려고 하다 보면 개별 변화의 효과를 관찰하고 측정하는 것이 불가능해진다. 그리고 전체적으로 이렇게 한번에 모든 것을 바꾸려고 하면 새로운 큰 문제가 생기기 마련이다.

예를 들어, 당신이 서로 신뢰하고 목표를 정렬하는 데 어려움이 있는 분산된 팀의 프로덕트 부사장으로 채용되었다고 가정해 보자.[44] 그리고 새 직장에서 CEO와 첫 대화를 나누던 중 더 건강하고 협력적인 분산된 프로덕트 팀을 구축하는 방법

....

44 이 문제는 13장. '집에서 시도하기: 원격 근무의 시도와 고난'에서 자세히 다룬다.

에 대한 아이디어가 있는지를 질문받았다고 하자. 이전 조직을 떠올려 보면서, 화상 통화와 채팅을 통한 커뮤니케이션에 익숙한 직원들이 매년 모두 모여 진행하는 '프로덕트 서밋'이 조직으로서 결속과 동료애를 형성하는 데 도움이 되었음을 기억해 낸다. 당신의 풍부한 경험을 보여주고 가능한 한 빨리 영향력을 발휘하고 싶은 마음에 다음 분기에 이런 '프로덕트 서밋'을 진행하자는 계획을 제안한다. 직접 모여서 프로덕트를 기획하는 것을 선호하고, 분산된 팀을 이끌었던 경험을 간직한 CEO도 이 제안에 동의한다.

한 달 후, 괜찮은 지역의 근사한 호텔에서 일주일 동안 COMPANYCO의 대규모 프로덕트 서밋이 진행된다는 이메일을 보낸다. 첫 번째 면접 때부터 불협화음과 번아웃에 대해 투덜대던 동료들에게 기쁨의 환영 메일을 받을 것으로 기대하면서 말이다. 그런데 놀랍게도 동료들의 반응은 무덤덤한 반응부터 노골적인 분노까지 다양하다. '일정을 잡아주셔서 감사하지만 다음 분기는 꽤 바쁠 것 같아서 가능하면 이 자리를 피하고 싶습니다.', '이게 우리 예산의 최선의 사용 방법인가요? 작년에 예산 문제로 저희 팀에서 개발자 한 명을 해고하라는 요청을 받았었습니다.', '반드시 참여해야 하나요? 기분 나쁘게 듣지 마세요. 하지만 나는 출장을 가지 않으려고 이 직업을 택했거든요.' 어떤 사람들은 막연하게 흥분하고, 어떤 사람들은 좌절하는 것 같고, 대부분의 사람들은 혼란스럽고 경계하는 것처럼 보인다. 조직의 다른 부서에서 온 한 임원은 이미 중요한 로드맵 결정에서 제외된 마케팅과 영업을 다시 한번 희생시키면서까지 '프로덕트'의 힘과 영향력을 더욱 강화하려는 이유를 묻는 격앙된 이메일을 CEO에게 보낸다. 이 모든 것이 '우리 모두가 한 공간에서 함께 문제를 해결하던 시절'에 대한 향수를 자주 공유하던 CEO가 프로덕트 팀의 '어디서나 자유롭게 일하기' 정책을 뒤집기 위한 구실일 뿐이라는 소문까지 들린다. **한마디로 엉망진창이 되었다.**

자, 무엇이 잘못되었을까? 문제를 인식하고 다른 조직에서 효과가 있었던 해결책을 제안했고, 과로한 팀원에게 일주일간의 휴식도 제안했다! 하지만 두 조직에서 같은 증상처럼 보이는 것이 매우 다른 원인으로 인한 것일 수 있으며, 하나의 문제에 대한 대응이 다른 문제를 훨씬 더 악화시킬 수도 있다. 현재 회사의 분산된 팀이 어려움을 겪는 이유가 대면 시간이 부족해서가 아니라 목표와 인센티브의 근본적인 불일치에서 비롯된 것일 수도 있다. 어쩌면 '재택근무' 문화가 이전 회사보다도 익숙하지 않은 것일 수도 있다. 아니면 '우리는 프로덕트와 관련이 없는 팀인데 왜 행사 이름에 프로덕트라는 말이 들어가지?'라며 문제 삼는 것일 수도 있다.

해결하려는 문제를 진정으로 이해하기 위해 시간을 들이지 않는다면, 어떤 모범 사례를 들고 와서 구현하려고 한들 헛수고가 될 수 있다. 훌륭한 프로덕트 매니저는 어떤 모범 사례를 구현하거나 제안하기 전에 항상 시간을 들여 조직의 고유한 특징이 무엇인지 파악한다. 그리고 이러한 모범 사례를 구현할 때는 작은 것부터 시작하여 점진적으로 구축한다. 반면, 최악의 프로덕트 매니저는 '모범 사례'가 약속한 결과를 얻지 못하면 대개 동료들을 비난한다. 재미있는 사실은 "이 회사의 멍청이들은 일을 제대로 하는 방법을 몰라."라며 좌절하는 프로덕트 매니저는 면접을 볼 당시 전 회사의 멍청이들에 대해 불평했던 프로덕트 매니저인 경우가 많다는 것이다. 함께 일하는 사람보다 추상적인 모범 사례를 우선시하는 프로덕트 매니저는 이러한 패턴을 계속해서 반복하는 경향이 있다.

팀 프로세스 구축을 위한 느리고 꾸준한 접근 방식

애슐리 S., 광고 기술 회사, 프로덕트 매니지먼트 이사

성장하는 광고 기술 회사에서 새로 일을 시작했을 때 이전 직장에서 사용했던 모범 사례를 적용하고 싶었다. 나는 열정에 가득 차 있었고, 바로 시작할 준비가 되어 있었으며, 성과가 뛰어난 팀원들이었지만 질서가 없었던 그룹을 진정한 소프트웨어 프로덕트 팀으로 탈바꿈시키고 싶었다. 그러나 팀원들은 나만큼 기대감이 없었던 것 같다. 개선할 여지가 많다는 것은 인정했지만, 내가 제안하는 변화, 즉 다른 회사에서 내가 이끌었던 변화에 대해서는 매우 회의적인 반응이었다. 왜일까?

다행히도 팀원 중 한 사람이 나를 앉혀 놓고 "이런 방법을 생각해 보시죠. 우선 작은 것부터 시작해서 효과를 살펴본 다음 다시 거기서 시작하는 것이 좋겠어요."라고 했다. 나는 잠자코 그 말을 들었고, 이 방법보다 더 좋은 방법은 없다는 것을 깨달았다. 나는 정말 열정적이었고, 더 나은 것을 만들고 싶은 바람으로 가득 차 있어서 이전 회사에서 했던 모든 것을 실행하려

고 했다. 그렇지만, 지금은 팀도, 요구사항도, 회사의 커뮤니케이션도 그리고 모든 것이 다른 상황이다.

그래서 전 직장에서 사용했던 접근 방식을 다시 적용하기보다는 한발 물러서서 새 회사에서 커뮤니케이션 문제가 무엇인지를 알아보고자 했다. 팀원들과 함께 무엇을 개선해야 하는지, 더 나은 커뮤니케이션을 위해 무엇을 할 수 있는지 알아내려고 했다. 우리는 천천히 그러나 꾸준하게 변화를 도입하면서 효과가 있었던 부분과 그렇지 않은 부분을 바탕으로 접근 방식을 지속적으로 개선했다. 어떤 스프린트에서는 데일리 스탠드업 미팅을 도입했다. 그다음 스프린트에서는 릴리스 노트 작성 방법을 수정했다. 느리지만 확실하게 프로덕트 팀이 협업하고 더 나은 프로덕트를 제공하는 데 도움이 되는 프로세스를 구축해 나갔다.

프로덕트 매니저의 업무 중 상당 부분은 효과가 있을 것으로 생각되는 부분을 검토한 다음 의도한 대로 작동하지 않을 때의 고통을 겪어 내는 일이다. 비록 작은 곳이어도 어디가 문제인지 파악하게 되면 조정해 볼 수 있다. 모든 것을 한 번에 바꾸려고 하는 것도 아니고, 팀에 특정한 프레임워크로 일하라고 하거나 어떤 행동을 강요하는 것도 아니다. 단지 당신이 생각하는 프로세스를 끊임없이 반복하는 것이다. 효과가 없으면 왜 그런지 알아내고 다른 방법을 시도한다. 이 과정이야말로 언제나 당신이 생각하는 프로세스에 도달하는 과정이다.

7.7 '프로세스 혐오증' 다루기

이 장의 앞부분에서 논의했듯이 '프로세스가 없어' 보이는 상황에서도 프로세스는 있기 마련이지만, '프로세스 혐오증' 또는 조금 더 구체적이고 부드럽게 표현하면 나는 '지나치게 무겁거나 자의적으로 보일 수 있는 프로세스를 별로 좋아하지 않는다.'고 스스로를 규정하는 사람들도 분명히 존재한다. 프로덕트 매니저들 사이에서 이런 프로세스 혐오증은 주로 엔지니어들에게 나타난다는 통념이 있지만, 나는 디자이너, 마케터, 심지어 다른 프로덕트 매니저들에게도 이런 프로세스 혐오증이 있는 것을 경험한 적이 있다.

실제로 프로세스 또는 '과도한 프로세스'에 대한 일반적인 혐오를 극복하는 방법은 다음과 같다. 시도해 볼 만한 가치가 있다고 생각되는 변화를 찾아내서 여러 사람에게 제안하면, 그룹의 구성원 중 한 명 이상이 제안한 변화가 끔찍하고 무시무시한 결과를 초래할 수 있는 이유를 설득력 있게 나열할 것이다. 한 번은 팀원들에게 계정 관리자의 요청을 처리하는 방식을 조금 변경하자고 제안했는데, 이 변경이 팀원들의 자율성과 자기 결정권을 완전히 파괴하는 결과를 가져올 것이 분명하다는 말을 들은 적도 있다. 이런 일들로 몇 분 이상을 시달리면 아예 포기하고 (그나마) 팀원들의 선의가 그대로 남아있는 채로 두는 것이 더 쉽겠다고 생각하게 된다. 심지어 '나는 노력했는데 팀원들이 상황을 개선하고 싶지 않다면 이제 공식적으로 그들의 문제다.'라고 생각할 수도 있다.

물론 이 상황에서도 방어적인 태도를 취하지 않는 것이 좋은 판단이다. 제안한 프로세스 변경 사항을 '공격'하는 사람들로부터 '방어'하려 한다면, 결국 적대적인 상황으로 만드는 것이므로 '그냥 지금까지 해왔던 대로 계속하자.'라는 판단이 더 안전하고 쉬운 결론처럼 느껴질 수 있다.

다음은 팀의 협업 방식에 대한 변화에 반사적으로 저항하거나 공격적인 태도를 취하는 사람들과 함께 일할 때 더 성공적인 방법을 찾기 위해 내가 사용했던 몇 가지 접근 방식이다.

| 접근 방식 1: 프로세스 혐오자들로부터 우선 조언을 구하고, 그들이 당신의 아이디어를 구체화하도록 한다 |

프로세스를 싫어하는 사람이 있는 그룹에 프로세스 변경을 제안하는 경우, 프로세스 혐오자들과 미리 대화를 나누고, 아이디어를 검토하고 구체화하지 않으면 이후 상처를 받을 수 있는 상황에 처하게 된다. 나는 이런 사람들과 함께 시간을 정해 최종 제안을 검토하고 특정한 용어로 정리하여 문서로 만드는 것을 좋아한다. 사소할 수도 있지만, 누군가에게 '모범 사례'의 이름과 틀을 정할 수 있는 기회를 주는 것은 그들이 가치 있고 인정받는다고 느끼는 데 큰 도움이 될 수 있다.

| 접근 방식 2: 일어날 수 있는 끔찍하고 무시무시한 일들을 모두 공개적으로 인정하고 문서화한다 |

방어적인 태도로 업무를 처리할 때는 동료의 두려움과 우려를 말도 안 된다고 치부하고 싶은 충동이 생길 수 있다. 하지만 이러한 두려움과 우려를 솔직하게 인정하고 받아들이면 오히려 배울 점이 많다는 것을 알게 된다. 결국, 동료의 구체적인 경험은 항상 당신의 경험과 다를 수밖에 없다. 함께 일하는 누군가에게는 당신이 좋아하는 '모범 사례'가 당신이 모르는 원인으로 역효과를 냈을 가능성이 있는데, 그 이유를 미리 이해하는 것은 당신과 당신의 팀에 큰 도움이 될 것이다. 나는 지금도 프로세스를 싫어하는 사람들에게 먼저 조언을 구하는 대화를 통해 팀의 우려사항을 문서화하고 공개적으로 해결할 수 있는 공동 FAQ를 작성하는 경우가 많다.

| 접근 방식 3: 모든 것을 확신이 아닌 실험으로 설정한다 |

공유 프로세스의 변경에 대한 팀의 두려움을 해소하는 강력한 방법은 실제로 어떤 일이 일어날지는 아무도 모른다는 사실을 서로 이해하는 것이다. 단순히 "네, 그럴 수도 있죠! 실험으로 생각하고 몇 주 후에 어떻게 되는지 지켜봅시다."라고 말하면 사람들이 새로운 것을 시도해도 안전하다고 느낄 수 있다. 애자일 환경에서 작업하고 정기적으로 회고하는 팀이라면(이에 대해서는 다음 장에서 자세히 설명한다), 이러한 실험의 결과를 함께 평가할 수 있는 시간과 공간이 이미 확보되어 있을 것이다.

| 접근 방식 4: '이번에' 변화를 시도하기보다는 '다음에' 할 수 있는 일에 집중한다 |

프로덕트 개발의 세계에서는 마감일, 임박한 프로젝트 출시 또는 단기적으로 다가오는 다른 일로 인해 언제나 스트레스를 받게 된다. 자신에게는 팀의 현재 업무를 수행하는 방식을 개선하는 것보다 더 적절하고 영향력이 있는 것은 없기 때문에 현업 업무의 프로세스 변화를 제안하고 싶겠지만, 사람들이 무엇인가를 출시하기 위해 동분서주할 때는 제안을 하기가 쉽지 않은 것도 사실이다. 이 경우에는 보통 시야를 넓혀서 다음 스프린트, 출시 또는 프로젝트에 새로운 아이디어를 적용하는 방법을 생각해 보는 것이 더 도움이 된다.

방어적인 태도를 버리고 프로세스를 싫어하는 사람들을 팀의 문제 해결을 위한 파트너로 참여시키면 그들의 통찰과 경험이 얼마나 큰 도움이 되는지 놀라게 될 것이다. 한때는 최선의 계획에 불필요하게 도전하는 것처럼 보였던 바로 그 우려와 가설이 팀이 미처 신경 쓰지 못해서 일어날 실수를 피하는 데 큰 도움이 될 수 있다.

7.8 모범 사례의 가장 좋은 점

조직에 긍정적인 변화를 가져오는 데 중요한 첫걸음이 될 수 있는 모범 사례가 특히 좋은 점은 때때로 존경받는 조직의 권위라는 후광 덕분에 사람들과 이를 시도하는 것이 훨씬 쉬워진다는 점이다. "분기별로 3~5개의 목표를 세우고, 실제로는 '지표'에 가깝지만 '결과'라고 부르는 것을 몇 가지 측정하는 이상한 방법[45]을 시도해 봅시다."라고 제안하면 아무도 해 보려고 하지 않을 수 있다. 그러나 "구글에서 큰 성공을 거둔 OKR이라는 목표 및 핵심 결과 프레임워크를 사용해 봅시다."라고 말하면 꽤 합리적으로 들릴 수 있기 때문이다.

마치며: 모범 사례는 시작일 뿐, 보장된 것은 없다

모범 사례는 시작점일 뿐 성공을 보장하는 것은 아니라는 점을 기억하자. 무엇이 효과가 있는지, 개선하고 다듬을 수 있는 부분은 무엇인지 계속 주시해야 한다. 그리고 무엇보다도 적용하려는 모범 사례의 목표를 염두에 두고 애초에 '효과적'이라는 것이 무엇을 의미하는지 명확히 파악한다.

---

45 옮긴이_ OKR을 의미한다.

☐ 모범 사례는 규범적이고, 획일적인 해결책이 아니라 시작점으로 삼고 접근한다.

☐ 특정 모범 사례를 통해 업무 방식을 어떻게 변화시킬지가 아니라 팀이 비즈니스와 사용자에게 가치를 제공하는 데 어떻게 도움이 될지 자문해 보자.

☐ 특정 회사의 프로덕트 매니지먼트 방식이 궁금하다면 그 회사에서 실제로 근무하는 사람을 수소문해서 직접 물어보자.

☐ 특정 모범 사례를 서둘러 적용하기보다는 그전에 조직의 목표와 요구사항을 진정으로 이해하는 데 시간을 할애한다.

☐ 추상적인 프레임워크나 모범 사례를 접할 때는 '유용한 허구'로 간주하고 "이 허구가 지금 우리 팀에 유용한가?"라고 질문해 본다.

☐ 도구와 프레임워크에 관련된 질문을 보다 광범위한 결과 지향적인 질문으로 재구성한다. 그런 다음 최근 이러한 질문에 대한 답변이 어떻게 이루어졌는지에 대한 구체적인 예부터 시작한다.

☐ 모범 사례를 적용할 때는 '느리고 꾸준한' 접근 방식을 사용하여 모든 점진적 변화가 어떤 영향을 주는지 테스트하고 측정할 수 있도록 한다.

☐ 팀과 사용자에게 가장 큰 영향을 미치는 문제가 아니라 자신에게 가장 친숙해 보이는 문제를 해결하려는 유혹을 피한다.

☐ 팀에 '프로세스를 혐오하는' 사람들을 조기에 참여시켜 이들과 협력하여 두려움과 우려를 공개적으로 인정하고 문서화한다.

☐ 새로운 모범 사례는 영구적인 변화가 아니라 한시적인 실험으로 접근한다.

☐ 현재 진행하는 업무를 조정하는 대신 미래를 향한 변화에 집중할 수 있도록 시야를 넓힌다.

☐ 모범 사례의 '조직적 후광' 효과를 활용하여 새로운 시도에 대한 동의를 얻되, 효과가 있는 것과 효과가 없는 것에 따라 지속적으로 프로세스를 조정할 준비를 한다.

애자일에 대한 놀랍고도
끔찍한 진실

우선, 이 책을 열자마자 이 장을 펼친 사람이 있다면 정말 마음을 담아 인사드린다. 많은 프로덕트 매니저, 특히 스크럼 마스터 또는 애자일 프로덕트 오너에 가까운 직무를 수행하는 프로덕트 매니저는 애자일 프로세스의 세부사항을 살피는 것이 자신의 업무의 전부처럼 느껴질 수 있다. 스크럼이나 XP 또는 SAFe나 LeSS와 같은 확장된 프레임워크든 원하는 형태의 애자일 프레임워크를 구현하기 위한 수많은 책, 매뉴얼 및 단계별 가이드가 있다.

그런데, **이 책은 그런 책이 아니다.** 아무리 정통 방식대로, 규범적이며 정석대로 애자일을 구현하더라도 프로덕트 매니지먼트에서 다루는 인간적 복잡성을 프로세스화할 수는 없다. 어떤 애자일(혹은 애자일이 아닌) 프로세스와 실천법을 선택하더라도 여전히 사람들과 연결하고, 커뮤니케이션하고, 협업해야 한다. 애자일의 멋진 부분은 프로덕트 매니지먼트라는 연결 작업을 계속해서 강화할 수 있는 몇 개의 가치를 중심으로 전개된다는 점이다. 반면에 어려운 부분은 이런 가치를 제대로 구현하는 데 끝이 없으며, 지속적인 성찰과 개선이 필요하다는 점이다.

이 장에서는 넓은 의미에서 애자일의 가치를 구현하기 위한 여러 실천법, 프로세스와 프레임워크를 성공적으로 적용하는 데 도움이 되는 전략과 접근법에 집중해보자. 겉으로는 애자일로 일하지 않는 팀이나 조직에서 일하더라도, 애자일 운동에서 제시하는 아이디어의 일부를 도입하고 활용하는 데 도움이 될 것이다.

8.1 애자일에 대한 세 가지 일반적인 오해 바로잡기

지난 20년 동안 애자일이라는 말은 소프트웨어 개발자들이 사용하던 전술적인 용어에서 이제는 누구도 피해 갈 수 없는 비즈니스 전문용어가 되었다. 애자일의 구체적인 역사와 애자일의 핵심 가치와 원칙을 어떻게 업무에 적용할지를 설명하기 전에, 그동안 내가 여러 번 접했던 애자일에 대한 몇 가지 일반적인 오해를 살펴보자.

| 오해 1: 애자일은 엄격하고 규범적인 방법론이다 |

애자일은 사실 방법론이 아니다. 계속 설명하겠지만, 애자일은 여러 소프트웨어 개발 프레임워크와 방법론을 사용하던 사람들이 모여 각자의 접근법에서 드러나는 공통된 가치를 논의하면서 시작된 운동이다. '애자일'이라는 이름으로 활용되는 많은 실천법이 실제로는 이러한 가치에 근본적으로 반하는 경우가 많다.

| 오해 2: 애자일은 더 많은 작업을 더 빠르게 처리하는 방법이다 |

경영진이 애자일을 '생산량을 늘리기 위한' 또는 '일을 더 빨리 끝내기 위한' 방법이라고 설명하는 회의에 있었던 적이 셀 수 없이 많다. 이런 회의에 참여한 숙련된 엔지니어들의 표정을 이해할 수 있다면 이 장에서 다룰 내용을 간단히 보고 넘어가도 된다. 애자일은 더 많이 또는 더 빨리 일하는 것이 아니라 다르게 일하는 것이다. 사실 애자일의 핵심 가치를 따르는 것은 현재 우리가 어떻게 일하는지, 어떻게 하면 더 잘할 수 있는지 돌아보기 위해 잠시 속도를 늦추는 것을 의미한다.

| 오해 3: 조직에서 사용하는 애자일 프레임워크/접근 방식에 따라 프로덕트 매니저로서의 업무 형태(그리고 종종 영향력)가 결정된다 |

애자일 방법론과 프레임워크마다 직책, 팀 구조, 일상적인 실천법이 다른 경우가 많다. 하지만 1장에서 논의했듯이 어떤 직책이나 직무도 프로덕트 매니지먼트가 가진 본질적인 모호함을 확실하게 해결할 수 없다. 사용하는 특정 프레임워크가 일상적으로 하는 업무의 방식을 바꿀 수는 있겠지만, 비즈니스와 사용자에게 가치를 제공해야 할 책임을 덜어주지는 않는다. 심지어 회사가 이러한 중요한 책임보다 '애자일을 올바르게 하는 것'에 집중하는 것처럼 보여도 말이다.

8.2 애자일 선언문으로 돌아가기

2001년 17명의 소프트웨어 개발자가 유타주의 한 스키 리조트에 모여 당시의 '문서 중심의 무거운 소프트웨어 개발 프로세스'에 대한 대안을 논의하면서 애자일 운동이 본격적으로 시작되었다. 이때 탄생한 애자일 선언문의 전체 내용은 다음과 같다.

> 우리는 소프트웨어를 개발하고, 또 다른 사람의 개발을 도와주면서 소프트웨어 개발의 더 나은 방법들을 찾아가고 있다. 이 작업을 통해 우리는 다음을 가치 있게 여기게 되었다.
>
> 공정과 도구보다 **개인과 상호작용을**
> 포괄적인 문서보다 **작동하는 소프트웨어를**
> 계약 협상보다 **고객과의 협력을**
> 계획을 따르기보다 **변화에 대응하기를**
> 가치 있게 여긴다.
>
> 이 말은, 왼쪽에 있는 것들도 가치가 있지만, 우리는 오른쪽에 있는 것들에 더 높은 가치를 둔다는 것이다.[46]

애자일 선언문은 시간을 내어 꼼꼼하게 읽어 볼 가치가 있다. 함께 일하는 팀이 애자일 원칙과 실천법을 고민할 때 나도 이 선언문을 종종 책상 위에 붙여 두곤 했다. 근본적으로 애자일은 하나의 잘 정리된 규칙을 따르는 것이라기보다는 가치에 부합하는 실천법을 설계하고 구현하는 것이다. 이러한 가치의 핵심에는 인

---

46 옮긴이_ 출처: 애자일 선언문 한글 버전: https://agilemanifesto.org/iso/ko/manifesto.html

간의 고유성과 복잡성이 포함된다. 개인을 진정으로 소중히 여긴다는 것은 직급과 조직도를 넘어 함께 일하는 사람들을 이해한다는 의미이다. 프로세스(공정)와 도구는 이러한 사람들과의 관계를 촉진하는 데 도움이 될 수 있지만, 그 관계 자체를 대체할 수는 없다.

애자일 선언문의 서문에서 저자들이 소프트웨어 개발의 더 나은 방법을 찾고 있다고 명시한 것도 주목할 만하다. 저자들은 이미 이러한 방법을 발견했고 이제 막 깨달은 사람들과 공유하겠다고 말하는 게 아니다. 진정한 의미에서 소프트웨어를 개발하고, 다른 사람들이 소프트웨어를 개발하도록 돕는 우리 모두가(후자는 프로덕트 매니지먼트와 관련된 꽤 구체적인 정의이다) 20년 전 주말 스키장에서 그동안 꿈꿔왔던 소프트웨어 개발과 관련된 성스러운 문구를 그저 받아들이는 사람들이 아니라, 새롭고 더 나은 작업 방식을 발견하는 과정에 적극적으로 참여하는 사람들이라는 의미다.

8.3 선언문에서 괴물로

애자일 소프트웨어 개발과 '애자일 비즈니스 혁신'에 관심을 가지고 많은 시간을 탐색해 보았다면 '프로세스와 도구보다 개인과 상호작용'을 중요하게 생각하라는 명시적 문구가 조금은 역설적이라는 점을 알 수 있다. 애자일 선언문이 발표된 이후 몇 년 동안 애자일 생태계는 프레임워크, 실천법, 도구 및 인증으로 이루어진 어지러운 소용돌이가 되어버렸다. 이러한 역설은 애자일 선언문을 실제로 작성한 많은 사람들에게도 마찬가지였다. 애자일 선언문에 서명했던 앤디 헌트Andy Hunt는 2015년 '애자일의 실패'[47]라는 블로그 게시물에서 영감을 주는 이들의 아이디어가 어떻게 애자일의 핵심가치를 근본적으로 위반하는 규범적 이데올로기로 변질되었는지에 대한 자신의 생각을 다음과 같이 썼다.

---

47 https://toolshed.com/2015/05/the-failure-of-agile.html

[애자일 선언] 이후 14년 동안 우리는 길을 잃었다. '애자일'이라는 단어는 이제 좋게 보려 해도 의미가 없고, 그저 진부한 구호가 되어버렸다. 일부 소프트웨어 개발과 관련된 실천법 몇 가지를 어설프게 따르는 '무늬만 애자일'을 하는 사람들이 많아졌다. 심지어 애자일 광신자라는 말도 있다. 목표가 없이도 애자일을 위해 더 몰두하는 사람이라는 뜻일 텐데, 우리 주변에는 이처럼 목소리를 높이는 애자일 광신자가 많다. 그리고 무엇보다도 애자일 방법 자체가 더이상 애자일하지 않다. 이제 이런 아이러니는 당신 몫이다.

헌트는 이어서 애자일 방법론이 심하게 잘못 해석되었다고 생각하는 이유를 설명한다.

애자일 방식은 이를 적용하고자 하는 사람이 생각을 해야 하는데, 솔직히 어려운 일이다. 그냥 주어진 규칙을 따르고 '책대로 하고 있다.'라고 주장하는 것이 훨씬 더 편하다. 쉽기도 하고, 조롱이나 비난을 피할 수도 있고, 해고 당할 염려도 없기 때문일 것이다. 이렇게 주어지는 규칙이 한계가 많다고 공개적으로 비난할 수도 있겠지만, 규칙에는 안전함과 편안함이 있다. 물론, 애자일하다 혹은 효과적이다라는 것이 편안한 것은 아니다.

이 내용을 공유하고 싶었던 이유는 '처음 나온 애자일이 좋았다.'를 주장하고 싶은 것이 아니라, 애자일 선언문을 만든 사람들조차도 단지 **'애자일'을 한다**는 것이 성공을 보장하는 것은 아니라는 점을 잘 알고 있었다는 점을 상기하고 싶었기 때문이다. 다시 앞에서 설명한 우리의 첫 번째 원칙인 '편안함보다 명료함'으로 돌아가 보자. 물론 명확함이 절대적으로 확실함을 뜻하는 것은 아니라는 점은 늘 기억해 둘 필요가 있다. 명확함을 달성하고 유지하는 것은 지속적이고, 어려우며 때로는 매우 불편한 작업이다. 애자일은 이런 작업을 소중히 여기고 보호할 수 있는 방법을 제공한다. 그러나 애자일을 개개인과 상관없이 확실성, 절대성, '일을 하는 올바른 방법'을 위해서만 사용한다면 애자일로부터 많은 것을 얻지 못할 것이다.

8.4 앨리스터 코번의 '애자일의 핵심'을 재발견하다

애자일이 '구호'가 되면서 생기는 비극은 애자일 소프트웨어 개발에서 사용되는 많은 실천법들이 단지 애자일에서 명시한 가치들을 흉내 내는 정도에 그칠 수 있다는 점이다. 애자일 선언문의 또 다른 서명자인 앨리스터 코번^{Alistair Cockburn}은 애자일 실천법과 프로세스 전체를 '애자일의 핵심'[48]에 해당하는 네 가지 행동으로 요약하여 현재 애자일이 '과도하게 꾸며진' 상태에 대응하고자 했다.

- **협업한다**Collaborate
- **전달한다**Deliver
- **성찰한다**Reflect
- **개선한다**Improve

코번은 현재 애자일 실천법에서 전문 용어로 가득 찬 논의에 대한 반박으로 위와 같이 단순화한 행동이 꼭 필요함을 다음과 같이 설명한다.

> 이 네 단어의 좋은 점은 구구절절 설명할 필요 없다는 것이다. 많이 가르칠 필요도 없다. 우리 시대에는 거의 하지 않는 **성찰**을 제외하고 나머지 세 개는 사람들의 거의 알고 있다. 게다가 실제로 자신이 그렇게 하는지 그렇게 하지 않는지 알고 있다. 따라서 간단히 **협업, 전달, 성찰, 개선**이라는 단어로 무엇을 말하고 행해야 하는지 대부분이 전달된다.

이 네 가지 행동은 애자일 선언문의 가치와 특정한 애자일 프레임워크 및 방법론이 제공하는 실천법을 연결해 주고, 진짜 애자일로 접근하는 방식과 다른 업무 방식(겉보기만 '애자일', '폭포수' 또는 이 둘을 섞어 놓은 형태)이 어떻게 다른지 핵심을 파악할 수 있게 해 준다. 또한 가장 중요한 것은 팀이 애자일 운동의 기본 원칙을 정말로 지키고 있는지 평가할 수 있는 간단하고 명료한 방법을 제공한다는 점이다.

내가 애자일, 특히 코번의 '애자일의 핵심'에 대해 가장 좋아하는 것은 그 안에 성

---

48 https://heartofagile.com

공에 대한 청사진이 담겨 있기 때문이다. 진심으로 성찰하고, 개선하는 데 시간을 쓴다면, 어디서 시작하든 더 나은 곳으로 나아갈 수 있다. 애자일 프로세스를 적용할 때 조직에서 저지르는 가장 큰 실수는 프레임워크나 어떤 실천법을 한 번 시도해 보고 바로 완벽하게 작동하지 않으면 완전히 실패했다고 선언하는 '전부 아니면 전무' 식으로 접근하는 것이다. 코번의 사례처럼, 현재 일하는 방식을 되돌아보고 효과가 없는 부분을 개선하는 데 시간을 들이지 않는다면 어떤 애자일 실천법이라도 정체될 것이고, 문제가 생기다가 결국 실패할 것이다.

8.5 애자일과 '상식의 사유화'

애자일에 대해 읽은 것 중 내 눈에 가장 띄었던 것은 사실 애자일에 관한 것이 아니라 의학 돌팔이의 역사에 관한 책이었다. 저널리스트인 벤 골드에이커 Ben Goldacre 는 『배드 사이언스』(공존, 2011)라는 책에서 '상식의 사유화' 개념을 다음과 같이 설명한다.

> 한 잔의 물과 운동 후 휴식과 같이 지극히 합리적인 내용에 어이없는 말을 덧붙여서 무엇인가 있어 보이고, 기술적인 말처럼 들리게 하고, 말하는 사람을 똑똑하게 보이게 하는 방법이 있다. 이렇게 하면 플라시보 효과는 높일 수 있겠지만, 일차적 목표가 뒤틀리고, 돈벌이를 위한 것이 아닐지 의심하게 될 수 있다. 당연한 상식을 저작권이 걸린 독특하고, 소유권이 있는 것으로 보이게 하는 방식으로 말이다.

다시 말해, 물을 충분히 마시고, 규칙적으로 운동하라고 알려주는 책은 많이 팔리지 않는다. 마찬가지로 프로덕트 팀에 작업 과정을 더 자주 검토하고 조정하라, 더 긴밀하게 협력하라는 내용으로 컨설팅 시간을 늘리면 안 된다는 말이다.

애자일에 대한 최종 결론, 그리고 내가 코번과 같이 간단하고 명료한 접근 방식에 지속적으로 끌리는 이유는 바로 애자일이 우리에게 요구하는 것 대부분이 이 상식의 사유화에 가깝다는 것이다. 팀의 업무 방식을 바꾸고 싶은가? 함께 성찰하고 변화한다. 사용자에게 더 많은 가치를 제공하고 싶은가? 작동하는 소프트웨어를 자주 제공한다.

이와 비슷하게 애자일의 효과가 없는 이유도 프레임 간의 어설픈 구분이 아니라 상식과 더 관련이 있는 경우가 많다. 통제와 예측 가능성에 익숙한 경영진에게는 '계획에 따르기보다 변화에 대응한다.'라는 개념이 두려울 수 있다. 일상적인 리뷰를 거의 하지 않으면서 대규모 프로젝트를 진행하는 방식이 익숙한 팀에 '잦은 릴리스'는 정말 끔찍한 생각이 될 수도 있다. 이러한 문제는 인간적인 문제이며, 다른 사람에게 솔직하고 독단적이지 않게 이야기하는 것이 "말해도 전혀 이해하지 못하시네요."라고 잔소리하는 것보다 항상 더 유익하다.

폭포수에서 애자일로 전환할 때 기대치 설정하기

노아 할란, 투불스[49] 설립자 겸 파트너

우리가 애자일을 도입하기 전에는 개발해야 할 기능을 모두 나열하여 커다란 스프레드시트로 정리한 다음에 프로젝트를 시작하는 정말 '폭포수' 같은 방식으로 작업했다. 이렇게 작업을 시작하면 프로젝트 첫날에는 고객의 기분이 좋을 수밖에 없다. **고객으로서는 4개월 후면 프로덕트가 나올 테고, 어떤 프로덕트인지 정확히 알 수 있기 때문이다!** 처음엔 모든 것이 매우 확실하고 분명해 보인다. 프로덕트가 크다면 이 기간이 1년 혹은 2년이 될 수도 있다. 하지만 1년이나 2년, 때로는 한 달 사이에도 많은 것이 바뀔 수 있다. 경쟁자가 바뀌고, 기술이 바뀌고, 환경과 규제가 바뀐다. 애플은 프로덕트를 출시하자마자 새 버전 iOS를 출시할 수도 있다. 이렇게 현실 세계에서 프로덕트를 개발할 때는 명료함이 이 시간이 지날수록 점차 줄어들기 시작한다.

우리는 애자일 방식을 도입하면서 고객과의 초기 대화 방식을 크게 바꿔야 했다. 고객의 예산 내에서 얼마나 많은 기능을 개발할 수 있는지 흥정하는 방법 대신, 일단 프로덕트의 특정한 기능을 구현하는 것부터 시작하고, 속도를 추적하고, 2주마다 작업 내용을 보여주고, 프로덕트가 모습을 갖추어 가면서 기능을 변경하거나 추가하거나 삭제하는 것을 함께 할 수 있다고 설명한다. 이렇게 설명하면 "네, 그런데 비용은 얼마나 들고 언제 받을 수 있나요?" 같은 질문을 수없이 많이 받게 된다. 처음에는 이런 질문에 답하기 어려웠다. 하지만 수년 동안 애자일 방식으로 작업을 했기 때문에 이제는 제한된 시간 내에 무엇을 할 수 있는지 훨씬 명확

---

49 http://www.twobulls.com

하게 파악할 수 있게 되었고, 그 과정에서 몇 가지 기준을 제공할 수 있게 되었다. 애자일을 기반으로 일하면 예상 속도와 실제 작업 속도 사이의 차이를 지속적으로 개선하고 탐색할 수 있으며, 이 효과는 처음부터 모든 것을 예측하는 것보다 훨씬 더 강력하다(그림 8-1). 또한 고객과 한 팀처럼 느껴지는 장점이 있다. 프로젝트가 진행되면서 우리와 고객의 이해관계가 진정으로 일치한다는 것이 점점 명확해진다. 애자일에서는 고객이 성공하여 프로덕트를 지속적으로 개발하게 되면 우리의 수익이 극대화되지만, 폭포수 프로젝트는 우리의 수익을 유지하기 위해 고객의 요구사항을 제한하고, 개발 결과에 대한 보증을 제한하는 것으로 끝나게 된다. **폭포수 프로젝트는 프로젝트 초반에는 고객에게 확신을 줄 수 있지만, 결국 시간이 흐를수록 적대적인 길로 접어들게 한다.** 우리는 애자일 방식으로 작업하면서 고객과 훨씬 더 긴밀하게 협업하고 더 나은 프로덕트를 제공할 수 있었다.

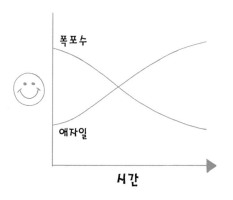

그림 8-1 애자일 및 폭포수 프로젝트의 시간 경과에 따른 고객 행복도

8.6 애자일을 '올바르게' 하는데 상황이 나빠질 때

프로덕트 매니저는 역할의 특성에 따라 팀과 조직에서 사용하는 애자일 프레임워크, 방법 및 실천법에 대해 어느 정도 직접적인 권한을 가질 수 있다. 하지만 애자일 실천법을 성찰하고 개선하는 것 자체가 애자일 실천법에 중요한 부분이라는 것을 기억하자. 단순히 수동적으로 애자일을 실행하는 경우라도 팀이 잘 협력할 수 있도록 하는 것은 언제나 프로덕트 매니저의 업무 중 하나이다.

다행히 대부분의 애자일 방법론과 프레임워크에는 팀이 함께 일하는 방식을 되돌아보고 앞으로의 변화를 약속하는 활동이 포함되어 있는데, 바로 '회고'라는 활동이다. 효과적인 회고를 실행하는 방법만을 다룬 책이 이미 여러 권 출간되었는데, 그중에서도 에스더 더비Esther Derby와 다이아나 라센Diana Larsen의 『애자일 회고』(인사이트, 2008)를 적극 추천한다.

이론적으로는 무엇이 잘 되고 무엇이 안 되는지에 대해 대화하는 것은 매우 간단해야 한다. 하지만 실제로는 우리 팀을 포함하여 많은 팀이 '우리는 애자일에서 하라는 방식으로 애자일을 하고 있다.'라는 것 외에 무엇이 '잘 작동하는 것'인지 논의하는 데 전혀 신경을 쓰지 않는다는 점에 놀랄 때가 많다. 공식적인 회고에 포함하는지와 상관없이 다음 두 가지 질문이 특정한 애자일 세레모니에 대한 대화를 시작하기 좋은 질문이다.

- 이 특별한 애자일 세레모니 또는 활동의 목표는 무엇인가?
- 1~10점 척도 중 이 세레모니와 활동이 어느 정도 목표를 달성하고 있다고 생각하는가?

종종 두 번째 질문을 '플래닝 포커(혹은 스크럼 포커)'[50] 스타일로 배포하여 팀원 모두에게 개인적으로 답을 적도록 한 다음 10초 동안 그룹과 답을 공유하도록 했다. 이 방법은 다른 사람의 눈치를 보고 답하게 되는 집단 사고를 최소화할 수 있어서, 가끔 데일리 스탠드업과 같은 미팅에 관한 질문에서 말하는 사람에게 더 의미 있는 놀라운 답변이 나오기도 한다.

당연히 특정 애자일 세레모니에 대해 "왜?"라고 묻는 것은 벌레가 들어 있는 통조림을 여는 것처럼 불편할 수 있다. 한 금융 서비스 회사의 프로덕트 매니저와 함께 일한 적이 있는데, 그는 자신의 주요 책임이 사용자 스토리 백로그(프로덕트 팀이 사용자에게 가치를 제공하기 위해 개발해야 할 것들에 대한 간단한 설명)를 유지하고 '정리'하는 것이라고 알고 있었다. 그러나 시간이 지나면서 프로덕트 매니저는 백로그가 회사의 입장에서 검증되지도 않은 아이디어를 마구 쏟아 내는

---

50 옮긴이_ 추정을 위한 합의 기반 기술로써 대부분 소프트웨어 개발에 있어서 개발 목표를 위한 공수 산정이나 상대적 규모산정에 사용된다. 플래닝 포커에서 그 그룹의 구성원들은 공수 산정 시에 입으로 크게 말하는 대신에 숫자로된 카드를 테이블에 엎어놓는 방식으로 놀이처럼 진행한다.

곳이 아닐까 하는 의심을 하기 시작했다. 물론 팀은 기술 측면에서 사용자 스토리를 작성하고 있었지만, 이러한 스토리는 실제 사용자가 겪는 문제가 아니라 경영진이 지시한 수년에 걸친 프로젝트 계획처럼 느껴졌고, 어느새 팀은 이로부터 벗어나려고 노력하고 있었다.

이런 불편함이 몇 달 동안 계속된 후, 이 프로덕트 매니저는 팀원들에게 "백로그가 실제로 우리가 사용자 중심의 관점을 유지하는 데 도움이 된다고 생각하나요?"라고 질문했다. 팀의 디자이너와 엔지니어들은 얼어붙었다. 그들이 무슨 생각을 하고 있는지 말할 수 있었을까? 그들이 사용하고 있는 확장형 애자일 프레임워크의 정통성에 의문을 제기할 수 있을까? 프로덕트 매니저는 그들에게 같은 편으로 느껴졌을까(그들이 프로덕트 매니저를 같은 편이라고 믿기는 어려웠을 것이다)? 팀에 신속하고 단호한 조치가 필요하다는 것을 감지한 이 프로덕트 매니저는 팀의 백로그를 물리적으로 파괴하고 "사용자로부터 이 문제에 대해 듣지 못한다면 여기서 더 이상 고민하지 않았으면 합니다."라고 선언했다.

물론, 이런 극단적 행동이 항상 가능하거나 권장되는 것은 아니라는 것을 잘 알고 있다. 하지만 팀이 함께 일하는 방식에 대해 진정한 책임감과 통제감을 느끼도록 하려면 때때로 스캔들처럼 보이는 이러한 질문을 하고 회고할 수 있는 시간을 만들어 보호하는 것이 중요하다. 지금까지 많은 프로덕트 매니저가 소프트웨어 개발과 직접 관련이 없다는 이유로 회고를 대충하거나 아예 생략하는 것을 자주 보았다. 이는 대개 팀에 '더 짧은 시간에 더 많은 작업을 수행하라.'라는 임무가 주어지기 때문에 코드 작성과 관련 없는 작업을 모두 비효율적으로 생각하기 때문이다. 이런 생각은 단기적으로 괜찮은 최적화처럼 보이지만 장기적으로는 심각한 결과를 초래할 수 있다. 프로세스를 성찰하고 개선하는 시간을 갖지 않으면, 결국 비즈니스나 사용자에게 아무런 가치도 제공하지 못하는 형식적인 활동과 세레모니로 인해 팀의 사기가 떨어질 수 있다.

8.7 애자일을 '잘못'하면서도 상황이 좋아지는 경우

이제 '책대로' 애자일을 하더라도 팀을 잘못된 방향으로 이끌거나 적어도 공유 목표를 달성하는 데 실패할 가능성이 있다는 것을 알게 되었을 것이다. 축하한다! 하려고 하는 일과 실제로 벌어지는 일 사이에 구체적이고 확인할 수 있는 차이점을 발견했다면 팀이 일하는 방식을 개선할 기회를 찾은 것이다.

예를 들어, 내가 함께 일했던 많은 팀이 앞에서 이야기했던 프로덕트 매니저와 마찬가지로 팀에서 작성하는 '사용자 스토리'를 통해 실제 사용자와 대화하거나 사용자로부터 배우는 데 도움이 되지 않는다는 사실을 깨달았고 팀마다 이러한 단절을 해결하기 위해 다양한 방법을 선택했었다. 어떤 팀은 모든 사용자 스토리에 사용자 인터뷰 또는 연구 보고서와 어떻게 연결되었는지를 공식적으로 요구하기 시작하기도 했고, 어떤 팀은 사용자 인터뷰를 실시한 직후에 팀 전체가 함께 사용자 스토리를 작성하기로 하기도 했다(프로덕트 팀과 함께 디스커버리 인터뷰를 수행하는 방법에 대해 더 알고 싶다면 테레사 토레스의 『Continuous Discovery Habit』(Product Talk LLC, 2021)을 적극 추천한다). 또 다른 팀은 사용자 스토리 형식이 현재 하고 있는 작업에 적합하지 않다는 결론에 어렵게 도달하여 다른 방식으로 작업 계획을 다루기로 결정하기도 했다. 팀의 애자일 실천법과 세레모니를 바꾸려면 왜 바꿔야 하는지, 어떤 방식으로 바꾸려고 하는지, 바꾸려고 하는 의도와 목적을 문서화하는 것이 매우 도움이 되었다. 이러한 변화를 확인할 수 있는 간단한 템플릿을 만드는 것이 좋으며, 다음과 같은 목록이 있으면 좋다.

- 우리는 다음과 같은 애자일 실천법 또는 세레모니를 해왔다
- 다음과 같은 목표를 달성하는 데 도움이 될 것이라고 생각했기 때문이다
- 실제로는 다음과 같은 일이 있었다
- 따라서 다음 이터레이션에서는 이러한 방식으로 변경하려고 한다
- 이러한 변화를 통해 다음과 같은 방식으로 목표를 달성하는 데 도움이 되기를 바란다

이 템플릿은 팀에서 조정한 목표가 어떻게 바뀌었는지를 다시 확인하고 연결할 수 있는 기회가 된다. 또한 새로운 실천법이나 세레모니를 통해 달성할 수 있다고 생각하는 목표와 해당 실천법이나 세레모니를 실행했을 때 실제로 어떤 일이 발

생하는지를 명시적으로 추적할 수도 있다. 이 템플릿은 애자일 실천법이나 세레모니가 계획대로 정확하게 진행될 수 없다는 사실을 고려하고 접근 방식을 지속적으로 재평가할 수 있는 여지를 만든다.

지속적 개선이라는 여정을 시작하면서 애자일 소프트웨어 개발에서 고정 관념처럼 생각되는 몇 가지를 바꾸고 있는 자신을 발견할 수도 있다. 그렇게 되더라도 괜찮다. 그동안 함께 일했던 거의 모든 프로덕트 매니저들은 데일리 스탠드업 미팅이나 사용자 스토리 작성과 같은, 애자일에서 바꾸면 안 된다고 생각하는 것들을 어느 시점에서 크게 바꾸었다. 사용자의 현실에 충실해야 한다는 기본 원칙에 따르면 사용자는 우리가 애자일 방법론의 얼마나 잘 준수하는지, 백로그가 얼마나 잘 정리되어 있는지 알 필요도 없고 신경 쓰지도 않는다. 우리의 업무방식이 사용자에게 더 나은 결과를 제공하는 데 도움이 되지 않는다면, 그런 업무방식에 얽매일 필요가 없다.

데일리 스탠드업 미팅 죽이기

A.J., 엔터프라이즈 분석 스타트업, 프로덕트 매니저

프로덕트 매니저로 일하기 시작했을 때는 애자일 프로세스에 대해 잘 몰랐다. 하지만 회사가 성장하면서 초기 프로덕트를 개발할 때 사용하던 주먹구구식 시스템이 제대로 작동하지 않게 되었다. 그래서 애자일과 스크럼에 관한 책을 몇 권 구입했고, 조직 내에서 애자일 개발 경험이 있는 개발자 몇 명에게 도움을 요청했다.

모든 책과 사람들이 '데일리 스탠드업 미팅'이 꼭 필요하다고 설명했다. 애자일 소프트웨어 개발에 익숙하지 않은 사람을 위해 이 회의를 설명하면 보통 하루 업무를 시작할 때 프로덕트 개발 팀의 모든 사람이 일어나서 지난 스탠드업 미팅 이후 완료한 작업, 진행 중인 작업, 현재 방해가 되는 요소에 대해 이야기하는 회의이다. 그래서 애자일 프로세스를 구축하기 위한 첫 단계로 나는 팀과 데일리 스탠드업 미팅을 시작했다.

솔직히 이 회의는 별로 좋지 않았다. 모두가 마지못해 일어서서 자신의 할 일 목록을 읽어 내려가는 것이 마치 초등학교 독후감처럼 생각됐다. 같이 일하던 개발자 중 한 명은 매일 열리는 스탠드업 미팅을 "최근에 회사를 위해 무엇을 했나요?"라는 회의라고 부르기 시작했다. 회의가 잘 진행되지 않는다는 것을 알고 있었지만 어떻게 해야 할지 몰랐다. '애자일을 하기 위해' 데일리 스탠드업 미팅이 필요하다는 것에 모두가 동의한 상태였고 비교적 말단 프로덕

트 매니저였기 때문에 내가 더 잘 안다고 자부할 수 있는 입장이 아니었다.

우리 팀에는 데일리 스탠드업 미팅을 유난히 싫어하는 개발자가 한 명 있었다. 매번 지각하고, 항상 인상을 쓰고 있고, 대체로 골칫거리였다. 아이러니하게도 바로 그 개발자가 스탠드업 미팅이 우리 팀에 적합한 것인지 다시 생각해 볼 용기를 주었다. 유난히 지루했던 월요일 아침 스탠드업 미팅에서 그는 "금요일 오후부터 막혀 있는 부분이 있습니다."라고 말했다 그랬더니 막혀 있는 부분을 작업한 개발자가 "왜 바로 나한테 말하지 않았어요?"라고 물었다. 그는 "**그게 이 회의의 목적이잖아요.**"라고 대답했다.

그 대화를 들으면서 나는 데일리 스탠드업 미팅이 실제로 해야 할 일과 정반대로 동작하고 있다는 것을 이해하게 되었다. 또한, 애초에 팀원들과 함께 회의에서 해야 할 일에 대해 이야기해 본 적이 없었다는 사실도 깨달았다. 팀원들이 막혀 있는 업무를 풀어나가는 데 도움이 되어야 할 회의가 오히려 막혀 있는 상태를 유지할 수 있는 핑곗거리가 되었던 것이다. 팀원들과 논의한 결과 우리는 데일리 스탠드업 미팅을 없애기로 했고, 막힌 업무가 있으면 즉시 팀 채팅에 올려서 무엇이 문제인지 말하기로 했다. '책에 나온' 얘기일 방식은 아니었지만, '책에 나온' 방식으로는 할 수 없었던 일을 우리 팀에 맞게 해낸 것이다.

8.8 다시는 하고 싶지 않았던 애자일에 관한 6가지 대화

지난 10년 동안 창문도 없는 회의실에서 슬픈 눈빛의 사람들과 애자일에 대해 열띤 토론을 벌이느라 내 인생의 엄청난 시간을 낭비했다. 이 시간을 되돌릴 수는 없지만, 이런 대화를 짧게 끝내고, 각자의 삶을 살아갈 수 있기를 바라는 마음에서 그때의 대화를 공유해 보겠다.

| 대화 1: "[프레임워크]에서 일하는 프로덕트 매니저는 진짜 프로덕트 매니저가 아니다!" |
확장된 애자일 프레임워크를 채택하는 기업이 늘어나면서 프레임워크 내에서 일하는 프로덕트 매니저를 "미화된 프로젝트 매니저", "전략적 업무를 하지 않는다.", 심지어 "진짜 프로덕트 매니저가 아니다."라고 폄하하는 말을 많이 들었다. 아마도 프로덕트 매니저가 시답지 않은 작업을 하면서 매번 프레임워크 탓으로 핑계를 대는 사람처럼 보일 수도 있겠지만, 프로젝트 매니저, 프로그램 매니저 및 소위 '전략적이지 않은' 역할을 하는 다른 사람들이 엄청나게 가치 있고 중요하며 전략적인 작업을 하는 것을 보았기 때문에 이런 말을 싫어한다.

| 대화 2: "우리는 [규제 대상 산업/기업/스타트업/너무 크거나 너무 작아서] 애자일을 할 수 없다." |

내가 애자일의 핵심을 계속 살펴보자고 하는 이유 중 하나는 이 핵심으로 애자일에 관한 의미 없는 대화를 끝낼 수 있는 경우가 많기 때문이다. 인터넷에서 검색할 수 있는 애자일 다이어그램처럼 보이는 훌륭한 애자일을 할 수는 없더라도 협업하고, 결과를 만들어 전달하고, 성찰하고, 개선할 수 있는 기회는 언제나 있다. 애자일 운동의 기본 원칙을 믿는다면 앞으로 나아갈 길은 항상 있다(참고로, 이러한 대화에서 과거에 얽매이지 않고 애자일 원칙을 소개하는 것이 더 쉬울 때가 있다는 것을 발견했다).

| 대화 3: "[애자일 프레임워크의 일부인 애자일 세레모니의 일부가] 팀에 맞지 않더라도, 그것을 바꿀 수 없거나 [애자일 프레임워크]를 더 이상 적용할 수 없다." |

유니콘이 뿔을 잃으면 그냥 평범한 말이 되나? 페가콘^{pegacorn}이 날 수 없다면 페가콘인가 아닌가? 이런 논쟁들은 모두 불필요한 논쟁일 뿐이며, 팀과 맞지 않더라도 애자일을 그대로 계속해야 한다는 주장에 동조할 생각도 없다. [51]

| 대화 4: "애자일은 시대에 뒤떨어졌다! 새로운 애자일 선언문이 필요하다. 아니면 다음과 같이 재구성해야 한다. [○○○] 선언문!" |

내 말을 들어보라. 나도 이 문제에 대해 꽤 깊이 파고든 적이 있다(2018년쯤 내가 "우리에게 정말 필요한 것은 탄력적인 조직"이라고 떠드는 것을 들었다면 진심으로 사과한다). 하지만 여기서 중요한 점은 기존 체제에 도전할 만큼 인기가 있는 아이디어는 결국 기존 체제에서 채택한다는 것이다. '다음 어떤 것'이 애자일처럼 인기를 얻게 되면 아마도 우리는 또 다른 '다음 것'이 필요하다는 말을 다시 하게 될 것이다. 하지만 나는 각자의 특정한 요구사항을 충족시키거나 자신만

---

51 옮긴이_ 페가콘은 날개 달린 유니콘이다.

의 고유한 관점을 반영하기 위해 애자일 선언문을 다시 써 보기로 한 모든 팀과 조직을 전적으로 지지할 것이다. "소프트웨어를 개발하고... 다른 사람들이 소프트웨어를 개발하도록 돕는다."라는 목표는 당신의 선언문이기도 하다.

| 대화 5: "애자일 인증은 어리석고 말도 안 된다." |

오랫동안 기술 분야에서 일한 사람들 사이에서 자격증을 무시하는 경향도 있고 (한때는 나도 여기에 가담한 적이 있다), 반대로 열정적으로 자격증을 취득하려는 사람이 있다는 것을 봐 왔다. 물론 변화의 불가피성을 설명한 68개의 단어에 뿌리를 둔 운동으로부터 '인증'을 받는다는 생각이 약간 우스워 보일 수도 있다. 하지만 자격증을 취득하려는 사람들은 진정으로 관심을 갖고 무언가를 배우기 위해 진지하게 노력하는 사람들이며, 이를 부정적으로 보는 것은 좋지 않다.

| 대화 6: "애자일은 최악입니다! 애자일이 얼마나 끔찍한지 이야기해 봅시다!" |

애자일이 모든 것을 나쁘게 할 것이라고 가정하는 것은 애자일이 모든 것을 개선할 것이라고 가정하는 것만큼 의미도 없고 도움도 되지 않는 말이다. 이 장에서 명확하게 설명하지는 않았지만, 지난 몇 년 동안 '가짜 애자일'에 대한 공격조차도 나에게는 의미가 없었다. '애자일'이라는 정말 말도 안 되게 광범위한 개념에 본질적인 긍정이나 부정을 하지 않을수록, 우리는 애자일과 관련하여 실제로 실행할 수 있는 여지(와 책임)를 스스로에게 더 줄 수 있을 것이다.

그렇다. 애자일이라는 넓은 세계는 압도적일 수 있고, 정말 짜증이 날 수도 있으며, 무의미한 논쟁을 반복하게 될 수도 있다. 적어도 이런 논쟁들이 팀이 제공하는 작업 품질에 큰 영향을 미치지 않을 가능성이 높다는 점은 인정했으면 좋겠다 (아니면, 적어도 다음 토론에서는 애자일 방법과 실천법의 세부적인 사항에 대해 페가콘에 대해 질문할 때처럼 구체적인 질문을 하면 좋겠다).

마치며: 모호성은 여기에도 존재한다

프레임워크, 방법, '모범 사례'를 모두 갖춘 애자일이 모호함으로 가득 찬 각 역할에 표준이 되는 방법처럼 보일 수도 있다. 그러나 애자일의 핵심은 개인, 상호작용, 그리고 최선의 계획에서 벗어나 멋진 미지의 세계로 이끄는 피할 수 없는 의외의 사건들의 고유성을 존중하고 포용하는 법을 배우는 데 있다.

셀프 체크리스트

- [ ] 애자일과 관련하여 모호하고 오해의 소지가 있는 전문용어는 피하고, 무엇을 하려는 것인지, 왜 하려는 것인지 정확히 말한다.
- [ ] 애자일 운동의 핵심 가치와 원칙을 이해하는 데 시간을 할애하고(그리고 익숙해진다), 당신은 이 운동을 발전시키는 데 적극적으로 참여하는 사람이라는 사실을 기억하자.
- [ ] 특히 시간과 공간을 확보하기 어려운 상황에서도 팀원들과 함께 회고할 수 있는 시간과 공간을 만들고 지킨다.
- [ ] 팀에서 채택한 애자일 실천법이나 세레모니의 목적을 명시적으로 논의하고, 그 실천법이나 세레모니가 목적을 얼마나 잘 달성하고 있는지 정기적으로 반영하고 있는지 확인하자.
- [ ] 프로세스 변경 사항을 의도된 목표와 함께 문서화하여 사람들이 수행하는 작업과 그 이유를 명확하게 파악할 수 있도록 한다.
- [ ] 사용자 중심의 애자일 세레모니가 실제 사용자와 대화를 대신하는 역할을 하지 않도록 한다.
- [ ] 애자일 프레임워크의 규칙을 따른다고 해서 비즈니스나 고객에게 가치를 제공한다는 보장은 없다는 점을 기억해 두자.
- [ ] 애자일 프레임워크에서 절대적인 역할의 명확성과 정의를 찾고자 하는 유혹을 뿌리치고, 프로덕트 작업에는 항상 모호함을 탐색하는 과정을 포함해야 한다는 점을 기억하자.
- [ ] 특정 프레임워크나 실천법이 '항상 좋다.' 또는 '항상 나쁘다.'는 식의 선언을 경계하자.
- [ ] 조직이 애자일에 대해 너무 열광하고 있다고 생각되면, 애자일 선언문을 실제로 작성한 사람들이 애자일 열광주의가 어떻게 그들이 시작한 운동을 탈선시켰는지 설명하는 블로그 게시물을 모두 인쇄하여 읽어보자.

CHAPTER 9

문서화라는 무한 시간 흡입기 (그리고 로드맵도 문서입니다)

프로덕트 매니저로서 가장 영향력을 발휘하는 일 중에 상당수는 실체가 잘 드러나지 않는 경우가 많다. 프로덕트 매니저가 팀에 할 수 있는 가장 의미 있는 기여는 잘못된 커뮤니케이션을 해결하고, 높은 수준의 목표를 향한 대화를 유도하며, 경영진에게 전술적 절충안을 설명할 때 드러난다. 그러나 이런 것들 중 어떤 것도 책 앞부분에서 생각해 본 "대체, 내가 정확히 무슨 일을 하는 거지?"라는 불안한 질문에 대한 빠르고, 쉽고, 실질적인 해답을 주지는 못한다.

바로 이런 이유에서 나는 프로덕트 매니지먼트를 하면서 많은 시간을 포괄적이고, 인상적인 프로덕트 스펙 문서, 로드맵, 수많은 파워포인트 문서를 만드는 데 보냈다. 내가 만든 멋진 문서를 가리키며 "보세요, 내가 이걸 만들었어요!"라고 말할 수 있도록 말이다. 그러나 이런 멋진 문서 중 실제로 팀의 목표 달성에 도움이 되는 것은 거의 없었다.

그렇다고 해서 문서가 근본적으로 나쁘다는 말은 아니다. 오히려, 좋은 문서를 작성하는 것은 프로덕트 매니저 업무에서 매우 중요한 부분이다. 프로덕트 매니저가 매일 만나는 도전 과제는 '좋은 문서'를 만드는 것이 무엇인지 정확히 이해하고, '좋은 것'과 '인상적인 것'이 항상 같은 것은 아니라는 점을 인식하는 것이다. 이 장에서는 문서 작성에 소요되는 시간은 줄이면서 유용한 문서를 만들 수 있는 방법을 살펴볼 것이다. 우선, 문서의 끝판왕인 로드맵부터 시작하자.

9.1 "프로덕트 매니저가 로드맵을 소유합니다!"

교육 관련 대기업에서 프로덕트 매니저로 일을 시작한 친구와 최근에 커피를 마신 적이 있다. 몇 주 전에 그는 신입 프로덕트 매니저를 위한 교육에 참석했는데, 이 교육은 새로 맡은 역할과 관련하여 그 신입에게 기대하는 바를 명확히 알려주기 위한 것이었다. 강사는 교육 참여자들이 짊어지게 될 높은 수준의 책임에 관해 설명하면서 "프로덕트 매니저가 로드맵을 소유합니다!"라고 말했다. 기꺼이 불편한 질문을 하는 기술을 가진 내 친구는 "로드맵을 소유하지 않는 프로덕트 매니저 역할은 어떻습니까?"라고 반문했다. 이 질문에 당황한 강사는 "아닙니다. 프로덕트 매니저가 로드맵을 소유합니다."라고 대답했고, 친구는 더 이상 묻지 않았다.

맞다. 이론적으로 프로덕트 매니저가 로드맵을 '소유'하는 경우가 많다. 그러나 실제로 이러한 소유권은 결코 쉽거나 절대적이거나 논쟁의 여지가 없는 것이 아니다. 사실 문서화된 로드맵에 대해 절대적이고 일방적인 '소유권'을 추구하는 프로덕트 매니저는 로드맵으로 설명되는 소프트웨어를 제공하는 데 있어 팀원들을 가장 효과적으로 지원하지 못하는, 바로 그런 프로덕트 매니저이다.

다음은 이러한 상황이 어떻게 전개될 수 있는지에 대한 예시이다. 당신은 최근 중견 소프트웨어 회사에서 프로덕트 매니저로 일하기 시작했고, 직무 기술서에 나열된 모든 큰 책임을 맡고 싶어 한다. 그래서 팀을 위한 새로운 로드맵을 작성하기 시작했다. 지금이 회사의 성패를 좌우하는 순간이라는 것을 알고 있지만, 너무 많은 사람이 로드맵에 참여하게 되면 기대만큼 책임 있는 수준을 보여주지 못할까 봐 진심으로 걱정하고 있다. 그래서 로드맵을 진행하는 과정에서 로드맵에 접근할 수 있는 사람들을 매우 신중하게 결정하고, 완벽해 보이는 무언가를 만들 때까지 제안과 아이디어를 천천히 그리고 선택적으로 통합했다.

드디어 당신의 걸작을 발표할 때가 왔다. 팀원들을 한자리에 모아 지난 한 달 동안 세심하게 준비한 아름다운 형식의 흠 잡을 데 없는 연구 로드맵을 공개한다. 프리젠테이션을 잘 마치면 완전히 환하게 빛나게 될 것이다. "이 로드맵이 다음 분기에 우리 팀의 목표 달성 또는 초과 달성에 도움이 될 것이라고 확신합니다. 질문 있으신가요?"

그런데 놀랍게도 긴장되고 답답한 침묵이 흐른다. 팀 엔지니어 중 한 명이 지친 목소리로 이렇게 말한다. "네, 로드맵에 있는 것 중 어떤 것은 구현하는 데만 한 분기가 넘어갈 거 같은데요. 어떻게 접근할 계획을 세워야 할까요?" 잠시 멈칫한다. "음, 네. 그건 우리가 노력한다면 할 수 있을 것 같은데요!" 다시 긴장된 침묵이 흐른다. 다른 엔지니어가 "다른 프로덕트 매니저와 이 문제에 대해 이야기해보셨나요?"라고 묻는다. 이 문제를 해결하기 위해 먼저 해결해야 할 종속성이 이미 많이 보이네요."라고 말한다. 다시 잠시 멈칫한다. "어... 아직은 아니지만, 이제부터 대화하면, 우리가 해결할 수 있을 거라고 확신합니다!!!" 더 긴장된 침묵이 흐르고 눈썹이 약간 올라갑니다. 이런...

그 후 몇 주 동안 팀의 피드백을 바탕으로 로드맵을 조정하기 위해 최선을 다하지만 이미 많은 것을 잃었다. 멋진 문서에 입력한 내용을 빠르게 구축해야 하는 엔지니어와의 신뢰를 잃은 것이다. 설상가상으로 점점 더 회의적인 자세가 되어 가는 팀원들에게 로드맵을 다시 전달해야 하는 상황이 되었다. 이런 상황에서 최신 버전의 로드맵을 제시하면 팀에서 왜 안 되는지 설명하고, 다시 원점으로 돌아가는 반복적이고 지쳐가는 패턴에 빠지기 시작한다. 이 과정으로 바쁘게 지내는 것은 분명하지만, 그동안 팀은 실제로 어떠한 결과도 만들어 내지 못한다.

훌륭한 프로덕트 매니저는 로드맵을 자신의 노력과 중요성을 담은 성스러운 기념비가 아니라 팀에 도움이 되는 대화 시작점의 문서로 취급한다.

9.2 중요한 것은 로드맵을 사용하는 방식이다

프로덕트 매니저로 일할 때 내가 받은 최고의 조언은 로드맵을 언제 무엇을 실행할 것인지에 대한 확실한 계획이 아니라 전략적 커뮤니케이션 문서로 생각하라는 것이었다. 안타깝게도 나는 이 조언을 로드맵이 언제 무엇을 실행할 것인지에 대한 확실한 계획이 아니라는 것을 모두가 이미 이해하고 있다는 뜻으로 오해했다. 그래서 엔지니어부터 이사회 구성원에 이르기까지 다양한 이해관계자들에게 내가 제공한 로드맵이 실제로 프로덕트 팀이 개발하려는 계획을 담은 것이 아니라 단지 대화를 시작하는 데 도움이 될 뿐이라고 다시 설명해야 했기 때문에 여러 번 곤란한 상황에 닥쳤다.

이때의 실수로 얻은 한 가지 중요한 교훈은 팀과 조직이 로드맵의 의미와 사용 방법에 대해 명확하게 공유해서 서로 확실히 이해해야 한다는 것이다. '엄중한 약속인가?', '아마도라는 대략적인 수준의 아이디어 집합인가요?', '향후 4년간의 제품 로드맵이 향후 6개월만큼 확실하게 설정되어 있는가?' 이러한 질문을 해결하기 위해 시간과 노력을 들이지 않는다면 로드맵은 문제를 해결하는 것보다 더 많은 오해를 불러일으킬 수 있다.

다음은 조직에서 로드맵을 어떻게 사용할지 명확하게 파악하는 데 도움이 되는 몇 가지 안내 질문이다.

- 향후 로드맵은 어느 정도까지 진행되어야 하는가?
- 로드맵에 '단기' 계획과 '장기' 계획이 구분되어 있는가?
- 누가 로드맵에 접근할 수 있는가? 고객들인가? 일반 사용자들인가?
- 로드맵은 얼마나 자주 그리고 누가 검토하는가?
- 로드맵의 변경 사항은 어떻게 그리고 얼마나 자주 커뮤니케이션하는가?
- 조직 내 누군가가 3개월 후 로드맵에서 기능을 보면 무엇을 기대할 것이라고 생각하는 게 합리적인가?
- 조직 내 누군가가 1년 후 로드맵에서 어떤 기능을 보게 된다면 무엇을 기대할 것이라고 생각하는 게 합리적인가?

이러한 질문에 대한 답은 프로덕트, 조직, 이해관계자에 따라 달라질 수 있다. 가장 중요한 것은 이러한 질문에 어떻게 대답하느냐가 아니라 질문을 하고 대답하는 것 그 자체이다.

내가 겪은 많은 팀이 사용한 유용한 방법 중 하나는 조직 전체에 배포되는 모든 로드맵 문서의 첫 페이지에 '로드맵에 대한 설명'을 작성해 두는 것이다. 이 '로드맵에 대한 설명'은 앞서 나열한 질문에 대한 답을 포함하여, 여러 이해관계자들이 로드맵에 기대하는 사항과 로드맵의 사용 방법을 잘 이해하는 데 도움이 된다. 종종 팀에 로드맵 작업을 시작하기 전에 이 '로드맵에 대한 설명'을 작성하도록 하여 로드맵의 형식과 내용을 의도한 사용 방법에 맞도록 조정하도록 하자.

조직 로드맵을 이용해 0에서 1로 전환하기

조시 W., 애드테크 스타트업, 프로덕트 리더

내가 애드테크 회사에서 프로덕트 매니저로 업무를 시작할 때는 로드맵이 전혀 없었다. 로드맵이 필요하다는 것은 알고 있었고, 로드맵이 매우 위험한 문서가 될 수 있다는 것도 잘 알고 있었다. 이전에 영업 쪽에서 일한 적이 있어서 주니어 영업 사원이 로드맵을 보면, 이를 영업에 활용하는 것을 보았기 때문이다. 영업 사원은 영업을 위해 할 수 있는 모든 방법을 동원해야 하므로 이는 결코 나쁜 일이 아니다. 하지만 로드맵을 사용해 본 적이 없는 조직에서는 아직 로드맵이 어떤 문서인지 파악도 못 한 상태에서 영업사원이 로드맵을 일종의 약속 집합으로 간주하는 것은 상당한 위험이 따를 수 있다.

그래서 내가 가장 먼저 한 일은 영업 팀의 오프사이트에서 '프로덕트 매니저처럼 생각하기'에 대한 프레젠테이션을 할 수 있는지 물어보는 것이었다. 많은 프로덕트 매니저에게 오프사이트에서 영업을 한다는 것이 악몽 같겠지만, 이런 상황을 통해 자신의 역할이나 직무 외의 사람들과 유대감을 형성할 수 있는 기회를 얻을 수 있다. 나는 영업 팀의 접근 방식이 잘못되었다고 말하기보다는 영업 팀의 요청이 있을 때 프로덕트 매니저가 좌절감을 느낄 수 있는 이유를 이해하도록 돕고 싶었다. 프로덕트 팀의 현재 위치는 어디인지, 그리고 우리가 작업 중인 로드맵이 어떤 약속을 모아둔 것이 아니라 진행 중인 작업의 정보라는 것을 확실히 알려주고 싶었다.

마침내 로드맵을 완성했을 때, 물론 첫 번째 로드맵은 엉망이었기 때문에 로드맵에 '버전 0'이라는 이름을 붙이는 것이 좋겠다고 생각했다. 나는 어떤 작업이 진행 중일 때 항상 눈에 잘 띄게 버전을 표시하여 커뮤니케이션을 하는데, 거의 모든 작업을 진행 중인 것으로 표시해야 했지만, 영업 책임자와 이 문서를 공유할 때는 영업 담당자가 이 문서를 프로덕트 팀에서 약속한 것을 모아 둔 것으로 사용하면 안 된다는 점을 분명히 전달했다. 추가로 이 문서를 통해 팀과 어떻게 커뮤니케이션하면 되는지, 로드맵을 잘못 사용했을 때 발생할 수 있는 모든 문제에 대해 책임을 져야 할 것임을 분명히 했다. 이 과정을 통해 영업 사원은 로드맵을 잘못 사용하는 경우 직속 관리자에게 책임이 있다는 것을 알게 되었다. 프로덕트 매니저로서 나에게는 직접적인 권한이 없었지만, 영업 책임자에게는 확실한 권한이 있었다.

분기마다 리더십 팀과 함께 로드맵과 로드맵을 어떻게 사용하고 있는지에 관한 회고를 진행했다. 3분기에는 모두가 로드맵의 가치를 분명히 알 수 있었고, 로드맵에서 어떤 정보가 필요하고 어떤 정보가 불필요하거나 오해의 소지가 있는지 훨씬 더 잘 이해할 수 있게 되었다.

Chapter 9 - 문서화라는 무한 시간 흡입기 (그리고 로드맵도 문서입니다)   **181**

로드맵 자체뿐만 아니라 로드맵을 사용하는 방법과 이유에 대해 진정으로 회고하는 시간이 없었다면, 결코 이 수준까지 도달하지 못했을 것이라고 생각한다.

9.3 간트 차트를 쓰면 항상 원하는 것을 얻을 수 있다

간트 차트는 일정 기간 동안 제공된(또는 제공될) 작업의 양을 나타내기 위해 수평선을 사용하는 데이터 시각화의 한 형태이다. 프로덕트 매니저로 경력을 쌓다 보면 어느 시점에서 간트 차트가 프로덕트 로드맵을 표현하는 데 있어 최악의 방법인 이유를 정확히 설명하는 기사를 보게 될 것이다. 또한 결과를 중심으로 하는 로드맵이나 문제 중심의 로드맵 등 훨씬 좋은 옵션을 배우게 될 것이다. 다음 장에서 간트 차트가 왜 잘못된 확실성을 만들어 내고, 팀이 개발 과정을 조정하고, 결과가 아닌 우선순위를 정할 수 있는 능력을 제한하게 되는지 분명한 사례를 들어 설명할 것이다.

그럼에도 우리는 간트 차트와 매우 비슷한 로드맵을 만들어 낼 가능성이 높다.

물론 훨씬 더 좋은 선택지들을 폄하하거나 프로덕트 매니저의 열정을 꺾으려는 의도가 아니다. 하지만 대부분의 조직에서 대부분의 사람들은 간트 차트로 정보를 배치하는 데 익숙하며, 간트 차트를 쓰지 말라고 하는 것보다 간트 차트를 더 잘 만들려고 노력하는 것이 더 성공적일 수 있다. 몇 개월 후의 사전 계획이 필요한 광고 구매와 같이 특정한 이해관계자들에게는 어떤 기능이 정확히 어떤 날짜에 제공될 것인지 전반적으로 매우 확실하게 여겨질 수도 있다. 이러한 경우에는 최선을 다해서 불확실하거나 변경될 수 있는 사항에 대해서 직접적이고 두려움 없이 커뮤니케이션하는 것이 중요하다.

적합한 로드맵을 만들기 위해 포괄적이면서도 시각적으로 설득력 있는 가이드가 필요하다면 토드 롬바르도[Todd Lombardo], 브루스 매카시[Bruce McCarthy], 에반 라이언[Evan Ryan], 미카엘 코너스[Michael Connors] 등이 쓴『Product Roadmaps Relaunched』(O'Reilly, 2017)를 적극 추천한다.

9.4 프로덕트 스펙 문서는 프로덕트가 아니다

로드맵에 표현된 각각의 프로덕트 및 기능은 프로덕트 스펙 문서 등의 이름으로 하나 이상의 문서에 표현될 것이다. 이런 문서는 프로덕트 개발을 구조화하고, 원활하게 진행하고, 우선순위를 정하는 데 도움이 된다. 그러나 엄연히 프로덕트 스펙 문서는 프로덕트가 아니다. 팀이 실제로 무엇인가를 만들기 전까지 프로덕트 스펙 문서만으로는 사용자에게 아무런 기능을 제공할 수 없다.

나쁜 프로덕트 매니저는 프로덕트 스펙 문서를 자신의 강점과 전문성을 과시할 수 있는 기회로 생각한다. 이런 생각으로 작성된 프로덕트 스펙은 팀의 의견과 상관없이 프로덕트 매니저가 생각하는 모든 요구사항을 만족시킬 세부 구현 사항까지 다루게 되는 경향이 있다. 이런 프로덕트 매니저는 팀원들은 질문하지도 불평하지도 말고 그저 완벽하게 정리된 프로덕트 스펙 문서대로 프로덕트를 개발하기만 하면 될 것으로 기대한다. 그러나 결국 이런 프로덕트는 사용자에게 더 좋지 않은 영향을 미칠 뿐이다.

훌륭한 프로덕트 매니저는 프로덕트 스펙 문서를 팀에서 공유하는 강점과 전문성을 담아내고 통합하는 방법으로 생각한다. 프로덕트 스펙 문서는 대개 동료들 간의 긴밀한 협업을 통해서 해결할 수 있지만, 당장은 답이 보이지 않는 질문으로 가득 찬 진행 중인 작업들이다. 그들은 프로덕트를 만드는 사람들이 그 프로덕트를 만드는 방법과 이유에 참여하고 투자할 수 있도록 한다. 그래서 누군가가 프로덕트 스펙 문서에 대해 질문하면 그 질문을 인신공격이 아니라 더 좋은 프로덕트를 만들 기회로 생각한다.

프로덕트 매니저가 프로덕트 스펙 문서가 꼭 완벽할 필요가 없다는 사실을 깨닫게 되면 프로덕트 스펙 문서를 유용하게 만드는 데 더 집중할 수 있으며, 경우에 따라서는 재미있게 만들어 볼 수도 있다. 지난 몇 년간 함께 일한 놀라운 프로덕트 리더인 제니 깁슨은 팀원들에게 제안된 프로덕트나 기능을 각각 '휴고', '도요타', '람보르기니' 버전으로 설명해 달라고 요청하기도 한다. 많은 프로덕트 스펙 문서를 읽어봤지만, 이 문서가 그 어떤 문서보다 더 유익하고 재미있었다고 자신

있게 말할 수 있다(같은 문제에 대한 여러 해결책을 비교해 봄으로써 더 많은 것을 배우게 되는 과정인 셈이다).

프로덕트 스펙 문서가 프로덕트가 아닌 것처럼, 사용자 스토리는 사용자가 아니라는 점을 기억해 두자. 8장에서 논의했듯이, 겉으로 보기에 사용자 중심적인 모습으로 개발하겠다고 문서를 작성한다고 해서 사용자가 원하는 것, 필요한 것을 개발하는 것은 아니다. 사용자의 목표가 무엇인지 또는 사용자가 목표를 달성하기 위해 무엇을 원하는지 잘 모르겠다면, 팀에 이러한 질문을 던지고 함께 이야기해 보자.

복잡한 프로덕트 스펙 문서로 인한 예상치 못한 파급효과

조나단 버트필드, 대형 출판사, 총괄 프로듀서

약 15년 전에 나는 뉴욕의 한 출판사에서 큰일을 맡게 되었다. 당시 내 직책은 총괄 프로듀서였는데, 요즘으로 치면 프로덕트 리더와 비슷했다. 그때 내가 진행한 프로젝트는 회사에서 상당한 주목을 받고 있었다. 하지만 초기 베타버전이 출시되고 파일럿 단계였을 때, 확장성이 다소 부족한 문제가 있었다. 나에게 주어진 임무는 '이 프로젝트를 실제 비즈니스로 전환하는 것'이었다. 나는 그 임무를 '이 프로덕트의 스펙을 아주 자세하게 다시 작성하라.'라는 뜻으로 받아들였다. 기존 문서는 여기저기 엉망진창이었고, 그래서 프로덕트의 확장성이 떨어진다고 생각했다. 프로덕트 팀이 따라야 할 명확한 지침이 없는데, 어떻게 비전을 실행할 수 있단 말인가?

그래서 '주제별 전문가와 함께 사무실에 앉아서 4개월 동안 프로덕트 스펙 문서를 분석해 보자'라는 목표를 가지고 접근한 결과, 두 가지 비참한 일이 벌어졌다. 첫째, 그 기간 동안 고객과 단 한 번도 대화하지 못했다. 고객으로부터 필요한 것이 무엇인지 효과적으로 배우지 못했기 때문에 결국 우리 프로덕트는 필요 이상으로 복잡해졌다. 둘째, 프로덕트 스펙 문서를 너무 복잡하게 작성하다 보니 정말 실력 있는 개발 팀이 필요하다는 결론을 내렸다. 그래서 훌륭한 제품 에이전시와 계약을 맺고 프로덕트 스펙 문서를 몽땅 넘겼다. 그 후부터는 프로덕트 개발의 일상적인 업무에는 거의 신경 쓰지 않았다. 왜냐하면 프로덕트 스펙 문서에 모든 것이 담겨 있다고 생각했으니까

완성된 프로덕트는 그야말로 엉망진창이었다. 예상보다 18개월이 더 걸렸고 완전히 재앙덩어리 였다. 하지만 그때 배운 교훈은 그 이후로 내가 하는 모든 일에 영향을 미쳤다. **무엇인가를 적는다는 것은 양날의 검과 같다. 더 많이 적을수록 시간이 더 많이 걸리고 실제 업무와**

멀어질 수 있다. 길고 상세한 스펙을 작성하면 프로덕트를 만들기 위해 많은 일을 하고 있다고 느낄 수 있지만 그 일이 늘 올바른 작업은 아니다. 프로덕트 매니저는 머릿속에 있는 모든 것을 꺼내 브레인 덤프를 작성했다고 해서, 그 브레인 덤프를 실제 프로덕트로 변환하는 작업에서 빠질 수 있다고 생각해서는 안 된다.

9.5 최고의 문서는 완전하지 않은 문서이다

프로덕트 스펙 문서 및 기타 문서가 대화를 시작하는 데 도움이 되도록 하는 한 가지 방법은 의도적으로 불완전한 상태로 두는 것이다. 지난 몇 년 동안 나는 지저분하고, 다듬어지지 않았으며, 답이 없는 질문으로 가득 찬 문서를 마지못해 제시하는 것을 더 편하게 생각하게 되었다. 물론 내가 이렇게 공유하는 문서를 작성하다 만 것으로 보면 어떻게 하나, 그래서 나를 게으른 사람으로 보면 어떻게 하나 싶은 걱정은 여전하다. 하지만 나 스스로 동료들에게 좋은 인상을 남기는 것보다 동료들이 문서에 참여할 수 있도록 하는 것이 훨씬 더 중요하다.

의도적으로 불완전한 문서가 팀의 협업을 조정하고 가속화할 수 있다는 사실을 알아차린 사람은 내가 처음이 아니다. 2008년에 발표된 「불완전성을 고려한 설계와 불완전성을 위한 디자인」[52]이라는 제목의 논문에서 라구 가루드[Raghu Garud], 산제이 제인[Sanjay Jain], 필립 튀르처[Philipp Tuertscher]는 '불완전성은 위협이 되기보다는 행동을 유발하는 트리거로 작용한다. 행위자가 불완전한 부분을 완성하려고 노력할 때 새로운 문제와 새로운 가능성을 창출하여 지속적으로 디자인을 추진하게 된다.'라고 주장한다. 즉 불완전한 것을 팀에 가져온다는 것은 단순히 문제를 해결하기 위해 함께 일한다는 의미뿐만 아니라, 문제를 해결하기 위해 협업하며 문제를 지속적으로 재구성한다는 것을 의미한다. 얼마나 멋진 일인가?

----

52 https://www.researchgate.net/publication/236132597_Incomplete_by_Design_and_Designing_for_Incompleteness

나의 프로덕트 관련된 경험을 떠올리면 몇 주에 걸쳐 완전하고 '완벽한' 문서를 만들어서 공유했는데, 팀이 공정하고 사려 깊고 건설적인 질문을 던져서 다시 그 문서를 작업하는 데 다시 몇 주를 소비해야 했던 순간이 많았다. 반대로, '설계상 불완전한' 문서를 공유했을 때는 팀의 질문과 기여가 말 그대로 앞으로 나아가는 데 필수적인 요소가 되었다. "문서를 멋지게 만들려면 여러분의 도움이 필요합니다."라고 말할 때 얻는 참여의 수준과 질은 "내가 이 완성되고 완벽한 문서를 만들었어요. 질문 있습니까?"라고 말할 때 얻는 참여의 수준과 질보다 훨씬 높고 훌륭했다. 그래서 당신에게 던지는 도전과제는 다음 팀 회의에 불완전한 무언가를 가져가는 것이다. 멋진 파워포인트 자료 대신 지저분한 한 장짜리 자료를 가져가 보라. 그리고 팀이 그 한 장짜리 문서에 유용한 변경 사항을 제안하면 그 자리에서 함께 변경한다. 여러 번 발표하고, 비평하고, 편집하는 과정을 거치는 것보다 함께 문서를 검토하는 것이 얼마나 쉬운지 놀라게 될 것이다.

9.6 초안은 한 페이지, 시간은 한 시간 내로

몇 년 전에 회사의 비즈니스 파트너들이 나에게 '팀원들에게는 문서 작성에 드는 시간과 노력을 줄이라고 말하면서 정작 본인은 내부 회의 자료인데도 정교하고, 인상적이고, 세련된 문서를 작성하는 것'에 대해 얘기한 적이 있다. "물론 저는 그렇게 합니다. 당신들은 최고이고, 나는 당신들이 내 문서만 보더라도 일을 잘한 다는 생각이 들게 하고 싶거든요."라고 말했다. 우리는 서로 잠시 멈칫했다. "아!"

이후 나는 완벽주의 성향을 억제하기 위해 당분간 한 페이지만 작업하기로 팀과 합의했다. 프로덕트 팀에서 한 페이지 가치에 대해서는 이미 많은 글이 있다(존 커틀러John Cutler의 강연[53]). 완벽주의적 사람들에게는 한 페이지를 만드는 데 몇 시간, 며칠, 몇 주가 걸릴 수 있다. 그래서 나는 한 페이지 문서를 만들기로 결심

53 https://www.mindtheproduct.com/why-happier-autonomous-teams-use-one-pagers-by-john-cutler/

한 후에도 여전히 그 문서에 오랜 시간을 투자했고, 그 결과 비즈니스 파트너에게 찬사를 받을 만한 대리석 조각같이 멋진 단어들을 보여주곤 했다.

점점 더 자책감이 들게 되자 나는 간단한 서약서를 작성하여 비즈니스 파트너들과 공유했다. '어떤 문서나 결과물도 팀과 공유하기 전에 한 페이지, 한 시간 이상 작업하지 않겠습니다.' 서약서를 인쇄하여 노트북에 붙이고 비즈니스 파트너들에게 무슨 일이 있어도 이 서약에 책임을 지겠다고 말했다.

약속을 지키는 일은 나에게 쉽지 않았다. 비즈니스 파트너와 의견이 일치한다고 확신한 나머지 최종 프로젝트 계획, 최종 교육 자료나 최종 초안을 한 페이지 문서로 공유하지 않은 적이 수없이 많다(미안하게 생각한다). 그리고 이후에 매번 후회하며, 결국 '최종' 문서를 다시 작업해야 했다. 비즈니스 파트너로부터 왜 약속을 지키지 못했느냐는 질문을 받았기 때문이다.

바로 이런 비즈니스 파트너들의 요청에 따라 나는 한 페이지/한 시간 서약서를 원 페이지 원 아워 닷컴 사이트[54]에 게시했고, 현재는 디즈니, 아마존, 아메리칸 익스프레스, IBM과 같은 조직에서 수많은 사람들이 서명에 참여했다. 내 생각에 공감한다면 당신도 서약에 서명해 주면 좋겠다.

'한 페이지/한 시간' 방식을 사용하여 대규모 조직 전체에 일관성 만들기

B.E., 대형 마케팅 소프트웨어 회사, 프로덕트 매니저

나는 많은 프로덕트 팀이 서로 느슨하게 연결되어 작업하는 대형 마케팅 소프트웨어 회사에서 일한다. 이곳에서 지내며 다른 프로덕트 매니저와의 협업하는 것은 쉽지 않고 어떤 때는 불가능한 것처럼 생각되기도 한다.

몇 달 전 다른 팀의 프로덕트 매니저가 나를 찾아와서 우리 팀이 작업 중인 내용을 이해하는 데 도움이 될 만한 문서가 있는지 물었다. 분명 긴 프로덕트 스펙 문서와 수많은 지라[Jira] 티켓이 있었지만, 우리가 하는 일과 그 이유에 대한 개요를 알려줄 만한 자료는 없었다. 하지만 나는 다른 팀과의 협업이 얼마나 중요한지 알고 있었기 때문에 한 시간 동안 한 장짜리 문서를 작성해서 공유하겠다고 제안했다.

---

54 https://www.onepageonehour.com/

한 장짜리 문서 자체는 매우 간단했다. 맨 위에는 팀 목표를, 그다음에는 목표를 달성하기 위해 고려 중인 사항의 목록을, 마지막으로 페이지 하단에 해결되지 않은 질문과 명확하지 않은 사항들을 몇 가지 적었다. 솔직히 나는 다른 프로덕트 매니저가 이런 정보를 기대했을까? 싶었고, 내가 보낸 대충 만든 문서를 보고 내가 대충 일을 처리하는 프로덕트 매니저라고 생각할까 걱정했다. 하지만 그는 꼭 필요한 문서였다고 말했고, 실제로 팀의 작업을 파악하는 비슷한 문서를 작성하는 데 영감을 얻었다고 했다.

이게 다다. **마음이 불편할 정도로 짧은 시간 동안 팀을 위한 문서를 작성했는데, 생각보다 훨씬 유용했다.**

9.7 템플릿 활용하기

나는 프로덕트 스펙 문서부터 분기별 로드맵, 팀 프로세스 변경에 이르기까지 모든 것을 위한 가볍고 유연한 템플릿이 매우 중요하다고 생각한다. 템플릿은 빈 페이지가 부담스러울 때 사람과 팀이 쉽게 시작할 수 있도록 도와주며, 가장 중요한 정보의 우선순위를 일관되게 지정할 수 있도록 한다. 하지만 템플릿이 무겁고 유연하지 않아 완성하기 어려운 경우에는 안타깝지만 템플릿이 오히려 방해가 되기도 한다. 다음은 팀에 유용하고 가치 있는 템플릿을 만들기 위한 몇 가지 팁이다.

| 팁 1: 콘텐츠는 '그대로' 유지하되 템플릿 구조는 '기꺼이' 변경한다 |

템플릿은 생각을 구조화하는 좋은 방법일 수 있지만, 템플릿이 생각을 제한하거나 지시해서는 안 된다. 템플릿이 팀의 목표 달성에 도움이 되지 않는다고 생각되면 항상 템플릿의 구조를 기꺼이 변경한다. 팀과 함께 템플릿의 구조를 변경하여 더 나은 결과를 도출하기 위해 언제든지 문서를 변경할 수 있다는 모범을 보여주면 보너스 점수를 얻을 수 있다.

| 팁 2: 템플릿을 정기적으로 업데이트하고 다시 살펴보자 |

분석 팀 동료에게 데이터를 요청할 때마다 10페이지 분량의 지겨운 템플릿을 작성해야 했던 팀과 일한 적이 있다. 이 팀의 누구도 이 템플릿이 어떻게 시작되었는지, 어디에서 왔는지 기억하지 못했지만, 관리자가 필요하다고 판단했기 때문에 이 템플릿을 고수할 것이라고 생각했다. 관리자에게 이 템플릿에 대해 물었더니, 그는 눈을 동그랗게 뜨며 "저는 이 템플릿이 싫어요. 하지만 팀에서 계속 사용하는 것을 보면 우리에게 필요하다고 생각하는 것 같아요."라고 했다.

다른 팀 프로세스와 마찬가지로, 템플릿을 더 유용하게 만들기 위해 정기적으로 다시 검토하지 않으면 템플릿이 정체되고 답답해질 수 있다. 팀 회고에서 실행할 수 있는 좋은 활동 중 하나는 "지금 우리가 알고 있는 것을 그때도 알았다면 지난 스프린트 또는 반복 작업에 사용한 템플릿을 어떻게 변경할 수 있을까?"라고 질문하는 것이다. 이렇게 하면 지난번에 템플릿을 사용하면서 얻은 구체적인 교훈에 집중하면서 팀원들이 함께 템플릿을 수정할 수 있는 기회를 얻을 수 있다.

| 팁 3: 다른 사람에게 작성을 요청하기 전에 항상 템플릿을 세 번 이상 직접 작성한다 |

템플릿은 만들기는 정말 쉽지만 내용을 작성하기는 정말 어렵다는 점을 기억해 두자. '혹시 몰라서' 템플릿에 넣는 별것 아닌 질문 하나 때문에 팀에서 훨씬 더 중요하고 영향력 있는 일을 하는 데 쓸 수 있는 몇 주를 허비하게 할 수도 있다. 나는 이제 팀과 공유하는 템플릿이 내 책상을 떠나기 전에 적어도 세 번은 직접 작성해 보고, 그 세 가지 예시를 템플릿 자체와 함께 공유하는 것을 원칙으로 삼고 있다.

물론 '좋은' 템플릿이 정확히 어떤 것인지에 대한 정의는 팀마다, 조직마다 매우 다양하다. 어디서부터 시작해야 할지 잘 모르겠다면 구글에서 검색해 보자. 상상할 수 있는 거의 모든 문서에 대한 수백 개의 템플릿을 찾을 수 있다. 팀이 함께 학습하고 회고하는 한, 어떤 템플릿이든 좋은 출발점이 될 수 있다.

9.8 전용 로드맵 및 지식관리 도구 참고 사항

'늙은이가 클라우드에 대해 한마디 하는 것'을 나도 해 보자면... 내가 근무하던 시절에는 문서를 작성에 필요한 도구는 평범한 스프레드시트, 슬라이드, 워드 문서뿐이었다. 오늘날에는 팀이 필요한 모든 정보를 한 곳에서 쉽게 찾을 수 있도록 도와주는 전용 로드맵 및 지식관리 도구의 세계가 점점 더 확장되고 있다. 이러한 도구 대부분은 팀이 일상적인 작업을 관리하는 데 사용하는 지라와 같은 플랫폼과 통합된다. 그런데, 이런 도구 중 상당수는 사용자당 요금을 부과하기 때문에 투명성과 가시성의 도구로 문서를 사용하고자 하는 조직에 잘못된 혜택을 주는 경우가 많다. 게다가 이러한 서비스는 경험이 부족한 사용자에게는 오히려 학습이 필요한 경우도 많다. 내 경험상 이러한 도구를 배포하는 데 드는 시간과 노력이 단순한 도구를 쓸 때와 비교해서 항상 큰 이점을 주지는 않는 것 같다.

수많은 부분이 서로 연결되어 있는 대기업에서 정보를 관리하는 경우 어떤 도구를 쓸 것인지 평가하는 데 상당한 시간과 에너지를 투자하는 것이 좋다(대기업에서 정보관리를 하는 경우에는 조직에 이러한 도구를 평가하는 업무를 담당하는 사람이 있을 수도 있다). 하지만 내가 함께 일한 많은 프로덕트 팀에서 "어떤 로드맵 도구를 사용해야 할까?"라는 질문은 "로드맵에 무엇을 넣어야 할까?" 또는 "로드맵이 우리에게 어떤 의미일까?"라는 질문보다 더 쉽고 가벼운 대화였다.

몇 년 전 새로운 지식관리플랫폼에 막대한 투자를 하던 조직과 일한 적이 있다. 프로덕트를 구매하고, 교육을 예약했으며, 팀에 기존의 복잡한 문서를 이 간단하고 새로운 올인원 플랫폼으로 이전해야 한다고 알리는 이메일을 보냈다. 하지만 새 플랫폼은 회사의 정보 생태계를 통합하기는커녕 오히려 더 분열시킬 뿐이었다. 어떤 팀은 새 플랫폼에서 로드맵을 성실하게 다시 작성했지만 '진짜' 로드맵은 별도의 문서로 보관했다. 새 플랫폼을 배울 시간도, 의지도 없는 일부 경영진은 계속해서 더 익숙한 다른 형식의 문서를 요구했다. 결국 이 회사는 새 지식관리 플랫폼을 도입한 지 1년도 되지 않아 프로덕트를 도입할 때와 마찬가지로 철저하고 비용이 많이 드는 프로세스를 거쳐 공식적으로 플랫폼 사용을 중단해야 했다.

물론, 멋진 전용 도구를 쓴다고 성공이 보장되지 않는 것처럼 반드시 실패를 하는 것도 아니다. 따라서 이미 전용 로드맵 또는 지식관리 도구를 사용하고 있는 팀과 함께 일하고 있다면 도구 자체에 대해 분노하기보다는 그 도구가 어떻게 사용되고 있는지에 집중하자. 지식관리는 무엇보다도 커뮤니케이션의 문제이다. 정보가 훌륭한 로드맵 플랫폼에 저장되어 있든, 해킹된 구글 문서에 저장되어 있든 상관없이 대개의 사람은 필요한 정보만을 찾는다. 문제는 사람들이 필요한 정보를 이해하고 식별할 수 있을 만큼 공개적이고 직접적으로 커뮤니케이션하도록 하는 것이며, 애초에 왜 그러한 정보가 필요한지를 파악하는 것이다.

요즘에 나는 일반적으로 팀에 가장 간단한 도구로 시작한 다음 어떤 한계에 부딪히면 더 복잡한 도구로 업그레이드하라고 조언한다. 아직 자전거 타는 법을 배우는 중이라면 레이저를 쏘는 오토바이에 투자할 필요는 없지 않은가?

마치며: 메뉴는 음식이 아니다

인생을 바꾼 『불안이 주는 지혜』(마디, 2014)의 저자 앨런 와츠^{Allan Watts}는 "메뉴는 음식이 아니다."라고 말한 적이 있다. 이 인용문을 책상 위에 스티커 메모로 붙여 두고 매번 읽기를 권한다. 당신의 로드맵은 당신만의 로드맵이 아니며, 프로덕트 스펙 문서는 프로덕트가 아니며, 사용자 스토리는 사용자가 아니다. 세상에서 가장 인상적이고 훌륭한 '메뉴'를 만들려고 하지 말고 맛있는 '음식'을 만드는 데 집중하자.

셀프 체크리스트

☐ 업무에 가장 큰 영향을 미치는 부분이 가장 눈에 띄지 않는 부분일 수도 있다는 점을 이해하자. 무언가를 가리키며 "저 혼자서 해낸 일이에요!"라고 말할 수 없다고 해서 스트레스를 받지 말 것!

- [ ] '메뉴는 음식이 아니다.'라는 사실을 기억하자. 당신이 만든 문서는 실제 프로덕트가 아니며 사용자에게 어떤 가치를 주지도 않는다.

- [ ] 직무 설명에 뭐라고 적혀 있든 당신이 로드맵을 유일하게 '소유하는 사람'이 되려고 하지 말자.

- [ ] 로드맵이 팀이나 조직에 어떤 의미일지 혼자 추측하지 않는다. 로드맵을 어떻게 사용할 것인지에 대해 공개적이고 명시적인 대화를 나누고, 그 대화를 로드맵 자체와 함께 문서화한다.

- [ ] 간트 차트를 만들어야 할 수도 있다는 현실을 받아들이고, 이해관계자에게 유용하고 가치 있는 간트 차트를 만들기 위해 할 수 있는 모든 일을 한다.

- [ ] 프로덕트 스펙 문서 및 기타 문서를 의도적으로 '설계상 불완전한 상태'로 만들어 팀의 참여와 협업을 장려한다.

- [ ] 작성 중인 문서의 초안은 한 페이지를 넘지 말고, 한 시간 이상 작성하지 않는다.

- [ ] 가볍고 유연한 템플릿을 사용하여 생각을 구조화하고 표준화하며, 이러한 템플릿을 정기적으로 재평가한다.

- [ ] 팀과 템플릿을 공유하기 전에 최소한 세 번 이상 직접 작성했는지 확인한다.

- [ ] 로드맵 전용 도구 및 지식관리 도구를 배포하는 데 드는 실제 비용(사람들의 시간과 에너지에 대한 비용 포함)에 대해 신중하게 생각한다.

비전, 미션, 목표, 전략 및 기타 멋진 단어들

이 장의 제목에 있는 멋져 보이는 단어 중 세 개 이상은 언제나 프로덕트 매니저나 최고 프로덕트 책임자chief product officer(CPO)의 채용 공고에는 등장한다. 그러나 이런 채용 공고에 있는 단어들이 정확히 무엇을 의미하는지 명확하게 설명하는 경우는 드물다.

다행히도 잘 쓰인 잡지 기사, 우아하게 표현된 계단식 도표, 공격적인 표현으로 쓰인 미디엄[55]의 게시물에서는 이들 용어가 어떤 의미이고, 이들 용어가 명확하고 목적에 맞게 어떻게 조화를 이루어야 하는지에 대해 확실한 관점을 제시한다.

나쁜 소식이라면 이렇게 권위 있어 보이는 출처들을 통해서도 용어에 대해서 명확하게 정의를 내릴 수 없다는 것이다. 어떤 사람들은 전략과 목표는 완전히 별개의 개념이라고 주장하지만, 다른 사람들은 '전략'이라는 단어에 전략과 목표를 모두 포함시키기도 한다. 어떤 사람들은 강력한 미션이 프로덕트 팀이 갖춰야 할 가장 중요한 요소라고 주장하지만, 어떤 이들은 미션을 의미 없는 껍데기로 치부하기도 한다. 프로덕트 매니저 입장에서 어떻게 하면 좋을까?

이렇게 확실해 보이지만 상충되는 의견들로 인해 프로덕트 경력 초기에는 회사 경영진이 프로덕트 전략을 제시해 달라고 요청할 때마다 공포에 질려 얼어붙었던 기억이 있다. 좋은 프로덕트 전략이 무엇인지도 잘 모르겠고, 민망할 수준의 엉뚱한 내용을 보여주면 어떡하지 싶은 생각도 들었으며, 심지어 내가 사기꾼처럼 느껴질까 걱정도 했다. 그래서, 나는 '회사가 문제라서 실행 전략을 세울 수 없다.'

---

55 https://medium.com/

라는 생각으로 이런 상황을 방어하곤 했다. 이를테면, "우리 회사의 목표는 충분히 명확하지 않습니다!" 또는 "경영진이 임의로 제시한 기한을 고려할 때 지금 전략을 수립하는 것이 무슨 의미가 있습니까?"라고 말하는 식이다. 때로는 그냥 "그래요, 좋은 생각이네요."라고 둘러대고, 모두가 잊어버리기를 바라며 슬그머니 사라지기도 했다.

많은 프로덕트 매니저가 프로덕트 전략, 비전, 목표 또는 기타 중요해 보이는 것들을 개발하라는 압박을 받을 때 비슷한 회피 수법을 사용하는 것을 보았다. 또한 이런 프로덕트 매니저에게 내년에 팀이 달성했으면 하는 목표와 목표를 달성하기 위한 대략적인 방법을 간단히 써보는 것부터 하자고 제안하면 눈을 동그랗게 뜨고 믿을 수 없다는 반응을 보이는 경우도 많이 보았다. 게다가 이렇게 중요한 문서를 팀에 피드백을 요청하기 전에 한 페이지와 한 시간을 넘지 않는 선에서 작업하라고 제안하면 그들의 눈은 더욱 커졌다.

프로덕트 매니지먼트라는 거창하고 멋진 말은 대개 '무엇을 달성하려고 하는가?' 그리고 '어떻게 달성하려고 하는가?'라는 두 가지 질문으로 귀결된다. 이 장에서는 이 두 가지 큰 범주(전자는 일반적으로 '미션', '비전', '목표'를 포괄하고 후자는 일반적으로 '전략'으로 설명된다)에 대해 살펴보겠다. 이러한 질문에 더 간단하고 직접적이며 협력적으로 답할 수 있을수록 팀은 더 나은 의사결정을 할 수 있다. 그리고 이러한 의사결정의 질이 궁극적으로 팀의 성공과 실패를 좌우한다.

이 장의 내용은 길지 않다. 왜냐하면 목표와 전략을 설정하는 '올바른' 방법을 찾는 데 소요되는 시간을 줄이고, 팀과 함께 목표와 방법을 명확히 하기 위한 작업을 빨리 시작할수록 더 좋은 결과를 얻을 수 있기 때문이다.

10.1 성과와 결과라는 시소

이 장의 제목에 담긴 단어들은 우리가 추구하는 실제 결과, 즉 비즈니스에 제공하는 결과, 고객을 위해 해결하는 문제, 그리고 우리가 전 세계에 끼치고자 하는

(희망적으로) 긍정적인 영향에 집중하기 위해 필요한 것들이다.

이러한 성과가 바로 비즈니스 팀의 존재 이유가 된다. 그러나 기능을 출시하고 마감일을 맞추기 위해 노력하는 상황에서 이러한 성과가 항상 최우선시되는 것은 아니다. 바로 이런 이유로 '**결과보다 성과**Outcomes Over Output'는 프로덕트 담당자들이 항상 되새겨야 할 슬로건이 되었다. 이 슬로건은 조시 세이던Joshua Seiden의 훌륭한 책 제목[56]이기도 하다.

많은 아이디어가 슬로건으로 바뀔 때처럼 '결과보다 성과'도 잘못 해석되고 무기처럼 쓰일 수 있다. 나는 많은 프로덕트 매니저가 정확히 무엇을 언제 전달하겠냐는 질문에 대해 이 문구를 인용하면서 팀을 방어하는 것을 보았다. 지난 장에서 설명했듯이 이해관계자가 제공 및 출시 일정에 대해 성가실 정도로 구체적인 질문을 하는 데에는 정당한 이유가 있다. 이러한 이유를 이해하면 "이 회사는 결과에만 신경 쓰는 기능 공장일 뿐 진정한 성과 중심의 회사가 아니야!"라고 손사래를 치는 것보다 한발 더 나아갈 수 있다.

여러 '이것보다 저것'이라는 구호처럼, '결과보다 성과'라는 문구를 '성과를 위한 결과'로 재구성하는 것이 좀 더 도움이 된다(이런 방법은 애자일 선언문의 '포괄적인 문서보다 작동하는 소프트웨어'와 '계획을 따르기보다 변화에 대응하기'에도 잘 맞는다). 성과와 결과를 양자택일이 아닌 연결된 시스템으로 생각하기 시작하면 우리가 제공하는 결과가 원하는 성과를 달성하는 데 직접적으로 도움이 될 수 있도록 시스템을 어떻게 설계하고 유지할 것인지에 대해 생각할 수 있다.

그동안 팀 및 조직과 일하면서 이들이 결과와 성과를 어떻게 연결하는지 파악해 보니, 흥미로운 패턴을 발견할 수 있었다. 결과에 엄청나게 집중하는 것처럼 보이는 팀들이 보통 가장 광범위하고 가장 구체적인 성과를 위해 일하는 팀인 경우가 많다는 것이다. 팀원 및 팀 리더들과 함께 많은 회고를 해 본 결과, 이것이 확실성과 예측 가능성에 관련된 인간의 욕구 때문이라고 생각하게 되었다. 목표와 마감일에 대한 구체성은 어딘가에서 반드시 나타나야 하며 그것이 성과와 직접적으로

---

56 옮긴이_ 『Outcomes Over Output』(Independently published, 2019)

연결되어 명확하게 표현되지 않으면 성과가 아닌 구체적인 결과로 표현될 수밖에 없다. 다시 말해, 팀에서 추진하고자 하는 성과에 대해 유연성과 여유를 원한다면 정말로 구체적인 결과가 필요하다는 것이다. 이러한 방식으로 결과와 성과를 일종의 시소([그림 10-1])로 표현할 수 있는데, 특정 날짜와 목표가 있는 한쪽을 아래로 밀면 다른 쪽의 열린 주제와 기회가 올라가는 것이다.

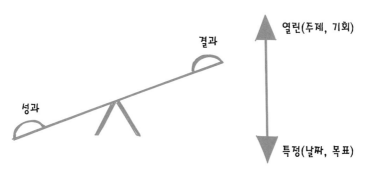

그림 10-1 성과와 결과는 '시소'다. 하나를 더 개방적으로 활용하려면 다른 하나를 더 구체적으로 사용해야 한다.

나처럼 팀에 열린 목표를 설정하고, 마이크로 매니지먼트는 하지 않으려고 했던 사람에게는 충격적인 사실이다. 하지만 이것은 '전환 증가' 또는 '고객 만족'과 같은 광범위한 목표를 설정하려고 할 때마다 팀이 특정 마감일까지 특정 기능을 출시하기 위해 동분서주할 수밖에 없었던 이유를 이해하는 데 도움이 되었다.

이런 이유에서 최근에는 프로덕트 매니저에게 팀과 협력하여 달성하는 성과와 정확히 언제까지 달성할 것인지에 대해서 가능하면 구체적으로, 불편할 수 있을 정도까지 구체적으로 설정하라고 조언한다. 직관적이지 않아 보이지만, '향후 3개월 동안 신규 사용자 전환율 10% 증가' 같은 목표는 팀이 다양한 방법과 솔루션을 자유롭게 탐색할 수 있는 기회를 제공한다. 이해관계자가 달성하고자 하는 구체적인 목표와 이를 달성하기 위한 구체적인 기간을 명확하게 파악할 수 있다면 특정한 날짜까지 특정한 기능을 요구할 가능성이 훨씬 줄어든다. 무엇보다도 팀은 새로운 '기능'처럼 보이지 않더라도 이렇게 구체적이고 시간제한을 둔 목표를

달성하기 위해 다양한 방법을 탐색하게 되는 동기가 생기게 된다.[57]

구체적인 목표가 없다면 순교자만 만들 뿐이다

M.G., 비영리단체, 프로덕트 리더

최근 다른 비영리단체를 위한 프로덕트를 주로 만드는 비영리단체 프로덕트 숍에 입사했다. 많은 비영리단체처럼 우리도 리소스가 굉장히 제한적이다. 나에게 직접 보고하는 프로덕트 오너들과 처음 만나 이야기를 나눴을 때 그들은 각각 최소 3개의 프로덕트를 개발하고 있었고, 스트레스가 심해 보였다. 이후 다행히도 프로덕트 오너 몇 명을 추가로 채용할 수 있는 리소스를 얻게 되었다. 프로덕트 오너가 늘어나면 각각이 한 번에 한 가지 일에 더 많은 시간과 주의를 기울일 수 있기 때문에 이렇게 해야 문제를 해결할 수 있다고 생각했다. 하지만 놀랍게도 기존 오너들은 이 소식에 별로 흥분하지 않았다. 오히려 회의적인 반응부터 노골적인 방어 반응까지 다양한 모습을 보였다. 기존 오너들에게도 집중하고 효율을 낼 수 있는 기회라고 생각했는데 오히려 인신공격처럼 해석하는 것 같았다. '왜 내 프로덕트 일부를 가져가려 하느냐?' 같은 반응이었다. 특히나 이런 반응은 몇 주전까지 만해도 업무 과중으로 불평하던 사람들 중 일부에게 받은 것이어서 크게 혼란스러웠다.

왜 그랬는지를 이해하는 데 시간이 좀 걸렸지만, 처음 만났을 때 불만이라고 이야기했던 업무 과정은 단지 조직의 리소스가 부족하다는 것을 의미한 게 아니었다. 이 반응은 훨씬 더 깊고 복잡한 문제의 징후였던 것이다. 그 당시 프로덕트 오너는 자신이 얼마나 열심히 일하는지, 얼마나 많은 프로덕트를 담당하고 있는지 외에는 자신들의 성공 여부를 측정할 방법이 없었다. 왜 그럴까? **조직으로서 달성하고자 하는 목표에 대한 공통된 인식이 없기 때문이다. 이런 목표가 없었기 때문에 각 프로덕트 오너는 자신만의 가정과 임시 성공 지표에 의존할 수밖에 없었다.**

재미있는 것은 이런 근본적인 문제를 해결하지 않고 단지 프로덕트 오너의 수를 늘렸다면 상황이 더 나빠졌을 것이라는 점이다. 조직 전체의 명확한 목표가 없는 상황에서 프로덕트 오너가 늘어난다는 것은 성공이 무엇인가에 대해 서로 다르게 생각하는 사람들이 늘어나는 것을 의미할 뿐이었다. 이후 모든 프로덕트 오너를 한자리에 모아 공동의 목표에 대해 이야기를 하면서 경쟁과 방어적 태도가 자연스럽게 사라지기 시작했다. 프로덕트 오너들은 얼마나 많은 프로덕트를 '담당'했는지, 금요일 저녁에 얼마나 늦게까지 사무실에 남아있느냐가 아니라 고객에게 얼마나 많은 가치를 제공했는지에 따라 성공이 측정된다는 것을 알게 되면서 리소스와 지식을 공유할 방법을 찾기 시작했다.

---

57 이에 대해서는 12장. 우선순위 결정하기: 모든 것이 모이는 곳에서 자세히 설명한다.

10.2 SMART 목표, CLEAR 목표, OKR

프로덕트, 팀, 조직을 위해 목표를 설정할 때 구체적인 목표를 설정하는 방법에 대해서는 널리 알려진 방법들이 있다. SMART[58] 목표(구체적이고, 측정가능하며, 달성 가능하고, 관련성 있고, 시간제한이 있는), CLEAR[59] 목표(협력적이고, 제한적이며, 감성적이고, 인정할 수 있고, 구체화 가능한), OKR(목표 및 핵심 결과)[60] 프레임워크가 있다. 이중 무엇이 가장 적합한지는 프로덕트, 팀, 조직에 따라 크게 달라질 수 있고, 숫자를 기반으로 하는 방법과 스토리를 기반으로 하는 방법 중 무엇을 선호하느냐에 따라 달라질 수 있다. 예를 들어, SMART와 CLEAR를 대충 훑어보는 것만으로도 어떤 팀이 '측정 가능한' 목표를 더 잘 받아들일지, 아니면 '감성적인' 목표를 더 잘 받아들일지 생각해 볼 수 있다.

나는 OKR 프레임워크를 선호하는데, 그 이유는 정성적인 목표Objective와 올바른 방향으로 가고 있다는 것을 나타내는 정량적 측정Key Results을 모두 사용하기 때문이다. 간단히 예를 들면, 핀테크 스타트업이 '복잡한 금융 상품의 접근성 개선을 위한 민주화'를 정성적 목표로 삼고 '분기 말까지 1,000명의 신규 사용자 온보딩'을 측정 가능한 핵심 결과로 삼아서 순조롭게 목표를 달성하고 있는지 확인할 수 있다.

OKR 프레임워크에 대해 자세히 배울 수 있는 좋은 자료들이 많지만 특히 크리스티나 워드케의 『Radical Focus』(Cucina Media LLC, 2016)를 추천한다. 워드케는 이 책에서 OKR을 적용할 때 팀에서 겪게 되는 어려움에 대해 생생하게 설명하고, 명확하고 잘 이해되는 목표를 세울 때 핵심만 남겨서 그것에 집중하는 모범 사례를 설득력 있게 제시한다.

물론 목표를 수립할 때 단순히 OKR로 표현한다고 해서 당신과 팀에 더 유용할 것이라고 보장할 수는 없다. 결국 팀의 목표에 대한 유용 여부는 어떤 형식이나

---

58 옮긴이_ Specific, Measurable, Achievable, Relevant, Time-bound의 앞 글자를 모은 목표 설정 방법.
59 옮긴이_ Collaborative, Limited, Emotional, Appreciable, Refinable 의 앞 글자를 모은 목표설정 방법.
60 옮긴이_ Objectives and Key Results 의 앞 글자를 모은 목표 설정 방법.

프레임워크가 잘 맞는지보다 팀의 전략에 맞춰 더 좋은 의사결정을 내리는 데 도움이 되는지 여부에 따라 결정된다.

10.3 좋은 전략은 실행과 불가분의 관계이다

목표와 목적을 우리가 달성하고자 하는 성과를 표현하는 방법이라고 보면, 전략은 성과를 달성하기 위한 방법으로 생각할 수 있다(이 정도가 전략에 대한 구체적인 정의인데, 이조차도 논쟁의 여지가 있다).

개인적으로는 프로덕트 리더인 아담 토마스[Adam Thomas]가 설명한 전략의 목적은 팀의 의사결정 능력을 높이는 것이라는 견해가 가장 마음에 든다. 이 설명을 좋아하는 이유는 모든 팀과 조직의 전략은 서로 다를 수 있고, 또 달라야 하겠지만, 결국에는 현장에서 일하는 사람들이 더 나은 의사결정을 하는 데 도움이 되지 않으면 그것을 '전략'이라고 할 수 없다는 사실을 인정하기 때문이다.

실제로 전략과 관련하여 프로덕트 매니저가 저지를 수 있는 큰 실수는 전략을 팀의 일상적인 업무 수행과 분리된 것으로 보는 것이다. 많은 프로덕트 매니저가 조직의 '전략적' 대화에 참여할 때 이러한 함정에 빠지는 것을 자주 보았다. 그들은 보통 책상에 앉아 '좋은 프로덕트 전략'을 수립하며 구글 검색 결과에 있는 좋아 보이는 말들만 모아서 세계에서 가장 포괄적인 전략 프리젠테이션을 작성하려고 노력한다. 이런 프리젠테이션을 만들기 위해 며칠, 때로는 몇 주 혹은 몇 달을 준비한다. 작업이 끝나면 이 프리젠테이션은 '전략적인' 프로덕트 매니저가 잘해야 하는 것들을 모두 담은 하이라이트 모음처럼 보인다. 프레임워크도 있고, 재무 모델도 있고, 사용자 페르소나도 담겨 있고, 군중 속의 진정한 리더로서 '해야 할 일'도 담겨 있다. 모두 고개를 끄덕일 만한 내용이다. 이 프리젠테이션 자료나 발표자가 중요한 것을 놓쳤다고 비난할 사람은 아무도 없을 것이다.

프리젠테이션은 임원들에게 호평을 받을 것이고, 임원들은 또 진지하게 고개를 끄덕이며 '프로덕트–마켓 핏'과 '혁신'에 대해 많은 질문을 던질 것이다. 각 경영진의 피드백을 신중하게 반영하면 열 장으로 만들었던 초기 전략 자료는 순식간에 스무 장이 된다. 다음번에 열리는 매우 중요한 전략회의에서 업데이트된 스무 장짜리 자료가 발표되면 모두가 만족한다.

그러나 진짜 문제는 매우 제한적인 상황에서 경영진이 승인한 전략 자료가 매우 까칠한 프로덕트 팀으로 넘어갈 때 발생한다. 실제로 프로덕트를 시장에 출시하고, 비즈니스 성과를 가져다주는 것은 궁극적으로 프로덕트 팀인데, 책상 위 환상 속에 있는 프로덕트 매니저는 '전략 자료를 작성하느라 너무 바빠서' 프로덕트 팀과 상호작용을 하지 못했던 것이다. '이것을 가지고 실제로 무엇을 해야 하는가?'라는 냉철한 프로덕트 팀의 관점으로 자료를 다시 보면, 세상에서 가장 포괄적인 전략 프리젠테이션은 그저 비즈니스 전문 용어, 어지러운 도표, 희망적인 몽상을 엮어 놓은 일관성 없는 문서일 뿐이다.

프로덕트 매니저는 전략적 업무에 수반되는 가시성과 중요성 때문에 팀으로부터 멀어질 수 있다. 그러나 언제나 전략과 실행을 연결해야 하는 것이 프로덕트 매니저의 중요한 역할이다. 훌륭한 프로덕트 매니저는 전략과 실행이 동전의 양면처럼 불가분의 관계임을 잘 알고 있다. 특히 이들은 팀의 일상적인 의사결정의 가이드가 되어야 한다는 점에서 전략을 매우 중요하게 생각한다. 하지만 전략이 아무리 포괄적이고 형식적으로 인상적이더라도 팀의 의사결정과 연결되지 않으면 전혀 쓸모가 없다는 사실도 잘 알고 있다.

그래서 불완전하고 완성되지 않은 전략 문서를 팀에 가져와서 거기 담긴 전략이 팀의 일상적인 의사결정에 도움이 될 수 있는지를 미리 '검증'해 보는 경우도 많다. 미디엄에서 읽었던 멋있는 전략 프레임워크가 실제로 너무 추상적이고 복잡해서 팀의 현실적인 질문에 답하는 데 도움이 되지 않는다는 것을 미리 알게 될 수도 있다. 이로 인해 사실은 팀에 필요했던 전략이 걱정했던 것보다 더 간단하고 직관적인 전략인 것을 알게 될 수도 있다.

전략과 실행 계층의 우선순위를 정하기 위한 '니즈의 위계 구조' 수립하기

J.W.. 1,000명 규모의 SAAS 기업, 프로덕트 매니저

몇 달 전 나는 엔지니어링 및 디자인 분야 동료들과 무엇을 어떻게 개발해야 할지에 대한 대화를 서로 다른 말로 저글링하고 있다는 것을 알았다. 목표와 전략에 관한 팀 리더십 회의에서는 목표와 전략에 대한 질문들과 인력 배치 및 팀 프로세스에 관한 다소 전술적인 질문들이 뒤섞여서 논의되었다. 이렇게 질문들이 뒤섞이게 되면서 일을 진전시키기가 어려웠다.

명확하게 대화하기 위해 나는 조직 내에서 일어난 복잡한 문제를 해결한 경험이 많은 우리 팀의 프로젝트 매니저에게 연락했다. 그와 같이 일하면서 팀에서 결정해야 할 중요한 사항들을 살펴본 결과 "우리가 노력해야 할 목표는 무엇인지, 목표 달성을 위해 무엇을 해야 하는지?"라는 질문으로 귀결되었다. 이때 우리는 이런 우선순위를 결정하는 질문에 답하기 위해 필요한 구체적인 정보를 보여주는 시각적 '**니즈의 위계 구조**'를 만들었다(그림 10-2).

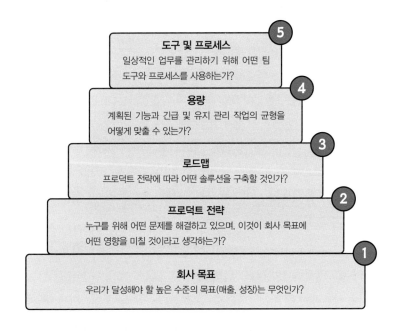

그림10-2 프로덕트 관련된 의사결정을 위한 '니즈의 위계구조'

우리는 이러한 '**니즈의 위계 구조**'를 만들어서 시각화하여 팀이 장애물을 넘고 앞으로 나가는 데 가장 중요한 정보를 빠르게 찾고 종합할 수 있었다. 그리고 시각적으로 계층 구조를 만든 후에는 로드맵, 인력 배치 및 프로세스에 대한 대화를 잠시 보류하고 회사 전체의 목표를 더 잘

이해하고 팀의 프로덕트 전략을 수립하는 데 집중할 수 있었다. '니즈의 위계 구조'를 만듦으로써 중요한 결정을 하는 데 필요한 다양한 수준의 정보를 시각화하고 우선순위를 지정하여 시간과 노력을 잘 관리할 수 있었고, 궁극적으로 막힌 곳을 뚫고 추진력을 확보할 수 있었다.

10.4 좋은 전략은 간단하고 명확하다

전략에 관한 고전인 리처드 루멜트^{Richard P. Rumelt}의 『Good Strategy Bad Strategy』(Currency; Illustrated edition, 2011)의 머리말에서 저자는 '좋은 전략은 거의 항상… 간단하고 명확하며, 전략을 설명하는 데 많은 파워포인트 슬라이드가 필요하지 않습니다.'라고 설명한다. 내가 가장 좋아하는 전략에 대한 설명이다.

이렇게 해 보기 위해 나는 최근에 거의 한 달 정도 프로덕트 팀과 함께 프로덕트 전략을 정의하는 작업을 진행했다. 여전히 인상적인 도표와 프레임워크로 구성된 약 20장의 슬라이드를 만들었지만, 아직도 '올바른 방식으로 프로덕트 전략을 수립하는지' 확신할 수 없었다. 그래서 그들에게 작성된 전략을 그대로 가져가서 앞으로 몇 주 혹은 몇 달에 걸쳐 개발할 작업의 백로그에 대해 우선순위를 정할 때 사용해 볼 것을 요청했다. 이 전략이 효과적이라면 각자가 백로그 작업에 대해 동일한 우선순위를 정하게 될 것이라고 생각했다.

그런데, 열 명 남짓한 프로덕트 매니저, 엔지니어, 디자이너들 사이에서 완전히 다른 두 가지 대답이 나왔다. 한 엔지니어가 "이 작업은 새로운 사용자에게 가장 가치가 있다고 생각합니다."라고 말했고, 잠시 침묵이 흐른 뒤 한 프로덕트 매니저가 "기존 사용자를 위해 개발하는 줄 알았는데요?"라고 조심스럽게 대답했다.

프로덕트 매니저가 프로덕트 전략을 '제대로' 수행하는지 걱정하느라 팀과 기본적인 문답을 하는 상호작용을 잊어버리는 경우가 얼마나 많은지 알게 되면 놀랄 것이다. 내 경험에 따르면 실행 가능성이 가장 높은 프로덕트 전략은 다음과 같은 간단한 질문에 답을 하는 데 집중하는 경향이 있다.

- 우리의 사용자는 누구인가?
- 어떤 문제를 해결하도록 돕는가?
- 왜 우리가 그 문제를 해결하는 데 적합한 회사인가?

이런 질문에 함께 답을 하는 것만으로도 많은 프로덕트 팀에 좋은 출발점이 된다. 예를 들어 음악 스트리밍 회사의 재생 목록 알고리즘 팀에서 일하는 상황을 가정해 보자. 팀의 임무는 회사의 방대한 데이터를 활용하여 사용자에게 자동으로 재생 목록을 제공하는 것이다. 그러나 그것만으로는 어떤 사용자를 대상으로 재생목록을 만들 것인지, 혹은 애초에 왜 그런 재생목록이 필요한지 알 수 없다. 보다 구체적인 전략이 없다면 팀은 '무엇을 만들고', '어떻게 만들며', 가장 중요한 '무엇을 만들지 말아야 할지'에 대한 일상적인 결정을 내리는 데 어려움을 겪을 수 있다.

구체적인 전략은 길고 복잡한 전략일 필요가 없다. '비슷한 취향의 사용자 데이터를 분석하여 일반 사용자가 좋아할 만한 아티스트를 찾을 수 있도록 지원한다.'와 같이 간단하고 직관적인 전략을 사용하면 팀이 더 나은 의사결정을 할 수 있다. 이 내용만 봐도 파워 유저가 아닌 일반 유저를 목표로 하는 것이 분명하다(6장의 **'파워 유저'에 유혹당하다**'를 기억하자!). 또, 이들을 위해 무엇을 하는지, 즉 일반 사용자들이 다음에 좋아할 만한 아티스트를 발견하도록 지원한다는 것도 분명하다. 또한 우리가 이 일을 하기에 적합한 회사이고 팀이라는 것도 분명하게 알 수 있다. 알맞은 재생 목록을 추천하는 데 충분한 유사 청취자 데이터를 보유하고 있기 때문이다. 이를 통해 팀과 회사의 목표(및 수익 창출 모델)에 따라 해당 전략이 수익과 리텐션과 같은 주요 지표에 좋은 영향을 미칠 것이라는 이유와 방법에 관한 좋은 사례도 만들 수 있을 것이다.

이제 당신이 음악 스트리밍 회사의 재생 목록 편집 팀에서 일하고 있다고 가정해 보자. 팀의 업무는 프로덕트 전체에 걸쳐 사용자들이 관심을 받을 만한 고품질의 재생 목록을 직접 큐레이팅하는 것이다. 이 상황에서 '우리의 전문 지식을 활용하여 파워 유저가 공유할 만한 고품질의 재생 목록을 제공한다.' 같은 간단한 전략이 도움이 될 수 있다. 이때 파워 유저(이 경우 네트워크와 재생목록을 공유할 가능성이 높다고 판단되는 사용자로 정의할 수 있음)를 목표로 하는 것이 명확하다. 고품질 재생 목록을 공유할 수 있도록 돕는다는 것도 명확하다(이 작업을 얼마나 원하거나 필요로 하는지는 논란의 여지가 있으며, 탄탄한 사용자 리서치를 통해 뒷받침되어야 할 것이다). 그리고 우리가 이 일을 하기에 적합한 회사와 팀인 이유도 분명하다. 폭넓은 음악 전문 지식을 보유하고 있기 때문이다. 다시 말하지만, 간단한 전략은 팀과 회사의 목표에 따라 이 전략이 신규 사용자 유입과 같은 핵심 지표에 영향을 미칠 것이라는 주장에 좋은 사례가 될 수 있다.

물론 이는 이론적인 예시일 뿐이다. 다음은 팀이 더 나은 의사결정을 하는 데 실제로 간단한 전략이 도움이 된다는 것을 보여주는 몇 가지 징후이다.

| 징후 1: 팀원 모두가 전략을 한두 문장으로 요약할 수 있다 |

"팀의 전략이 무엇인가요?"라고 묻는 질문에 대해 내가 가장 싫어하는 답은 "정리해서 문서로 전달해 드리겠습니다!"이다. 전략이 너무 복잡해서 한두 문장으로 요약할 수 없다면 팀이 중요한 실행 결정을 할 때 실제로 전략을 고려할 가능성은 매우 떨어진다.

| 징후 2: 전략에 따라 개발하지 않을 항목을 결정할 수 있다 |

많은 경우, 과도하고 복잡한 전략은 특정한 사용자 페르소나 혹은 문제만을 해결하지는 않겠다는 거부감이 드러난 것이다. 세상 모든 사람을 위해 어떤 것이든 만들어 내겠다는 전략이 정당해 보인다면, 아마도 좋은 전략이 아닐 것이다.

| 징후 3: 시간이 지나면서 전략이 뒤떨어진 것처럼 느껴진다 |

고객과 시장을 잘 이해하여 전략을 수립하고, 변화하는 고객과 시장에 긴밀히 대응하기 위해 열심히 노력한다면, 전략을 명확하게 업데이트해야 하는 시간을 만나게 될 것이다. 이것은 결코 나쁜 일이 아니다! 전략이 너무 오랜 기간 동안 바뀌지 않았다면 팀이나 회사의 성공에 도움이 되는 전략이라기보다는 현실과 단절된 전략일 가능성이 높다. 사용자 페르소나처럼 전략이 식상해지지 않도록 정기적으로 전략을 새로 업데이트하는 것이 좋다.

프로덕트 관련 경력이 쌓일수록, 사용자 페르소나와 문제를 작게 설정하는 것이 다른 페이지나 프레임워크를 추가하는 것보다 훨씬 어렵다는 것을 알게 될 것이다. 하지만 전략이 더 간결하고, 더 선명하고, 더 집중적인 전략일수록 팀이 비즈니스와 사용자에게 의미 있는 성과를 제공하는 데 도움이 될 가능성이 높아진다.

10.5 확실하지 않으면 사례를 요청하자

업무를 하다 보면 누군가 전략, 비전, 미션 또는 어떤 목표를 요청할 때 상대방이 정말로 원하는 것이 무엇인지 확신할 수 없을 때가 있다. 내 경험상 이런 상황에 대처하는 가장 생산적인 방법은 그냥 한두 가지 예를 들어달라고 부탁하는 것이다. 애매한 질문에 조급한 마음으로 멋진 답변을 하지 말고, "감사합니다. 팀과 함께 다음 분기의 프로덕트 전략을 수립하게 되어 좋습니다. 여러 조직에서 다양한 방식으로 전략에 접근하는 것을 보았는데, 특별히 도움이 되었던 사례가 있다면 공유해 주시겠어요?"라고 요청해 보자. 몇 가지 구체적인 사례를 참고하면 조직 내에서 이미 성공한 방식으로 전략을 수립하는 데 도움을 받을 수 있다. 또한 전략이나 비전을 요청하는 사람에게 공유할 만한 사례가 없다면, 그 사람도 당신만큼이나 무엇을 요청하는지 잘 모를 수 있으니 구체적이고 가시적인 것을 제공하면 큰 도움을 줄 수 있다.

마치며: 전략을 간결하고 유용하게 만들자

팀이 성공하려면 목적지를 명확히 파악하고 거기에 도달하는 방법에 대한 계획을 세워야 한다. 하지만 목적지가 너무 모호하고 계획이 너무 복잡하면 아무 곳에도 갈 수 없다. 목표를 구체적이고 단순하게 설정하고, 무엇보다도 팀과 긴밀히 협력하여 목표와 전략이 실제로 사용자를 위한 콘텐츠를 제작하는 사람들에게 유용하게 사용될 수 있도록 하자. 크고 화려한 전략 자료는 내가 중요한 일을 하고 있다고 생각하는 데 도움은 될 수 있지만, 팀이 더 나은 결정을 하는 데 반드시 도움이 되지는 않는다는 점을 기억하자.

CHAPTER 11

데이터, 주도권을 잡자!

요즘은 모두들 '데이터 기반'(또는 적어도 '데이터를 활용하는') 프로덕트 매니저가 되려고 하거나 이런 사람들을 채용하려고 하는 것 같다. 그럴만한 이유가 있을까? 프로덕트 매니저에게 '데이터 기반'이란 **인간적인 복잡함으로 가득하고 모호하게 정의된 프로덕트 매니저 역할에서 자신은 어려운 데이터 비즈니스 업무를 처리할 줄 안다**는 뜻이 될 수 있기 때문일 것이다. 그리고 채용 담당자에게 '데이터 기반'은 '실수하지 않는 사람'이라는 의미로 이해될 수도 있다. 이런 해석으로 무엇이 잘못될 수 있을까?

진지하게 생각해 보면 사용자, 프로덕트, 시장 데이터를 살피면 얻을 수 있는 것이 많다. 목표는 우리가 어디로 향하는지 파악하는 데 도움이 되고, 전략은 그곳에 도달하는 방법을 결정하는 데 도움이 된다면, 데이터는 실제로 올바른 길을 가고 있는지를 이해하는 데 도움이 된다. 물론 이렇게 하기 위해서는 프로덕트와 팀에 '올바른 길'이 어떤 의미인지를 알아야 한다. 프로덕트 관련 일을 하다 보면 필요할 것 같은 데이터를 찾아 쓸 수 없을 때도 있고, 데이터가 너무 많아서 의사결정하기가 불가능하다는 생각이 들 때도 있다. 이 두 상황을 모두 헤쳐 나가려면 중요한 데이터가 무엇인지, 왜 중요한지, 어떤 구체적인 의사결정에 도움이 되는지를 명확하게 이해할 수 있어야 한다. 이 장에서는 도구에 얽매이지 않고 데이터를 잘 활용하는 데 도움이 되는 방법을 상위 수준의 관점에서 살펴보자.

11.1 '데이터'라는 단어의 문제

데이터라는 단어 자체부터 살펴보자. 이 단어로 많은 것을 설명할 수 있다. 이론적으로 데이터는 정성적이든 정량적이든 객관적인 정보를 나타낸다. 현실적으로는 '정보로부터 도출한 결론', '필터링하고 구조화한 데이터의 표현 또는 시각화', 혹은 '숫자나 차트처럼 보이는 모든 것'을 표현할 때 데이터라는 단어를 사용하는 경우를 자주 볼 수 있다. 일반적인 상황이나 대화할 때는 데이터가 정말 무엇을 설명하는지 명확하지 않은 경우가 많지만, 확실하거나 진지한 분위기를 표현하는 데는 확실히 도움이 된다. '데이터'라는 단어는 이렇게 유용한 것처럼 느껴지는 바로 그 이유 때문에 더욱 위험하다. **너무 쉽게 구체성 없는 권위를 행사할 수 있기 때문이다.**

이런 이유에서 프로덕트 매니저에게 정말로 데이터 기반으로 문제에 접근하고 싶다면 '데이터라는 말을 절대 사용하지 말 것!'이라는 직관을 거스르는 규칙을 적용해 보라고 조언하곤 한다. 예를 들어 어떤 정보 집합에 대해서 설명할 때는 그 정보 집합을 구체적으로 설명하는 것이다. 해당 정보를 기반으로 내린 결론에 대해 논의하는 경우, 구체적인 결론과 그 결론에 도달한 방법을 설명하면 된다.

'데이터에 따르면 밀레니얼 세대는 우리의 가치 제안을 매우 잘 받아들이는 것으로 나타났다.'라는 문장을 예로 들어보자. 이제 이 문장을 '우리가 실시한 이메일 리서치에 따르면 밀레니얼 세대는 우리의 가치 제안을 매우 잘 받아들이는 것으로 나타났다.'라고 바꾸어 보자. 물론 여기에는 여전히 설명이 필요한 부분이 많다(가치 제안이란 무엇인가?, 이메일 리서치가 이를 어떻게 보여주는가?). 하지만 최소한 이렇게 바꾸면 어떤 정보를 수집했고, 어떻게 수집했고, 어떻게 해석되었는지에 대해 더 의미 있는 대화가 가능하다.

더 일반적인 예를 들어 보면, '소셜 데이터'라는 문구를 '고객 트윗에 대한 감성 분석'과 같이 구체적으로 풀어 쓴 문구로 대체해 보자. 후자의 문구로 더 많은 질문이 생길 수 있지만, 바로 이런 질문이 정보에 대한 접근성과 실행 가능성을 높인다. '데이터'라는 단어가 없으면 정보와 가정을 구분하고 명확하고 합리적인 기대치를 설정하는 것이 더 쉬워진다.

11.2 의사결정을 하고 나서 데이터 찾기

10장에서 논의했듯이, **우리의 목표와 전략은 우리가 내릴 수 있는 의사결정만큼만 유효하다.** 데이터와 메트릭의 넓은 세계로 들어갈 때도 마찬가지이다. 2012년 하버드 비즈니스 리뷰에 실린 도미닉 바튼[Dominic Barton]과 데이비드 코트[David Court]의 기사[61]는 내가 많은 워크숍과 코칭 대화에서 사용했던 질문과 동일한 내용이다. "**필요한 모든 정보가 있다면 어떤 결정을 내릴 수 있을까요?**"

이 질문에 답하기가 의외로 어려울 때가 많다(몇 년 전에 내가 진행했던 워크숍에서 프로덕트 매니저와 데이터 분석가들이 내놓은 최고의 대답은 "복권을 사세요."였다). 실제로 프로덕트 매니저가 "우리의 문제는 의사결정을 할 수 있을 만큼 데이터가 충분치 않다는 것입니다."라고 말한 다음 반드시 해야 할 의사결정에 관해서는 한마디도 못하는 경우가 얼마나 많은지 알게 되면 깜짝 놀랄 것이다. 중요한 데이터에 접근하기 어려운 것은 분명 많은 현직 프로덕트 매니저에게 실질적인 문제이다. 하지만 데이터가 충분하지 않아도 일단 의사결정을 시작하면 대체 할 수 있는 데이터 원본, 개략적이지만 수용할 수 있는 중간 데이터, 그리고 자신과 팀이 앞으로 나아갈 수 있는 다른 방법을 찾게 될 가능성이 훨씬 높아진다.

예를 들어, 전자상거래 애플리케이션의 결제 환경을 개선하는 업무를 맡았다고 가정해 보자. 팀의 이전 프로덕트 매니저가 새 기능을 출시하는 데 너무 집중한 나머지 사용자가 어디서 어려움을 겪는지 확인하기 위한 측정 도구의 우선순위를 정하지 못했다. 어떻게 해야 할까? 사용자가 어떤 문제를 겪는지 모르는 상황에서 결제 환경 개선과 관련된 내용들의 우선순위를 어떻게 결정할 것인가?

우선, 실제로 결정해야 할 사항을 더 자세히 파악하는 데 시간을 할애할 수 있다. 팀에서 개선을 고려하고 있는 결제 환경과 관련된 구체적인 사항들을 이해하는가? 아니라면 직접 결제 과정을 경험해 보고, 가장 혼란스럽거나 실망했던 순간을 문서로 정리할 수 있는가? 조직에 실제 사용자와 함께 결제 과정을 살펴보고 그 결과를 공유할 수 있는 사용자 리서치 전문가가 있는가?

----

61 https://hbr.org/2012/10/making-advanced-analytics-work-for-you

시간을 들여 현재 결제 환경을 잘 파악하고 나면 우리에게 없는 측정 데이터라는 것이 '반드시 있어야 하는 것'이라기보다는 '있으면 좋은 것'이라는 사실을 알게 될 것이다. 경험의 한두 부분만 확인이 필요하다는 것이 명확해지면, 팀은 자신 있게 우선순위를 정할 수 있다. 그리고 이때, 추가로 결제 경험 전체가 어떤 흐름 으로 진행되는지를 다시 상상해 보면 이것이 팀에 또다른 의미 있는 기회가 될 수 있다. 하지만 이런 경우에 오히려 세분화된 측정 데이터에 대한 지나친 의존이 실 제로 팀을 잘못된 길로 이끌게 되기도 한다.

프로덕트 매니저로 일하다 보면 원하는 데이터를 확보하기 어려운 경우가 많다. 하지만 언제나 앞으로 나아갈 길은 있다. 결정해야 할 것이 무엇인지를 고민하는 데 시간을 충분히 쓰고 난 다음에 의사결정에 도움이 될 수 있는 모든 정보(정량 적, 정성적)를 찾는 데 집중하는 방법이 한 걸음 나아가는 데 도움이 될 것이다.

'보이지 않는' 증거를 찾기 위해 본능을 믿어보자

손 R., B2B 광고 소프트웨어 스타트업, 프로덕트 매니저

내가 프로덕트 매니저로서 업무를 처음 시작했을 때 해야 할 다양한 일이 있었지만, 무엇부 터 해야 하는지에 대한 지침은 거의 없었다. 하지만 비즈니스 부서에서는 이 방향이 맞는지, 저 방향이 맞는지 데이터를 근거로 알려 달라고 요청했다. 그 상황에서는 프로덕트에 대한 특정 방향이나 우선순위를 결정하기 위한 데이터를 찾기가 매우 어렵겠다는 느낌을 받았다.

당시에 투박하지만 서비스할 수 있는 사용자 인터페이스가 있었다. 시간을 투자하여 사용법 을 익히면 이해할 수 있는 수준이었다. 하지만 막상 사용해 보니 매우 혼란스러웠다. 단순하 고 사용하기 쉬운 최신 인터페이스를 새롭게 만들면 교육 시간을 효과적으로 단축하고 프로 덕트에 대한 친밀감을 높일 수 있을 것이라는 막연한 생각이 들었다. 하지만 이렇게 하는 것 이 올바른 방법임을 증명할 수 있는 구체적 데이터가 없었다.

약 3개월 후, 대시보드 작업을 해 보자는 내 제안을 회사에서 마지못해 받아들였다. '그래, 다 른 쉬운 방법이 없으니 일단 한번 해 보자.'였다. 그러나 작업이 진행될수록 점점 더 긍정적 반응이 보였다. 새로운 대시보드를 출시하고 사용자에게 피드백을 받았을 때, 경영진은 "이 렇게 효과가 좋다니 놀랍네!"라고 반응했다. "그동안 제가 말해왔던 거잖아요!"라고 말하고 싶었지만, 어느새 나조차도 이 방법이 올바르다고 주장하지 않았다는 것을 깨달았다. 당시에 는 이미 존재하는 데이터를 활용하는 방법만 알았을뿐, 앞으로의 변화를 측정하기 위해 데이

터를 활용하는 방법을 몰랐었고, 기회를 놓친 것 같아 부끄러웠다.

그 경험을 통해 나는 추정하고 난 다음에 "이를 바탕으로 이러한 지표에 영향을 미칠 것으로 예상한다."라고 말하는 방법을 배웠다. 어떤 것이 효과가 있다는 것을 어떻게 측정할까? 매출 증가를 기대하는가? 전환이 증가할까? 이런 질문들에 답하려면 프로덕트 매니지먼트보다 훨씬 오래된 과학적 방법을 살펴보면 된다. 과학은 실험을 하기 위한 초기 추측 즉 첫 번째 가설 또는 비약적 판단을 설정하는 것으로 시작한다. **진정한 데이터 기반 실험은 직관을 따르고, 그 직관이 맞는지 테스트하기 위해 일종의 피드백 루프를 구축하는 과정을 거치는 경우가 많다.**

11.3 중요한 측정에 집중한다

필요한 데이터가 없어서 어려움을 겪는 프로덕트 매니저가 있지만, 어떤 프로덕트 매니저들은 데이터가 너무 많아서 이해하는 데 어려움을 겪기도 한다. 최신 분석 도구와 대시보드가 매 순간 쏟아 내는 대량의 정보 때문에, 언제든 중요하다고 생각하는 지표의 급상승 또는 급락을 추적하면서 하루 종일 시간을 보낼 수도 있다.

나도 프로덕트 관련된 일을 처음 시작할 때 '결국 **데이터 기반** 프로덕트 매니지먼트의 핵심은 바로 이런 것이 아닐까?'라는 생각으로 이런 대시보드에 매달려 흥미롭거나 비정상적으로 보이는 패턴이나 추세를 분석하는 데 많은 시간을 보냈다. 신규 사용자 가입이 감소하는 것을 발견하면 즉시 지난주 마케팅 자료를 살펴보고 이상한 점이 있는지 확인했다. '사용자 참여'로 설명할 수 있는 여러 지표 중 하나라도 급증한 것을 발견하면, 격려의 메모와 함께 팀에 전달했다. 시간이 지나면서 대시보드를 마치 슬롯머신 같다고 생각했고, 나는 슬롯머신에서 이기기 위해 대시보드를 붙잡고 있었다.

프로덕트 매니지먼트를 이와 같은 우연에 맡기는 것이 팀의 목표 달성을 돕는 최선이 방법이 아님을 깨닫기까지 오랜 시간이 걸렸다. 한편으로는 대시보드의 모든 숫자와 그래프가 실제로 팀의 목표와 어떤 관련이 있는지 제대로 알지 못하는 상황에서 더 좋은 접근 방식을 찾기는 어려웠다. 어떤 구체적인 지표가 팀에 중요한 것인지를 제대로 파악하지 못했기 때문에 『린 스타트업』(인사이트, 2012)의 저자 에릭 리스가 말한 '허세 지표$^{vanity\ metric}$'를 추적하는 데 많은 시간을 보낸 셈이다. 허세 지표는 '우상향하는 모든 것', 즉 팀이 잘하고 있는 것처럼 보이게 하는 지표이다. 그러나 부정적 추세를 보이는 지표도 프로덕트 매니저가 과도하게 걱정하면 허세 지표가 될 수 있다(나는 전혀 관련 없는 지표가 눈에 띄게 하락하는 상황에서 두려워하지 않고 팀을 구해낸 영웅 같은 프로덕트 매니저 역할을 해본 적이 있다). 팀에 어떤 지표가 중요하고, 왜 중요한지에 대한 단호하고 구체적인 생각이 없다면, 모든 지표는 본질적으로 허세 지표에 불과하다.

검색 엔진을 담당하는 프로덕트 매니저 입장에서 생각해 보자. 일일 페이지 조회수가 갑자기 감소한다. 이는 무엇을 의미할까? 그리고 어떻게 해야 할까?

이 질문은 널리 알려진 구글에서 프로덕트 매니저를 채용할 때 묻는 질문인데, 유명해진 이유가 있다. 사람들에게 가능한 한 빠르고 올바른 정보를 제공하는 것이 목표인 프로덕트를 개발할 때는 페이지 조회수 감소가 좋은 일일 수 있다. 반대로 페이지 조회수와 수익이 정비례하는 프로덕트를 개발하는 경우라면 페이지 조회수 감소는 매우 나쁜 소식일 수 있다. 같은 지표라도 팀과 조직의 전반적인 목표 및 전략에 어떻게 부합하는지에 따라 매우 다른 의미가 될 수 있다.

지표가 특정한 목표 및 전략과 어떻게 관련되는지 생각하기 시작하면, 부정적 추세를 바람직한 것으로 보거나 심지어 기대하는 지표로 볼 수도 있다. 예를 들어, 팀에서 구독 서비스에 대한 가격 인상을 평가하는 업무를 담당하는 경우를 가정해 보자. 가격 인상에 따라 전체 매출이 증가할 가능성이 높다. 반대로 가격 인상으로 인해 일정 수의 고객이 구독을 취소할 가능성도 높다. 이러한 '지표'를 미리 파악하면 얼마나 많은 고객을 잃을 수 있는지, 그리고 그 수치가 예상을 넘는 추세를 보일 경우 어떻게 해야 하는지에 대해 이해관계자들과 미리 관련된 대화를 할 수 있다.

요약하면, "무엇을 측정해야 하는가?"라는 질문에 대한 정답은 없다. 따라서 목표와 전략을 살펴보고 현재 위치와 목표를 이해하는 데 도움이 될 수 있는 측정 가능한 신호가 무엇인지 파악하기 위해 최선을 다해야 한다.

11.4 명확한 기대치를 설정하기 위해 생존 지표를 사용하자

내가 프로덕트 매니저에게 가장 자주 하는 질문은 "어떤 일이 일어날 것으로 예상합니까?"이다.

이런 질문에 프로덕트 매니저들은 "이번 주에 이백 명의 신규 사용자를 확보할 겁니다!" 또는 "새 기능의 사용량이 크게 증가할 것입니다!"와 같이 흥분하여 성공을 선언하듯이 답을 하곤 한다.

이백 명의 신규 사용자는 큰 성과일 수도 있지만, 반대로 큰 재앙일 수도 있다. 사용자를 확보하기 위해 얼마나 많은 시간과 노력이 투입되었는지에 따라 의미가 달라지기 때문이다. 마찬가지로 새 기능을 개발하는 데 얼마나 많은 엔지니어링 시간을 투입하였는지에 따라 사용량이 '크게 증가'하더라도 비즈니스에는 여전히 '큰 손실'일 수 있다. 예상되는 성과를 적극적으로 파악해 낼 수 있을 만큼 자신이 없다면, 어떤 성과를 두고 "좋다." 혹은 "나쁘다."라고 단언하는 것은 사실 불가능하다.

이는 **10장**에서 논의한 성과와 결과 시소의 또 다른 예다. 기대하는 성과를 구체적으로 정해 놓지 않으면 "봐, 몇 명의 사람들이 프로덕트를 사용하고 있어!" 또는 "봐, 제시간에 기능을 출시했어!"와 같은 허세 지표로 업무 성공을 측정하는 함정에 빠질 가능성이 매우 높다. 훌륭한 프로덕트 매니저라면 성공한 모습을 미리 약속할 뿐만 아니라 쉽진 않겠지만, 실패한 모습에 대해서도 중요한 대화를 기꺼이 할 수 있어야 한다. 프로덕트 리더인 아담 토마스는 이런 대화를 할 때 '**생존 지표**'를 사용하자고 주장한다. '성공 지표'가 푸른 하늘이라고 하면 생존 지표는 현실의 바닥이다. 예를 들어, 향후 3개월 내에 천 명의 사용자를 추가로 확보하면 새 기능이 성공한 것으로 보기로 결정했다. 하지만 이 기능에 관해 추가로 투자 여부를 결정하려면 최소 활성 사용자 수를 얼마로 예상해야 할까? 백 명? 오십 명? 아니면 열 명? 그 숫자에 도달하지 못하면 어떻게 할 것인가?

이런 대화가 결코 쉬운 대화는 아니지만, 이백 명이라는 신규 사용자가 좋은 혹은 나쁜 성과인지를 사후에 파악하려고 애쓰는 것보다 새로운 프로덕트나 기능을 출시하기 전에 이러한 현실적인 대화를 하는 것이 낫다.

'데이터 기반' 프로덕트 매니지먼트가 사용자와 멀어지는 경우
머틀 P., 400명 규모의 SAAS 스타트업, 프로덕트 디렉터

몇 년 전 사용자 웹사이트에 탑재되는 기능의 성능을 개선하는 과제를 맡았다. 엔지니어링 팀원들과 함께 '지연 시간이 밀리초 단위로 늘어나면 이탈률이 급격히 증가한다.'라는 흥미로운 가설을 세웠다. 우리는 자체 기능이 로딩될 때 지연 시간을 줄이면 사용자 인터랙션을 정말 인상적으로 늘릴 수 있다는 설득력 있는 사례를 만들었다. 이는 프로덕트 매니저가 바라는 '변화를 통해 지표를 개선하고 비즈니스에 큰 성과를 가져다주는' 시나리오였다.

문제는 이 기능을 상당히 오래된 소프트웨어에 적용해야 하는 점이었다. 로드 시간을 점진적으로 변경하기에는 상당한 개발 노력이 필요했다. 수년간 함께 일하며 신뢰를 쌓아온 엔지니어링 담당자는 나에게 "이 문제를 해결할 수 있는 유일한 방법은 처음부터 모든 것을 다시 개발하는 것입니다."라고 명확하게 말했다. 그래서 나도 처음부터 다시 해 보자고 했고, 약 4개월이 걸릴 것으로 예상했다. 시간은 많이 걸리지만, 이 작업이 미칠 엄청난 영향을 생각하면 그만큼의 가치가 있다고 생각했다. 당연히 그 4개월이 2년이 됐다.

핵심 프로덕트를 병행해서 개발하는 것은 결코 쉬운 일이 아니며, 작업을 진행하면서 미처 생각치 못한 것들을 만나게 된다. 가장 안타까운 것은 이 작업을 진행하는 2년 동안 고객에게 실제로 도움이 되는 어떤 것도 제공하지 못한 점이다. 우리는 확실해 보이는 길을 갔지만 사용자가 실제로 무엇을 달성하려고 하는지 파악하지 못했다. 로드 시간 밀리초가 정말로 사용자에게 문제인지 검증하지 않았고, 비교적 측정이 쉬우며 이론적으로 큰 영향을 미치는 항목만 찾아서 이를 최적화하기로 했던 것이다.

돌이켜보면 이 방식에 끌렸던 이유는 대부분의 프로덕트 매니저가 싫어하는 일, 즉 많은 고객과 대화할 필요가 없었기 때문이다. 우리 스스로 실제 사용자를 통해 배우는 방법을 최소화했고, 자기 무덤을 자기가 판 것이다. 테레사 토레스의 기회 솔루션 트리[62]처럼 우리가 해

---

[62] Opportunity Solution Trees: Visualize Your Thinking – https://www.producttalk.org/opportunity-solution-tree/

결할 수 있는 여러 사용자 문제를 파악한 다음에 가능한 솔루션을 평가하는 방법이 아니라 데이터에서 설득력 있고 방어 가능한 것처럼 보이는 데이터에서 어떤 것을 발견하면서 여러 단계를 건너뛰었다. 사용자와 먼저 대화했다면 많은 시간과 어려움을 줄였을 것이다.

11.5 실험과 실험에 대한 불만

'데이터 기반 실험' 개념은 최근 프로덕트 매니지먼트의 핵심인데, 이에는 그럴만한 이유가 있다. 프로덕트를 개발하기 위해 막대한 자원과 시간을 투자하기 전에, 그 프로덕트가 개발 초기 단계에서 실제 고객에게 성공할 가능성이 있는지를 알아볼 수 있다면, 무엇이든 해볼 만한 가치가 있기 때문이다.

이론적으로 답을 찾고 싶은 궁금증은 근거가 부족한 의견이나 조직 내 정치가 아니라 객관적인 실험으로 해결해야 한다. 그러나 실제로 실험을 진행하면 정반대의 결과로 귀결되는 경우가 많다. 많은 팀에서 실험으로 논쟁을 해결하려 하기보다는 실험을 제대로 하는지, 실험 결과가 정말 중요한지, 실험을 해야 할 가치가 있는지를 가지고 격렬한 논쟁이 벌어진다.

수년 동안 왜 이런 일이 일어나는지, 그리고 이런 문제를 어떻게 해결할 수 있는지를 알아내려고 고심했다. 그러던 중 언제나 탁월한 뉴스레터인 팀 카사솔라[Tim Casasola]의 디오버랩[63]에서 보낸 딱 다섯 단어(영어로도 다섯 단어)의 제목인 '가치를 증명하지 말라. 가치를 창조하라[64]'라는 글이 내 마음을 흔들었다. 다시 말해 사용자에게 이론적으로 가치를 줄 수 있다는 것을 동료들에게 증명하려고 실험하지 말고, 사용자에게 가치를 주겠다는 목표를 가지고 실험하라는 뜻이다.

이 다섯 단어에 흥미가 생겨서, 최근 실험을 통해 팀의 업무 방향을 성공적으로 바꾼 몇몇 프로덕트 매니저와 최근 실험에 실패한 몇몇 프로덕트 매니저에게 연

---

63 The Overlap – https://theoverlap.substack.com/
64 "Don't prove value. Create it." – https://theoverlap.substack.com/p/dont-prove-value-create-it

락했다. 그 결과 분명한 패턴이 보였다. 가장 영향력 있는 실험은 정말로 사용자에게 가치를 주겠다는 명확한 동기로 실행한 것이다. 이런 성공적인 실험의 동기는 '일단 어떤 소소한 것을 출시하고 난 다음, 미래의 사용자에게 가치가 있을지 판단하기 위해 많은 계산을 하는 것'이 아니라 '사용자에게 가치를 줄 수 있다고 생각하는 어떤 작은 것을 우선 출시하고, 정말로 사용자에게 가치가 있는지를 확인하는 것'이었다.

앞서 예로 들었던 전자상거래 애플리케이션의 결제 환경을 개선해야 하는 팀의 경우를 생각해 보자. 이 팀의 프로덕트 매니저는 비즈니스에 중요한 업무 흐름을 크게 변경하기 전에 팀이 올바른 방향으로 가고 있는지 확인하고 싶을 것이다. 두 단계의 결제 과정을 한 단계로 줄이면 전환율이 늘어날 것이라고 확신할 수 있다. 하지만 그렇게 하려면 현재 두 단계 중 사용자에게 '추천 프로덕트'를 표시하는 부분을 다른 프로덕트 매니저가 담당하는 쪽으로 옮겨야 한다. 그런데, '추천' 담당 프로덕트 매니저는 솔직히 당신의 아이디어에 동의하지 않았고, 오히려 좋지 않다고 주장한다. 그래서, 두 가지 가설 즉, 간소화한 워크플로를 적용하면 전환율이 높아지는지, '추천 프로덕트'에 관련된 사용자 참여에 영향을 미치는지를 실험으로 검증해 보기로 했다.

소규모 사용자 그룹에 이 실험을 배포하고 결과를 애타게 기다렸다. 당신의 예상대로 통계적으로 유의미하게 전환율이 증가했다! 그러나 '추천 프로덕트'를 클릭하는 사용자도 통계적으로 유의미하게 감소했다. 어떤 의미에서는 당신과 다른 프로덕트 매니저가 모두 옳았다. 두 사람 모두 각각의 지표가 더 중요한 이유에 대한 근거를 제시하기 시작했다. 몇 달 동안 실질적인 진전 없이 엎치락뒤치락하다 보니, 사람들의 저항이 가장 적은 경로가 점점 매력적으로 보였다. 결과적으로 이 실험은 궁극적으로 이 실험은 '결론 없음'으로 여겨지고 업무 흐름은 기존 방식이 유지되었다.

조금 다른 방식을 선택하는 경우를 생각해 보자. 다른 프로덕트 매니저에게 항의를 받았을 때, 한발 물러서서 다시 사용자 관점에서 결제 환경을 관찰하는 방법이다. 결제 과정의 중간에 '추천 프로덕트'가 있어 많은 사용자가 잘못 클릭하는 경우가 상당수이며, 아예 애플리케이션을 꺼버리는 경우도 있다는 사실을 금방 확인할 수 있었다. 여기서 더 깊게 생각해 보니 추천 기능을 이렇게 배치하는 것이 실제로 사용자에게 가치를 올바르게 제공하는지 확신할 수 없었다.

그래서, 이번에는 추천을 클릭한 사용자 중 어느 정도가 구매를 마치는지 정확히 파악해 보고자 했다. 그러나 앞의 사례에서 설명했지만, 현재 정보를 세분화하여 데이터를 측정할 수 없는 상황이다. 그래서 지원 팀에 연락하여 공유해 줄 수 있는 정보가 있는지 확인했다. 그리고 최근 여러 사용자에게 받은 불만 사항인 결제를 완료하는 과정에서 실수로 '추천 프로덕트'를 클릭했다는 내용도 전달했다. 사용자의 전반적인 기대치를 잘 이해하기 위해 다른 전자상거래 애플리케이션을 살폈더니, 대부분의 애플리케이션이 결제 워크플로에서 두 번째 화면이 아니라 '장바구니' 화면에서 프로덕트를 추천한다는 사실을 확인했다. 자! 이제 어느 정도 파악됐다.

다른 프로덕트 매니저에게 지금까지 수행한 리서치 결과를 기반으로 '추천 프로덕트'를 장바구니 화면으로 이동하여 결제 환경이 간소화되면 모든 사용자에게 더 많은 가치를 제공할 수 있다는 의견을 제시했다. 이 방법이 결국 사용자, 회사, 두 팀 모두에게 이익이 될 것이 분명했다. 결제하는 사용자가 많다는 것은 결국 추천하는 프로덕트를 포함하여 회사 프로덕트를 구매하는 사용자가 많다는 의미이기 때문이다. 의견과 함께 이렇게 장바구니와 결제 환경을 업데이트하면 전환율을 증가시킬 수 있는지 확인하기 위한 실험을 제안하고, 이런 변화가 궁극적으로 두 팀 모두에게 가장 의미 있는 지표라는 점을 설명한다. 결국엔 마지못해 다른 프로덕트 매니저도 동의하게 될 것이다.

이 실험을 준비하는 데는 계획보다 시간이 더 걸릴 테고, 당신 팀과 추천 프로덕트 팀 사이에 협업도 쉽지 않을 것이다. 그러나 소수 사용자를 대상으로 배포하는 '개선된 경험'은 결국 '모든 사용자에게 더 많은 가치를 제공할 수 있는 경험'이 될 것이다. 실험 결과는 이전 사례와 같이 통계적으로 유의미한 전환율 증가와 함께 추천 프로덕트에 대한 사용자 참여가 작지만 무시할 수 없을 정도로 감소한 것을 확인할 수 있을 것이다. 하지만 이번에는 다른 프로덕트 매니저가 실험이 실패했음을 쉽게 선언하지 않을 것이다. 가장 의미 있는 지표를 미리 조정했고, 실험이 해당 지표에 의미 있고 명확하게 영향을 끼친 것으로 보이기 때문이다. 또한 이 실험은 추천 프로덕트 팀과 협업한 것이므로 추천 프로덕트 팀도 실험 성공의 결과의 일부를 소유하게 된다. 그 결과로 회사 경영진에게 실험 결과를 함께 발표하고 더 많은 사용자 그룹에 새로운 결제 환경을 배포할 것을 강력히 주장할 수 있게 되었다.

이 사례에서 보듯이, 실험보다 실험과 관련된 커뮤니케이션 방법이 중요한 경우가 많다. 간단히 말해서 특별히 자신을 '증명하려 노력하지 않아도, 사용자에게 실질적인 가치를 제공할 수 있는 것을 만들면 정치적 정체를 깨고 추진력을 얻기 훨씬 쉬워진다. 게다가 최선의 노력을 했음에도 가치를 제공할 수 없는 것을 만들더라도 팀과 협력하여 다소 실망스러운 결과의 이유가 된 예상과 오해를 더 잘 이해할 수 있을 것이다.

세상에서 가장 쓸모없는 A/B 테스트

G. L., 기술 스타트업, 프로덕트 매니저

프로덕트 매니지먼트 경력 초기에 애플리케이션의 버튼 색상과 배치에 대해 팀 내 디자이너와 의견이 충돌한 경험이 있다. 당시 우리는 약간의 디자인 작업을 다시 했는데, 나는 디자이너가 제안한 업데이트된 버튼보다 현재의 버튼 형태가 더 매력적이라고 확신했다. 좋은 '데이터 기반 PM'이라면 언제나 데이터와 실험으로 이런 의견 불일치를 해결한다는 것을 알았기 때문에 간단한 A/B 테스트를 해 보자고 제안했고 디자이너도 이에 동의했다.

우리에게는 A/B 테스트를 할 수 있는 꽤 좋은 시스템이 있었고, 모든 준비를 마치는 데 하루도 걸리지 않았다. 몇 주 후 테스트의 결과를 검토했는데, 놀랍게도 내가 완전히 틀렸다는 것이 밝혀졌다. 디자이너의 업데이트가 나은 성능을 보였을 뿐만 아니라 '통계적으로 유의미한' 결과를 보여서 이제 디자이너가 제안한 변경 사항을 즉시 배포하는 것이 좋겠다고 생각했다.

겸허한 마음으로 그의 책상으로 걸어갔지만, 속으로는 실제 사용자 데이터를 통해 얻은 결과로 결정하는 자신이 정말 정정당당하게 패배를 인정하는 사람 같기도 해서 뿌듯한 마음도 있었다. 하지만 놀랍게도 그는 웃으며 "네, 결과를 검토했는데, 이건 그냥 그대로 두고 다른 작업을 하는 게 좋겠어요."라고 말했다. "뭐라고요?", "결과가 통계적으로는 유의미할지 모르지만, 전체적으로 보면 이 버튼을 사용하는 빈도가 많지 않았어요."라고 그가 말했다. "이 버튼

이 애플리케이션에서 차지하는 비중이 크지 않고, 이미 상당한 시간을 들여 탐색한 점을 고려하면 다른 곳에 시간을 투자하는 것이 더 좋겠어요."

이 디자이너는 나에게 중요한 교훈을 주었다. 테스트에서 '통계적으로 유의미한' 결과를 얻었다고 해서 그것이 비즈니스나 사용자에게 중요한 것이 아닐 수도 있다는 점이다. 나는 **'과학적' 접근 방식을 취해야 한다는 생각에 사로잡혀 '비즈니스적'인 큰 그림을 완전히 놓쳤던 것이다. 비즈니스에 정말 필요한 결과를 얻기보다는 측정할 수 있고, 테스트할 수 있는 것에 더 집중한 셈이다.** 지금의 나는 이 실험이 얼마나 큰 의미인지를 이해하는 것부터 하려고 한다. 얼마나 많은 사용자가 실제로 이 프로덕트와 상호작용하는지, 그리고 그 상호작용이 얼마나 의미 있는지 말이다. 이런 생각 없이 진행하는 '데이터 기반' 실험은 정말 쓸모없는 작업이 될 수도 있다.

11.6 '책임'에서 '행동'으로

많은 조직에서 프로덕트 매니저에게 어떤 지표의 변화를 주도할 수 있도록 많은 '책임감'을 요구한다. 이론적으로는 이렇게 함으로써 프로덕트 매니저가 성과의 우선순위를 정하고, 프로덕트와 회사를 올바른 방향으로 이끌 수 있는 요소에 집중할 수 있다.

하지만 현실에서는 이런 방식이 꽤 역효과가 나는 것을 자주 보았다. 프로덕트 매니저가 어떤 정량적 수치를 달성하는 것에 직접 책임을 져야 하는 상황에서 그 수치가 도달할 수 없는 수준이라고 판단되면 책임을 회피하는 경우가 종종 있었다. 예를 들어 신규 사용자 증가율을 어떤 수치만큼 증가시켜야 하는 책임을 지게 되었는데, 경쟁 업체에서 시장 점유율을 잠식할 만한 프로덕트를 출시할 것이 예상된다면, 항복의 표시로 손을 들고 미리 불쾌한 마음으로 분기별 보고만을 준비하게 될 수도 있다. 또는 평가 기준이 되는 지표가 유리한 방향이 아니라는 것을 일찍 알게 되는 경우에도 책임에서 도망가려 할 때가 있다. 오히려 적극적으로 참여하지 않게 될 수도 있다.

이런 점에서 프로덕트 매니저에게 데이터 기반 '책임'과 관련하여 가장 불편하고 어려운 과제는 결국 사람들에게 자신들이 통제할 수 없는 것들에 대해서 책임을 다하도록 어떻게 요청할 것인지이다. 앞서 논의했듯이, 비즈니스에 가장 의미 있는 성과는 대개 사용자 행동과 시장의 역학에 의해 결정되는데, 이 두 가지가 모두 엄청나게 복잡한 시스템이다. 이렇게 복잡한 시스템에서 어떤 변화가 새로운 기능 출시와 같은 하나의 요인으로 비롯되었다고 단정 짓기는 거의 불가능하다.

그러나 10장에서 설명했듯이, 프로덕트 매니저와 팀은 자신들의 업무가 목표에 미치는 영향이 모호하고 정량화하기 어렵더라도 늘 구체적인 목표를 염두에 두는 것이 중요하다.

그렇다면 구체적이고 정량적인 목표와 이런 목표에 직접 영향을 줄 수 있는 비선형적이고 모호한 역량은 어떻게 균형을 맞출 수 있을까? 이것은 아주 어려운 질문이며, 명확한 답도, 포괄적인 답도 없다. 내 경험상 대체로 프로덕트 매니저에게 지표를 중심으로 책임을 부여할 때 특정한 정량적 목표를 달성하도록 하는 것보다 그 정량적 목표를 달성하기 위한 팀의 노력에 우선순위를 두도록 명확하게 재구성하는 것이 더 도움이 되었다. 내 경우는 보통 이를 여섯 가지 구체적 책임으로 세분화한다.

- 어떤 지표를 주목하고 있으며, 그 지표들이 전반적인 팀과 회사의 목표와 어떻게 연결되는지 파악한다.
- 이들 지표에 대해 명확하고 구체적인 목표를 세운다.
- 현재 이들 지표와 관련하여 어떤 일이 있는지 파악한다.
- 이들 지표로 인해 팀에서 진행하는 업무에서 발생하는 근본적인 이슈를 찾아낸다.
- 당신과 당신의 팀이 근본적인 이슈를 어떻게 효과적으로 해결할 것인지 결정한다.
- 이슈를 해결하기 위해 우선순위가 있는 실행 계획을 수립한다.

이 여섯 가지 항목을 전체적으로 고려하면 팀의 목표가 좋은지 나쁜지는 관계없이 일단 팀이 목표에 계속 집중하는 데 도움이 될 것이다. 프로덕트 매니저로서 책임지는 숫자가 올바른 방향으로 움직이더라도 왜 그런지, 무엇을 해서 그런지 알 수 없다면 자신의 역할을 제대로 수행하지 못한다고 할 수 있다. 거꾸로 책임지는 숫자가 잘못된 방향으로 움직이더라도 그 이유를 이해하고 시간을 들여 실행 계획을 수립했다면, 프로덕트 매니저 역할을 제대로 수행하는 것이다.

마치며: 지름길은 없다!

데이터 기반 프로덕트 매니지먼트라는 개념은 마법처럼 걱정도, 위험도 없는 미래를 약속할 수 있다. 신중하고 철저하게 사용하면 데이터는 사용자와 프로덕트를 이해하는 데 중요한 도구가 되겠지만, 데이터가 모든 일을 대신하는 것은 아니다. 의사결정에 필요한 사항을 이해하고, 의사결정에 도움 될 수 있는 최상의 데이터를 찾고, 조직에 있는 고도의 전문성이 있는 사람들과 협력할 수 있겠지만, 실제로 의사결정을 하는 일에 대한 책임은 여전히 당신에게 있다.

셀프 체크리스트

☐ 데이터 기반 접근 방식을 취하더라도 여전히 우선순위를 정하고 의사결정을 하는 것은 여전히 필요하다는 점을 인식한다.

☐ 어떤 정보를 일반화하기 위해 데이터라는 단어를 사용하지 말자. 그 정보가 무엇이고, 어떻게 수집되었는지를 설명하자.

☐ 팀에 중요한 지표와 이 지표가 목표 및 전략과 어떻게 연결되는지에 대해 명확한 관점을 가진다.

☐ 프로덕트를 출시하거나 측정할 수 있는 결과가 있는 조치를 취하기 전에 어떤 일이 일어날 것을 기대하는지 구체적으로 설명한다.

☐ 성공 지표를 '생존 지표'로 보완하여 어떤 결과가 새로운 프로덕트나 기능에 대해 지속적으로 투자할 것인지 혹은 투자하지 말 것인지에 대해 미리 대화하자.

☐ 동료에게 자신을 증명하는 것이 아니라 사용자를 위한 가치를 창출하기 위해 실험한다.

☐ 자신의 업무가 성장 및 매출과 같은 상위 수준의 비즈니스 성과에 미치는 구체적 영향은 정량화하기가 어렵다는 점을 인정한다.

☐ 프로덕트 매니저로서 자신의 개인적 성공과 실패를 평가하기보다는 구체적이고 정량적인 목표와 대상으로 팀 업무의 우선순위를 정하자.

CHAPTER 12

우선순위 결정하기:
모든 것이 모이는 곳

앞장에서 논의했듯이 중요한 결정을 하기 전에 신중하게 검토하는 여러 방법이 있다. 중요하고 인상적인 파워포인트 프레젠테이션을 만드는 방법도 있으며, '미션'과 '비전'의 차이에 대해 진지하고 격렬한 토론을 할 수도 있다. 대시보드에 파묻혀 "더 많은 데이터가 필요하다."라며 큰 소리로 주장할 수도 있다!

하지만 언젠가는 팀과 함께 답을 해야만 하는 다음과 같은 몇 가지 중요한 질문이 있다. '무엇을 개발하는가?', '얼마나 많이 개발하는가?', '성공했는지 어떻게 알 수 있나?', '무엇을 개발하지 말아야 하는가?' 마지막 질문은 사실 '더 이상 지원하지 말아야 할 것은 무엇인가?'이다.

이런 질문은 보통 '우선순위 결정'이라는 프로세스에서 가장 많이 제기된다. 이 단계에서는 한정된 기간 동안 팀과 함께 정말로 무엇을 할 것인지 파악해야 한다. 기존 백로그에서 사용자 스토리를 가져올 수도 있고, 팀과 협력하여 새로운 아이디어를 찾아내서 개발 범위를 정할 수도 있다. 그러나 어떤 정보를 얻든, 무엇을 하든 반드시 우선순위를 정해야 한다. 그리고 언제나 이런 결정을 할 때는 자신감과 확신이 들 정도로 충분한 정보가 있다는 느낌은 절대로 받지 못할 것이다.

우선순위를 정하는 과정에서 목표, 전략, 지표, 실험 결과와 우리가 논의했던 거의 모든 것들이 한데 모이게 될 것이다. 안타깝지만, 이 과정에서 그려볼 수 있는 그림은 일관성도 없고, 혼란스럽고, 때로는 모순덩어리 그림일 수 있다. 이런 상황에서도 프로덕트 매니저는 '제대로' 우선순위를 결정할 수 있다는 확신이 필요해서 프레임워크에 의지하는 경우가 많다. 그러나 모든 우선순위 결정 프레임워크에는 모호한 부분이 많아서 팀이 어디로 가는지, 어떻게 그 곳에 도달할 것인지를 확실히 모른다면 전혀 쓸모가 없을 수도 있다. 만약 영향력-노력 매트릭스 [65]를 사용하는 경우에 목표가 명확하지 않으면 영향력을 어떻게 정의할 것인가? MoSCoW [66] (여기서 M은 '필수 Must'를 의미) 우선순위 결정 방법을 사용하는 경우 누구를 위해 개발하는지 모르는 상황이라면 무엇이 필수인지 어떻게 알 수 있을까?

어떤 프레임워크를 사용하든, 준비를 얼마나 많이 했든 우선순위 결정 과정에서 중요한 질문에 대한 답이 없거나 목표가 생각만큼 명확하지 않다는 것을 알게 되는 순간이 있다. 이 장에서는 팀이 사용하는 공식적인 우선순위 결정 프레임워크나 프로세스와 관계없이 앞으로 나아갈 수 있는 최선의 결정을 하는 방법에 대해 살펴본다.

12.1 여러 단의 케이크 한 입 먹기

우선순위를 결정할 때 회사, 팀, 프로덕트, 사용자 목표, 전략, 지표와 같이 여러 계층과 수준을 염두에 두어야 한다. 이론적으로 이런 모든 계층은 명확하고, 목적에 맞도록 깔끔한 계단처럼 구성되어야 한다. 하지만 현실에서는 크고 지저분한 몇 단짜리 케이크와 비슷할 가능성이 훨씬 크다(그림 12-1). 케이크의 모든 단이 언제나 맛있지도 않고, 1단이 맛있다고 2단의 맛을 보완해 주지도 않는 것처럼 말이다. 어떤 단은 정말로 달콤하고 폭신하지만, 어떤 단은 푸석푸석하고 잘 부서질 수도 있다. 케이크의 어떤 단을 한 입 먹어 볼 가치가 있는지를 파악하는 것은 모든 결정을 내릴 때마다 당신이 해야 할 일이다.

회사 규모가 클수록 케이크의 단수는 높아지고, 다루기 어려워질 수 있다. 회사

---

65 옮긴이_ Impact-vs-effort matrix는 잠재적인 영향력과 업무 수행에 필요한 노력을 평가하기 위해 사용하는 도구로, 업무 우선순위를 정할 때 많이 사용한다.

66 옮긴이_ MoSCoW는 요구사항을 분석하는 과정에서 우선순위를 결정하는 방법으로 반드시 해야 하는 것(must-have), 해야 하는 것(should-have), 할 수 있는 것(could-have), 하지 않을 것(won't have) 또는 당장은 하지 않을 것을 기준으로 삼는 방법이다.

규모가 작은 경우에는 더 지저분하고, 밀도가 높을 것이다. 완벽한 케이크를 만들 순 없더라도, 매번 최선을 다해 케이크를 만들어야 한다.

예컨대 기업 매출과 사용자 성장 목표를 잘 정의하여 공유하고, 전략적 기획 방향 도 잘 정의된 대기업에서 근무한다고 해 보자. 전체 회의에서 이런 목표가 발표 될 때는 고개를 끄덕였지만, 막상 다음 분기 업무 우선순위를 정해야 할 때가 되 자 이를 조정하는 데 애를 먹게 된다. 재미있고 설득력 있게 표현된 전략적 기획 방향이지만 회사의 매출 목표와 직접 연결되지 않는 것 같다. 그래서 회사의 핵심 프로덕트에 관해 몇 가지를 변경하려 하는데, 모든 기획 방향이 신제품과 그 기능 에만 초점을 맞추고 있다. 이러면 어떻게 해야 할까?

그림 12-1 목표, 전략, 인사이트 및 기타 사항으로 구성된 여러 단의 케이크. 무엇을, 어떻게, 얼마나 개발할지 결정하는 것은 여러 단으로 된 케이크의 각 조각이 된다.

일단 최선을 다하는 것이다. 상위 수준의 회사 목표부터 구체적 사용자 인사이트 및 프로덕트 지표에 이르기까지 사용 가능한 모든 계층을 살펴보고 회사와 사용 자에게 가장 적합한 것을 취하려고 노력한다. 예를 들면, 프로덕트 관련 측정 데 이터를 검토한 결과 핵심 프로덕트를 변경하는 것이 궁극적으로 회사의 전체 매 출 목표와 개별 팀의 분기별 OKR을 모두 달성할 가능성이 훨씬 더 높을 것으로 판단할 수 있다. 이 경우 회사 경영진에게 "회사의 핵심 프로덕트를 개선하는 것 이 회사의 매출 목표에 가장 직접적 영향을 미칠 것으로 판단하여 우선순위를 높 이기로 했습니다. 이는 기존 고객에게 최상의 경험을 제공하여 매출과 고객 유지를 촉진한다는 우리 팀의 OKR에 부합합니다."라고 말할 수 있다.

다른 예를 들어 보면, 경쟁사 분석을 통해 이전에는 회사 전체에서 소홀히 다루었던 새로운 사용자 세그먼트에 집중할 수 있는 흥미로운 기회가 있다는 것을 알게 될 수도 있다. 신규 사용자를 위한 새로운 솔루션을 찾는 데 팀의 역량을 집중하면 회사의 전략적 기획 방향과 전반적인 성장 목표에 모두 부합할 수 있다. 이런 상황이면 경영진에게 "현재 핵심 프로덕트에서 제공하지 못하는 신규 사용자 세그먼트를 위한 솔루션을 이해하고 개발하는 것에 가장 높은 우선순위를 두기로 했습니다. 이는 회사의 전략적 기획 방향과 일치하며 궁극적으로 회사의 성장 목표에 긍정적인 영향을 미칠 것으로 믿습니다."라고 설명할 수도 있을 것이다.

어떤 방식도 근본적으로 옳거나 그른 것이 아니다. 언제나 그렇듯이 정보가 불완전하고 때로는 서로 모순처럼 보이더라도 (대개는 그렇지만) 우리가 가진 정보로 최선의 결정을 하는 것이 중요하다.

12.2 모든 결정에는 트레이드오프가 있다

넷플릭스에 로그인하고 나면 매번 '내 프로필'이나 '어린이' 중 하나를 선택하라는 메시지가 표시된다. 나는 아이도 없고, 넷플릭스 구독하는 10년이 넘는 동안 '어린이' 계정을 사용한 적도 없다. 그렇다면 잠자기 전에 '이즈 잇 케이크[67]'의 최신 에피소드를 보고 싶을 뿐인데, 도대체 왜 계정 선택하는 단계를 거쳐야 하나?

솔직히 말하면 넷플릭스 프로덕트 매니저가 이 기능을 수정하지는 않을 것 같다. 만약 이 기능을 없앤다면 계정 선택을 매번 하는 나의 귀찮음보다 여덟 살짜리 아이가 너무 쉽게 오징어 게임을 정주행할 수 있다는 것을 알게 된 부모들의 분노가 클 것이다.

....

67 옮긴이_ 넷플릭스 시리즈로 핸드폰부터 재봉틀까지 정해진 물체를 아티스트들이 케이크로 만들어서 참여자들이 진짜인지 가짜인지를 구분하는 음식 예능 프로그램이다.

최근 어디서나 보이는 이런 패턴은 프로덕트 개발에 관한 근본적인 진실을 설명한다. 모든 결정에는 장단점이 있다는 것이다. 어떤 유형의 사용자를 지원하려고 새로운 기능을 추가하면 다른 유형의 사용자에게 불만이 될 수 있다. 불필요해 보이는 단계를 줄인다고 경험을 간소화하면 일부 사용자는 필요한 단계를 없앴다고 큰 소리로 불평할 것이다. 또한 흥미 있어 보이는 새 기능을 개발하는 데 팀에서 많은 시간과 에너지를 투자하더라도 그만큼의 성과가 나타나지 않을 수 있다.

다음은 이런 트레이드오프를 신중하고 효과적으로 탐색하기 위한 팁이다.

| 팁 1: 작게 시작하자 |

대개 결정하기 전까지는 좋은 결정인지 나쁜 결정인지 알 수 없다. 그래서 피드백을 수집하고 과정을 조정할 수 있는 작은 단계부터 우선순위를 정해서 시작하는 것이 더 좋을 때가 많다. 11장에서 설명했던 실험이 특히 도움이 될 것이며, 여러 애자일 개발 프레임워크에서 제공하는 타임박스 기법이나 고정된 제약 조건[68]을 활용하는 것도 좋다.

| 팁 2: 다양한 사용자 세그먼트와 페르소나에 대한 요구사항의 우선순위를 정하자 |

앞에서 설명한 것처럼 사용자 세그먼트나 페르소나에 따라 목표와 요구사항이 다를 수 있어서, 어떤 사용자에게 도움이 되는 기능이 다른 사용자에게는 불만을 일으킬 수 있다. 예컨대, 사용자 수가 작은 파워 유저 그룹을 위한 기능이 사용자 수가 많은 일반 사용자 그룹에는 복잡한 경험이 될 수 있다. 특정한 세그먼트의 요구사항을 잘 충족할 수 있는 방법을 파악하고 우선순위를 정하려면, 크고 지저분한 여러 단의 케이크에서 여러 조각을 떼어 내야 할 수도 있다.

이때 다양한 사용자 세그먼트나 페르소나의 관점을 생각하면 어떤 결정에 따른 단점을 완화할 수 있다. 예를 들어, 사용자의 기존 행동이나 선호를 고려하여 특

---

68 옮긴이_ 프로젝트 관리 대상은 개발 범위, 인력과 비용 등 자원, 개발 시간 이렇게 세 가지이다. 폭포수와 같은 기존 개발 방법론은 개발 범위를 고정하기 때문에 자원과 시간을 추가로 투입해서라도 개발 범위를 고수하려고 한다. 반면에 애자일 개발 방법론에서는 자원과 시간을 고정해두고, 개발 범위를 조정하는 전략을 쓴다. 따라서, 가능하면 사용자에게 모든 기능을 제공하기보다는 가치 있는 기능을 제공하도록 우선순위를 조정해야 한다.

정 사용자들의 하위 세그먼트에 몇 가지 변경 사항을 적용해 볼 수 있다. 보통은 '모든 사람'을 위한 최선의 타협점을 찾는 것보다 특정 사용자의 구체적인 요구사항을 고려하는 것이 더 낫다.

| 팁 3: 가정을 문서화한다 |

정보에 근거한 절충안을 정리하더라도 앞으로 나아가려면 반드시 몇 가지 가정을 세워야 한다. 소규모 실험의 결과가 더 많은 사용자를 대상으로 확장될 수 있다고 가정할 수 있고 팀이 참고한 특정 데이터 세트의 이상값이 그다지 중요하지 않다고 가정할 수도 있다. 팀이 솔루션을 탐색하고 제공하는 데 걸리는 시간 동안에는 사용자의 기본적인 요구사항이 변하지 않을 것이라고 가정할 수도 있다. 이런 가정을 줄이거나 숨기려 하지 말고 문서화하여 팀과 논의해 보자. 이런 논의를 통해서 설정한 가정을 같이 분류하고 잘 이해해 두는 것은 가정을 검증하거나 무효화할 수 있는 새로운 정보가 나타났을 때 과정을 잘 조정할 수 있는 준비가 된다.

| 팁 4: 눈에 보이지 않더라도 모든 개발에는 비용이 든다는 사실을 기억하자 |

프로덕트 매니저의 업무가 주어진 어떤 순간에 개발할 가장 방어적인 것을 찾아내고 팀과 협력하여 개발하고 나서, 그다음 단계로 넘어가는 것처럼 보일 때가 자주 있다. 그러나 팀이 쓰는 시간은 비즈니스 가치와 연결되어야 하며, 그렇게 되지 않으면 팀의 존재 자체를 입증하기 위해 애써야 할 수도 있다는 점을 명심해야 한다. 팀이 개발하고자 하는 것 중에 그다지 비즈니스 효과가 크지 않은 것들이 있다면, 회사의 전반적인 목표에 잘 부합하도록 팀의 목표와 전략을 확장하거나 다시 조정할 수 있는 방법을 생각해 보자.

훌륭한 프로덕트 매니저는 자신이 결정한 절충안의 단점을 알리고 커뮤니케이션하는 데 주저하지 않는다. 이런 과정을 통해 팀, 조직 및 리더가 완벽이 아닌 진전을 위한 의사결정이라도 다른 의사결정들과 마찬가지로 편안한 마음으로 진행할 수 있도록 돕는다.

레거시 기업에서 작은 변화부터 시작하여 큰 변화 만들기

제프 H., 제지 및 포장기업, 프로덕트 리더

최근 제지와 포장재를 만드는 회사에서 프로덕트 리더로 일하게 되었다. 프로덕트 관련 분야는 많은 사람 및 기업의 일상과 깊이 연결된 프로덕트를 개선할 수 있는 엄청난 잠재력이 있는 아주 재미있는 분야이다. 그러나 10년 넘게 프로덕트 쪽에서 일하면서 "귀사는 시대에 뒤떨어진 회사네요! 귀사도 다른 디지털 시대의 기업들이 하는 것처럼 해야 합니다!"라고 섣불리 말하면 안 된다는 것을 배웠다. 실질적이고 지속적 변화를 하려면 아이디어에서 결과물을 만드는 속도를 높이고, 이런 일들이 실리콘밸리에서만 일어나는 환상이 아니라 바로 이 회사에서 가능하다는 것을 보여주어야 한다.

그래서 이곳의 일을 시작하자마자 가장 먼저 한 일은 공장 현장의 GM(총괄관리자)들, 즉 회사의 일상적 목표와 과제에 대해 가장 잘 아는 사람들을 만나는 일이었다. 그들에게 가장 중요하고 큰 도전과제가 무엇인지 물었더니 '팔레트'라는 명확하고 일관된 답을 들었다. 그리고 그 답은 큰 의미가 있었다! 백 개의 부품으로 구성된 상품 진열대를 조립하는 데 그중 열두 개의 부품이 든 팔레트가 사라졌다고 상상해 보라. 갑자기 전체 작업을 다시 해야 하니 생산 속도가 상당히 느려질 수 있다. 그래서 GM 중 한 명에게 "물건이 어디에 있는지 항상 알 수 있다면 어떨까요?"라고 물었다. 그 대답은 "네! 그렇게 할 수 있다면 우리 시설에서 필요한 모든 것을 자유롭게 할 수 있을 것입니다."나 다름없었다.

기술적 관점에서 이 문제는 그리 복잡하게 해결해야 하는 문제가 아니다. 시중에서 판매되는 기본적인 센서를 사용하여 그 GM에게 실제적이고 즉각적인 결과를 가져올 수 있는 솔루션을 프로토타입으로 만들 것을 요청했다. 이렇게 GM을 영웅으로 만드는 것이 바로 내 전략이다. 비즈니스를 '파괴'해서 '혁신'하겠다는 야망이 필요할 수도 있지만, 그 비즈니스를 구성하는 사람들은 어떤 솔루션이 자신의 야망을 달성하는 데 어떻게 도움이 될지 이해해야 한다. **누군가의 실제 문제를 해결할 수 있다면 그 사람은 자신의 상사, 그리고 상사의 상사에게 그 이야기를 전할 것이고, 어느새 회사 전체가 당신의 업무를 지지하게 될 것이다.**

12.3 일관되고 전체적인 경험을 고려하자

프로덕트 팀과 조직이 어떻게 '기능 공장'이 되어 비즈니스나 사용자에게 실제로 제공하는 가치는 없고, 그냥 재미있어 보이는 기능만 잔뜩 만들어 내는지를 다루는 글이 많이 있다(여기서도 멜리사 페리의 훌륭한 책『개발 함정을 탈출하라』(에이콘출판사, 2021)를 추천한다). 내가 아는 거의 모든 프로덕트 매니저들은 자신의 회사가 사용자를 배려하는 척만 하는 결과물에 집착하는 기능 공장일 뿐이라는 불만을 토로하곤 했다. 그러나 나를 포함해서 내가 알고 있는 거의 모든 프로덕트 매니저들 역시 관리하기 어렵지만, 가장 영향력이 있는 기능(과 비기능)보다는 관리하기 쉬운 기능에 우선순위를 두어서 이런 문제를 일으키는 데 일조해 왔다.

실제로 다른 프로덕트 매니저 및 팀과 조율할 필요가 거의 없는 기능에 우선순위를 높게 두는 경우가 많다. 거의 모든 프로덕트 매니저는 애플리케이션의 특정 부분, 성공 지표 및 사용자 여정에 대한 암묵적 또는 명시적 권한이 있다. 그리고 프로덕트 매니저로서 자신의 책임과 팀이 명확하고 편안한 범위 내에서 수행할 수 있는 작업에 우선순위를 높일 가능성도 높다.

왜 이렇게 하는지 이해하는 것은 어렵지 않다. 조율해야 할 이해관계자가 매일 함께 일하는 디자이너와 개발자뿐이더라도 프로덕트 매니지먼트는 정말 어려운 일이다. 게다가 다른 프로덕트 팀과도 조율을 해야 한다면 그 팀의 목표, 야망, 기대치, 내부의 여러 목소리도 파악해야 한다.

이런 상황에서 불편한 진실은 여러 팀이 같이 책임져야 하는 기능과 개선사항은 거의 틀림없이 비즈니스와 사용자에게 가장 큰 영향을 미친다는 점이다. 2013년 하버드 비즈니스 리뷰에 실린 알렉스 로손Alex Rawson, 이완 덩컨Ewan Duncan, 코너 존스Conor Jones의 '고객 경험의 진실'[69]은 프로덕트 매니지먼트에 관한 논의에서 흔히 놓치는 중요한 점을 지적한다. 즉, 고객 관점에서 프로덕트의 가장 중요한 부분은 개별 '기능'이 아니라 이런 기능들이 어떻게 결합되어 원활하고 일관된 경험을 제공하는지에 달려 있다는 것이다.

요약하면, 프로덕트 매니저가 우선순위를 정할 때 가장 중요한 영향을 미치는 바로 그 일이 가장 답답하고 실행하기 어려운 일인 경우가 많다. 이런 이유로 많은

---

69 https://hbr.org/2013/09/the-truth-about-customer-experience

프로덕트 매니저와 팀들은 프로덕트에서 서로 연결된 부분을 개선하려고 하지 않고, 그 결과 많은 최신 프로덕트는 사용자에게 원활하고 탐색하기 쉬운 일관된 경험을 제공하는 것이 아니라 단절된 기능들이 뒤섞인 것 같은 느낌을 주게 된다.

이러한 안티 패턴의 실제 사례들은 콘퍼런스나 백서를 통해 '모범 사례'를 자주 소개하는 일부 디지털 프로덕트 회사의 주력 프로덕트만 들여다봐도 알 수 있다. 물론, 이런 말을 하는 이유는 그 기업들을 비난하려는 것이 아니라, 누구도 이런 문제를 확실하게 파악하지 못하고 있다는 것을 지적하고 싶기 때문이다. 프로덕트의 복잡하게 얽힌 모든 요소가 사용자를 중심으로 조화를 이루기 위해 필요한 요소(현장의 조정, 협업, 신중한 의사결정)를 모두 해결할 수 있는 운영 모델이나 포트폴리오 관리 프레임워크는 없다.

그렇다면 이는 현장의 프로덕트 매니저에게 어떤 의미일까? 간단히 말하면, 어떤 조직에서 부서 간의 장벽이 어떻고, 경계가 어떻든 간에 프로덕트 매니저는 부서 간의 장벽과 경계를 넘어서는 노력을 해야 한다는 의미이다. 다음은 내 팀의 권한 범위를 넘어서는 기회를 찾아내고, 우선순위를 정해서 실행하기 위한 몇 가지 적절한 팁이다.

| 팁 1: 사용자 입장에서 전체 작업과 여정을 완결해 보기 위해 프로덕트를 사용해 보자 |
사용자의 현실을 반영하는지 확인하는 방법 중 하나는 실제로 사용자가 프로덕트를 쓰는 방식대로 프로덕트를 주기적으로 사용해 보는 것이다. 이때 자신이 담당하고 있는 기능에 대해서만 테스트하는 수준이 아니라 새로 계정에 가입하는 것부터 시작해서 특정 사용자 유형이나 페르소나에게 가장 중요한 작업, 또는 전체 여정을 수행해 보자. 사용자의 전반적 경험을 개선할 수 있는 가장 의미 있는 기회가 우리 팀의 담당 업무나 특정한 팀의 업무에 국한되지 않는다는 사실을 알게 될 것이다.

| 팁 2: 땜질식 의존성 해결이 아닌 팀 목표부터 시작하자 |
팀 간에 조율할 때, 작업을 진행하기 위해 해결해야 할 의존성부터 파악하고 싶은 생각이 들기 쉽다. 그러나 이런 의존성 해결이 그다지 동기를 부여하지 않을뿐더러, 함께 협력하여 해결해야 하는 사용자 요구사항과 꼭 일치하는 것도 아니다. 의존성을 논의하기 전에, 팀 간에 협력하여 영향력을 극대화할 수 있는 방법에 관해 대화해 보자. 여러 기능이나 여러 프로덕트 영역에 관련된 작업은 사용자(또는, 비즈니스)에게 특히 높은 가치를 주는 경향이 있으므로, 목표 기반 대화를 통해 협업의 분위기를 '아, 조율해야 할 소소한 것들이 이렇게나 많네.'에서 '와, 우리가 이런 부분에서 정말 큰 차이를 만들 수 있겠구나!'로 전환할 수 있을 것이다.

| 팁 3: 빼기 솔루션을 찾아보자 |

프로덕트 커뮤니티에서 널리 공유된 네이쳐지의 기사[70]를 보면, 인간의 두뇌는 문제를 해결하기 위해 무엇인가를 빼는 방법보다 더하는 방법을 추구하는 경향이 있다고 한다. 이 기사는 나를 비롯한 많은 프로덕트 매니저들이 '사용자들이 기능이 너무 많다고 생각하는 것 같다.'라는 문제에 대해서 결국엔 다시 '다른 기능을 추가하자.'로 결론을 내리는 이유를 이해하는 데 도움이 됐다. 여러 기능이나 프로덕트 영역을 전체적으로 검토할 때 얻을 수 있는 이점 중 하나는 프로덕트의 일부만 제한해서 검토할 때보다 사용자에게 어렵고 복잡한 기능들의 수를 줄이거나 경험을 간소화 할 수 있는 기회를 찾는 경우가 종종 있다는 점이다.

예를 들어, 나와 함께 일했던 프로덕트 리더는 프로덕트 매니저가 애플리케이션에서 삭제해야 한다고 주장하는 사용자 설정 기능에 대해 오천 달러의 보너스를 제시한 적이 있다. 물론 애플리케이션에서 사용자 설정을 제거하는 것은 많은 프로덕트 매니저와 여러 팀의 업무에 영향을 미치는 일이었다. 하지만 보너스는 프로덕트 매니저가 여러 팀과 조율하는 어려운 작업을 할 수 있는 일종의 인센티브가 되었다. 물론 보너스를 몇 개로 나누어야 한다는 것을 의미하긴 했지만 말이다.

| 팁 4: 다시 말하지만, 작게 시작해 보자 |

더 많은 팀과 개인이 어떤 일에 관여할수록 부담해야 할 위험이 커질 수 있다. 이

---

70 https://www.nature.com/articles/s41586-021-03380-y.epdf

렇게 되면 결국 불안감과 위험을 회피하려는 마음이 증폭될 수 있다. 사용자 경험의 더 큰 부분을 재평가하기 위해 함께 작업할 때는 작은 변화부터 시작할 수 있는 기회를 찾아보자. 작게나마 이런 변화를 측정하고 결과를 분석한 후에 앞으로 나아가는 것이 좋다.

다시 강조하지만, 이 모든 것을 완벽하게 갖춘 프로덕트 조직은 세상에 없다는 사실을 기억하자. 특정 회사의 운영 모델이나 조직도가 팀 간의 협업을 방해하기 위해 의도적으로 만들어졌다는 생각이 든다고 해서 포기하지 말자. 한 발은 사용자의 현실에 단단히 고정하고 다른 한 발은 팀이나 부서 간의 장벽을 넘어 외부로 내딛는 것을 두려워하지 말자. 그리고 사용자에게 최상의 결과를 제공하자.

12.4 반짝이는 것에서 이해라는 보석까지

사용자와 비즈니스에 중요한 우선순위를 정하려다 보면, 반짝이는 새 기능에 관한 아이디어가 끝없이 쏟아져 나온다. 완벽한 전략이 있다고 해서 쏟아지는 아이디어를 잘 막아 내는 방파제 역할을 할 수는 없으며, 이런 '반짝이는 것'들을 가능한 많이 없애는 것이 프로덕트 매니저의 임무라고 생각할 수도 있다. 그러나 사람들은 대개 자신의 아이디어가 무용지물이 되는 것을 좋아하지 않는다. 결국 프로덕트 매니저의 역할은 이해관계자들의 의견을 거절하는 것이 아니라 그들이 최선의 결정을 내릴 수 있도록 돕는 것이다.

따라서 일단 누군가 새로운 아이디어가 생각났다며 흥분한 상태로 다가오더라도 그 흥분을 분노로 바꾸게끔 반응하지 말자. 일단 아이디어 제안자와 협력하여 애초에 그 아이디어가 왜 그렇게 흥미로웠는지 이해해 보자. 어쩌면 이 새로운 아이디어가 회사 전체의 바뀐 전략이나 우선순위를 반영한 것일 수도 있는데, 그 사람이 이야기하지 않았다면 그런 사실을 모르고 있었을 수도 있다. 경쟁사의 새 기능이 언론의 많은 주목을 받고 있어 추가 리서치가 필요할 수도 있다. 누군가 정말 멋진 기능을 발견하여 당신과 공유하고 싶었을 수도 있다. 반짝이는 새로운 아이디어의 추진력에 맞서기보다는 그 추진력을 사용자와 비즈니스에 가장 큰 가치를 제공할 수 있는 방향으로 전환할 수 있는지 살펴보자. 반짝이는 새 기능이 사용자의 실제 문제를 어떻게 해결할 수 있는지 이해하려고 노력하다 보면 그 문제를 해결할 수 있는 다양한 방법에 대해 더 좋은 태도를 가지게 될 것이다.

예를 들어, 팀의 한 개발자가 사용자의 소셜 플랫폼 자격 증명을 이용하여 우리의 애플리케이션에 로그인 할 수 있겠다는 생각을 가지고 매우 흥분하고 있다고 가정해 보자. 이 개발자는 이미 지원 팀과 협력하여 기존 플랫폼의 자격 증명으로 로그인할 수 있도록 해 달라는 몇몇 사용자들의 요청을 받아서 우선순위 지정 회의에 참석했다. 프로덕트 매니저로서 잠시 멈춰 서서 답답한 마음을 억누르려고 노력했다('도대체 이 사람은 그렇게 사소한 기능을 우선순위에 둘 가치가 있는 것이라고 어떻게 생각할 수 있을까' 싶은 생각이 들어도). 제안에 관한 논의를 빨리 마치기 위해 목표를 확실히 하고 "흥미롭네요. 그러나 현재 이 기능을 사용할 수 없어서 로그인하지 못하는 실제 사용자가 몇 명이나 될 것 같습니까?"라고 질문한다. 개발자는 처음엔 당황했지만, 얼마 안 가서 수긍한다는 듯 고개를 끄떡인다. 팀이 샛길로 빠지지 않게 프로덕트 매니저가 방파제 역할을 했다.

하지만 한편으로는 중요한 기회를 안타깝게 놓친 것일 수도 있다. 이 아이디어에 대해 개발자가 우선순위를 정하는 회의에 앞서 사용자들의 피드백을 검토할 정도로 흥미를 느꼈을 수도 있다. 이 개발자는 사용자의 전반적인 로그인 경험을 개선하는 데 정말 열심일 수도 있다. 비밀번호를 복구하는 작업 흐름 개선처럼 새롭지는 않지만 잠재적으로 더 영향력 있는 아이디어에 대한 중요한 논의의 시작이었을 수도 있다. 이 아이디어가 개발자에게 진짜 동기가 되었을 수도 있는데, 프로덕트 매니저가 개발자의 제안을 그저 무시할 방법만 찾는다면, 그 긍정적인 동기를 영영 활용할 수 없다.

이런 방법을 쓰면 처음에는 탐구할 가치가 없다고 생각했던 새로운 아이디어에 대해 열린 마음을 가질 수 있다. 이는 실행뿐만 아니라 학습, 사고, 실험에 팀을 참여시킬 수 있는 또 다른 중요한 기회이다. 안타깝지만 이런 활동을 팀의 시간과 노력이 필요한 일로 우선순위를 명확하게 정해두지 않으면 대개는 뒷전으로 밀려

나게 된다. 개발하고 코딩하는 것이 아니고 학습, 연구 또는 실험을 위해 정해진 시간을 애자일에서는 '스파이크[71]'라고 한다. 7장의 '모범 사례의 가장 좋은 점' 절에서 설명한 것과 같이, '스파이크' 같은 용어를 쓰면 단순히 업무 시간을 뺏는 것이 아니라 업무에 가장 적합한 방법을 신중하게 탐색하기 위한 시간이며, 의도적으로 우선순위를 둔다는 의미를 전달하는 데 도움이 될 수 있다.

이때 '모든 노력은 성과를 위한 것이다.'라는 기본 원칙은 성공적 실행이란 단순히 많은 일을 하는 것이 아니라 목표 달성에 가장 도움이 될 가능성이 높은 활동의 우선순위를 정하는 것임을 다시 생각하게 한다. 팀원들이 업무 목록의 가장 상단에 '기능을 완성하기 위해 코드를 많이 작성'이 아니라 '기능을 더 잘 이해하는 데 도움될 수 있는 5가지 구현 방법을 리서치'라는 것이 있었을 때 팀원들이 프로덕트와 관련된 중요한 의사결정을 했던 것을 자주 보았다.

프로토타입을 사용하여 기능 아이디어를 검증거나 무효화하기

J.D., 50명 규모의 엔터테인먼트 스타트업, 프로덕트 매니저

50명 규모의 엔터테인먼트 스타트업에서 일할 때 정말 정말 멋진 지리적 위치 기반 기능과 관련된 아이디어가 있었다. 처음 아이디어를 냈을 때는 명확하지는 않아서, 우선 내가 주도하여 간략하게 스펙 문서를 작성했고, 전체 조직의 동의를 얻은 다음, 로드맵에 반영하였다.

몇 달 동안 계획을 세우고 나서, 개발에 착수할 준비가 되었다. 프로덕트 팀과의 우선순위 결정 회의에서 프로덕트 개발을 시작하기 위해 몇 가지 가능성 있는 방법에 대해 논의했다. 처음에는 지리 위치 기반 기능의 구현 방법과 관한 상당한 기술적 논의가 주를 이루었다. 개발자 중 한 명이 비용을 추가할 필요는 없지만, 우리 손이 많이 가는 오픈 소스를 사용하자고 했다. 다른 개발자는 비용은 많이 들더라도 우리가 해야 할 것이 적은 특정 업체의 솔루션을 쓰자고 했다.

오픈 소스 사용을 추천한 개발자는 오픈 소스를 쓸 수 있는지 검증하기 위해서 지리 위치 정보를 사용하는 프로토타입을 2주에 걸쳐 만들어 보고 의사결정을 하자고 제안했다. 실제로 우리가 개발할 기능으로 연결되지 않을 수도 있는 프로토타입을 만드는 프로젝트를 한다는

---

71 옮긴이_ 애자일 방법론의 하나인 익스트림 프로그래밍에서 나온 것으로 가능성 있는 솔루션을 탐색하기 위해 가장 간단한 방식으로 프로그래밍 해 보는 방법이다. 대개 문제 해결을 탐색하거나 문제 해결에 걸리는 시간을 추정하기 위해 별도의 시간을 정해서 실험한다.

점에서 약간 신경은 쓰였지만, 모두가 기대하고 있는 것처럼 보여서 그렇게 하기로 했다.

2주 후, 개발자가 제작한 프로토타입을 시연하는 시간을 마련했다. 개발자의 관점에서 보면 완벽한 기술적 성공이었다. 그는 우리가 스펙 문서에 작성한 대로 지리 위치 기준 중 하나라도 만족하면 알림을 보내는 기본적인 개념을 증명[72]하는 애플리케이션을 만들었다. 그리고 자신이 선호하는 무료 오픈 소스 솔루션을 사용하여 이 작업을 해냈다.

하지만 개발자가 자신이 개발한 솔루션을 설명하는 과정에서 몇 명은 '이 기능이 실제로 사용자에게 얼마나 유용할까?'라는 생각이 들기 시작했다. 개발자가 프로토타입을 사용하는 방식에 대해 설명을 들으면서 우리가 생각했던 전체 기능이 정말 사용자에게 가치가 있을까 싶은 큰 의문이 들었던 것이다. 그래서, 개발을 더 진행하기보다 우선 프로토타입 애플리케이션을 몇몇 동료들에게 주고 실제로 유용한 기능일지 확인하기로 했다.

일주일 후에 이 기능은 우리가 실제로 예상했던 만큼의 가치가 없다는 것이 매우 명확해졌다. 엔터테인먼트 경험을 사용자별로 설정하는 데 사용할 수 있을 것으로 기대했던 특정한 지리 위치 정보가 생각만큼 잘 맞지 않았고, 게다가 알림이 오는 시간이 동료들의 요구사항이나 선호와도 맞지 않았기 때문이다.

맞다. 내부에서 검증을 진행할 때에는 사용자에게 가치가 없는 아이디어를 타당한 것으로 결론 내려 버리는 위험이 있기 때문에 조직 외부의 사용자를 대상으로 프로토타입을 검증하는 것이 가장 이상적이다. 하지만 나는 이 사례에서 우리 모두가 훌륭하다고 생각했던 아이디어를 실제로 내부에서 무효화할 수 있었다는 점에 자부심을 느낀다. 기술적인 개념 증명으로 시작했던 것이 실제로 우리가 개발하려는 기능이 사용자에게 가치가 있는지를 검증하는 중요한 방법이 된 셈이다. 2주간의 프로토타입으로 조직 목표를 달성하는 데 도움이 되지 않았을 6개월의 개발 시간 낭비를 막을 수 있었다.

12.5 하지만 지금은 긴급상황!

이론적으로 우선순위 결정 프로세스의 주요 기능 중 하나는 정해진 시간에 개발해야 할 것과 개발하지 않을 것을 정하는 것이다. 그러나 현실적으로 모든 조직이

---

72 옮긴이_ 개념 증명 Proof-of-Concept은 줄여서 PoC라고도 하는데, 프로덕트가 의도한 대로 기능함을 입증하는 단계이다.

'긴급' 요청을 처리해야 한다(5장 마지막에서 이런 요청 중 하나를 살펴보았다). 이런 상황에서 긴급한 요청을 몇 가지 질문 템플릿으로 정리하여 접수받기를 추천한다.

- 문제가 무엇인가?
- 문제를 보고한 사람은 누구인가?
- 얼마나 많은 사용자에게 영향을 미치나?
- 매출 등 회사 차원의 목표에 이 문제가 어떤 영향을 미치나?
- 앞으로 2주 내에 이 문제가 해결되지 않으면 어떻게 되나?
- 앞으로 6개월 내에 이 문제가 해결되지 않으면 어떻게 되나?
- 이 문제를 추가로 논의/해결할 수 있는 담당자는 누구인가?

조직 특성에 따라 기능이 추가되면 만족하는 마케팅 팀, 막판까지 특정한 작업을 요청하는 계정관리 팀, 심지어 우선순위 지정 회의에서 설정한 작업보다 새로 발견된 버그의 우선순위를 습관적으로 중요하게 생각하는 개발자까지 모두 수용할 수 있도록 템플릿을 수정할 수 있다. 또한, 조직 내에서 접근할 수 있는 정보의 범위에 따라 영향을 받는 사용자의 수, 잠재적으로 매출에 미칠 영향 등을 확인하기 위해 구체적인 질문을 할 수도 있다(이런 템플릿을 사용하면서 사용자 수나 매출 등의 정보에 더 쉽게 접근할 수 있도록 권한이 바뀔 수도 있다). 이런 템플릿이 있다는 것만으로도 긴급 요청의 양이 크게 줄어드는 경우가 많다. 자리에 앉아서 템플릿의 양식을 채우고, 다른 사람에게 처리해 달라고 요청하는 것보다는 채팅을 하거나 담당자에게 달려가 "지금 당장 수정해야 합니다."라고 말하는 것이 훨씬 쉽기 때문이다.

12.6 우선순위 결정의 실제: 동일한 옵션, 다른 목표 및 전략

동영상 지원 스타트업에서 프로덕트 매니저로 일한다고 가정해 보자. 이 스타트업은 웹에서 동영상을 가져와 사람들이 파티에서, 출퇴근 길에, 또는 시간이 있을 때 즐길 수 있는 '개인화된 동영상 재생 목록'을 만든다. 현재 전 세계적으로 숏폼 동영상이 엄청난 인기가 있으며, 동영상 시장이 세분화되면서 개인화된 애그리게 이션 서비스[73]에 잠재력이 많다는 것을 알고 있다.

다음 우선순위 지정 회의에 참석하기 위해 자리에 앉았더니, 다음 분기에 예정된 로드맵에 아래와 같은 5가지 항목이 표시된다.

- 신규 디스플레이 광고 네트워크에 연결한다.
- 소셜 공유 기능을 추가한다.
- 스폰서의 동영상 재생 목록을 위한 기능을 개발한다.
- 개인화 알고리즘을 개선한다.
- 안드로이드 애플리케이션을 출시한다(현재 iOS 전용).

이들 아이디어 중 어떤 것은 회사 설립 초기부터 사내에서 논의해왔던 것이다. 지 난 분기에 개발할 예정이었지만, 미뤄진 아이디어도 있다. 그리고 어떤 아이디어 는 임원들이 계속 요청해서 로드맵에 포함되었다(논의할 가치가 없는 세부사항 을 붙들고 토론하느니, "알겠습니다. 로드맵에 넣겠습니다!"라고 하는 것이 훨씬 쉬웠기 때문이다).

종종 있는 일이지만, 이런 것들은 가치가 모두 달라서 우선순위를 정하기가 매우 어렵다. 무엇을 먼저 개발해야 하는지, 어떤 종류의 자원이 필요한지조차 명확하 지 않다. 그래서 우선 조직의 목표에 눈을 돌리기로 한다. 잠시만, 목표라고? 여 기는 스타트업이다. 창업자가 보냈던 오래된 이메일을 뒤적여서 '우리의 미션'이 라는 제목이 붙은 것을 찾아냈다. 다음과 같은 내용이다.

> 우리의 미션은 사람들의 동영상 소비 방식을 완전히 바꾸는 것이다. 모든 웹에서 비
> 디오를 가져다가 머신러닝을 사용하여 '개인화 재생목록'을 생성함으로써 미디어 산
> 업을 혁신하고 사용자에게 더 나은 경험을 제공할 것이다.

'좋아, 목표(사람들의 동영상 소비 방식을 변화시키는 것)와 전략(머신러닝을 사 용하여 개인 재생목록을 만드는 것)이 비슷하군.'하고 스스로 생각하게 된다. 이

----

73 옮긴이_ 애그리케이션 서비스(Aggregation service): 사용자들에게 각종 콘텐츠의 정보를 모아서 제공하는 서비스.

러한 목표에 따라 가능성 있는 다섯 가지 아이디어들의 우선순위를 어떻게 정하면 될까? 여전히 쉽지 않은 일이다.

이번에는 무작정 시작하지 않고 팀과 함께 우선순위를 결정할 때 이 미션이 어떻게 도움이 되는지 혹은 그렇지 않은지를 창업자와 같이 모여서 살펴보기로 했다고 가정해 보자. 창업자에게 팀의 로드맵에 있는 다섯 가지 항목을 설명했고, 창업자도 '우리의 미션'이 이 다섯 가지의 항목에 지침으로 큰 도움이 되지 않는다는 점에 동의했다. 그래서, 팀에서 노력해야 할 우선순위를 정하는 데 도움 될 수 있는 몇 가지 분기별 목표 초안을 작성하기로 했다. 그리고 팀이 우선순위를 정한 로드맵에 대해 검증하면서 이들 목표를 다듬는 데 동의했다.

이런 과정을 몇 번 반복하면 아래와 같이 다음 분기를 위한 OKR 형태의 목표를 정리할 수 있다.

> 다음 분기의 상위 수준 목표는 현재 여러 플랫폼에서 동영상을 시청하는 모든 사용자에게 우리의 프로덕트를 제공하는 것이다. 다음과 같은 상황에서 우리가 올바른 방향으로 가고 있다는 것을 알게 될 것이다.
>
> • 주간 애플리케이션 다운로드 수가 200% 증가한다.
> • 애플리케이션을 다운로드한 사용자의 70%가 계정 생성을 완료한다.
> • 사용자당 연결된 동영상 플랫폼의 수의 평균이 1.3개에서 2개로 증가한다.

목표와 그에 따른 성공 지표가 완벽하거나 100% 포괄적이지는 않지만, 창업자와 함께 검토하여 몇 가지 항목, 특히 당장의 수익은 높일 수 있지만, 사용자 증가에는 도움이 되지 않는 것들을 목록에서 제외했다. 현재 안드로이드 애플리케이션이 없어서 얼마나 많은 사용자를 놓치고 있는가 등과 같이 더 검토해야 할 아이디어가 몇 가지 있었지만, 최소한 다음 분기를 어떻게 진행해야 할지에 대해 명확한 감을 잡을 수 있었다. 어떤 영업 담당자는 자신의 우선순위를 먼저 고려하지 않았다고 짜증을 낼 수는 있겠지만, 회사 차원의 목표에 따른 선택이므로 크게 걱정할 필요는 없을 것이다.

이번엔 창업자와 대화가 매우 다르게 진행되는 경우도 상상해 보자. 회의가 끝난 후에 다음과 같은 OKR 형태의 목표가 설정되었다.

다음 분기의 우리의 상위 수준 목표는 맞춤형 개발 작업의 필요성을 최소화하면서 회사의 수익을 늘리는 것이다. 다음과 같은 상황에서 우리는 목표를 달성하고 있다는 것을 알 수 있을 것이다.

- 전반적 수익이 30% 증가한다.
- 자동화 광고 시스템으로 발생하는 수익률이 30%에서 60%로 증가한다.
- 현재 사용자 증가 속도를 유지하거나 초과할 수 있다.

다시 말하지만, 이 가이드는 완벽하거나 100% 포괄적인 것이 아니며, 누구를 위해 개발하는지, 어떤 문제를 해결하려고 하는지에 대한 정보를 주는 것도 아니다. 그러나 지금 당장 무엇을 개발해야 하는지, 로드맵에 있는 항목들을 어떻게 구현해야 하는지에 대한 가이드가 될 수 있다. 예를 들면 맞춤형 개발 작업을 늘리지 않으면서 '스폰서 동영상 재생 목록' 시스템을 구축하는 방법을 고민하게 될 것이다.

바라건대, 이런 시나리오들을 통해 전략과 실행을 정렬하는 것이 얼마나 중요한 것인지, 그리고 우리가 실제로 우선순위를 정할 때 목표, 전략, 목적, 지표를 명확히 구별하지 못하는 경향이 있다는 것을 이해하는 데 도움이 되었으면 한다. 그렇다고 해서 이것이 최선의 결정을 내리는 데 방해가 되어서는 안 되며, 더욱이 팀과 긴밀하게 협력하여 우선순위를 정하는 데 방해가 되면 안 될 것이다.

마치며: 크게 생각하고 작게 시작하기

무엇을 어떻게 언제 개발할지 결정하는 것은 프로덕트 매니저의 업무 중 가장 부담스러운 업무일 것이다. 회사 전략과 일치하지 않고, 데이터도 누락되었고, 팀원들의 의견도 일치하지 않는 상황에서는 어떤 결정을 하든 잘못되었다는 느낌을 받을 수 있다. 하지만 좋든 나쁘든 프로덕트 매니지먼트 업무에서 우리가 확신을 가지고 올바른 결정을 했다는 믿을 수 있는 경우는 거의 없다. 이런 불편한 현실을 기회로 삼아 큰 계획과 결정을 충분히 작은 단계로 나누어서 피드백을 수집하고, 다시 평가하고, 필요하면 과정을 조정해야 한다.

셀프 체크리스트

- [ ] 회사와 팀의 목표, 전략, 목적, 지표가 깔끔하게 계단식 구조로 정리되어 있을 것이라고 기대하지 않는다. 지저분한 여러 단의 케이크처럼 생각하고, 결정할 때마다 최선의 한 조각을 찾으려고 노력한다.
- [ ] 공식적인 우선순위 결정 프레임워크는 늘 '영향력', '반드시 구축해야 하는 것'과 같은 주관적 개념에 따를 수밖에 없다는 점을 인식한다. 어떤 프레임워크를 선택하든 충분하지 않은 정보로 중요한 결정을 할 때 느끼게 되는 어지러움을 이겨내며 나아가야 한다.
- [ ] 모든 결정을 내릴 때 장단점을 고려하여 접근하고, 두려워하지 말고 장단점 모두를 포괄적으로 설명한다.
- [ ] 결정할 때 가정한 내용을 문서화하고, 내용을 축소하거나 숨기지 말고 팀에 전달한다.
- [ ] 고립된 '기능'이 아니라 전체 사용자 여정과 작업을 고려하자.
- [ ] 기능을 덜어내는 것이 때로는 사용자와 비즈니스에 더 많은 가치를 제공할 수 있다는 것을 기억하자. 기능을 추가한다고 모든 문제를 해결할 수 있는 것은 아니다!
- [ ] 동료가 하고 싶어하는 프로젝트를 흥분하며 당신에게 설명할 때, 반사적으로 거절하기보다는 그 흥분을 이해하려고 노력한다.
- [ ] 팀과 함께 탐구하고 배울 수 있는 '스파이크'와 다른 기회들을 우선순위를 정하는 활동에 통합한다.
- [ ] '긴급' 요청을 서둘러 처리하기보다 가볍게 처리할 수 있는 프로세스를 만든다.
- [ ] 목표, 전략, 목적을 실제 프로덕트 우선순위 결정과 비교하여 검증하여 전략과 전술 사이의 간극을 줄일 수 있는 모든 기회를 찾아본다.
- [ ] 큰 계획을 충분히 작은 단계로 나누어 피드백을 수집하고 과정을 조정할 수 있다.

CHAPTER 13
집에서 시도하기: 원격 근무의 시도와 고난

2019년 중반쯤 원격 근무로 전환한 몇몇 프로덕트 매니저와 대화를 했던 기억이 있다. 그들 중 한 명이 "정말 환상적이에요."라고 했다. "인생의 절반을 여기저기 다니느라 낭비하지 않아도 되고요. 오히려 업무를 더 잘하게 되는 것 같습니다!" 너무나 행복해하는 모습에 대한 반감으로 나는 "네, 그 말씀도 좋지만 사람들과 얼굴을 맞대고 시간을 보낼 수 없다는 것은 상상할 수 없네요. 저는 사실 업무상 출장이 많은 것을 좋아하는데, 원격 근무를 해야 한다면 업무가 잘 안될 거 같네요."라고 대답했다.

이런.

지난 몇 년 동안 원격 및 분산 근무에 관한 수많은 지침서들이 출간되었고, 이들 책에는 분산 팀 혹은 하이브리드 팀과 협업하기 위한 좋은 방법을 생각해 보는 데 도움이 될 수 있는 '쓸모 있는 소설'들이 담겨 있다. 하지만 프로덕트 매니지먼트를 위한 단계별 가이드가 하나도 없는 것처럼 원격 프로덕트 매니지먼트를 위한 단계별 가이드 같은 것은 존재하지 않는다. 오히려 원격 근무로 지속적으로 변화하는 트렌드는 프로덕트 매니지먼트라는 복잡한 방정식에 더 많은 변수를 추가할 뿐이다.

이 장에서는 원격으로 프로덕트 매니지먼트를 하고자 할 때 흔히 발생하는 몇 가지 문제와 원격으로 이 업무를 수행하려면 얼마나 많은 노력과 심사숙고가 필요한지 설명할 것이다. 우선 원격이라는 단어는 보통 다들 모여서 일하는 사무실 공간 밖에서 일하는 사람을 가리키며, 분산이라는 단어는 다 같이 모여 일하는 사무 공간이 없이 운영되는 팀을 지칭한다는 것을 기억해 두자. 이 장에서 논의할 내용들은 완전히 분산된 팀과 현장 근무와 원격 근무의 균형을 맞추는 팀 모두에 해당되는 것이다.

13.1 멀리서도 신뢰를 쌓기

예전에는 물리적 업무 공간을 공유하지 않고, 강력한 팀을 구축하는 것은 거의 불가능하다고 생각했다. 점심을 같이 먹거나 함께 커피를 마시면서 소소한 대화를 하지 않는다면, 동료들과 어떻게 비즈니스적인 관계를 넘어설 수 있을까 싶었다. 화이트보드 앞에서 무엇인가를 같이 고민하고 해결할 수 없는데 어떻게 발전적인 협업이 가능할까 싶은 생각도 있었다. **같은 공간에서 함께 있을 수 없는 사람들이 어떻게 신뢰를 쌓을 수 있을까?**

특히 마지막 질문에 대한 답은 상당히 놀라울 것이다. 엔지니어링 리더인 사라 밀스타인Sarah Milstein은 '지금까지 들어본 적 없는 원격 근무에 대한 통찰[74]'이라는 훌륭한 글에서 '분산 팀이 모여 있는 팀보다 신뢰도가 높고, 일을 더 잘한다.'라는 대담한 주장을 펼쳤다. 그녀는 자신의 말이 진짜라는 몇 가지 이유를 제시했지만, 가장 공감이 가는 것은 1996년 데브라 메이어손Debra Meyerson이 제시한 '빠른 신뢰[75]'라는 개념에 근거한 부분이다. 메이어손은 팀에서 어떻게 신뢰를 신속하고 단호하게 구축될 수 있는지를 연구했는데, 밀스타인은 이런 역학 관계가 분산 팀에서도 유사하게 작용될 수 있음을 주장했다. 요컨대, 당신과 동료들이 공식적이고 장기간 지속되는 팀의 물리적, 사회적 구조 안에서 일하는 것이 아니라면 **서로를 신뢰하는 선택을 빨리 내려야 한다는 것이다.** 서로 어깨 너머로 살펴보거나 누가 가장 먼저 출근하고 가장 늦게 퇴근하는지 점수를 매길 수 없는 상황이라면 말이다.

....

74 https://betterprogramming.pub/rethinking-remote-work-b1c43a52b8dd
75 옮긴이_ 빠른 신뢰: 한국어 논문에서는 속성 신뢰로 표기한다. 전통적으로 신뢰는 장기간에 걸쳐 형성되어 그룹 성과에 영향을 미치는 것으로 판단해 왔는데, 메이어손의 연구를 통해 임시로 조직된 팀이나 분산 팀과 같은 경우에는 우선 초기에 일정한 신뢰를 가정하고, 시간이 지나면서 팀 구성원들이 신뢰를 검증하며 조정한다는 이론이다 (https://en.wikipedia.org/wiki/Swift_trust_theory).

빠른 신뢰는 분산 팀의 구성원들이 서로 신뢰하기로 결정하는 속도를 빠르게 할 수는 있겠지만, 여전히 각자의 배경, 경험, 기대치를 가진 복잡한 사람들이 내리는 결정이라는 점을 기억해야 한다. 다양한 사람으로 구성된 여러 형태의 팀에서 신뢰를 쌓기 위해 적용할 수 있는 딱 하나의 방법이나 가이드는 없다. 모든 팀, 특히 분산 팀에서 진정으로 신뢰를 구축하려면 관행 같은 '모범 사례'보다는 각각의 팀원들이 바라는 협업 방법과 이유에 관해 대화하도록 하는 것이 중요하다.

예를 들어, 최근 분산 팀원들 사이에서 회의할 때 웹캠을 꼭 켜야 하는지에 대해 상당한 논쟁이 있었다. 어떤 사람들은 웹캠을 켜는 것이 신뢰 구축에 매우 중요하다고 주장하는 반면, 다른 사람들은 재택근무 환경이 노출되는 것으로 인해 팀원들에게 과도한 부담을 줄 수 있다고 주장했다. 이런 논쟁이 있다는 것은 분산 팀과 관련된 불편한 진실을 보여주는 것이다. 사람마다, 팀마다 다를 것이고, 공유하는 업무 공간에서 가정일과 업무가 섞인 공간으로 맥락이 바뀌면 복잡성은 더욱 커질 것이다.

원격 근무 분야에서 신뢰를 구축하는 능력을 높이 평가받는 노련한 프로덕트 리더인 레이철 니샴^{Rachel Neasham}은 이 문제에 대해서 '웹캠 켜기 규칙을 정할까 말까?'라는 관점으로 보기보다는 '어떻게 하면 사람들이 원격 회의에 적극적으로 참여하고 싶어 하는 문화를 만들까?'라는 관점에서 생각하는 것이 좋다고 언급했다. 그리고 니샴은 대부분의 사람이 웹캠 켜기 규칙을 따르겠지만, 결국 이 규칙이 동료들을 판단하는 근거가 되어 궁극적으로는 신뢰를 약화시킬 수 있다고 지적하며 "사람들이 웹캠을 켜는지 켜지 않는지와 현상적인 문제는 언제나 더 깊은 문제의 징후가 된다는 점이 흥미롭습니다."라는 말을 덧붙였다.

실제로 이런 깊은 문제를 고민하기 시작하면 고도로 기능적인 분산 팀을 위한 딱 하나의 비결 같은 것은 없다는 것을 금방 깨닫게 된다. 8장에서 설명했듯이 작은 변화를 시도한 다음 팀과 함께 그 변화를 성찰하는 것이 일반적으로 가장 지속 가능한 방법이다.

분산 팀에서 언어 장벽을 넘어 갈등 해결하기

리사 모 와그너, 프로덕트 코치

몇 년 전, 리팩터링을 어떻게 할지에 관해 엔지니어링 팀과 의견 충돌이 있었다. 이전에도 여러 번 이런 대화를 한 적이 있었지만, 보통은 개발자와 긴밀한 파트너십을 통해 작업의 중요성을 이해하고, 그에 따라 작업의 우선순위를 정했다. 그러나 이번에는 엔지니어링 담당자와 서로 커뮤니케이션하기가 정말 어려웠다. 우리 둘 다 모국어가 아닌 다른 언어로 커뮤니케이션하는 상황에서 문화적 배경도 상당히 달랐다. 지리적으로 분산된 팀에서 신뢰를 쌓기 위해 노력했지만, 그가 나를 끔찍한 프로덕트 매니저로 생각한다는 느낌을 떨칠 수 없어서, 함께 일을 해야 하는 것이 점점 어려워졌다.

나는 믿을 만한 동료에게 조언을 구했고, 그 동료는 엔지니어링 담당자에게 메일로 피드백을 하는 것이 어떻겠냐고 제안했다. 협업하면서 어려움을 겪었던 몇 가지 상황을 쓰고, 내 관점에서 그 상황이 어떤 느낌인지 명확하게 설명하면 상대방이 오프라인에서 시간을 두고 이 정보를 처리할 것이고, 그러면 더 쉽게 대화할 수 있을 것이라고 기대했다. 그래서, 나는 몇 가지 사례를 작성하여 엔지니어링 담당자에게 보냈고, 그 다음 주에 일정을 잡아 30분 정도 같이 이야기를 나눴다.

긴 이야기를 짧게 줄이면, 우리는 두 시간 동안 놀라운 대화를 나눴다. 내가 메일로 보낸 피드백을 하나씩 함께 검토하면서, 점차 이전보다 확실하게 대화가 편해지는 것을 느꼈다. 내가 보낸 상황 중 하나를 살펴보면서 그가 "이 상황은 잘 기억나지 않지만 저는 나빴던 기억은 전혀 없는데요, 그렇게 힘들었던 이유는 어떤 거였어요?"라고 물었다. 나는 나를 나쁜 프로덕트 매니저로 생각하는 것 같아서 방어적인 기분이 들었다고 대답했다. 그는 내 말을 듣더니 그는 "저는 당신이 무능하다고 생각하지 않아요. 당신은 정말 훌륭한 프로덕트 매니저라고 생각해요. 다만 당신이 말하는 모든 것에 동의하지 않을 뿐이죠." 그 순간 우리는 서로에 대해 많은 자신만의 가정을 하고 있었다는 것을 깨달았고, 그런 가정을 버리고 선의로 함께 일하기로 합의했다.

통화가 끝날 무렵에는 게임 관련 농담까지 주고받으며 함께 웃었다! 그리고 더 중요한 것은 우리가 서로 직접적이고 열린 마음으로 커뮤니케이션했다면 처음부터 업무 관계가 더 좋았을 것이라는 점을 깊이 이해하고 대화를 마쳤다는 것이다. **분산 팀, 특히 전 세계에 걸쳐 분산된 팀에서 협업할 때는 자신만의 가정에 빠지기 쉽다. 지리적, 언어적, 문화적 차이를 뛰어넘어 직접 커뮤니케이션하려면, 나를 드러내야 하기도 하고 더 많은 노력도 필요하지만, 그런 노력은 언제나 가치가 있다.**

13.2 커뮤니케이션 합의서로 의미 있는 신뢰 만들기

'신뢰'는 크고 모호한 개념이어서 많은 팀에서 신뢰 구축을 위한 구체적이고 적절한 단계를 찾는 데 어려움을 겪는다. 나는 지난 몇 년 동안 팀의 신뢰 구축에 가장 직접적인 장애물이 일상적 커뮤니케이션에 대한 잘못된 기대치라는 사실에 놀라곤 했다. 팀원들에게 신뢰를 떨어뜨리는 구체적 사례를 설명해달라고 요청하면, "누군가 내 이메일에 답할 줄 알았는데, 그러지 않았어요.", "팀원들에게 내가 감당할 수 없을 정도로 많은 메시지를 받는데, 팀원들이 자신의 메시지를 무시한다고 생각할까 봐 두렵습니다."와 같이 단순한 경우가 많았다.

몇 년 전에 작은 규모의 분산 팀과 함께 이런 상황을 직접 겪었는데, 당시 비즈니스 파트너 중 한 명은 뉴욕과 리마, 다른 한 명은 뉴욕과 마드리드를 오가며 일했고, 나는 오리건주 포틀랜드로 막 이사를 했던 상황이었다. 토요일 오후에 아내와 시내를 걷는데, 주머니에서 알람이 울렸다. 딩! 딩! 딩동댕! 휴대폰을 보니 비즈니스 파트너 중 한 명이 함께 작업하던 구글 문서에 무더기로 댓글을 달고 있었다. 나는 깜짝 놀라 고개를 절레절레 흔들었다. 아내에게는 "미안한데, 집에 가야 할 것 같아. 중요한 일인가 봐."라고 말했다.

집으로 돌아오는 길에 분한 마음이 들기 시작했다. 대체 어떤 비즈니스 파트너가 이런 메시지를 보낸 걸까? 이 얼마나 말도 안 되는 파트너십인가? 나를 파트너로 생각한 게 맞나? 아내와 집에 돌아와서는 정말 화가 났다. 비즈니스 파트너에게 전화를 걸어 주말에 일을 왜 나에게 떠넘기는지 제대로 설명해 달라고 말했다. 그는 당황한 표정으로 "댓글을 볼 거라고는 생각도 못 했어요. 지금은 제가 일할 수 있는 시간이어서 그랬지요. 휴대폰에서 구글 문서 도구의 댓글 알림을 꺼두셨으면 좋았을 텐데…."

그 순간 분한 마음이 민망함으로 변했다. 나는 바로 내가 했던 가정에 대해 사과하고, 서로 다른 근무 시간에 따른 커뮤니케이션에 어떤 어려움이 있는지 물어봤다. 그리고 다음 파트너 회의 때 다음과 같은 문제를 논의했다.

- 예상되는 응답 속도에 대한 오해(⑩ 비즈니스 파트너로부터 이메일을 받으면 긴급하지 않은데도 긴급한 것으로 해석할 수 있다!).

- 어떤 작업에 소요되는 시간에 대한 불명확한 기대치(📌 비즈니스 파트너에게 "이것 좀 봐주실 수 있나요?"라고 물어보면 실제 시간이 얼마나 걸릴까?).
- 받은 편지함이 넘쳐서 새 메시지를 분석하고 우선순위를 정하기가 어렵다(📌 비즈니스 파트너에게 이메일을 보냈는데 받은 편지함에 읽지 않은 메시지가 100개나 있는 경우에 어떤 메시지가 중요한지 어떻게 알 수 있을까?).

이러한 문제를 바탕으로 우리는 답해야 할 질문들을 정리하여 '커뮤니케이션 매뉴얼'이라고 이름 붙인 간단한 합의서를 작성했다. 그 질문은 다음과 같다.

- 각 채널(이메일, 문자, 슬랙 등)의 비동기 메시지에 얼마나 빨리 응답할 것으로 예상하는가?
- 서로 요청할 때 어떤 기준을 명시해야 하는가? (📌 얼마나 오래 요청하는지, 언제까지 필요한지, 업무가 막혀 있는지 아닌지 등)
- 개인 및 팀 근무 시간은 어떻게 되며, 근무 시간 외에 주고받는 메시지는 어떻게 처리하는가?

이러한 질문에 대한 답변을 한 페이지 분량의 문서로 정리하여 템플릿으로 만들었다. 이 링크[76]에서 다운로드 받을 수 있다. 모든 팀은 다르며, 모든 팀의 커뮤니케이션 매뉴얼도 다를 것이고, 또 달라야 한다. 특히 분산 팀의 경우 "이 팀의 누군가가 다른 팀원으로부터 메시지를 받으면 얼마나 빨리 응답할 것으로 기대하는가?"라는 질문부터 시작하는 것이 도움이 될 수 있다. 팀원 모두가 바로 같은 답을 할 수 있는 경우가 아니라면(그렇게 하지 못할 가능성이 높다), 이 질문은 명시적인 커뮤니케이션 합의서를 작성하는 것이 왜 중요한지 분명하게 보여줄 것이다.

13.3 동기 및 비동기 커뮤니케이션을 활용하기

팀원들과 함께 자주 하는 활동이 있는데, 기존 커뮤니케이션 채널과 이벤트를 2×2 격자에 구분하는 것이다. 이 격자의 한 축은 '공동 장소'(모든 팀원이 하나의 공유된 물리적 공간에서 작업한다), '분산'(모든 팀원이 각자의 물리적 공간에서 작업한다)으로 구분한다. 다른 축은 '동기'(대면 또는 음성 대화와 같이 메시

---

76 https://docs.google.com/document/d/121d1WxPL0Tduoc3fejpjD5VVqLlefW4Er8YJ9e24olA/edit

지를 동시에 주고받는 것)에서 '비동기'(이메일 및 기타 메시징 플랫폼과 같이 독립적인 시간에 메시지를 주고받는 것)로 구분한다. 2022년 1월에 진행한 활동의 결과를 시각화하면 [그림 13-1]과 비슷하다.

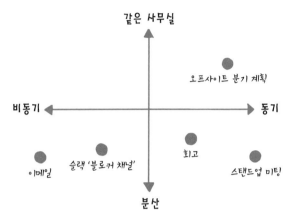

그림 13-1 2022년 1월쯤에 구분해 본 일반적 팀의 채널 및 이벤트

수십 팀과 이 활동을 해 보니 두 가지 흥미로운 패턴을 볼 수 있었다. 첫째, 어떤 채널이 동기이고 어떤 채널이 비동기인지에 대해 의견 차이가 상당한 경우가 많았다. 일반적으로 어떤 팀원은 특정 채널이 암묵적으로 즉각적인 확인을 해야 하는 채널이라고 생각하는 반면, 다른 팀원들은 하루에 한두 번만 확인해도 된다고 생각한다. 이런 차이는 명시적인 커뮤니케이션 합의가 얼마나 중요한지를 말해 준다.

두 번째이자 여러 면에서 더 미묘한 패턴은 많은 팀이 동기화 시간을 주로 '현재 상태를 업데이트'하는 활동을 위해 쓴다는 것이다. 물론 어떤 팀은 동기식 상태 업데이트를 팀원들이 같은 정보를 공유하고 복잡한 작업을 조율하는 데 유용하게 사용할 수 있다. 그러나 다른 팀의 경우 동기식 상태 업데이트 회의는 지루한 시간 낭비가 될 수도 있다.

'이메일로 했어야 할 회의를 버텨냈습니다!'라고 적힌 머그잔을 보며 뭔가를 마시며 웃어본 적이 있다면, 아마 당신도 이런 경험이 있을 것이다. 많은 팀이 분산 근무를 광범위하게 채택하면서 '왜 이미 처리한 일을 이야기하느라 귀중한 시간을 같이 보내야 하는가?'와 같은 고민에 빠지게 됐다. 특히 동기화 시간을 확보하기가 매우 어려운 광범위한 지역에 걸쳐 일하는 팀의 경우 더욱 그렇다.

다시 말하지만, 동기 및 비동기 시간을 어떻게 사용할지는 각 팀마다 다를 수 있다. 다음 절에서는 분산 팀의 동기 및 비동기 커뮤니케이션을 위한 몇 가지 일반적인 접근 방식과 일부 분산 팀에서 이들을 결합하여 사용하는 '동기 샌드위치' 방법을 살펴보자.

13.4 동기 커뮤니케이션 for 분산 팀: 시공간 조율하기

나와 같이 일하는 많은 팀은 동기화 시간을 상태 업데이트보다는 협업을 위한 의사결정 시간으로 바꾸고 싶어 한다. 팀원 중 5명이 이메일을 확인하는 동안, 반쯤 잠든 12명의 팀원이 의사결정을 하려고 애쓴다는 사실을 깨닫기 전까지는 말이다. 동기 커뮤니케이션을 활용하는 분산 프로덕트 팀과 대화할 때 가장 많이 등장하는 단어가 '의도적'이라는 단어다. 다시 말해 '팀의 시간을 구성하고 촉진하는 방식에 대해 정말 의도적으로 생각해야 한다.'처럼 말이다. 물론 공유 사무실 공간에서 작업한다면 방 한가운데 화이트보드를 두고 괜찮은 솔루션을 즉흥적으로 구성해 볼 수 있다(그 솔루션의 품질에 대해서는 논란의 여지가 있을 수 있겠지만). 하지만 모든 사람이 집에서 클릭 한 번으로 이메일, 전자상거래, 고양이 동영상을 보면서 줌을 사용한다면 어떨까? 행운을 빈다. 분산 팀이 동기화된 협업에 참여하고 활동하려면 의외로 많은 계획과 준비, 그리고 훈련이 필요하다. 다음은 동기화된 협업을 최대한 활용하기 위해 공간과 시간을 세심하게 조정하는 데 도움이 되는 몇 가지 팁이다.

| 팁 1: 간결하게, 집중하게 한다 |

프로덕트 매니저를 처음 할 때는 원격 팀원들이 4시간이나 진행되는 스프린트 계획 회의에 '전화'로 참여하는 것이 간단한 일이라고 생각했다. 그때 팀원들에게 늦었지만 진심으로 사과한다. 몇 시간 동안 원격으로 진행되는 회의, 특히나 그 회의가 개방적이고 제대로 계획되지 않은 회의라면 아무도 초대해서는 안 된다. 요즘에는 내가 하는 모든 원격 동기식 회의는 한 시간으로 제한하고, 그보다 긴 회의는 입력, 출력 및 목표가 명확한 한 시간 단위의 여러 세션으로 나누려고 한다(이 장의 뒤쪽에서 '동기 샌드위치' 방법에 대해 자세히 설명하겠다).

| 팁 2: 공유 문서에서 작업한다 |

동기식 회의에 구조와 명확성을 부여하는 방법 중 한 가지는 한 사람에게 논의 내용을 문서화하는 작업을 맡기지 않고 공유 문서에서 함께 작업하는 것이다. 로드맵이나 한 장짜리 공유 문서를 만들면 회의에 참여한 모든 사람이 회의에 대해 원하는 결과를 가시적으로 파악하고 접근할 수 있다. 또한 이 방법은 한 사람(대개는 프로덕트 매니저)을 문서의 담당자로 정하는 방법보다 주인 의식을 공유하는 데도 도움이 된다.

| 팁 3: 익숙한 도구를 사용한다 |

동기식 협업이 정말 공정하다고 느껴지는 경우는 없다. 언제나 더 편하게 발언하는 사람이나 주제에 익숙한 사람들이 있기 때문이다. 이런 부분은 어쩔 수 없지만, 추가로 회의 참여자들에게 새로운 도구를 써야 하는 상황을 만들면, 그 도구에 이미 익숙한 사람과 새로운 도구를 사용해야 하는 사람이라는, 또 다른 수준의 차이를 가져오는 것이어서 불공정의 느낌을 더 받게 한다. 그래서 되도록 사람들이 이미 많이 사용하는 구글 문서 도구(또는 화이트보드 형태의 활동을 위한 구글 슬라이드 도구)에서 작업하는 것이 가장 좋다. 기능 면에서 단점은 있겠지만, 사용 편의성 및 친숙함이라는 장점으로 충분히 상쇄되는 경우가 많다(물론 '익숙한' 도구는 팀마다 다를 텐데, 최신 협업 도구와 플랫폼이 더 익숙한 팀이 있을 수도 있다).

| 팁 4: 회의를 준비하고 연습하는 데, 회의 시간의 3배가 든다고 가정하자 |

가장 중요하지만, 가장 지키기 어려운 원칙은 팀과 함께 가치 있는 동기 회의를 계획할 때는 그 시간을 잘 활용하기 위해 회의 시간의 3배에 해당하는 준비와 연습이 필요하다고 생각하라는 원칙이다. 즉, 팀과 한 시간 동안 로드맵을 만드는 세션을 계획한다면, 세 시간을 달력에 표시하여 로드맵 세션의 최종 결과가 어떤 모습일지, 세션의 각 단계를 어떻게 구성할지 미리 생각해 보자. 원활한 세션 진행을 위해 혼자 또는 동료들과 함께 몇 번 연습하는 것도 좋다.

앞서 제안한 것들을 관통하는 하나의 주제가 있다면 분산 팀이 동기화 시간을 잘 활용하기 위해서는 의도적 준비와 충분한 계획이 필요하다는 것이다. 이렇게 준비하고 계획한다면 팀이 모두 모여 있는 상황보다 적극적으로 참여하고 열린 마음으로 협업할 수 있다. 특히 우선순위 정하기 또는 로드맵 작성과 같은 중요한 공동 작업의 경우, 다들 모여 함께 작업할 수 있는 디지털 공간이 있으면 참여와 몰입을 극대화할 수 있다. 또한 팀이 이런 방식으로 일하는 데 익숙해지면, 지리적 또는 조직적 거리감으로 멀리했던 이해관계자들의 참여를 더욱 쉽게 유도할 수 있다.

영향력 대 노력이라는 간단한 매트릭스로 원격 팀에서 협업을 장려하기

자넷 브렁크호스트, 오로라 솔라, 프로덕트 매니지먼트 이사

시간대가 다른 원격 개발 팀이 있는 고객과 함께 일할 때였다. 애자일 방식으로 일한다고는 했지만, 프로덕트 매니저가 지라에서 수많은 사용자 스토리를 작성하고, 우선순위를 정한 다음, 원격 디자이너와 개발 팀에 전달하는 과정은 여전히 단절된 상태였다. 이는 프로덕트 매니저가 어떤 기능을 제공하는 것이 얼마나 쉬운지, 어려운지에 대해 많은 가정을 해야 한다는 의미였고, 개발 팀은 중요한 프로덕트 관련 결정에서 상당히 배제된 느낌을 받았을 것이다. 특히 크고 중요한 프로젝트를 착수하면서 팀에 무엇인가 변화가 필요한 것이 분명해졌다. 그래서 모든 프로덕트 매니저, 디자이너, 개발자를 한자리에 모아 무엇을 만들고 왜 만들 것인지에 대해 매우 색다른 방식으로 대화를 나누었다. 먼저 기술적 또는 실질적 문제를 해결하기 위해 우리가 해결하고자 하는 핵심적인 사용자 요구사항에 관해 열린 대화를 나누었고, "사용자의 이러한 요구사항을 어떻게 해결할 수 있을까요?"라는 열린 질문을 했다. 그 후 참여자들의 아이디어를 수집하여 아주 간단한 2×2 영향력 대 노력 매트릭스([그림 13-2])로 분류했다. 즉, 사용자에게 얼마나 큰 영향을 줄 것인지, 그러기 위해 얼마나 노력해야 하는지를 구분해 본 것이다. 이를 통해 개발자들은 각각의 아이디어에 필요한 노력을 이야기할 수 있었고, 프로덕트 매니저는 사용자에 미치는 영향을 설명할 기회를 얻었다.

회의가 끝날 때쯤, 우리는 중요한 돌파구를 찾았다. 프로덕트 매니저가 가장 바랐지만, 너무 어려울 것 같았던 솔루션이 실제로 검토했던 다른 방법보다 실행하는 데 그리 어렵지 않다는 것을 알게 되었다. 결국 우리 모두는 프로덕트 사용자에게 가장 큰 가치를 제공하면서도 개발자의 시간을 최대한 활용할 수 있는 방향으로 나아갈 수 있었다. 개발자들 역시 이 방식이 훌륭하다고 생각했다. 미리 정해진 작업을 그대로 실행하라는 요청을 받은 것이 아니라 프로덕트를 정의하는 대화에 참여할 수 있었기 때문이다.

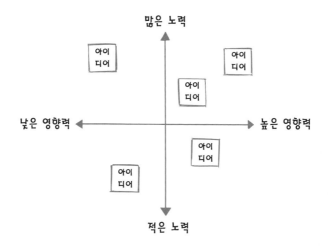

그림 13-2 영향력 대 노력 매트릭스

13.5 비동기 커뮤니케이션 for 분산 팀: 기대치 설정하기

동기화 시간을 조율하는 것이 다소 어렵기 때문에 많은 분산 팀은 비동기 커뮤니케이션을 선호한다. 비동기 커뮤니케이션은 보통 엄청난 양의 복잡한 업무에서 균형을 맞추려고 하는 사람들에게 매우 필요한 유연성 있는 방법이다. 오후 1시에 회의가 잡히면 업무를 볼 수 있는 하루가 반으로 줄지만, 이메일이나 공유 문서는 가능한 시간에 응답할 수 있기 때문이다.

분산 프로덕트 팀은 공동의 시간과 에너지를 절약하기 위해 일제히 '빠른 핑 Quick

Ping[77]'을 날리면서 커뮤니케이션하는 습관이 있는 경우가 많다. '이것 좀 봐주실 래요?' 같은 메시지를 근무 시간이든 근무 시간이 아니든 이메일이나 슬랙 같은 메신저로 보내곤 한다.

사실 모든 '빠른 핑'은 커뮤니케이션을 빠르게 이뤄지게 만들기는 한다. 그러나 전체적으로 보자면 이런 메시지와 그로 인해 생성되는 후속 메시지 때문에 받은 메시지의 맥락을 파악하고 우선순위를 정하는 과정에서 끝없는 시간 낭비가 될 수도 있다. 정말 중요할 때 이메일 스레드를 다시 정독하거나 삭제하는 데까지 며 칠이라는 생산적인 시간을 낭비하게 될 수도 있는 것이다.

역설적으로 가장 빨리 쉽게 보낼 수 있다는 비동기 메시지 때문에 오히려 답장하 는 데 많은 시간이 걸리고 불안한 마음이 드는 경우가 많다. 그리고 동료에게 중 요한 정보(예를 들면, 메시지를 보내는 이유, 어떤 응답이 필요하고 언제까지 필 요한지)를 직접 요청하지 못하고, 친근함을 표시하면서 빙빙 돌려 메시지를 보내 는 경우도 있다. 이렇게 하면 멋지게 보이고, 친해 보일 수 있을지 몰라도 동료들 이 나한테 뭐가 필요한지, 언제 필요한지, 얼마나 중요한지를 추측해야 한다.

점점 많은 업무가 비동기 메시지를 통해 처리되기 때문에, 내가 요청하는 것이 무 엇이고, 왜 요청하는 지를 명확하고 직접적으로 전달하기 위해 이전보다 많은 노 력을 기울여야 한다. 물론 말처럼 쉽지는 않다. 그래서 나는 스스로 아래와 같은 체크리스트를 출력하여 책상에 붙여 두었다. 보내기 버튼을 누르기 전에 다음 질 문을 스스로에게 물어보자.

- 받는 사람이 이메일을 받고 나서 10초 이내에 이메일에서 요청하는 행동이 무엇인지 정할 수 있는가?
- 원하는 결과와 기간을 직접적으로 명시했는가?
  - 금요일 오후 3시까지 검토해 주세요.
  - 다음 주 화요일 전에 만날 수 있을까요?
- 여러 수신자에게 동일한 메시지를 보내는 경우 각 수신자에게 요청하는 내용이 명확한가?
  - 압둘과 레이철을 참조에 추가하기: 참고 바람

....

77 옮긴이_ Quick Ping. Ping은 네트워크와 상대편 서버의 상태를 점검하는 도구인데, 여기서는 짧게 연락한다는 의 미로 쓰였다.

- 피드백을 요청할 때 어떤 종류의 피드백을, 왜 받고 싶은지 명확하게 설명했는가?
  - 다음 주 화요일 프레젠테이션의 대략적인 개요를 첨부합니다. 10분 이상 쓰지 않고 개요의 전체 구조를 검토하고 중요한 내용이 누락된 것 같으면 알려주세요.
  - 목요일 오전에 슬라이드 작업을 시작할 예정이므로 그 전까지 피드백을 주시면 대단히 감사하겠습니다.
- 팔로우업 또는 체크인과 같은 일반적인 답변 문구를 사용하는 경우 원하는 응답 또는 조치 유형을 명확하게 (재)명시하고 있는가?
  - 다음 주에 함께 프레젠테이션을 준비할 시간이 15분 정도 있는지 이메일에 대한 답변입니다. 저는 화요일 오전에 가능합니다. 오전 11시 괜찮으세요? "

이메일, 슬랙, 팀즈 또는 기타 채널을 통해 보내는 비동기 메시지에 더 많은 시간과 노력을 투자하면 궁극적으로 동료의 시간과 노력을 줄일 수 있다.

13.6 '동기 샌드위치' 만들기

중대한 이해관계가 있는 분산 작업의 경우에는 동기 및 비동기 커뮤니케이션 모두를 최대한 활용해야 할 수도 있다. 동기 커뮤니케이션은 동료들과 함께 새로운 아이디어를 만들고, 종합할 수 있는 기회가 되지만 비동기 커뮤니케이션은 그룹 환경이라는 압박을 벗어나 당신이나 동료들이 각자의 아이디어를 날카롭게 다듬고 구체화할 수 있는 기회가 된다.

분산 팀과 협력하여 중요한 결과물을 만들거나 중요한 결정을 해야 할 때 나는 '동기 샌드위치' 형태의 회의를 잡는다(그림 13-3).

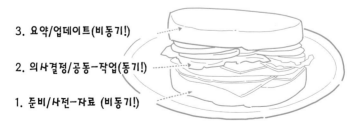

3. 요약/업데이트(비동기!)

2. 의사결정/공동-작업(동기!)

1. 준비/사전-자료 (비동기!)

그림 13-3 동기 샌드위치. 이미지에 어떤 빵을 '아래에' 놓을지에 관한 논쟁이 여전히 뜨겁긴 하지만, 나는 맛있는 속 재료를 채우기 전에 그림처럼 빵을 놓아야 한다고 주장한다.

모든 동기 샌드위치에는 다음과 같은 꽤 직관적인 단계가 필요하다.

- 적어도 회의 하루 전까지는 비동기로 미리 읽을 수 있는 자료를 보낸다. 이렇게 하면 생각을 정리하는 데 시간이 필요한 사람들의 참여를 독려할 수 있고, 전체 그룹이 당면한 문제와 과제에 집중할 수 있다.
- 미리 읽을 수 있는 자료에 설명한 대로 의사결정을 하거나, 공동으로 문서를 작성하거나, 문제 해결을 위해 협업하는 타임박스형 동기 회의를 진행한다.
- 동기 회의가 끝나고 하루 이내에 다음 단계와 실행 항목이 포함된 비동기 팔로우업을 보낸다. 이렇게 하면 추진력을 계속 유지하면서 회의에 참여한 모든 사람들이 회의의 결과를 보고 이해할 수 있다.

이 간단한 세 단계는 동료들이 자신의 생각을 준비할 시간, 준비한 생각을 공유하여 계획이나 결정으로 종합할 수 있는 공간, 이후 계획이나 결정을 이해하는 기회를 갖게 하는 좋은 출발점이 될 것이다. 나만의 동기 샌드위치를 구성하는 데 사용할 수 있는 템플릿은 다음 링크[78]에서 받을 수 있다.

나는 작년에 직접 만나서 길게 진행하던 회의 대부분을 몇 개의 작은 동기 샌드위치 회의로 나누어서 공유문서와 화상 채팅으로 진행했다. 예를 들면 이제는 초기 단계 스타트업을 위한 로드맵 작성 회의를 한 시간짜리 세션으로 진행하며, 향후 3개월, 6개월, 9개월, 12개월 안에 달성해야 하는 매우 중요한 비즈니스 마일스톤을 파악한다. 이 세션이 끝나면, 우리가 합의한 마일스톤을 참가자들에게 전달하고 이를 달성할 수 있는 다양한 방법(기존 프로덕트, 새로운 프로덕트, 서비스 제공, 파트너십)에 대해 생각해 볼 것을 요청한다. 이후에는 영역 내에서 구체적인 아이디어를 탐색하고, 그 영향을 예측하고, 첫 번째 세션에서 설정했던 마일스톤에 따라 우선순위를 정하기 위한 추가적인 동기 샌드위치 회의를 계획한다.

전체 로드맵 작성 프로세스는 처음부터 끝까지 보통 1~2주에 걸쳐 4시간에 걸친 동기 샌드위치로 진행된다. 앞서 설명한 3+1 법칙에 따라 진행 준비까지 합쳐서 약 16시간이 소요된다. 맞다. 16시간은 상당히 긴 시간이지만 경험상 팀에서 중요한 결정을 해야 할 때는 그만한 가치가 있다. 이렇게 준비해서 진행된 세션은

----

78 https://docs.google.com/document/d/1AjacuRBL6NMjuZWft5RIIBovz7Cc-WhMTEKFrHrUktM/edit

내가 경험했던 기존의 대면 회의(체계가 없이 길기만 했던)보다 참여와 협업의 수준이 훨씬 높은 수준이었다.

다른 커뮤니케이션 방법처럼 동기 샌드위치도 팀과 논의하여 우리만의 방법을 만들 때 가장 높은 가치가 있다. 예를 들어, 참가자들이 비동기 미리 읽기에 참여하지 않는다면, 동기 미팅을 진행할 때 10분 정도 '미리 읽은 내용에 관해 질문을 적어 보는' 시간을 추가하는 것이 좋다. 늘 그렇지만 팀의 구체적인 요구사항에 주의를 기울이고 팀과 협력하여 이를 파악하고 해결해야 한다.

13.7 비공식 커뮤니케이션을 위한 공간 만들기

재택근무가 시작되기 전에 나는 오후 3시 커피 브레이크의 신봉자였다. 오후에 나른하기 시작할 때쯤 디자이너, 개발자, 마케터, 프로덕트 매니저, 임원 등 가능한 많은 사람이 모여서 시내의 '커피 맛집'으로 가곤 했다. 커피를 마시지 않으면 특별히 직접 이야기를 나눌 이유가 없는 사람들인 경우가 많았고, 이때 나눈 대화들이 결과적으로 공식 회의 때 나눈 이야기들의 절반 정도쯤 되는 수준으로 회사에 가치가 있는 것들이었다.

재택근무를 시작할 때만 해도 언제든 쉴 수 있다는 생각으로 옛날 옛적 동화 속에 있는 것만 같았다. 그러나 한때 중요한 정보 파이프라인이었고, 믿을 수 있는 에너지 충전제 역할을 했던 비공식 커뮤니케이션의 상당 부분이 사라졌다. 그리고 '줌 해피아워'니 '재미로 하는 채팅방'이니 하며 이런 비공식 커뮤니케이션을 재현하려는 거의 모든 시도가 견디기 힘들 정도로 어색했다.

그 후 몇 년 동안 많은 팀이 팀의 비공식 커뮤니케이션을 되살리기 위한 작지만 의미 있는 발걸음을 내딛는 것을 보았다. 이들은 다 같이 모여서 하던 활동을 다시 하려는 시도 대신에 분산 근무의 리듬과 제약 조건, 그리고 현실을 잘 반영하는 새로운 활동을 만들었다. 물론, 이런 활동은 팀마다 매우 다양하다. 하지만 몇 가지 일관된 패턴을 관찰한 결과, 다음과 같은 내용들이 도움이 될 수 있을 것 같다.

| 팁 1: 사람들이 서로를 알아가고, 서로 연결되어 있다고 믿을 수 있도록 도와준다 |

오후 3시 커피 브레이크의 좋은 점은 사람들이 서로 대화하고, 새로운 유대감을 형성하고, 부서 안에만 있던 정보를 공유할 수 있다는 것이다. 분산 팀이라면 일 대일 대화가 유기적으로 이뤄질 수 있는 공동 공간 같은 것이 실제로 존재하지 않는다. 어떤 팀에서는 줌의 소규모 회의실 기능을 통해 이런 역동을 재현해 보려 했지만, 아직 의도대로 잘 동작하는 것을 본 적이 없다. 내가 봤던 가장 성공적인 비공식 커뮤니케이션은 팀에서 암시적이든 명시적이든 '모두가 공개적으로 많은 정보를 공유할 수 있는 공간을 만들자.'에서 '사람들이 서로 폭넓게 알 수 있는 공간을 만들고, 그 후 각자의 편한 시간에 적절한 정보를 공유하도록 하자.'로 기준을 바꾼 경우이다. 같이 일했던 많은 프로덕트 매니저들 중 상당수가 줌 해피아워나 재미 삼아 만든 슬랙 채널이 실패했다고 생각했는데, 그 공간 밖에서 일어나는 가치 있는 후속 대화를 볼 수 없기 때문이라고 했다. 언제나 그렇듯이 정말 이런 대화를 하고 있는지 확인하는 가장 좋은 방법은 팀과 함께 회고하는 것이다.

| 팁 2: 사람들이 업무 외적으로 하고 있는 일들을 공유할 수 있는 기회를 만들자 |

내가 아는 많은 프로덕트 매니저는 팀원들에게 업무와 동일한 활동이라며 그룹 게임이나 운동에 강제로 참여하도록 하기도 했다. 그러나 이 방법은 어떤 팀이나 개인들은 이를 즐겁게 생각하지만, 이미 꽉 찬 달력에 '강요된 재미'를 위한 활동을 추가해야 하는 것을 달가워하지 않는 팀원도 있을 것이다. 나는 후자에 속하는데, 특히 '강요된 재미'를 위한 활동이 지겨울 정도로 뻔한 활동이고, 동료들의 개성과 관심사를 전혀 알 수 없는 것일 때 짜증이 났다.

좋은 프로덕트 매니저들은 팀원들에게 아주 새로운 활동에 참여하라고 하기보다는 팀원들이 업무 외적으로 이미 하고 있는 일을 공유할 수 있는 기회를 만들려고 한다. 예를 들어, 내가 같이 일하는 어떤 팀의 경우 슬랙의 공유 채널에 '월요일의 추억' 스레드를 올려 두어, 모두가 주말에 했던 일 중에 재미있었던 것 하나를 공유하면서 한 주를 시작한다. 소소하고 부담스럽지 않은 활동이지만 이런 활동을 통해 팀원들끼리 서로 잘 알 수 있는 기회가 되었고, 심지어 몇몇은 직접 만나서 하이킹이나 콘서트에 같이 가기도 했다.

| 팁 3: 직접 만나서 커뮤니케이션하는 것이 '안전하고 편안하게' 느껴진다면 그렇게 하자 |

분산 업무 환경에서 비공식적 커뮤니케이션이 완전히 다르다는 것을 받아들이면, 직접 대면하는 비공식 커뮤니케이션의 고유한 가치도 알 수 있다. 나는 다시 직접 만나서 커뮤니케이션을 할 수 있게 되기 전까지 동료와 식사나 산책을 같이 하는 것이 얼마나 그리운 일인지 몰랐다. 물론 여기서는 '안전하고 편안하게'가 핵심이다. 대규모로 오프라인 대면 행사를 계획한다면, 사람마다 안전하고 편안함을 느끼는 개인적인 경계가 다르다는 점을 인정하고 그 경계를 존중해야 한다.

| 팁 4: 휴식 시간도 잊지 않는다 |

마지막으로, 오후 3시의 커피 브레이크는 무엇보다도 휴식 시간이라는 점을 기억해 두자. 동료들과 효과적으로 커뮤니케이션할 수 있는 시간과 에너지를 확보하려면 스스로 휴식과 재충전의 시간을 가져야 한다. 팀원들이 너무 바빠서 주말의 즐거운 추억을 공유하거나 새로운 팀원을 환영하기 위한 간단한 줌 통화에 참여하지 못하겠다고 지속적으로 말한다면, 팀원들이 자신에게 필요한 시간을 어떻게 확보하고 있는지, 그리고 프로덕트 매니저로서 도울 수 있는지 부드럽게 물어보는 것이 좋다.

분산 근무로 전환하는 것은 쉽지도, 직선적이지도 않으며, 비공식 커뮤니케이션의 모습과 느낌에 대해 우리가 기대하는 것을 상당히 재조정해야 할 경우도 많다. 그러나 분산 근무가 좋고 나쁜 것이 아니라 단지 다를 뿐이라는 것을 진심으로 받아들이면 전 세계 사람들과 강력한 업무 관계를 맺을 수 있는 놀라운 기회가 생길 것이다.

두 개의 사무실 사이에 비공식 대화를 위한 공간 만들기

토니 헤일(전 스크롤 CEO), 트위터, 프로덕트 담당 수석 디렉터

내가 차트빗의 CEO였을 때는 모든 팀원이 같은 공간에서 근무했다. 직원 채용과 주변 소음은 단점이었지만, 우연히 대화를 시작할 수 있다는 것이 큰 장점 중 하나였다. 팀의 성과가 좋을 때는 그 원인 중에 신뢰가 차지하는 부분이 정말 크다고 생각한다. 이 신뢰는 대개 공

식적이고 예정된 회의가 아닌 비공식적인 대화를 하면서 쌓인다. 그래서 나는 얼굴을 맞대고 대화하는 것을 좋아하지만 분산 팀에서는 쉬운 일이 아니다.

스크롤은 오리건주 포틀랜드와 뉴욕에 각각 사무실이 있다. 이런 상황은 우리에게 도전 거리를 던져 주었다. 팀이 물리적으로 두 곳에 분산되어 있을 때는 어떻게 하면 우연한 대화를 나눌 수 있는 공간을 만들 수 있을까?

이 문제를 해결하기 위해 공간을 공유한다는 인식을 갖도록 양쪽 사무실 사이에 상시 비디오 링크를 만들었다. 이제는 직원들이 출근하면 사무실 중앙에 있는 대형 화면을 통해 다른 사무실에 있는 모든 동료의 모습을 볼 수 있다. 간단히 물어볼 것이 있거나 공유하고 싶은 생각이 있으면 버튼을 눌러 오디오 링크를 활성화할 수 있다. 공식적인 회의 일정을 잡을 필요 없이 버튼을 누르면 실제로 같은 공간에서 일할 때처럼 "저기요!"라고 말할 수 있다. 우리는 뉴욕과 헝가리에 있는 팀들을 연결하기 위해 비슷한 방식을 사용했던 고커 미디어에서 영감을 얻었다.

내 경우에는 이런 방식을 통해, 불가능했던 대화의 장을 다시 열 수 있었다. 팀원끼리 동료애를 쌓고, 커뮤니케이션이 쉬워졌다는 점에서 정말로 변화가 있었다. 하지만 여러 장소에 있는 수많은 사람이 모두 원격으로 일한다면 이 방식을 어떻게 활용해야 할지 솔직히 모르겠다. 그러나 꼭 말하고 싶은 건, 프로덕트를 개발할 때는 이런 일들이 반드시 필요하다.

13.8 하이브리드 시기: 대면과 원격 업무 균형 맞추기

글을 쓰는 지금 시점에서 원격 근무의 미래에 대해 확실한 것은 모든 것이 불확실하다는 것뿐이다. '현장으로 복귀'에 대한 예측은 여러 번 있었지만, 아직까지 정확하게 들어맞는 예측은 없었다. 미래에는 어떤 사람은 집에서, 어떤 사람들은 사무실에서 일하게 될 것이고, 또 어떤 날은 사무실로 출근하고, 어떤 날은 재택근무를 하는 등 '하이브리드'의 시대가 될 것임이 분명하다.

사무실 근무와 재택근무의 구분이 애매하고 복잡해질수록 이 장의 핵심 아이디어인 팀 커뮤니케이션 방식은 팀원들과 함께 적극적으로 해결하고 발전시킬 수밖에 없다. 업무가 복잡해질수록 더 많은 커뮤니케이션이 필요하다는 점을 명심하고 계속 커뮤니케이션하자.

마치며: 커뮤니케이션 연습을 위한 근력운동

원격 프로덕트 매니지먼트는 공유하는 사무 공간이 없어서 팀원들이 커뮤니케이션하는 방법을 더 심사숙고해야 할 경우가 많기 때문에 기존 프로덕트 매니지먼트보다 더 어려울 수 있다. 그러나 원격 근무를 커뮤니케이션 연습을 위한 근력 운동이라고 생각하면 당장은 불편하고 피곤할 수도 있겠지만, 잘 다져놓으면 다음에 더 중요한 업무를 맡게 되었을 때 미리 운동을 해놓길 잘했다는 생각이 들 것이다.

셀프 체크리스트

- ☐ 분산 근무가 모여서 근무하는 것보다 좋지도 나쁘지도 않으며, 단지 다른 근무 방식이라는 것을 인식한다.
- ☐ 또한 모든 분산 팀은 그 자체로 서로 다르다는 점을 인식한다. 팀원 개개인을 파악하고, 팀원들과 협력하여 각자의 필요에 가장 적합한 리듬, 속도, 채널을 찾아보자.
- ☐ '동료로부터 메시지를 받았을 때 얼마나 빨리 응답해야 하는가?'와 같은 질문에 대한 명확하고 일관되며 잘 문서화된 답변을 팀에 제공해야 한다.
- ☐ 커뮤니케이션 매뉴얼이나 기타 운영 합의서를 공동 작성하여, 팀원 간에 신뢰를 갉아 먹는 일상적 오해를 피할 수 있도록 돕는다.
- ☐ 특히 시간대를 넘나들며 작업하는 경우에는 팀의 소중한 동기화 시간을 가장 효율적으로 사용하는 방법을 신중하게 고민해 보자. '상태 업데이트' 회의는 이메일로 쉽게 대신할 수 있다는 생각이 들면, 팀원들에게 이에 대해 어떻게 생각하는지 물어보자.
- ☐ 분산 팀과 동기 회의를 효과적으로 운영하려면 많은 준비와 연습이 필요하다. 팀과 한 시간짜리 동기 회의를 예약해 두었다면, 적어도 3시간을 들여서 계획하고, 준비해야 한다.
- ☐ 공유 문서와 시각적 플랫폼을 활용하여 원격 회의에 직접 참여하도록 장려한다.
- ☐ 팀원들에게 모호하고 열린 메시지를 보내고 싶은 충동을 억제하자. 무엇이, 왜, 언제 필요한지 구체적으로 설명하고 요청한다.
- ☐ 중요한 회의 전 후에 동료들에게 미리 읽을 내용과 팔로우업('동기식 샌드위치')을 보내자.
- ☐ 팀원들이 회사 이외의 활동이나 관심사를 공유할 수 있는 팀원들이 업무 외 활동과 관심사를 공유할 수 있는 작고 편한 기회를 제공한다.
- ☐ 하이브리드 업무 환경의 미래는 이미 정해졌다고 하는 사람들의 말을 믿지 말자. 계속 주의를 기울이고 변화에 적응하며 팀과 열린 자세로 커뮤니케이션하자.

프로덕트 매니저들의 매니저 (프로덕트 리더십)

과거에 나는 프로덕트 매니지먼트라는 현실에 대해서도 준비가 부족했지만, 프로덕트 리더 역할에 대해서는 더 준비가 부족했다. 그렇다고 그 당시 내가 부족해서 준비되지 않았다고 생각했던 것은 아니다. 오히려 몇 년에 걸쳐 프로덕트 매니지먼트에 대한 일상적인 어려움을 겪으면서 프로덕트 조직을 운영하는 방법에 관해 충분히 배웠고, 적어도 프로덕트 조직을 운영하지 않는 방법에 대해서도 모두 배웠다고 확신한다. "담당자들이 이렇게 명백한 실수를 하고 있다는 걸 믿을 수 없네."라고 혼잣말을 하기도 했다. '내가 적절한 자리로 승진만 하면, 모든 혼란을 한 방에 해결할 수 있는데'라는 생각을 해 보기도 했다.

이후 승진을 몇 번 더 했지만, '엉망진창'인 상태는 여전히 해결하지 못했다. 게다가 상황을 개선해 보겠다고 내가 취했던 대부분의 방법들, 특히 프로덕트 매니저로 일할 때 꽤 효과가 있었던 방법들이 오히려 상황을 악화시키는 것처럼 보였다. 그동안 퇴근 후 술자리에서 욕했던 리더들에게 조금씩 공감이 되기 시작했다.

시간이 지나 사람들이 퇴근 후 술자리에서 내 욕을 하는 건 아닐까 싶은 마음도 들었다. 나는 '쿨한 상사'이고 싶었지만, 나에게 직접 보고하는 사람들에게 개인적으로 좋지 않은 영향을 미치는 실수를 할까 두려웠다. 사람들이 문제점을 들고 나를 찾아오면, '맞아, 이놈의 회사는 정말 엉망이라고!'라고 생각하며 스스로를 위로하는 오래된 습관이 되살아났다. 당연히 회사가 엉망이 되지 않게 할 책임이 있는 사람이 이런 말을 하는 건 솔직히 말이 안 되는 일이었다.

요약하면 매니저가 되려면 얼마나 많은 학습, 탈학습, 재학습이 필요한지를 미리 이해했다면 더 나았을 것이라는 생각이다. 리처드 밴필드^{Richard Banfield}, 마틴 에릭손^{Martin Eriksson}, 네이트 워킹쇼^{Nate Walkingshaw}가 쓴 『프로덕트 리더십』(에이콘출판사, 2018), 줄리 주오^{Julie Zhuo}의 『팀장의 탄생』(더퀘스트, 2020), 카미유 푸르니에^{Camille Fournier}의 『개발 7년차, 매니저 1일차』(한빛미디어, 2020)와 같이 새로 매니저가 된 큰 꿈이 있는 사람들을 위한 좋은 자료들이 많다. 이 책들을 모두 읽고, 반드시 당신의 인맥 중 프로덕트 리더들에게 자주 조언을 구해야 한다. 이 장에서 설명하겠지만, 좋은 프로덕트 매니저가 반드시 좋은 매니저나 좋은 리더가 될 것이라는 보장은 없다.

이 장에서는 평소에 흔히 사용하는 매니저와 리더라는 용어를 '공식적 조직 구조나 비공식적 신뢰 관계를 통해 다른 사람의 업무를 책임지는 사람'을 의미하는 것으로 쓸 것이다. 프로덕트 매니지먼트와 관련된 다른 모든 것처럼 이런 구분은 명확하지 않고 모호할 수 있어서 조직도에 공식적으로 표시되는지 아닌지와 관련 없이 조직에서 자신이 맡은 특정한 책임을 이해하고 행하는 것이 중요하다.

14.1 사다리 오르기

경력을 쌓다 보면 거의 모든 프로덕트 매니저들은 소중한 교훈이 되는 네 단어를 내뱉는 순간을 만난다. **"저는 승진할 자격이 있어요."**

나도 프로덕트 매니저로 경력을 쌓기 시작할 때, 승진은 나에게 더 크고 중요한 변화를 이끌 수 있는 권한으로 주어지는 빛나는 상이라고 생각했다. 그래서 승진하기 전에는 프로덕트 로드맵 전체에 대한 권한이 없어서 내 훌륭한 아이디어를 회사에서 실현할 수 없다고 주변 사람들에게 불평하곤 했고, 입사한 지 일 년이 지날 때쯤 왜 나를 승진시키지 않냐고 동료들에게 투덜대기도 했다. 나보다 훨씬 오래 근무한 동료들도 있었는데 말이다(그때 동료들에게 미안할 뿐이다). 혼자서 당황스러워했고, 자격지심이 들기도 했고, 약간 바보 같다는 생각도 했다.

결국에는 언제나 균형 있고, 사려 깊다고 믿었던 엔지니어링 부사장을 찾아갔다. 그러고는 내가 얼마나 대단한지 포인트를 짚어 가며 설명했다. "벌써 일 년 동안 그 일을 했어요! 아침, 점심, 저녁 내내 일하고 있고요. 세 사람 몫의 일을 한다니까요! 저는 정말 수많은 프로덕트를 만들어 냈다고요!" 나의 설득력 있는 주장은 "이런 것들이 바로 제가 선임 프로덕트 매니저가 될 자격이 있는 이유입니다."라는 멋진 말로 마무리되었다.

엔지니어링 부사장이 미소 지으며 말했다. "공유해 주서서 감사합니다. 회사를 위해 훌륭한 일을 많이 하셨네요. 한 가지 물어볼 게 있는데, 선임 프로덕트 매니저의 책임이 무엇이라고 생각하시나요?"

순간 나는 얼어붙었다. 그런 생각은 해본 적도 없었기 때문이다. "음, 아시다시피, 프로덕트 매니저로서 프로덕트와 관련된.. 어..더 많은. 음. 부분에 대해..어. 더 많은. 권한을 가지고 있는 게 아닐까요?" 다시 한번 그의 인내가 담긴 미소를 보았다. "도전 과제를 드려 볼게요." 그가 말했다. "여기에 선임 프로덕트 매니저가 뭘 하는지 직무 기술서를 써 보세요. 그런 다음 현재 역할에서 맡고 있는 책임은 어떤 것들인지 정리해 보고, 지금과 다른 책임을 맡기 위한 성장 계획을 작성해 보셨으면 합니다."

나는 얼굴을 찡그렸다. 여전히 자만에 빠져서 "이미 모든 것을 정말 잘하고 있다면 어떻게 하시려고요?"라고 중얼거렸다. 그는 또 인내의 미소를 보였다. "아직 그게 무엇인지도 모르시잖아요. 게다가 언제나 성장할 수 있는 부분이 있습니다. 누군가 더 이상 성장할 수 있는 게 없다고 말하면 저는 그분들이 아직 자신의 역할을 제대로 이해하지 못하고 있다고 생각해요." 그의 마지막 말은 내 가슴팍을 주먹으로 후려치는 것 같았다. 프로덕트 매니저 1년 차인 내가 마치 세계 최고의 프로덕트 매니저고, 더 배울 것이 없다고 우기는 것 같았기 때문이다. "저는 승진할 자격이 있어요!"라며 했던 대화들이 오히려 내가 주장했던 경험과 성숙함의 부족함을 보여주는 반증이었을까?

짧게 대답하면 "그렇다."이다. 엔지니어링 부사장과 나눴던 이 대화는 나에게 그 후 몇 년 동안 많은 프로덕트 매니저에게 전할 수 있는 영광스러운 선물이었다. '정말 열심히 일했고 정말 훌륭하기 때문에 승진할 자격이 있다.'라는 생각은 성숙하고 유능한 프로덕트 매니저가 갖는 정서가 아니라는 것을 깨달았기 때문이다.

이 책 전체에 걸쳐 우리가 프로덕트 매니저로서 하고 있는 놀랍고 어려우며, 성가신 일들에 대해 이야기하기 전에, 비즈니스와 사용자를 위해 하고자 하는 성과로부터 시작하는 것이 중요하다고 설명해 왔다. 이 원칙은 조직에서 승진하고자 할 때도 마찬가지다. 프로덕트 리더인 데이비드 듀이는 내가 메일침프에서 같이 일했던 것이 특권 같은 생각이 드는 분인데, 승진과 관련하여 자신에게 조언을 구하는 모든 프로덕트 매니저에게 가장 먼저 하는 질문을 공유해 주었다. 그 질문은 "당신이 승진한다면 회사에서 지금은 할 수 없는 일을 어떻게 해낼 수 있을까요?"이다. 나는 이 질문이 좋다. 원하는 역할로 승진하면 어떤 영향력을 미칠 수 있는지, 그리고 자신이 그 직책에 적합한 사람인지를 생각해 보게 하는 질문이기 때문이다. 벤 호로위츠가 '좋은 프로덕트 매니저/나쁜 프로덕트 매니저'[79]에서 설명한 아이디어를 다시 살펴보면, 자신의 역할이 미치는 영향을 정의하고, 이해하는 것 또한 좋은 프로덕트 매니저가 해야 할 일 중 하나이다.

14.2 당신이 한 것은 리더의 일이 아니다

이제 당신이 직무 기술서와 성장 계획을 모두 작성한다고 상상해 보자. 부서장과 면담 후 직무 기술서와 성장 계획을 모두 작성했다. 현재 맡은 업무의 영향력과 프로덕트 리더 역할로 승진하면 더 큰 영향력을 발휘할 수 있다는 내용을 나름 설득력 있게 표현했다. 그리고 승진이 결정됐다! 이제 여러 프로덕트와 많은 사람들을 관리하거나 어쩌면 한 사람과 정말 중요한 프로덕트 하나를 관리하게 될 수도 있다(다시 말하지만, 이 업계의 변동성은 끝이 없다!). 이전 성과 리뷰에는 아마 당신을 '일을 해내는 슈퍼스타'로 묘사했을 것이다. 멋진 프로덕트 설명서를 작성하고, 경이롭게 회의를 진행하며, 상사처럼 시간과 노력의 우선순위를 결정하는 슈퍼스타처럼 말이다. 자 이제 더 많은 일을 해낼 수 있을 것 같다!

그런데, 새로운 역할에 적응할 무렵, 팀의 주니어 프로덕트 매니저가 신제품에 대

----

79 https://a16z.com/2012/06/15/good-product-managerbad-product-manager/

한 프레젠테이션을 가져왔다. 그리고 그것은... 확실히 당신이 작업했던 멋진 문서만큼 아름답지 않다. 게다가 당신이 궁금해하는 모든 질문에 답을 주지도 못한다. 무엇보다 최악인 것은 하나도 동의할 수 없는 제안으로 마무리되는 점이다.

내일 팀이 경영진에게 이 내용을 발표하기로 되어 있다. 당신의 일정은 이미 꽉 차 있는 상황이고, 당신은 이제 막 승진했으니 리더로서의 모습도 잘 보이고 싶을 것이다. 한편으로는 주니어 프로덕트 매니저를 젖혀두면서까지 프로덕트 리더 역할을 해서는 안 된다는 것도 알고 있다. 결국에는 최대한 친절하고 관대하게 "정말 대단하네요. 감사합니다. 괜찮으면 몇 가지 수정할게요. 다시 한번 감사해요." 라고 말할 수밖에 없다.

그날 밤 8시에 문서를 열어 몇 가지를 수정한다. 문구도 몇 개 수정하고 데이터 몇 개도 명확하게 정리한다. 프레젠테이션이 끝날 때쯤에는 제안을 지지할 수 있도록 제안 내용도 다시 작성한다. 밤 10시에 주니어 프로덕트 매니저에게 잘 해낼 거라는 격려의 메모와 함께 제안서를 보낸다. 컴퓨터를 끄면서 활짝 웃는다. 팀이 성공하도록 이렇게 늦은 밤까지 몇 시간을 투자했다. 이런 '프로덕트 리더십'이 당신한테 정말 잘 맞을지도 모른다.

다음 날, 중요한 프레젠테이션에 로그인해서 주니어 프로덕트 매니저가 어제 당신이 편집한 프레젠테이션 문서를 더듬거리면서 발표하는 것을 지켜본다. 경영진이 별로 관심을 보이지 않는다. 프레젠테이션이 실패하면 주니어 프로덕트 매니저나 당신이나 곤란해지므로, 당신은 손을 들고 한마디를 하게 된다. "죄송하지만, 여기서 제안 배경이 된 생각을 조금만 더 공유해 보겠습니다." 경영진의 관심이 높아진다. 경영진이 몇 가지 질문을 하고, 당신은 질문에 바로 대답한다. 당신의 제안 내용이 승인되고, 모두 행복해 보인다.

발표가 끝나고, 주니어 프로덕트 매니저를 뺀 모든 사람이 늘 하던 마무리 인사도 없이 순식간에 로그오프한다. 짧은 슬랙 메시지로 이 상황을 정리해 보려고 한다. '괜찮으세요? 훌륭한 발표였어요. 그런데 발표를 방해해서 미안해요. 저는 경영진에게 당신이 정리한 내용을 제가 확인하고 지원하는 것이라는 걸 확실히 해두고 싶었을 뿐이에요.'라는 메시지 보낸다. 이렇게 입력하면서도 사실 별로 미안한 감정이 들지 않기도 했다. 중요한 프레젠테이션이었고, 꼭 성공하고 싶었고, 결과적으로 성공했으니까 말이다.

몇 주가 지나는 동안, 일이 이상하게 돌아간다. 1:1 미팅에서 눈물을 훔치며 주니어 프로덕트 매니저는 제안서 초안을 준비하는 과정에서 엔지니어링 및 디자인팀 전체가 같이 노력했는데, 당신이 제안사항을 발표하게 되어 본인이 많은 신뢰를 잃었다고 설명한다. 설상가상으로 조직의 다른 프로덕트 매니저들이 이제 주니어 프로덕트 매니저를 거치지 않고, 당신과 일정을 잡으려고 한다. 결국, 중요한 결정을 하고 주도권을 쥐고 있는 사람은 바로 당신이라는 것을 모두 알고 있기 때문이다. 이렇게 프로덕트 분야에서 개인 기여자^{Individual Contributor}(IC)가 승진하고 난 뒤에, 그 강점 때문에 리더로서의 효율이 떨어지는 경우가 많다. 그리고 프로덕트 리더 역할을 맡고 나서도 이런 행동이 계속되면 동전의 앞 뒷면처럼 리더와 팀 모두 똑같이 부정적인 결과를 초래하게 된다. 동전의 앞면은 리더의 소진^{Burnout}이고 뒷면은 팀의 몰입과 권한 위임의 저하이다. 개인 기여자로서 기존의 행동을 버리고 리더로서 새로운 행동을 배워야 한다는 사실, 그리고 늘 준비하고 바라던 역할이라도 제대로 그 역할을 한다는 것은 결코 쉽지 않다는 사실을 받아들이자.

14.3 리더가 설정한 기준이 곧 팀에 대한 기준이 된다

지난 몇 년에 걸쳐 많은 프로덕트 리더가 팀이 소진될 위기에 처해 있다고 심각하게 걱정하며 나를 찾아왔다. 그들은 "정말 힘든 시기에요. 모두가 정말 걱정이에요. 저는 되도록 사람들이 무리하지 않도록 일과 삶의 균형을 찾기 위해 일과 시간이 끝나면 일단 업무를 종료하라고 계속 말하는데, 사람들은 여전히 너무 오래 일하고, 너무 많은 일을 하는 것 같아요."라고 말한다.

이런 말을 들으면 나는 "그러면, 당신은 무리하지 않고 일과 삶의 균형도 잘 맞추고 있으며, 일과가 끝나면 업무를 딱 끊고 있습니까?"라고 되묻는다. 이 질문에는 보통 다음과 같은 변명이 따라온다. "그러려고 노력은 하는데요, 지금 팀에는 제가 정말 필요하고 할 일이 너무 많아요. 팀원들이 휴식할 수 있도록 제가 시간을 더 쓰고 있습니다."

이런 프로덕트 리더들은 이런 이야기를 똑같이 팀원들도 나에게 하고 있다는 것을 듣고 놀라곤 한다.

이 문제를 해결할 수 있는 간단한 방법은 없다. 프로덕트 리더가 되면, 당신이 정한 기준이 곧 팀이 정한 기준이 되기 때문이다. 당신이 늘 저녁 8시까지 사무실에 있으면, 당신이 아무리 그렇게 생각하지 말라고 해도 팀원들은 당신이 저녁 8시까지 사무실에 있는 사람이라고 생각하게 될 것이다. 당신이 토요일 오후 3시에 이메일을 보내면, 팀원들은 토요일 오후 3시라도 이메일에 응답해야 한다고 생각할 것이다(13장에서 설명한 것처럼 팀 커뮤니케이션 매뉴얼에 명시적으로 정하지 않은 경우). 그리고 당신이 3년 동안 휴가를 쓴 적이 없다면 팀원들도 똑같이 휴가를 사용하지 못할 것이라고 확신할 것이다.

프로덕트 리더들이 너무 과중한 업무에 시달려서 저녁을 먹고 쉬거나 컴퓨터를 끌 수 없다고 말하면, 나는 그들에게 간단한 연습을 해 보라고 권하곤 한다. 이 방법은 과도한 업무에 압도된 주니어 프로덕트 매니저들에게도 종종 제안하는 방법인데 현재 진행 중인 모든 일을 나열하고, 팀 목표 달성에 얼마나 도움이 되는지 순위를 매기는 것이다. 그런 다음에 실제 근무 시간 내에 합리적으로 처리할 수 있을 만큼의 업무 밑에 선을 긋는다(그림 14-1). 이제 선 아래에 있는 모든 작업은 위임하거나 재구성하거나 간단히 삭제해 버린다.

보고하는 사람과 1:1 미팅
프로덕트 시연
프로덕트 리더 미팅
= 생각할 시간 ==
마켓 미팅

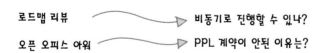

로드맵 리뷰 ⟶ 비동기로 진행할 수 있나?

오픈 오피스 아워 ⟶ PPL 계약이 안된 이유는?

그림 14-1 영향력이 가장 높은 활동부터 가장 낮은 활동까지 순서대로 정리하고, 설명을 붙인다(목록은 훨씬 더 길어질 수 있다!).

프로덕트 리더가 매일 해야 하는 일 목록에서 영향력이 작은 활동을 삭제하기 시작하면, 같은 일을 하는 팀원들이 이 일을 더 편하게 생각한다는 것을 알게 되는 경우가 많다. 좋은 모범을 보이기 때문이기도 하고, 하나의 업무가 다른 업무를 만드는 경향이 있기 때문이기도 하다. 물론 팀을 '위해' 하는 모든 일들은 여전히 수신하고, 검토하고, 응답하는 것이 필요하다. 따라서 효과적인 프로덕트 리더가 되는 것은 얼마나 늦게, 얼마나 열심히 일하는가보다는 다른 요소로 자신의 가치를 측정하는 방법을 배우는 것을 의미한다.

경영진에게 반사적으로 "예!"라고 대답해서 팀은 망하고, 당신은 승진하는 방법

Q.S., 기술 기업, 프로덕트 매니저

몇 년 전에 같이 일하던 임원급 프로덕트 리더가 CEO와 정말 오랜만에 면담을 한 적이 있었다. 그가 담당했던 것을 CEO가 정말 맘에 들어 했고, 그도 이런 상황을 정말 반겼다. "정말 멋있네요. 다음 주 화요일까지 배포할 수 있을까요?" CEO가 말했다. 그 리더는 한 치의 망설임도 없이 "물론이지요."라고 대답했다.

CEO의 관심으로 용기를 생긴 그 프로덕트 리더는 팀에 가서 "CEO가 화요일에 배포하고 싶다고 했으니, 다들 주말 일정 취소하시고, 가족들에게 전화하셔서 이번 주말은 못 볼 거라고 말씀해 주세요."라고 말했다. 팀원들은 프로덕트를 배포하기 위해 기진맥진할 정도로 열심히 했고, 기간에 맞춰 배포할 수 있었다.

이후 몇 주 동안 팀원 몇 명이 바로 회사를 그만뒀다. 아무런 예고도 없이 주말 내내 일해야 하는 상황을 끔찍하게 생각하던 사람들이라, 뭐라고 할 수도 없었다. 그러나 팀을 이끌었던 프로덕트 리더는? 그는 승진했다! '무조건 일을 해내는 프로덕트 리더'라는 명성을 얻었고 곧 부사장이 되었다.

아직도 내 머리를 떠나지 않는 의문이 있다. 만약 그가 CEO에게 "예."라고 하지 않고, "팀원들과 이야기해 봐야 답을 드릴 수 있겠어요. 혹시 특별히 화요일이어야 하는 이유를 알 수 있을까요?"라고 물었으면 어땠을까? 아마 그는 이렇게 답하면 승진하기 어려울 것이라고 추측했을 것이고, 그런 불확실한 이유로 그 순간에 승낙했을 것이다. 그러나 그 승낙으로 인해 그의 팀에서 가장 유능한 엔지니어들이 그만두었고, 조직 전체도 큰 대가를 치르게 되었다.

나는 지금도 비슷한 상황에 직면할 때면 이 점을 꼭 기억하려고 노력한다. **고위 경영진의 질문을 받으면, 그 질문을 은근슬쩍 명령하는 것이 아니라 진짜 질문으로 좋게 해석하려고 최선을 다한다. 한편으로는 내가 하는 질문도 은근슬쩍 던지는 지시로 받아들여질 수도 있다는**

사실을 알아차리려고 노력한다. 어떤 것을 액면 그대로 수용하는 것은 단순해 보이지만 많은 용기가 필요한 일이고, 또 반사적으로 "예."라고 말한다고 해서 언제나 긍정적인 인정을 받는 것도 아니다. 결국 더 행복한 팀과 더 건강한 조직이 되는 데는 용기가 필요하다.

14.4 자율성의 한계

지난 십여 년 동안 계속된 프로덕트 리더십에 관련된 논의를 두 단어로 정의한다면, 자율성과 권한 강화[80]이다. '마이크로 매니지먼트를 하지 말고 팀에서 현명한 결정을 할 수 있는 여지를 주는 것'이 자율성이고, '팀이 결정한 것을 효과적으로 실행하는 데 필요한 정보와 자원을 제공하는 것'을 권한 강화라고 정의할 수 있다.

이러한 목표는 고귀하고 건강한 목표지만 효과적으로 달성하기는 매우 어렵다. 마티 케이건Marty Cagan과 크리스 존스Chris Jones가 쓴 『임파워드』(제이펍, 2021)나 크리스티나 워드케의 『The Team That Managed Itself』(Cucina Media, 2019) 같은 책을 보면 권한이 강화된 팀이 실제로 어떤 모습이고, 그런 팀을 만들기 위해 얼마나 많은 노력이 필요한지를 포괄적이고 설득력 있게 이해할 수 있다.

안타깝지만 나를 포함한 많은 프로덕트 리더가 '자율성'에 대한 요구사항(그리고 마이크로 매니지먼트에 대한 두려움)을 '팀을 그대로 내버려 두고, 그들이 최선을 다하도록' 그냥 허용하는 것으로 잘못 해석했었다. 이런 해석은 과거의 관습이 새로운 역할에 맞지 않는다는 것을 깨닫고, 끝없이 확장되는 책임의 균형을 잡기 위해 고군분투하는 프로덕트 리더에게 매력적인 환상일 수 있다.

이런 오해의 양극단을 모두 경험해 본 입장에서 '원하는 대로 하라.'는 결국에는 자율성도 권한 강화도 아니라는 점을 단호하게 말할 수 있다. 이게 얼마나 어려운 일인지는 많은 인원이 같이 밥을 먹는 경험을 떠올려 보면 알 수 있다. "아무거나

---

80 옮긴이_ Empowerment는 보통 권한 위임이라고 번역하는데, 업무를 위임할 수 있지만, 담당자에게 권한을 위임하는 것은 아니고 담당자의 권한을 강화한다는 의미에서 권한 강화로 번역하였다.

괜찮아요."라고 하던 사람들이 정작 식당에서 자리에 앉으면 그동안 말하지 않았던 개인적인 선호나 제한사항을 쏟아낸다. 대부분의 사람은 음식을 주문할 때 음식에 대해 꽤 자신의 의견을 고집하는 모습이 드러나고, 대부분의 프로덕트 리더는 무엇인가를 만들 때 자신의 프로덕트에 대해 꽤 고집스러운 모습을 보인다. 많은 프로덕트 의 방식이 '마이크로 매니지먼트'에서 '자율성'으로 급격하게 변할 때 팀원들의 목표가 '리더가 원하는 것을 개발하는 것'에서 '리더가 원하는 것을 추측하는 것'으로 바뀌는 것을 보았다. 이런 상황에서는 마치 내가 우연히 채식하는 사람들을 PORK(돼지고기)라는 이름의 레스토랑으로 데리고 갔던 것처럼 팀이 리더가 바라는 것을 잘못 추측할 가능성이 크다.

권한이 강화된 팀에 관해 표준 문서처럼 읽혀온 글[81](매니지먼트와 리더십에 관한 사려 깊은 시각도 포함되어 있다)에서 마티 케이건은 '권한이 강화된' 팀이 단절된 팀을 의미하는 것은 아니라고 다음과 같이 분명하게 설명한다.

> 진짜로 권한이 강화된 팀에는 프로덕트 비전과 같은 리더십, 지속적인 코칭과 같은 경영진의 지원을 통해 얻게 되는 비즈니스 맥락이 필요하며, 그런 다음 팀에 주어진 문제를 해결할 수 있는 최선의 방법을 찾을 수 있는 기회도 있어야 한다.

다시 말하면 그냥 '팀을 내버려 두는 것'과 '팀의 권한을 강화하는 것'은 명백히 다른 일이다. 효과적인 프로덕트 리더십은 현장의 팀과 단절되지 않고 그 팀들을 지원할 수 있는 새로운 방법을 찾는 것이다.

14.5 명확한 목표, 명확한 가드레일, 짧은 피드백 루프

마이크로 매니지먼트하지 않으면서 프로덕트 팀을 지원하는 것은 일종의 도전이다. 프로덕트 리더마다 자신만의 방법이 있겠지만, 나에게는 명확한 목표, 명확한

---

81 https://www.svpg.com/empowered-product-teams/

가드레일, 그리고 가장 중요한 짧은 피드백 루프, 이 세 가지가 일관되게 도움이 되었다.

팀에 명확한 목표를 준다는 아이디어는 정말 직관적이고 이 책이 아니더라도 다른 많은 책에서 자세한 설명이 있다. 팀이 어떻게 성공을 정의할지 모른다면 성공할 수 없다. 10장에서 논의했듯이, 성과와 결과의 시소에서 '성과'에 힘을 실어 주면, 팀이 수행하는 업무에서 더 높은 성과를 얻을 수 있도록 권한을 강화하는 효과가 있다.

명확한 가드레일을 제공하는 것은 조금 더 까다로운데, 프로덕트 리더 입장에서는 마이크로 매니지먼트라는 벼랑 끝으로 가는 느낌을 받을 수 있기 때문이다. 그러나 프로덕트 리더는 팀원들이 모르는 중요한 정보에 접근할 수 있는 경우가 많은데, 이런 정보를 숨기는 것은 팀원들에게 도움이 되지 않는다. 예를 들어, 현재 당신은 팀이 평가하는 솔루션에 대해 CEO가 격렬하게 반대한다거나, 비밀리에 인수가 진행 중이어서 어떤 기술 시스템이 앞으로 몇 달 내에 운영이 중단될 가능성이 높다는 정보 같은 것을 미리 아는 상황이다. 이러한 상황은 프로덕트 조직이 해결해야 하는 현실적인 제약 조건과 우려사항이므로 팀원들도 반드시 알아야만 한다. 이를 지적하거나 변명하지 않으면서 팀에 잘 전달하려면 용기, 규율, 연습이 필요하다.

마지막으로, 제일 중요한 것은 효과적인 프로덕트 리더는 피드백 루프를 짧게 가져간다는 점이다. 프로덕트 리더는 언제나 일정이 꽉 찬 바쁜 사람인 경우가 많아서 팀과 대화하는 간격이 긴 경우가 많다. 이로 인해 팀에서 주어진 목표와 가드레일을 잘못 해석한다거나, 막혀있는 방향으로 너무 가버리거나, 프로덕트 리더가 팀이 진행하는 업무를 보고, "아, 이런, 우리가 좀 엇갈린 것 같네요."라고 말하기 전에 진도가 이미 너무 많이 진행되어 있을 때가 많다.

프로덕트 매니저로서 힘들었던 일 들 중 최악은 프로덕트 관련 경영진들에게 중요한 프레젠테이션을 했는데, "아닙니다. 이건 우리가 원했던 것과 전혀 다르네요."라는 말을 들었을 때다. 내가 직접 프로덕트 리더가 되고 나서, 그때 경험으로 얻은 교훈이 '멍청하게 굴지 마라.'가 아니라 '피드백 없이 팀을 너무 오래 방치하지 마라.'였음을 깨닫는 데는 몇 년이 걸렸다. 이제는 프로덕트 리더들에게 팀원들이 너무 오랫동안 작업을 진행하고 나서 함께 검토하는 일이 없도록 하라고 분명하게 조언한다. 예를 들어 팀원들에게 "성공에 대해 예를 들어 보겠습니다. 꼭 기억해 둬야 할 몇 가지가 있어요. 꼭 한 시간 내에 초안을 만들고, 며칠 내로 저에게 가져와서 같이 검토하도록 합시다."라고 말하라고 한다.

9장에서 설명한 한 페이지 제안처럼 완벽하지 않은 초안과 짧은 피드백 루프로 업무를 진행하면 조직의 모든 수준에서 비전과 실행을 더 잘 정렬할 수 있다. 그리고 당신이 제공하는 가이드라인과 가드레일은 어떤 프로덕트 아이디어에 묻혀서 사라지거나 엉뚱하게 해석될 수 있는 상황을 미리 막는 데 도움이 된다.

피할 수 없는 '프로덕트가 왜 이 모양입니까?' 이메일 탐색하기

마이클 L., 성장 단계 스타트업, 프로덕트 리더

프로덕트 리더쯤 되면 상위 수준에서의 책임이 무엇이고, 팀원들을 어떻게 관리해야 하는지 어느 정도 감을 잡았을 것이다. 리더는 팀을 구성하고, 규율을 세우고, 팀원들에게 영감을 불어넣고, 계속 움직이게 해야 한다. 또한 다른 부서의 책임자들과 커뮤니케이션하고, 그들에게 어떤 일이 있는지, 왜 그런지 알고 있어야 한다. 이런 일들을 모두 잘하더라도 프로덕트 리더 역할을 맡고 있으면 '프로덕트가 왜 이 모양입니까?'라는 CEO 이메일을 받게 될 때가 있다.

그동안 내 경험 중 기억에 남는 특별한 때가 있다. 언젠가 CEO가 나와 CTO를 비롯해서 여러 부서장에게 고객 지원이 용납할 수 없을 정도로 엉망이라며, 누구 책임인지를 묻는 이메일을 보낸 적이 있다. 당시 우리는 로드맵 작성 도구를 막 출시했고, 그때 고객 지원 환경을 개선하는 업무는 잠시 미루고 KPI에 더 필요하다고 생각했던 다른 작업에 집중하고 있었다. 이 상황을 로드맵에 모두 적어놔서 모두가 확인할 수도 있었다. 하지만 로드맵이 있더라도 모든 사람이 특히 CEO 같은 경우 우선순위가 어떻게, 왜 정해졌는지 실제로 이해할 수 있는 것은 아니다. 특히 프로덕트와 관련된 경험이 많지 않은 경우 더욱 그렇다.

그래서 CEO 이메일을 받고 어떻게 대응할지 고민했다. 내가 뭐라고 하기도 전에 다른 리더가 '저는 팀의 결정을 지지하며, 그 일보다 지금 하고 있는 일이 더 가치가 있다고 생각합니다.'라고 답변했다. 이런 상황에서 팀을 보호하고 싶은 마음은 충분히 이해하지만, 그 답변은 모든 것을 날려버렸고, 주말 내내 격렬한 이메일이 오갔다. 결국 CEO가 "이것은 잘못된 결정이었어요. 저에게는 전략적 고려가 전혀 보이지 않습니다. 고객으로서 이런 나쁜 경험을 한 애플리케이션에는 다시 돌아가지 않을 거예요."라고 선언하면서 사태는 절정에 달했다.

문제는… CEO 말이 틀린 말은 아니라는 거였다! 우리가 우선순위를 잘못 결정했을 수도 있다. 결국 우리 팀의 그룹 프로덕트 매니저가 나서서 애초 우리가 해야 했던 일, 즉 우리가 내렸던 우선순위 결정을 경영진에게 설명하고, 그 결정이 CEO의 비전에 잘 부합되도록 조정하는 과정을 진행했다.

프로덕트 리더 역할을 맡게 되고, 모든 일을 잘 처리하더라도 언제나 '프로덕트가 왜 이 모양입니까?'라는 이메일을 받을 수 있다는 점을 기억해 두자. 그리고 이런 상황이 언제든 올 수 있다는 것을 알고 있어도, 그 순간에 여전히 당신은 정말 힘들 것이다. 사기꾼이나 가짜가 된 기분이 들 수도 있다. 내가 형편없어서 프로덕트가 그 모양인 건 아닐까 하는 의문이 들 수도 있다. 그러나 결국 이런 경험을 통해서도 배울 수 있는 점이 있다. 프로덕트 리더마다 강점과 약점이 있고, 좋은 날과 나쁜 날을 겪으며, 실수도 한다. 진정한 도전은 자신의 실수로부터 배울 수 있는 열린 마음을 유지하는 것이다.

14.6 자신을 객관화하기

조직 관리의 기본 원칙인 '자신을 쓸모없는 존재로 만들어라.'는 프로덕트 리더에게 좀 더 잘 부합되는 원칙이다. 훌륭한 프로덕트 리더는 언제나 자신의 지식, 지혜, 경험을 객관화하여 일상적인 프로덕트 업무에 지나치게 관여하지 않으면서 팀을 이끌 수 있도록 노력한다.

이 장의 앞부분에서 설명한 짧은 피드백 루프는 프로덕트 리더가 그런 지침을 통해 가장 시급하고 영향력이 큰 부분을 파악하는 데 도움이 된다. 예를 들어, 어떤 프로덕트 리더와 같이 일한 적이 있는데 그 리더는 어느새 자신이 정의한 '성과'를 팀이 개발하려는 기능과 동일하게 생각하고 피드백을 진행하고 있다는 것을 깨달았다. 그 후 여러 프로덕트 매니저와 이에 대한 대화를 나누고 나서, 성과가 정말 성과인지를 평가할 때 검토할 수 있는 체크 리스트를 만들어서 공유했다.

- 측정 가능한가?
- 우리의 통제 범위를 약간 벗어나 있는가(⑩ 시장의 피드백이 필요한가)?
- 올해의 회사 목표와 관련이 있는가?

마찬가지로 이 장 앞부분에서 만난 프로덕트 리더인 데이비드 듀이는 팀원과 팀 사이의 갈등을 중재해달라는 많은 요청을 다룬 후에 자신의 프로덕트 리더십 철학이 담긴 문서를 작성했다. 그의 허락을 받고 그 문서에서 내가 가장 좋아하는 부분을 여기 인용했다.

> 나는 커뮤니케이션이 우리가 겪는 거의 모든 문제에 대한 해결책을 열어주는 열쇠라고 믿는다. 사람들은 어떤 일이 일어나고 있다고 말하거나 누군가 어떤 생각을 한다고 말하면, 나는 "그 사람과 이야기해 보셨나요?"라고 묻는데, "아니요."라고 대답하는 경우가 너무 많다. 그러면, 나는 "방금 저에게 한 말들을 그들에게 가서 직접 이야기해 보시는 건 어떨까요?"라고 대답한다.

이 같은 간단한 문서를 작성하고 공유하면 시간을 관리하면서 영향력을 확장하는 데 도움이 될 것이다. 또한 자신의 사고 과정을 객관화하면 사고 과정을 더 확실히 이해할 수 있어 프로덕트 리더십에 관한 자신만의 고유한 접근 방식을 되돌아볼 수 있는 좋은 기회가 될 수 있는 것은 덤이다.

14.7 프로덕트 리더십: 세 가지 시나리오

프로덕트 리더십 여정에서 마주칠 수 있는 일반적인 시나리오를 세 가지를 살펴보자. 이는 공식적인 프로덕트 리더를 위한 시나리오가 아니라 현직 프로덕트 매니저라면 누구든 리더십 스킬을 키울 수 있는 시나리오라는 점에 유의하자. 이전 장의 시나리오와 마찬가지로 상황을 본 후 잠시 시간을 내서 상황을 어떻게 처리할 수 있을지 생각해 보자.

시나리오 1

엔지니어: 개발 범위를 거의 결정했습니다. 다음 단계로 무엇을 검토하면 될까요 (그림 14-2)?

다음 작업으로 어떤 것을 해야 할까요?

그림 14-2 엔지니어가 다음에 수행할 작업을 묻는 경우

현재 상황

잘나가는 프로덕트 매니저에게 가장 뿌듯한 순간일 수 있다. 명확한 것은 팀과 어느 정도 신뢰와 믿음이 쌓였다는 뜻이기도 하고, 팀원들에게 어느 정도 신뢰와 믿음을 쌓았다는 뜻이며, 실제로 프로덕트 매니저가 받는 중요하고 큰 질문 중 하나를 받게 된 것이다. 그러나 2장에서 논의했듯이, 팀원들이 이런 질문을 한다는 사실만 보면 당신으로 인해 병목 현상이 발생하는 것이고 조직 관리에 실패했다는 신호일 수도 있다. 이런 질문은 프로덕트 매니저로서 자존심을 높여 줄 수 있지만, 팀에는 문제가 될 수 있다.

할 수 있는 일

팀원 모두가 당신이 달성하려는 목표와 그 목표를 달성하기 위한 전략을 명확하게 이해하는지 확인하자. 팀 전체가 의사결정 프로세스의 수준을 높일 수 있도록

프로덕트 매니저로서 자신을 객관화하고 체계화할 수 있는 중요한 순간이다. 팀원들에게 각 작업의 순서를 항상 알 수 있을 만큼 투명한 우선순위 지정 시스템을 만들고 싶다고 말한다. 그런 다음 팀원들과 우선순위 지정 시스템을 만들 수 있도록 적극적으로 협력하고 참여한다.

피해야 할 패턴과 함정

이런 특별한 걸 만들어 보세요!

한 번 더 말하지만 영웅 프로덕트 매니저가 되고 싶은 충동을 참아내고, 방법을 찾자. 팀 전체가 당신에게 묻지 않고도 이 질문에 답할 수 있어야 한다.

원하는 것은 무엇이든 만들어 보세요!

어떤 프로덕트 매니저가 팀에 "다음에 어떤 작업을 하고 싶으세요?"라며 질문으로 우선순위 지정 회의를 하는 것을 보았다. 동료들의 의견을 듣는 것은 가장 쉬운 방법처럼 보이지만, 결국 팀은 의견이 아닌 성과를 기준으로 우선순위를 정해야 한다.

죄송합니다. 정말 바쁘거든요.
다음 우선순위 지정 회의에서 이 문제를 논의할까요?

팀의 엔지니어가 우선순위 지정 회의에서 어떤 작업을 해야 할지 잘 모르겠다고 한다면, 캘린더를 가득 채운 어떤 일정보다 이 문제가 더 급하고 중요하다. 팀의 엔지니어를 밀어내지 말고 시간을 내서 정확히 어떤 상황인지 파악하자. 엔지니어링 팀에서 해야 할 일이 부족한가, 아니면 다음에 어떤 일이 있을지 파악하려는 것인가? 그렇다면 그 이유는 무엇인가? 인내심을 가지고 질문한 다음 경청하자.

시나리오 2

다른 프로덕트 매니저: 아시다시피 이 업무는 저희 팀이 더 잘할 수 있는 분야라고 생각하는데요. 여기부터는 저희가 맡을 테니, 필요한 것 있으면 요청할게요(그림 14-3).

그림 14-3 다른 프로덕트 매니저가 "알겠습니다!"라고 한다.

현재 상황

복잡한 조직에서 책임을 많이 맡게 되면 업무의 '소유권'이 명확하지 않고 모호한 상황을 만나게 될 가능성이 높다. 이런 상황은 프로덕트나 조직에 중요한 통제권을 가져가기 위해서 여러 프로덕트 매니저와 리더 사이에 심각한 소유권 다툼으로 빠르게 확대될 수 있다. 짧게 말하면, 이런 싸움은 많은 부수적인 피해를 초래할 수 있고, 표면적인 승자를 포함하여 어느 누구에게도 좋은 결과를 가져다주지 않는다.

할 수 있는 일

문제의 그 업무가 내 팀, 다른 프로덕트 매니저의 팀, 그리고 크게는 조직 전체의 목표와 어떻게 부합되는지 이해하는 것부터 시작하자. 그 업무가 나의 목표보다 다른 프로덕트 매니저의 목표에 더 맞을 수도 있지만, 이것은 시간을 내서 확인하지 않으면 절대 알 수 없다. 당신의 업무는 비즈니스와 사용자를 위한 성과를 제공하는 것이지, 가능한 많은 프로덕트를 소유하는 것이 아님을 기억하자. 가장 합리적인 과정에 집중하고 '내 것 아니면 네 것'이라는 이분법적 사고에서 가능한 한 빨리 벗어나야 한다. 다른 프로덕트 매니저에게 후속 대화를 제안하여 비즈니스 목표를 가장 잘 달성할 수 있는 두 팀의 협력 방법을 논의하고, 필요하면 상설 회의를 제안하여 두 팀이 지속적으로 협력할 수 있도록 하자.

피해야 할 패턴과 함정

물론이죠, 좋아요[하고는 매니저에게 몰래 불평한다].

앞에서 순순히 동의하는 척하고 뒤에서 매니저에 대한 불만을 제기하는 것은 "나를 믿지 말라."라는 말을 하는 것과 다름없다. 다른 프로덕트 매니저의 팀이 그 업무를 진행하는 것이 안 맞는다고 생각하면, 그 프로덕트 매니저와 직접 해결해야 할 책임이 있다. 정말로 해결책을 찾을 수 없으면, 문제의 업무가 회사의 전반적 목표에 어떻게 부합되는지와 관련된 정보를 더 알고 있는 상위 매니저에게 중재를 요청해도 되는지를 상대 프로덕트 매니저에게 물어보자.

물론이죠, 좋아요[하고는 자신의 팀과 몰래 작업을 시작한다].

프로덕트 매니저가 자신(혹은 자신의 팀)이 더 빠르게 잘 해낼 수 있다고 판단하거나, 당연히 내 몫을 찾아올 수 있겠다는 생각으로 겉으로는 신경 쓰지 않는 척했던 그 업무를 몰래 시작하는 상황을 여러 번 보았다. 이렇게 하면 중복으로 작업하게 되고, 팀 간의 신뢰는 사라지고, 대개는 모든 사람의 상황이 악화된다.

물론이죠, 좋아요[하고는 만나는 사람마다 그 프로덕트 매니저를 험담한다].

이런 시나리오에서 내가 보았던 가장 일반적인 안티 패턴은 방어 반응이 촉발되고, 순교자 프로덕트의 마음이 발동하여 어느새 술집에서 또는 슬랙의 비밀 채널로 그 프로덕트 매니저가 자신을 정말 괴롭히는 엄청 나쁜 사람이라고 이야기를 하는 것이다. 4장에서 설명한 것처럼, 다른 프로덕트 매니저의 의도는 크게 상관없다. 실제로 그가 엄청나게 나쁜 사람일 수도 있고, 이미 꽉 찬 당신의 업무를 조금이라도 덜어주려고 노력하는 고마운 사람일 수도 있다. 전달하고자 하는 성과에 집중하고 동료에 관해 추측하고, 불만을 쏟아 내고 싶은 충동을 억제하자.

아니요, 감사하지만 저희 팀에서 처리해야 할 것 같네요[사실 다른 프로젝트 매니
저는 예외 없이 위에서 설명한 세 가지 방법 중 하나로 대응할 것이다!].

오리 시즌! 토끼 시즌! 오리 시즌! 토끼 시즌![82] 프로덕트 매니저의 업무는 명확한
목표 없이 오락가락하는 것이 아니라 올바른 결정을 내릴 수 있도록 돕는 것임을
기억하자. 프로덕트 리더는 공식 직책에 관계 없이 언제나 자신의 야심보다는 비
즈니스와 사용자의 목표를 우선해야 한다.

시나리오 3

보고자: 죄송합니다. 마케팅 쪽 사람들이 회사의 가을 대규모 이벤트 전에 우리
팀에서 제공할 내용에 대해 완전히 비현실적인 기대를 하고 있다는 생각이 듭니
다(그림 14-4).

그림 14-4 마케팅의 광대들이라는 표현을 하는 프로덕트 리더의 직접 보고자

....

82 미국 애니메이션 루니툰의 〈Rabbit Fire〉에 나오는 말장난의 한 장면. 버니(토끼)와 대피(오리)가 목표를 까먹고 말
장난으로 끝나는 상황을 가리킨다.

현재 상황

이런 표현은 사소하게 지나가는 말일 수도 있고, 진지하게 도움을 요청하는 것일 수도 있는데, 깊이 파고들지 않으면 이면에 무엇이 있는지 알 방법이 없다. 나도 회사 생활을 하면서 까다로운 문제를 내가 처리하지 않아도 되는지 매니저에게 물어본 적이 있고, 다른 경우로는 특별히 까다로운 문제를 매니저에게 가져가서 해결 방법을 찾는 것을 도와달라고 진심으로 말했던 적도 있다.

할 수 있는 일

구체적으로 묻는다. 직접 보고자에게 그들이 기대하는 것은 무엇인지, 어떤 부분이 비현실적인지, 그리고 기대치가 서로 맞지 않아서 생길 수 있는 파급 효과를 무엇이라고 생각하는지 물어보자. 또는 직속 상사로서 이런 문제를 직접 해결할 수 있도록 마케팅 부서의 관련 이해관계자들과 약속을 잡을 수 있도록 도와주겠다고 제안해 보자. 그리고 정말로 마케팅 부서의 동료들과 해결책을 찾을 수 없는 경우, 대화를 촉진할 수 있는 대화의 장을 기꺼이 만들어 주겠다는 것을 보고자에게 알려준다. 대화를 촉진하는 것과 대화를 주도하는 것은 매우 다른 것임을 꼭 기억해 두자.

피해야 할 패턴과 함정

ㅋㅋㅋ 그래요. 마케팅 엉망진창이죠.

공식이든 비공식이든 프로덕트 리더의 위치가 되면 가장 먼저, 그리고 가장 어렵게 배우는 것은 예전 같은 방식으로 동료에 대해 불평할 수 없다는 점이다. 사실 예전에도 동료에 대해 불평하지 말았어야 했다는 것을 깨닫게 된다. 이는 특히 당신이 직접 관리하는 사람들과 대화 할 때 더욱 그렇다.

걱정 마세요. 제가 당신 팀의 편을 들어 줄 거고,
당신의 결과물이 무엇이든 지켜줄 테니까요.

조직 내 다른 부서의 비합리적이거나 비현실적인 기대로부터 부하 직원들을 보호하고 싶은 생각이 들 수 있지만, 이런 방법은 결국 부하 직원들이 자신들의 업무를 할 때 상사에게 '의존'하게 만드는 것이다. 갈등 해결법을 배우는 것은 프로덕트 매니저에게 정말 중요한데, 이런 갈등으로부터 부하 직원을 떼어내는 것은 그들에게 아무 도움이 되지 않는다.

잘 들으세요. 우리 회사는 마케팅이 주도하는 회사예요.
CEO도 마케팅 출신이죠. 이걸 알아두셔야 해요.

프로덕트 조직에서 위쪽으로 올라갈수록, 지칠 대로 지쳐서 'CEO', '조직', '이사회' 심지어는 '뼈를 갈아 넣는 후기 자본주의의 폐해' 같은 말로 탓하고 싶은 생각이 들 때가 있다. 물론, 이런 것들이 모두 팀과 조직의 실질적인 제약 조건이 될 수 있지만, 당신의 업무는 부하 직원들이 이런 제약 조건을 신중하게 헤쳐 나가도록 돕는 것이지 무력감에 쌓인 순교자 코스프레를 하는 것이 아니다.

ㅋㅋ 그래요 프로덕트 매니저 노릇 하기 정말 뭣 같죠.

프로덕트 매니저로서 고된 업무에 대해 약간의 공감되는 말은 괜찮을 수 있다. 그러나 이런 공감의 말이 프로덕트 매니지먼트라는 어려운 업무를 대신해서는 안된다.

마치며: 최고의 자아로 거듭나기

공식 프로덕트 리더 역할을 찾고 있는지 그렇지 않은지와 상관없이 이 장에서 설명한 프로덕트 리더십에서 배우는 교훈은 다른 모든 프로덕트 관련된 역할에서 더 많은 신뢰를 쌓고, 더 나은 성과를 이끌어 내는 데 도움이 될 것이다. 다만 프로덕트 리더십을 발휘하려면 처음에 인정받고 승진하는 데 도움이 되었던 프로덕트 매니저로서의 '대응 메커니즘'과 '일을 처리하는 방식' 중 어떤 것은 포기해야 할 수 있다는 점을 기억하자. 늘 그렇듯이, 방어적 태도를 극복하고, 자신의 강점과 약점을 냉철하게 살펴보며(훌륭한 프로덕트 리더라도 두 가지를 모두 가지고 있다!), 자신의 업무 방식을 지속적으로 진화시킬 준비를 해야 한다.

- [ ] 당신을 포함한 모든 사람에게는 강점과 약점이 있다는 사실을 인정한다. 당신에게는 언제나 배우고 성장할 여지가 있다.

- [ ] 승진하고자 할 때는 승진을 할 만한 '자격'이 되는지가 아니라, 승진 이후에 비즈니스 목표 달성에 어떻게 도움이 될 수 있을지 생각하자!

- [ ] 리더십 위치로 승진하는 데 도움 되었던 행동이 리더십 위치에서는 도움이 되는 행동이 아닐 수 있다는 점을 명심하고, 새로운 리더십 위치에 맞는 행동을 배울 준비를 하자.

- [ ] 스스로 설정한 기준이 곧 팀에 대한 기준이 된다는 사실을 기억하자. 팀원들이 야간 업무에 신경 쓰지 않도록 하려면, 당신이 먼저 야간 업무에 신경 쓰지 말아야 한다. 사람들을 쉬게 하려면, 당신부터 쉬어야 한다.

- [ ] 업무에 압도당하고 과중한 업무에 시달린다면, 팀 목표에 얼마나 기여하는지를 기준으로 당신이 하는 모든 일에 대해 순위를 매기고 목록을 작성한다. 그다음 실제 근무 시간 내에 처리할 수 없는 업무는 위임하거나 그만한다.

- [ ] 팀이 올바른 의사결정을 하기 위해 필요한 정보에 접근할 수 있도록 해야 한다. 다만, 정보가 제한된 것 같거나 마이크로 매니지먼트를 하는 것처럼 느껴질 수도 있다.

- [ ] 중요한 프로젝트와 결과물에 대한 피드백을 하지 않은 상태로 팀을 너무 오랫동안 방치하지 말자. 9장에서 논의했듯이 타임박스에 완성되지 않은 초안을 올려 두고 공동으로 작업하자.

- [ ] 사람들과 같은 대화를 반복한다는 생각이 들면 공유 문서를 통해 당신의 입장을 외부에 알릴 수 있는 기회를 찾아보자.

- [ ] 상당히 중요하고, 전략적인 질문을 받는다는 생각이 들면 당신의 역할을 확인한다. 당신의 업무 중 일부는 팀원들이 이런 질문에 최선을 다해 대답할 수 있도록 관리해야 하는 것임을 기억하자.

- [ ] 프로덕트의 어떤 부분을 누가 '소유'하느냐를 두고 다투지 말고 비즈니스와 사용자를 위해 추진할 수 있는 성과에 집중하자.

- [ ] 부하 직원들의 불만을 진지하게 받아들이고, 그들이 어려운 문제를 최선을 다해 해결할 수 있는 공간과 가이드를 주자.

- [ ] 이 책의 5장을 프로덕트 리더의 관점으로 다시 읽어 보자. 5장의 사례와 시나리오에 등장하는 임원들에게 어떻게 더 효과적으로 접근할 수 있을까?

좋을 때나 나쁠 때나

모바일 애플리케이션 에이전시인 빌드파이어[82]에 따르면 2022년 초[83]를 기준으로 애플 앱스토어에는 약 196만 개의 애플리케이션이, 구글 플레이스토어에는 약 287만 개의 애플리케이션이 있다.

같은 자료에 따르면 스마트폰 소유자는 평균적으로 매일 10개, 매달 총 30개의 모바일 애플리케이션을 사용하는 것으로 나타났다. 이런 사실은 많은 프로덕트 매니저를 실망시킬 수 있다.

이 통계를 인용한 것은 비관적인 이야기를 하려는 것이 아니라 애플, 넷플릭스, 페이스북 또는 구글과 같은 회사처럼 엄청난 성공을 할 수 있는 프로덕트를 만드는 일은 극히 드물다는 이야기를 하고 싶어서다. 훌륭한 프로덕트 매니저도 언제나 실패할 수 있는 프로덕트를 만든다. 프로덕트의 성공을 보장하는 '모범 사례'도, 완벽한 우선순위 선정 프레임워크도, 마법 같은 애자일도 프로덕트의 성공을 보장해 주지는 못한다.

널리 알려진 성공적인 프로덕트를 담당하는 프로덕트 매니저라도 자신만의 도전 과제에 직면한다. 안정된 기업은 위험을 회피하고, 관료적인 면도 있으며, 사내 정치도 있어서 사용자 가치를 높이는 사소한 변화를 만드는 것도 어려울 때가 있다. 특히, 올바른 방향으로 지표가 이동하더라도, 빠르게 변화하는 사용자 요구사항에 한발 앞서 대응하는 것은 매우 어려운 일이다.

---

82 https://buildfire.com/app-statistics/
83 옮긴이_ 현재도 애플리케이션의 수는 크게 변하지 않았다.

프로덕트 매니지먼트가 쉬운 일은 아니지만, 좋은 프로덕트 매니지먼트는 모든 사람의 업무를 더 쉽게 만들 수 있다. 프로그래머는 더 나은 커뮤니케이터가 되고, 마케터는 기술 업무에 더 흥미를 느끼며, 경영진은 높은 수준의 전략적 결정이 가져올 전술적 결과를 이해할 수 있게 된다. 훌륭한 프로덕트 매니지먼트는 좋은 때나 나쁜 때나 미묘한 긴장과 불협화음을 학습, 공유, 협업의 기회로 바꿀 수 있다.

15.1 자동으로 돌아가는 조직, 조용한 소강상태

거의 모든 프로덕트 조직, 특히 성숙한 프로덕트 조직의 경우 팀이 '자동 모드' 상태로 전환되는 시기가 있다. 외부 환경이 너무 좋은 경우에 지표들이 모두 올바른 방향으로 진행되어 아무도 어떤 부담감을 느끼지 않기 때문이다. 어떤 경우는 사람들이 지표에 전혀 관심을 두지 않고, 프로덕트 팀을 최소한의 책임과 감독으로 운영하기 때문일 수도 있다. 그리고 때로는 모든 요소가 제자리에서 윤활유를 잘 바른 프로덕트 기계처럼 운영되기 때문일 수도 있다.

그러나 이런 자동 모드 상태가 오히려 위험할 수 있다. 새로운 도전이나 새로운 관점 없이 너무 오랫동안 팀이 운영되다 보면 '지금 이대로'가 성공할 수 있는 유일한 방법처럼 생각될 수 있기 때문이다. 이런 상황에서는 현상 유지에 도움이 되지 않는 새로운 아이디어는 무시되거나 외면당한다. 그럼 팀은 환경으로부터 고립되고, 호기심이 줄며, 중요한 질문은 묻지 않으며, 중요한 기회를 놓치게 된다.

팀이 자동 모드 상태라고 생각되면 도전적인 아이디어와 대안이 될 수 있는 방법을 찾는 것이 그 어느 때보다 중요하다. 우리 프로덕트를 포기한 사용자가 있다면, 수가 많지 않더라도 그들과 대화를 나누고 무엇이 잘못되었는지 파악하자. 또한 경쟁 프로덕트를 검토하고 그 프로덕트에서 근본적인 사용자 요구사항을 어떻게 해결하는지 문서화해 보자(또는 6장에서 설명한 대로 사용자 페르소나를 새로 작성하여 이런 요구사항이 어떻게 변경되었는지 확인해 본다). 팀에 다시 도전적인 질문을 해 보자. "지금 가고 있는 방향이 완전히 잘못된 것이라면 우리는 어떻게 해야 될까요?", "지금 경험하고 있는 선형적인 성장이 우리가 할 수 있는 것의 한 부분일 뿐이라면 어떻게 해야 할까요?" 당신에게 가장 직접적인 책임이 있는 업무에 직접 도전하는 질문을 함으로써 개방성과 호기심의 본보기를 보여주자.

마지막으로, 이런 도전적 질문을 타임박스형 프로토타입으로 만들어서 실제 협업을 진행해 보자(그림 15-1). "일주일 내에 프로덕트를 처음부터 다시 만든다면 어떨까요?", "비즈니스나 사용자에게 더 이상 도움이 되지 않는 가정과 과거의 생각으로 기존 프로덕트를 만들었다면 어떻게 해야 할까요?" 완전히 새롭게 재창조된 프로덕트의 실제 프로토타입을 만들어 보면, 이런 큰 질문과 사용자를 위해 할 수 있는 작은 단계들을 연결하는 데 도움이 될 것이다.

프로토타입을 활용하는 좋은 방법 중 하나는 한 시간 동안 '프로덕트 재창조' 회의를 해 보는 것이다. 여러 부서의 이해관계자들이 모여서 사용자 페르소나와 그 사용자가 수행해야 할 중요한 작업을 할당하고, 5분 동안 그 사용자가 그 작업을 완료할 수 있도록 프로덕트를 완전히 새로 만들 수 있는지를 확인하는 대략적인 디지털 혹은 종이 프로토타입을 만들도록 하는 것이다. 이런 결과물들은 예외 없이 사용자 작업 흐름과 해야 할 일들, 그리고 관련된 경험들을 포착해 낸다. 이런 단순한 경험은 기존 프로덕트에 있는 복합적이고 여러 기능으로 가득 찬 화면과 극명한 대조를 이룬다.

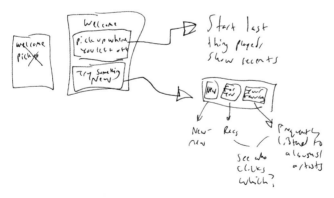

그림 15-1 유명한 음악 스트리밍 서비스에 관한 5분간의 종이 프로토타이핑 세션으로 만든 결과물. 지워진 내용도 있고 삐뚤빼뚤한 화살표로 연결되어 있지만 매우 사실적인 결과물이다. 지저분하고 완성도가 낮은 프로토타입이더라도 사용자가 선호하는 경험이 어떤 것들인지에 대해 많은 것을 알 수 있다.

15.2 좋은 때가 (언제나) 쉬운 때는 아니다

그렇다면 바로 해야 할 일이 없기 때문에 '자동 모드'로 팀이 운영되는 것이 프로덕트 조직이 건강하다는 의미가 아니라면, 어떤 신호가 정말 좋은 신호일까? 다음은 당신의 업무가 팀과 조직의 건강성과 성공에 기여하고 있음을 나타내는 몇 가지 일반적인 지표이다.

| 지표 1: 갈등을 공개적으로 논의한다 |

건강한 프로덕트 조직은 갈등이 없는 것이 아니라 방어적 태도, 자아중심적 공격, 수동적 공격성으로 인한 갈등을 최소화하면서 갈등을 공개적으로 다루고 해결할 수 있는 능력이 있는 조직을 의미한다. 4장에서 논의했듯이 의견 불일치는 그룹에 좋은 결정을 하는 데 중요한 도구가 될 수 있다.

| 지표 2: 모두가 자신이 하는 일에 투자한다고 생각해서 적극적으로 임한다 |

건강한 프로덕트 조직에서는 모든 사람이 팀이 하고 있는 일과 팀으로 함께 일하는 방식에 투자한다. 당신이 신제품 아이디어나 프로세스 개선을 제안했는데 무관심한 반응이 돌아올 뿐이라면, 당신은 프로덕트 팀의 전폭적이고 확고한 지지를 받지 못한다는 뜻이다. 대개 무관심이 의견 충돌보다 더 위험하다.

| 지표 3: 사람들이 새로운 정보(그리고 새로운 사람!)를 위협이 아닌 기회로 여긴다 |

건강한 프로덕트 조직에서는 사람들이 자신이 잘못하고 있다는 신호를 절대로 회피하지 않는다. 이들은 분기별 검토까지 기다렸다가 정량적 목표를 달성할 가능성이 낮다는 사실을 공유하지 않는다. 이들은 프로덕트 매니지먼트의 CORE 기술에 따라 자신의 미션이 사용자의 현실과 조직의 현실을 연결하는 것이며, 이를 위해 도움이 되는 정보, 사람 또는 아이디어를 모두 선물로 받아들인다는 것을 알고 있다.

요약하자면, 프로덕트 매니저로서 정말로 좋은 시기가 꼭 일하기 쉬운 때인 것은 아니다. 물론 회사 자체가 잘되고 있을 때일 필요도 없다. 프로덕트 매니지먼트가 가장 성공적일 때는 새로운 도전을 적극적으로 모색하고 개방성, 호기심, 솔직함을 가지고 접근하는 시기이다.

이런 시기는 주요한 프로덕트 출시, 새 기능을 출시하기 위한 막바지 노력, 기타 긴박하고 부담이 큰 상황과 일치하는 경향이 있는 것은 우연한 것이 아니다. 가장 많은 협업과 적응이 필요하고 새로운 것을 빠르게 시도하려는 의지가 가장 필요한 순간이 바로 프로덕트 매니지먼트가 정말로 빛을 발하는 순간인 경우가 많다. 진정한 도전은 매일 비슷한 수준의 에너지와 흥분을 업무에 불어넣는 것이다.

15.3 세상의 무게를 짊어지고

경력 초기에 내 멘토가 프로덕트 매니저의 업무는 "잘못되기 전에 잘못될 수 있는 모든 사소한 일을 생각하는 것"이라고 말했다. 나는 "어차피 제가 늘 하는 일이니 이 업무는 저한테 딱 맞을 거예요!"라고 대답했다.

세상의 무게를 자신의 어깨로 짊어지고 싶은 사람들에게 프로덕트 매니지먼트라는 업무는 너무나 완벽한 업무이다. 프로덕트 매니저가 되면 경쟁 업체의 신제품 출시부터 동료들 간의 개인적인 의견 차이에 이르기까지 모든 문제를 해결해야 할 것처럼 느낄 수 있다. 또한 조직이 혼란스러울 때는 마치 돌덩이가 하나를 언덕 위로 밀어 올리고 있는데, 더 크고 중요한 돌덩이가 10개가 내 옆을 지나쳐 굴러 내려가는 것처럼 프로덕트 매니지먼트라는 것이 끊임없이 요구되는 동시에 완전히 자신의 일이 쓸모없는 일처럼 느껴질 수도 있다. 프로덕트 매니저로서 최악의 순간은 대부분 업무의 무게가 감당할 수 없을 정도로 느껴질 때였다. 선의의 동료들 앞에서 화를 내고, 고위 리더와의 회의에서 난동을 부리고, 팀원들이 나에게 화를 낼까 싶어 중요한 정보를 숨기는 경우도 있었다. 그리고 이런 나쁜 행동의 대부분은 오직 '나만이 이 팀(또는 이 회사)이 완전히 무너지는 것을 막을 수 있다.'와 같은 위험한 오류에서 나온 행동들이다.

바로 이런 부분에서 프로덕트 매니지먼트가 가진 연결이라는 특성이 조직 내 불화를 증폭시키는 역할을 할 수도 있다. 프로덕트 매니저는 조직 전체에 걸쳐 사람들을 연결할 책임이 있는데, 당신이 직접적이고 지속적인 개입을 하지 않아서 이런 연결이 끊어지고 잘못될수록, 어둠 속에 자신만 서 있는 것처럼 느껴질 수 있다. 그래서 이런 때는 급한 불을 끄고 분쟁을 해결하기 위해 몸이 정말 여러 개여야 하는 건 아닐까 싶은 생각을 하게 될 수도 있다(친구에게, 때로는 동료에게 모든 일이 엉망진창이라고 불평하는 자신을 발견할 수도 있다). 그러나 이 모든 일은 당신의 일이고 당신이 없으면 이 모든 것들이 어떻게 계속 운영될지 상상할 수조차도 없을 것이다.

다시 한번 나쁜 프로덕트 매니저의 유형을 살펴보면, 영웅 프로덕트 매니저와 순교자 프로덕트 매니저 사이의 경계가 모호해지기 시작하는 시점이다. 자신만이 팀과 회사를 구해낼 유일한 사람이라는 생각이 들면 위험한 길로 가고 있는 것이다. 다음은 프로덕트 영웅주의와 순교라는 양날의 검에 빠지지 않기 위해 할 수 있는 몇 가지 팁이다.

| 팁 1: 통제할 수 없는 것들의 목록을 만든다 |

거대 기술 기업에서 당신의 프로덕트와 직접적으로 경쟁하는 프로덕트를 막 출시했는가? 조직의 고위 리더 두 명이 CEO 자리를 놓고 경쟁하는가? 이 두 상황은 모두 당신의 업무에 심각한 영향을 미치지만, 당신이 다른 회사의 로드맵이나 다른 사람들의 야망을 통제할 수는 없다. '모든 사람'의 '모든 문제'를 해결하는 것이 당신의 일이 아니라는 것을 상기할 수 있도록 당신이 통제할 수 없는 일의 목록을 작성한다.

| 팁 2: 중요한 일을 맡길 수 있는 기회를 찾는다 |

영웅주의와 순교의 악순환을 끊을 수 있는 방법 한 가지는 정말 중요한 일을 동료에게 위임하는 것이다. 조직의 역기능으로부터 팀을 격리하는 것이 아니라 팀원들에게 정말 중요한 일을 공동의 성공을 위해 해결해 달라고 요청해 보자. 중요한 일을 동료에게 맡긴다는 것은 아마 그들에게 당신이 겪었던 것과 같은 마찰과 좌절을 경험하게 하는 것과 같은 의미다. 쉬운 일은 아니지만 대개 좋은 결과로 이

어질 것이다. 자신에게만 문제의 해결 방법과 책임이 있다고 생각하지 말고 그룹으로 문제를 해결할 기회가 새롭게 주어졌다고 생각해 보자.

| 팁 3: 팀이 하나가 되는 루틴과 활동에 참여하자 |

어려운 시기에는 긴급해 보이지 않는 순간순간의 일들을 놓치기 쉽다. 예를 들면, 비공식적 팀 모임(대면이든 원격이든), 상위 수준의 브레인스토밍 대화, 팀의 발표회 같은 것들은 어려운 상황에서 당신의 일정표에서 가장 먼저 사라지는 것들이다. 내가 종종 그랬지만, 스트레스를 제일 많이 받는 프로덕트 매니저가 빠지고 팀원들이 함께 모이면 더 낫지 않을까 하는 생각이 들 수 있다. 그러나 당신이 그런 모임에 나타나지 않으면 팀과 함께하는 시간을 별로 중요하게 생각하지 않는다는 강력하고도 위험한 메시지를 전달하는 것이다. 그러면 동료들의 입장에서는 자신들에게는 그만큼 중요한 일이 왜 없는지 궁금해할 수도 있다.

프로덕트 매니저로서 할 수 있는 좋은 일 중 하나는 팀과 함께 평범하고 재미있는 일상적인 일을 하면서 보낼 수 있는 시간을 지키는 것이다. 중요한 문제가 있더라도 한발 물러나서 커뮤니케이션하고 연결하는 시간을 갖는 것이 가장 중요하다는 것을 팀원들에게 알려주고 모범을 보이자.

15.4 세계 최고의 회사에서 일한다고 상상해 보자

경력을 쌓다 보면 '좋은 때'와 '나쁜 때'가 중간 정도로 섞여서 베이지색처럼 '괜찮은 때'로 애매한 느낌을 받는 시기가 많다. 이런 시기는 바로 당신이 조직의 현실적인 제약 조건과 타협한 시기이다. 이제 당신은 무엇이 가능하고 무엇이 불가능한지 꽤 잘 알고 있다. 하고 싶은 만큼 모든 일을 하지는 못하지만, 충분할 정도의 일을 하고 있다. 아직 더 해야 할 싸움과 극복해야 할 과제가 남아 있어서, 팀이 '자동 모드'로 돌아가지는 않지만, 질 가능성이 높은 싸움도 알고 있고 어떤 과제를 극복할 수 없을지까지 잘 파악하고 있다.

시간이 지나면서 이런 경험이 일종의 위험 방지 갑옷처럼 굳어질 수 있다. 조직의 리더가 나쁜 소식에 제대로 반응하지 않는 것을 본다면, 월간 체크를 할 때 실망스러운 지표 몇 개를 생략하게 될 수도 있다. 팀의 엔지니어가 사용자 인사이트를 반사적으로 무시했다면, 차라리 엔지니어를 세부사항 구현에 집중하도록 하는 것이 더 낫겠다고 판단하게 될 수도 있다. 조직의 다른 프로덕트 매니저가 별 쓸모도 없는 기능을 잔뜩 출시했는데도 많은 보상을 받는 걸 보고 나면, 팀이 비즈니스와 사용자를 위해 달성하고자 했던 성과에 너무 집중할 필요는 없겠다고 판단할 수도 있다.

7장에서 논의했듯이 조직의 한정된 제약 조건을 인정하고, 그 안에서 작업하는 것이 사용자에게 제공할 수 있는 가치에 집중하는 현명한 방법일 때가 많다. 그러나 시간이 지나서 더 이상 제약 조건 자체가 없을 때도 많은 프로덕트 매니저는 여전히 제약 조건이 있는 것처럼 업무를 하는 경우도 많다. 예를 들어, 회사 경영진에게 '나쁜 소식'을 듣고도 제대로 대응하지 않아서 소문이 좋지 않았던 리더가 회사를 떠난 지 한참 되었는데도 많은 프로덕트 매니저가 계속해서 이를 숨기는 모습을 본 적이 있다. 마찬가지로 회사 리더가 바로 그 프로덕트 매니저들에게 향후 몇 달 동안 팀별로 달성하고자 하는 성과를 명확하게 말로 표현해달라고 요청하는 데도, 회사가 결코 '성과 중심'이 될 수 없을 것이라고 주장하던 많은 프로덕트 매니저들을 보기도 했다.

실제로 이런 선제적 자기 타협은 팀의 심리적 안전을 달성하는 데 가장 큰 장애물이다. 심리적 안전은 하버드 조직행동 심리학자인 에이미 에드먼드슨Amy C. Edmondson이 자신의 논문 「업무팀의 심리적 안전과 학습 행동」[85]에서 '팀이 대인 관계에서 위험을 감수해도 여전히 안전하다는 팀원들의 공유된 믿음'이라고 설명한다. 많은 프로덕트 매니저가 심리적 안전이 부족하다고 회사의 리더십을 비난하지만, 대개는 회사의 리더십에 대한 가정과 예측 때문에 안전이 부족하다고 주장하는, 바로 그 프로덕트 매니저들이 문제인 경우가 많다. 당신의 팀원들이 직접

---

85 https://web.mit.edu/curhan/www/docs/Articles/15341_Readings/Group_Performance/Edmondson%20Psychological%20safety.pdf

만나보지도 않은 회사의 리더에 대해 어떤 강한 의견이 있다면, 그 의견은 어디선가 나온 것일 텐데, 그 어디선가가 바로 당신이 될 수도 있는 것이다.

프로덕트 매니저와 리더들이 이런 패턴에서 벗어날 수 있도록 그들을 대상으로 내가 해 봤던 사고 실험을 하나 소개해 보겠다. **당신이 세계 최고의 회사에서 일한다고 생각해 보자.** 그게 어떤 의미든 상관없다. 오늘 당신은 어떤 행동을 할 것인가? 경영진이 '나쁜 소식을 감당할 수 없다.'라고 확신할 수 없다면 그들에게 뭐라고 말할 것인가? 그들이 '사용자 인사이트에 관심이 없다.'라는 것이 확실하지 않다면 팀원들과 어떻게 일을 진행할 것인가? '이 회사는 의미 없는 새 기능만 잔뜩 출시하는 데만 관심이 있다.'라는 것이 확실하지 않다면 현재 작업 중인 프로덕트의 다음 단계로 무엇을 제안하겠는가?

물론 예상했던 바로 그 제약 조건과 한계에 부딪힐 수도 있다. 하지만 의외의 상황에 놀랄 수도 있다. 적어도 나에게는 그런 경험이 많았다. 내 경력에서 만났던 "나쁜 소식을 감당할 수 없다."라는 말을 들었던 회사 리더가 실제로는 나쁜 소식, 특히 그 나쁜 소식을 두려워하지 않고 직접 전달하면서 나쁜 소식을 감당하는 모습을 많이 보았다. 개인(그리고 그들이 구성하는 팀과 조직)은 기본적으로 변화할 수 있는 능력이 있지만, 그러기 위해선 그 변화를 주도할 수 있는 기회가 주어져야 한다. 주변 사람들이 배우고 성장할 수 있는 문을 열어 두는 것은 프로덕트 매니저로서 할 수 있는 가장 크고 영향력 있는 일이다.

마치며: 힘든 일이지만 가치 있는 일이다

프로덕트 출시의 짜릿함부터 조직의 기능 장애와 관성으로 인한 좌절감까지, 프로덕트 매니지먼트는 정말로 극단적인 기복이 있는 일이다. 프로덕트 매니지먼트는 팀과 조직에서 일어나는 모든 일의 한가운데에 있어야 하므로 어려운 일이 많으면 그만큼 해야 할 일도 많을 수밖에 없다.

바로 이런 이유로 프로덕트 매니저는 동료들의 삶과 경험에 지대한 영향을 미칠 수 있다. 게다가 프로덕트 매니저는 중간 위치에 있어서 자신의 행동이 미치는 영향이 클 가능성도 높다. 따라서 프로덕트 매니저는 팀과 다른 조직 간의 비공식적 대사로, 사람들이 서로 커뮤니케이션하고, 서로의 말에 귀를 기울이고, 서로의 시간과 관점을 존중하는 분위기를 조성해야 한다. 또한 격동의 시기에는 팀과 회사의 가장 좋은 것을 두려움 없이 보호하는 사람이 되어야 한다.

셀프 체크리스트

- ☐ 조직과 팀이 '자동 모드'에 빠지는 것을 경계한다. 항상 새로운 아이디어와 도전적인 관점을 팀에 적극적으로 제시하자.

- ☐ 바로 해야 하는 일이나 무엇인가를 바꿔야 한다는 부담이 없더라도 타임박스형 프로토타입을 사용하여 프로덕트의 다른 방향을 탐색할 수 있다.

- ☐ 좋은 프로덕트 조직은 갈등이 없는 조직이 아니라 서로 인신공격하지 않고 갈등을 공개적으로 다루는 조직이라는 점을 기억하자.

- ☐ 프로덕트 매니저로서 최고의 순간과 가장 재미있었던 순간에 느꼈던 에너지와 열정을 일상 업무에 적용하자.

- ☐ 팀이나 조직이 무너지는 것을 나 혼자 감당하고 있다고 느껴지기 시작하면 한 발 뒤로 물러서자. 내가 통제할 수 없는 일의 목록을 작성하고, 영향력이 큰 업무는 동료에게 위임하고, 팀의 가장 소중한 일상을 잘 지키고 있는지 확인하자.

- ☐ 자신의 역할이 '중간'에 있다는 것은 큰 책임감을 수반하지만 동시에 큰 기회일 수도 있다는 것을 이해하자. 팀과 조직의 가장 좋은 점을 지키고, 구현하기 위해 최선을 다하자.

- ☐ 과거의 경험이 팀과 조직에 관한 검증되지 않은 가정으로 굳어지지 않도록 하자. 성공할지 확신할 수 없는 일을 시도하고, 주변 사람들에게 함께 배우고 성장할 수 있는 기회를 제공하자.

Epilogue 정말로 필요한 것

10여 년 전에 나는 '프로덕트 매니저'라는 직책을 가지면 나에게 막대한 힘과 권한이 생길 것이라고 생각했다. '매니저'라는 단어는 내가 무엇인가를 책임진다는 것을 뜻하고, '프로덕트'라는 단어는 내가 책임지는 것이 프로덕트 전체, 그리고 그 프로덕트를 만드는 데 투입된 모든 사람을 의미한다고 생각했다. 누가 그 일을 마다할 수 있을까?

그러나 이는 프로덕트 매니저의 현실과 매우 다르다. 프로덕트 매니저는 공식적인 권한도 없고, 프로덕트 방향이나 비전에 대한 본질적인 통제권도 없으며, 다른 사람의 도움과 지원 없이는 의미 있는 일을 하나도 해낼 수 없다. 파트너십과 신뢰를 통해 어느 정도까지 리더십을 발휘할 수는 있지만, 그러기 위해선 매일, 매 순간 신뢰를 얻어야 하고, 신뢰를 얻기 위해서는 결코 풀 수 없는 모호함과 줄일 수 없는 복잡성으로 가득 찬 역할에서 자기만의 길을 개척해야만 한다.

프로덕트 매니지먼트 업무를 하다 보면 누구나 여러 가지 실수, 즉 눈에 띄는 실수, 끔찍한 실수, 부끄러운 실수를 하게 된다. 직설적으로 말해야 할 때 회피하기도 하고, 인내해야 할 때 충동적으로 행동할 수도 있다. '모범 사례'를 문자 그대로 따라 해서 상상도 못 한 역효과를 내기도 한다. 당신이 저지르는 실수는 당신과 팀, 조직에 실질적인 영향을 미칠 것이다. 그러나 당신이 실수했을 때 동료들이 보여주는 관대함과 용서에 힘을 낼 수 있게 되고, 시간이 지나면서 스스로 실수를 이겨낼 용기도 얻게 될 것이다.

바로 여기에 프로덕트 매니지먼트의 진정한 아름다움이 있다. 아무리 똑똑해도 프로덕트 매니지먼트에서는 잘못할 수 있다는 것을 배워야 한다. 아무리 카리스마가 넘쳐도 프로덕트 매니지먼트에서는 자신의 말을 행동으로 뒷받침하는 방법을 배워야 한다. 프로덕트 매니지먼트는 꼼꼼하고 명확한 직무 기술서도 없고, 뒤에 숨을 수 있는 공식적인 권한도 없다. 성공하려면 더 나은 커뮤니케이터, 더 나은 동료, 더 나은 사람이 되어야 한다.

몇 년 전, 나는 프로세스 중심의 대규모 엔터프라이즈 금융 서비스 회사에서 교육 세션을 진행한 적이 있다. 프로덕트 매니저의 일상적인 책임에 관한 주제를 다루게 되면서, 최근 입사한 사람이 "매일 출근할 때마다 어제와 완전히 다른 일을 하는 것 같다."며 새로 맡은 역할에서 예상치 못한 모호함에 대해 불만을 이야기한 적이 있다. 회의실에 있던 다른 프로덕트 매니저들은 그저 웃기만 했다. 결국에는 그 신입도 미소를 지었다. 그 이전의 많은 프로덕트 매니저와 마찬가지로 그도 '오늘은 내가 어떤 일을 해야 하지?'라는 고민을 했다. 그리고 자신도 모르게 이미 답을 내리고 있었다.

'무엇이든 해야 한다!'

Appendix

PM이어서 행복합니다

SAP, 김영욱

Q 본인 소개와 함께 하시는 일에 대해 간단히 소개 부탁드립니다.

저는 업무용 소프트웨어를 만드는 SAP의 Cloud ERP 엔지니어링 그룹의 UX 팀에서 시니어 프로덕트/프로그램 매니저(이하, PM)로 근무하는 김영욱입니다.

ERP의 프로덕트는 전 세계 3억 명의 기업 사용자를 갖고 있는 대표적인 비즈니스 플랫폼입니다. 그 플랫폼 안에는 인사, 재무, 구매, 세일즈의 모든 프로세스를 소화해 내는 애플리케이션이 있는데요. 그 애플리케이션이 사용자에게 쉽게 소비가 되고, 일관성 있는 경험이 될 수 있는 표준 디자인 시스템, 디자인 컴포넌트, 사용 가이드라인을 제공합니다. 이런 디자인 시스템은 SAP의 프로덕트뿐 아니라, 커스터마이즈를 위해 파트너나 고객들도 활용하므로 직관성 유지와 함께 높은 기능성을 제공해야 합니다.

저는 SAP의 온프레미스 시절 투박한 GUI를 기억하시는 고객에게 완전히 새로운 웹/모바일 기반의 풍부한 프론트엔드 경험을 드릴 수 있도록 고객과의 터치포인트를 최대한 갖고 요구사항을 빠르게 반영하고, 새로운 UX를 테스트하는 일을 하고 있습니다. 이 외에도 AI 시대에 맞는 새로운 UX 프레임워크 개발 프로젝트에 PM으로 참여하고 있습니다. 이 프로젝트는 최신의 AI 기술이 어떻게 프로덕트 내에서 사용되어야 하는지 스마트 데이터 처리 기반에 따른 디자인과 UX 작업을 컴포넌트화 하여 제공하는 것을 목표로 합니다.

Q 현재 근무하고 계시는 SAP의 팀이 어떻게 구성되어 있고, 어떤 팀과 협업하는지 궁금합니다.

일단 저의 근무지는 프랑스 파리에 있습니다. 그렇지만 SAP 프랑스 소속이 아닌 SAP 프로덕트 엔지니어링 소속입니다. 일반적으로 글로벌 기술 기업의 프로덕트 엔지니어링은 하나의 엔티티이고, 프로덕트 엔지니어링 소속이라는 뜻은 내가 어느 나라에서 일을 하던 CEO에게 직접 보고하는 최전선 개발 그룹이라는 의미입니다. 제가 속한 Cloud ERP 부서는 약 만 명의 엔지니어가 포함된 큰 개발 그룹으로 각 산업별 비즈니스 애플리케이션을 개발하고 출시합니다.

이런 비즈니스 애플리케이션을 개발하는 프로세스는 매우 복잡하고 일반 B2C 프로젝트의 진행과도 큰 차이가 있습니다. 따라서 이곳에서 일하는 PM에게는 무엇보다 최종 사용자가 일반 고객이 아닌 기업 고객이므로 산업별 비즈니스 도메인에 대한 일정 수준 이상의 지식이 반드시 필요합니다. 즉, 자동차, 식품, 유통, 화학, 전자산업에 대한 워크플로를 이해해야 합니다. 하지만 현실적으로 프로덕트 엔지니어링에 속한 PM으로서는 모든 산업 전반에 걸친 업무 특수성을 이해하는 것은 불가능에 가깝습니다. 그러다 보니 PM이 사용자 요청사항이나 이슈를 제대로 이해하기 위해서는 해당 산업의 비즈니스 전문가가 필요합니다. 그런 비즈니스 전문가를 SAP에서는 솔루션 매니저라고 부르고 주로 고객 기업이 위치한 나라에서 일을 합니다. 이렇게 프로덕트 엔지니어링 그룹 바깥쪽이지만, 본인이 담당하는 프로덕트의 주요 기업 고객 담당 솔루션 매니저와 긴밀한 관계를 유지하면서 프로덕트 엔지니어링 내부의 개발 팀, 디자인 팀, 리더십 팀, GTM, 커뮤니케이션 팀과 모두 함께 협업을 진행합니다. 각 그룹의 엔지니어나 디자이너와 직접 업무를 진행하기보다는 각 팀의 매니저들과 상황을 맞춥니다. 이 상황을 그림으로 설명하면 이렇게 되겠네요.

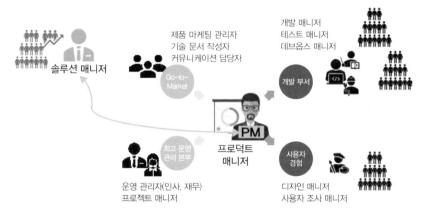

그림 A-1 PM은 누구와 함께 일하는가?

제 업무는 24시간 쉬지 않고 진행이 되는데, 저와 같은 일을 하는 PM이 미국 서부 실리콘밸리의 팔로 알토와, 인도 뱅갈로에 1명씩 2명이 더 있습니다. 즉 제가 아침에 일을 시작할 때는 인도에 있는 동료 PM에게 밤사이 진행된 업무를 인계받습니다. 인계받은 일을 저는 유럽시간으로 진행하고 퇴근 시간이 되면 미국에 있는 동료 PM에게 인수를 해 주고 하루를 마무리합니다.

Q 프로덕트 매니지먼트란 무엇일까요?

프로덕트 매니지먼트를 정의한다는 것은 사실 PM의 업무뿐만 아니라 경력, 경험에 따라 모두 다를 수 있겠지요. 제가 생각하는 정의는 '얼라인먼트Alignment (또는 정렬)'입니다.

앞에서 설명한 바와 같이 PM에게는 많은 이해관계자가 있어요. 누가 더 중요하다 덜 중요하다 할 수는 없지만, 그래도 처음과 끝에는 항상 고객을 두어야겠죠. 고객, 리더십 팀, 여러 엔지니어링 매니저들, 그 외에도 솔루션 매니저, 마케팅, 세일즈, 고객 지원 담당까지 그들은 모두 함께 나의 프로덕트를 만들고 프로덕트가 지속 가능하도록 해 주는 동료들이죠. 그들의 이해관계와 요청사항, 희망사항은 모두 다 다릅니다. 상호 병립하면 좋겠지만, 충돌하는 이해관계가 더 많아요. 프로덕트의 출시는 개발 팀에게는 데드라인이겠지만, 세일즈 팀에게는 수익이 발생하는 시점이고, 고객 지원 팀에게는 새로운 업무가 시작되는 시점이지요. 그래서 그들의 요청과 요구사항을 꾸준히 '얼라인먼트'하면서 프로덕트 라이프 사이클 내내 갖고 가는 것이 프로덕트 매니지먼트라고 생각합니다.

따라서 사용자의 요청/요구사항 분석이 최우선적으로 이루어져야 합니다. 그것이 얼마나 사용자에게 중요하고, 프로덕트가 지속적 가치를 갖는 데 필요한지를 이해해야 제대로 된 프로덕트 전략을 만들 수 있습니다. 이 전략이 이해관계자에게 이해가 된다면 실제 얼라인먼트를 제대로 시작해 볼 수 있는 첫 단추가 채워지는 순간이 됩니다. '얼라인먼트'는 어려운 만큼 그것에 대한 진정한 아름다움이 있다고 생각합니다.

Q PM 업무를 진행하며 기억에 남는 프로젝트가 있으신지 궁금합니다.

저에게는 2020년 5월부터 6주간 독일 정부의 '코로나 경고 애플리케이션' 프로덕트 개발에 PM으로 참여할 수 있었던 소중한 경험이 있습니다. 이 프로젝트를 참여하기 전에 저는 업무 대부분의 시간을 B2B용, 즉 비즈니스 프로덕트를 담당하는 PM이었으므로, B2C에 대한 경험은 그때까지 매우 적었습니다.

시작은 5월 10일이었습니다. 유럽에 코로나가 창궐을 하고 매일 확진자가 독일과 프랑스에서 적게는 2천 명 많게는 5천 명 정도가 나오는 국가 긴급 상황이었습니다. 회사 내에서 독일 정부의 요청으로 코로나 경고 애플리케이션을 개발하여 제공하기로 했다는 소문이 돌았고, 솔직히 소문을 들었을 때 저는 프랑스에서 근무를 하고 있었기에 저와 상관없는 남의 나라 이야기로 생각했습니다. 하지만 SAP 내에서 그나마 UX와 디자인을 담당하여 모바일 경험이 많다고 알려진 제가 리더십 팀의 판단으로 담당 PM이 되었을 때는 정말 앞이 캄캄했습니다.

제가 담당하게 되었을 때, 이 프로젝트는 이미 개발부터 출시까지 6주라는 기간으로 정해져 있었고, 리소스 스태핑부터 모두 긴급하게 해야 하는 상황이었습니다.

우선 애플리케이션의 목표를 세 가지로 명확하게 정의했습니다.

- 이 프로젝트는 오픈 소스로 진행하여 다른 나라에서 중복 투자 없이 이용 가능하게 한다.
- **백엔드:** 개인 프라이버시를 최고가치로 선택한다. 그러기에 정보는 탈중앙화 시킨다.
- **프론트엔드:** 전국민이 직관적으로 사용할 수 있을 만큼 쉬워야 하고, 나이가 많은 어르신과 장애를 가지신 분들이 사용하는 데 불편하지 않도록 설계하고 개발한다.

이 목표를 달성하기 위해서는 단순하게 UX와 디자인을 개선하는 것으로는 부족했습니다. 제가 지금껏 30년이 가까운 시간 동안 대상으로 삼았던 나의 프로덕트 사용자는 최소한 디바이스 사용이 어려운 사용자층은 아니었는데, 이 애플리케이션은 특성이 독일 전 국민을 넘어 유럽인들이 모두 사용해야 하기에 극단적이라고 할 수 있을 만큼 직관적으로 설계를 해야 했습니다. 물론 메시지도 모두 가장 쉬운 언어 표현으로 다시 써야 했습니다. 언어 표현과 그림뿐만 아니라 장애를 가진 분들에게도 그 상태를 알려줄 수 있도록 디자인했습니다. 제 업무 경력에서 그렇게 치열하게 보낸 6주는 다시 없을 겁니다. 예정대로 6주 후에 아이폰과 안드로이드용 첫 버전이 출시가 되었고, 오픈 소스로 공개됨에 따라 여러 나라가 그 버전을 발전시켜 도입 및 사용하게 되었습니다.

Q PM 업무를 진행하며 가장 중요하게 생각하시는 것은 무엇인가요?

'**프로덕트 오너십이라고 할 수 있는 책임감**'입니다. PM은 프로덕트 라이프 사이클의 책임자이기도 하지만, 주위의 모든 이해관계자의 다재다능함을 날실과 씨실 삼아 세상을 변화시키는 프로덕트를 만들기 때문입니다.

오너십이란 단어는 프로덕트 라이프 사이클 동안 일어나는 모든 행동의 기반입니다. 고객을 이해하기 위해 필요한 공감 능력은 그 페인포인트, 즉 고통스러운 시간을 책임지고 해결하겠다는 의지가 뒷받침되지 않으면 결과 없는 대화일 뿐입니다. 엔지니어들과의 치열한 논쟁은 더 나은 과정과 결과로 지속 가능한 가치를 생성하겠다는 책임감이 있어야 가능한 행동입니다. 프로젝트의 이슈가 지루하거나 짜증 나는 일이 아닌 새로운 도전과 혁신을 통해 개선과 새로운 가치를 만들 기회라는 생각을 할 수 있는 책임감이 좋은 PM을 만든다고 생각합니다.

Q PM에게 꼭 필요한 역량과 이것만큼은 지켜야 한다는 것이 무엇이라고 생각하시나요?

여러 책이나 글에서 PM의 필수 역량들에 대해 이야기 합니다. 공감 능력, 커뮤니케이션 능력, 비판적 사고 능력, 정보 분석 능력 등입니다. 개인적으로 제가 생각하는 중요한 능력은 '이해'하는 능력입니다. 사용자와 동료를 이해하는 것을 넘어 시장과 경쟁자를 이해하는 능력입니다. 이것이 바로 PM의 밑천입니다. PM은 전체적인 그림을 그리고 플로우를 만드는 역할보다 시장을 보고, 경쟁자를 분석하여 '이기는 프로덕트'를 만드는 것이 궁극적 목표이고 능력입니다. 시장과 경쟁자를 이해하고 분석하는 능력은 하루아침에 생기지 않습니다. 누구에게 배운다고 바로 쓸 수 있는 능력도 아니고요. 꾸준히 공부하고 스스로가 실험을 해야 합니다. 수많은 관련 리포트와 아티클을 읽고 안목을 키워야 합니다. 그리고 꾸준히 새로운 지식과 기술을 익히고 나누어야 합니다.

Q 처음부터 PM을 꿈꾸셨나요? 어떻게 이 일을 시작하셨나요?

저는 개발자로 커리어를 시작하였습니다. 약 15년간 개발자의 역할을 충실하게 수행하였습니다. 작은 기능 구현부터, 큰 시스템의 설계까지 맡는 아키텍트로 다양하고도 전문적으로 여러 경험을 가질 수 있었습니다.

하지만 늘 마음속에 채워지지 않았던 것이 있었습니다. 이것은 '왜' 하는지와 '어떻게' 이런 결정이 이루어지는지에 대해서 늘 궁금했던 것 같습니다. 그래서 개발자 시절, 기술을 이해하지 못하는 상황에서 전략도 설명하지 못하면서 사용자 요구로만 밀어붙이는 PM과 치열하게 시간을 보냈던 적이 많았습니다.

그러다가 매니저에게 PM이란 직무에 대해 관심이 있다면 전환을 해 보는 것이 어떻겠냐는 제안을 받았습니다. 개발자로서 아키텍트라는 정점까지 올라간 저로서는 PM이란 해보지 않은 직무에 대해 두려움과 그 직무에 적응하지 못하고 실패했을 때의 계획이 없어 쉽게 결정을 내리지 못했습니다. 하지만 '왜'에 대한 의문을 해소하는 것이 저에겐 중요했고, 그런 저에게 PM은 가슴 뛰는 도전으로 생각되었습니다.

SAP의 PM 육성 프로그램이 매우 잘 되어 있어서, PM으로 직무 전환을 한 첫날부터 제가 아주 작은 회사 내부 프로덕트를 맡을 때까지 2년이라는 시간이 걸렸습니다. 저는 그 2년 동안 선배 PM의 모든 일정을 따라서 움직이는 Shadow PM으로 살았습니다. 그가 출근부터 퇴근 때까지 참석하는 모든 업무 회의에 같이 참석하고, 모든 업무를 배우고 익혔습니다.

그 시간이 지나면서 'PM이란 업무가 이렇구나.', '이렇게 '왜'라는 것을 발견하는 것이구나.', '내가 궁금했던 '왜'를 이렇게 설명하고 공감대를 얻어내야 하는 것이구나.'와 같은 기본 능력을 배우게 되었지요.

PM이 된 것은 제가 가진 능력에 비하면 너무나 큰 행운이었습니다. 그리고 개발자라는 경력이 PM을 하게 되면서 더욱 빛을 발하게 되었답니다. 무엇보다 개발자를 이해하고, 새로운 기술을 이해하는 데 도움이 되었습니다. 경쟁 프로덕트 분석을 할 때도 개발자 배경은 역시 큰 도움이 되었습니다.

Q PM으로서 생각하는 목표와 방향성은 무엇인가요?

'올바르고 건강한 가치'입니다. 이것은 경제적 가치만을 이야기하지 않습니다. 중요한 윤리적 가치를 포함합니다. PM은 시장에서 이기는 프로덕트를 만들어야 하는데 그 게임의 법칙은 정당하고 윤리적이어야 합니다. 이 요건은 PM 직무를 오랫동안 기쁘고 행복하게 하는 데 경제적 가치보다 훨씬 더 중요하다고 생각합니다. '올바르고 건강한 가치'를 지키는 PM은 올바른 프로덕트와 그곳에서 생성되는 사용자 경험을 통해 세상을 변화시킬 수 있습니다.

Q 맺음말

저는 프로덕트 매니저가 이 세상에서 가장 멋진 직업 중의 하나라고 자신 있게 생각하는 사람입니다. 소프트웨어가 숨 쉬듯이 우리 주변에 있는 세상에서 그 프로덕트를 통해 세상을 가치 있게 변화시킬 수 있는 주역이기 때문입니다. 또한 대한민국 소프트웨어 산업의 미래가 PM에게 있다고 생각합니다. 개발이 중요한 부분이긴 하지만, 부가가치는 기술에서 나오기보다는 프로덕트로 보여지고 구매가되기 때문입니다. 늘 후배 PM들에게 부탁하는 두 가지로 맺음말을 대신하겠습니다.

첫 번째는 훌륭한 PM이 되고 싶다면 사용자의 요구사항을 가장 잘 충족시키기위해 기술 격차를 메울 수 있는 방법 찾기를 게을리하지 말기를 바랍니다. 그것은본인이나 팀이 보유하고 있지 않은 지식, 기술, 아이디어에서 가치가 발생할 가능성이 높기 때문입니다. 자신이 옳다고 생각하는 것을 반복하는 것이 항상 '좋은PM'이 될 수 있는 방식은 아니라는 것을 기억해 주시기 바랍니다.

두 번째는 PM으로서 절대 일을 위해 고용된 사람처럼 행동하지 말아 주기 바랍니다. 기본적으로 PM은 적극적으로 업무를 진행하면서 모든 이해관계자를 주도적으로 이끌어 프로덕트를 만드는 과정이 효과적으로 작동하도록 만들어야 하는역할입니다. 좋은 PM으로서 성장할 수 있는 가장 중요한 점은 '나쁜 PM'이 되는특성을 피해야 한다는 것입니다. 나쁜 PM은 부족한 부분을 배우지 않고, 듣지 않고, 새로운 것을 익히는 데 게으릅니다.

해야 할 일이 있으면 한다

오피지지(OP.GG), 신필수(맨오브피스)

Q 본인 소개와 함께 하시는 일에 대해 간단히 소개 부탁드립니다.

게임 〈리그 오브 레전드〉의 전적 검색 서비스로 유명한 오피지지(OP.GG)에서 광고 수익화 전반을 책임지고 있는 신필수입니다. 전에는 베를린 스타트업에서 약 4.5년 정도 PM으로 일했고, 현재는 Ad Specialist라는 타이틀을 달고 일하고 있습니다.

Q 현재 근무하고 계시는 오피지지의 팀이 어떻게 구성되어 있고, 어떤 팀과 협업하는지 궁금합니다.

오피지지 팀은 모두 셀Cell 단위로 이루어져 있어 단계를 거치지 않고 바로 협업하기 쉬운 구조입니다. 저는 사업전략 셀에 소속되어 있고, 서비스에 광고를 붙여 수익을 발생시키는 일을 하고 있습니다. 그를 위해 개발, 디자인, 데이터, 재무 등 회사 내 거의 모든 셀과 협업하고 있어요.

Q 프로덕트 매니지먼트란 무엇일까요?

마트 점장의 일과 비슷한 것 같습니다. 마트가 마트처럼 굴러가기 위해 필요한 모든 요소를 관리하는 일이죠. 내가 직접 진열대를 채우고 고객 응대를 하지는 않지만요.

하지만 관리라고 해서 단순히 지켜보는 것만으로는 안 됩니다. 같이 나서서 문제를 적극적으로 해결해야 하죠. 만약 트러블이 생겨 고객 응대를 할 사람이 없으면 땜빵도 해야 합니다. 장사가 잘되는 음식점에 가면 사장님이 직접 손님 테이블로 가서 불만도 듣고, 웨이팅이 꼬이지 않도록 교통 정리도 하고, 에어컨 온도도 조절해 주고 하잖아요? 그렇게 적극적으로 관리가 이루어져야 요리사는 요리에, 홀 서빙은 서빙에 집중할 수 있습니다.

이런 상황에서 프로덕트 매니저는 WHAT과 WHY의 정의, 일정 및 예산 관리에 집중하며 다른 업무와 깔끔하게 분업하는 것이 이상적이긴 합니다. 하지만 현실에서는 업무가 많이 뒤섞여 있고 시간도 없습니다. 그래서 저는 '**해야 할 일이 있으면 한다.**'가 프로덕트 매니저의 필수 자세라고 봅니다.

Q PM 업무를 진행하며 기억에 남는 프로젝트가 있으신지 궁금합니다.

디지털 광고 일에서 빼놓을 수 없는 것이 바로 리포팅 시스템입니다. 광고로 돈을 얼마나 벌고 있고, 효율은 어떤지 확인할 수 있는 대시보드가 필수죠. 그 대시보드를 디자인부터 운영 단계까지 한 땀 한 땀 만들어 갔던 게 기억이 나네요.

사람이 부족했기 때문에 유저 스토리 작성, UI 스케치, 개발 티켓 작성 및 QA까지 모두 도맡아 처리했습니다. 모든 게 온라인으로 이루어져서 머리가 좀 아프긴 했습니다. 당시 저는 베를린에 있었고 개발 팀은 우크라이나에 있었거든요.

게다가 저는 프로덕트를 처음부터 만들어 본 경험도 없었습니다. 그래서 "유저 스토리를 써줘."라는 개발자의 요청에 "유저 스토리가 뭐야?"라고 되물으며 초보 티를 팍팍 냈어요. 그 개발자는 '어떻게 유저 스토리도 모르고 PM 일을 할 수 있나...'라고 여겼을 수도 있지만, 저는 모르는 건 묻고 배워서 잘 해내면 된다고 생각합니다.

어찌어찌 대시보드 UI가 완성된 후, 데이터 검증 단계에 들어갔습니다. UI가 멀쩡해도 보이는 숫자가 엉터리면 안 되니까요. 처음에는 3개 팀(개발 팀, PM 팀, 데이터 팀)이 협업하는 프로세스였는데, 테스트마다 중간에서 커뮤니케이션하는 것이 너무 귀찮고 오래 걸렸습니다.

그걸 계기로 SQL을 공부했고, 간단한 데이터 QA는 직접 해치울 수 있게 되었습니다. 속이 다 시원하더라고요. 그렇게 새로운 지식과 스킬을 하나씩 쌓아가니 어느새 꽤 잘할 수 있게 되었습니다.

Ⓠ PM 업무를 진행하며 가장 중요하게 생각하시는 것은 무엇인가요?

저는 작업 흐름이 정체되는 것이 가장 신경 쓰입니다. 급하게 개발해 프로덕트가 부실해져도 안 되지만, 정체가 느껴지면 팀원들의 흥미가 금세 식어버립니다. 아무리 소문난 식당이라도 음식이 늦게 나오면 텐션이 떨어지는 것처럼요. 처리할 업무가 뭐든 간에 일단 흥미롭고 할 맛이 나야 한다고 생각합니다.

그리고 업무 내용과 목표는 단순해야 합니다. 복잡함도 흥미를 떨어트리는 요소입니다. 업무 내용과 목표가 복잡하면 각자의 해석이 달라져 커뮤니케이션 비용이 커집니다. 합을 맞추기 위한 회의가 늘어나 버리니까요. 그러다 보면 '모르겠다 그냥 빨리 끝내자!'라는 마음이 들어 관심도 줄어듭니다. 이런 이유로 뒤에서 PM이 계속 단순화를 해 주지 않으면 안 됩니다.

Q PM에게 꼭 필요한 역량과 이것만큼은 지켜야 한다는 것이 무엇이라고 생각하시나요?

뜬금없을 수 있지만 영어와 체력입니다.

PM 일을 하다 보면 수많은 협업과 리서치를 하게 되는데요, 영어를 할 줄 알면 협업 선택지가 비약적으로 늘어납니다. 리서치에 활용할 수 있는 데이터도 훨씬 풍부해지고요. 사용할 수 있는 툴의 종류도 늘어납니다. IT 업무는 영어권의 영향이 절대적이기 때문에 어쩔 수 없습니다.

두 번째로, 잃지 말아야 할 것은 바로 체력입니다. PM은 정말 다양한 구성원들과 협업합니다. 그런데 바쁘고 지쳐 보이는 PM과 협업하고 싶어 하는 사람이 있을까요? 게다가 그 누구보다 다양한 정보를 취합하고 이해해야 하는 사람이 축 처져 있으면 모두의 속도가 느려지게 됩니다.

'특별한 스킬을 가진 사람'보다는 **'영어를 잘하고 건강을 철저히 챙기는 사람'**의 PM 포텐셜이 훨씬 크다고 봅니다.

Q 처음부터 PM을 꿈꾸셨나요? 어떻게 이 일을 시작하셨나요?

과거에는 PM이라는 포지션이 있는 줄도 몰랐습니다.

저의 첫 포지션은 게임 운영자였고, 이후에 고객관리 매니저와 솔루션 엔지니어 같은 포지션으로 확장해 나갔습니다. 포지션에 구애받지 않고 '팀에 필요한 일을 한다.'라는 생각으로 유연하게 이 일 저 일 다양하게 했어요.

그리고 어느 날, 회사의 채용 페이지에 주니어 PM 포지션이 열렸는데 몇 개월이 지나도 채용이 마감되지 않았습니다. 아무래도 스킬, 경력, 업계 이해도, 거기에 문화까지 맞는 사람을 찾기 어려워서 그랬던 것 같습니다.

그때 '그냥 내가 하겠다고 해볼까?'라는 아이디어가 떠올랐습니다. PM 경력은 없지만, 다양한 업무를 맡아본 경험, 동료들과의 신뢰가 확보된 상태라 가능성이 있다고 판단했습니다.

그 후 내부 인터뷰, 테스트, 기존 업무에 대한 인수인계, 새 근로계약서를 작성하는 절차를 거쳐 마침내 주니어 PM이 되었습니다. PM 일을 해본 적은 없었지만, 저에게 자질은 충분히 있다고 믿었어요. 초반에는 아무것도 모르니 일단 개발자들과 열심히 부딪히며 프로덕트를 하나씩 만들어 갔습니다(수치와 효율에 집중하는 B2B 광고 플랫폼이라 디자이너는 따로 없었습니다).

Q PM으로서 생각하는 목표와 방향성은 무엇인가요?

앞으로 어떤 문제를 직면하게 될지 미리 알 수는 없습니다. 따라서 '해야 할 일이 있으면 한다.' 자세를 잊지 않고, 그에 필요한 역량을 계속 키워나가는 것이 목표입니다.

예전에는 데이터 확인, 문서 작성, 개발 스프린트 관리 등 눈에 보이는 부분에 집착하곤 했습니다. 하지만 지금은 커뮤니케이션이 무엇보다 중요하다고 느낍니다. 서로의 진심을 머뭇거리지 않고 나눌 수 있는 환경이 그 어떤 프레임워크보다 강력한 것 같아요.

솔직함이 편하게 느껴지는 환경을 만드는 것이 필요한데, 그러기 위해서는 무엇을 해야 하나 늘 고민입니다.

Q 맺음말

저는 PM 일이 멋있다고 생각하지만 PM이라는 타이틀에 집착할 필요는 없다고 봅니다. 다 같이 공동의 목표를 갖고 달리다 보면 PM과 상관없는 일을 해야 할 때도 많으니까요. 그때 "그건 제 일이 아닌데요."라며 선을 그으면? 아마 뭐라고 하는 사람은 없을 겁니다. 하지만 프로젝트는 정체될 확률이 높습니다.

어차피 모든 일에서 각자의 역할이 딱 떨어지는 경우는 거의 없습니다. 게다가 AI 도구의 등장으로 PM 일에도 많은 변화가 몰아치고 있습니다. 에어비앤비 같은 경우 PM을 마케팅과 디자인에 중심을 두는 포지션으로 재정의하기도 했고요.

PM 일은 계속해서 변화할 겁니다. 그런 현실에서 '해야 할 일이 있으면 한다.'라는 접근은 꽤 괜찮은 것 같습니다. 좀 구닥다리 느낌도 있지만 효과는 확실해요.

직업인으로서 PM

카카오스타일, 이미준(도그냥)

Q 본인 소개와 함께 하시는 일에 대해 간단히 소개 부탁드립니다.

안녕하세요. 이커머스 플랫폼에서 서비스 만드는 일을 13년째 하고 있는 프로덕트 매니저 이미준입니다. 현재는 카카오스타일에서 프로덕트 오너라는 이름으로 일하고 있습니다. 사회적인 인식에 맞춰 프로덕트 오너라는 명칭을 쓰고 있으나 실제로는 글로벌 스탠다드의 프로덕트 매니저의 역할로 직무 정의가 되어 있습니다.

이커머스는 다양한 도메인의 프로덕트가 연결되어 전체적인 서비스 플랫폼을 구성하는데요. 예를 들면 상품 하나가 판매되기 위해서는 상품을 등록 및 관리하는 프로덕트가 필요하고, 이런 상품을 보여주는 전시 프로덕트, 그리고 이에 대한 주문 프로덕트도 필요합니다. 저는 13년간 이커머스 플랫폼이라는 큰 틀 안에서 이런 다양한 프로덕트를 기획하고 개발하는 프로젝트를 함께 하며 일을 해왔습니다. 가장 최근까지는 상품의 주문, 클레임 프로덕트를 오너십을 가지고 집중적으로 해오다가 현재는 비즈니스적 목표를 두고 여러 개의 도메인이 걸쳐진 프로젝트를 기획하고 진행시키는 프로그램 매니저 역할도 겸하고 있습니다.

Q 현재 근무하고 계시는 카카오스타일의 팀이 어떻게 구성되어 있고, 어떤 팀과 협업하는지 궁금합니다.

카카오스타일에서 프로덕트 조직은 커머스 플랫폼 부문과 유저 플랫폼 부문으로 나뉘어져 있고, 커머스 플랫폼에는 주로 상품, 주문, 검색, 혜택, 결제, 정산, 배송 등 프로세스가 중요하고 구조적 복잡도가 높은 코어한 프로덕트가 있고, 유저 플랫폼에는 최종 사용자인 구매자들에게 직접적으로 와닿는 상품 전시와 트래픽 유입과 UX를 더 중요하게 봐야 하는 프로덕트가 있습니다.

각 부문에서 프로덕트 조직은 각 프로덕트에 최적화된 형태로 조직을 하고 있는데요. 크로스펑셔널한 목적조직의 형태도 있고, 기능조직 형태로 움직이는 경우도 있습니다. 대부분의 프로덕트 매니저는 특정한 프로덕트를 담당하며 엔드-투-엔드로 고민하고 발전시켜 나갑니다.

커머스 시스템은 상호 연결성이 복잡하기에 프로덕트 팀 간의 협업은 자주 일어납니다. 그 외에 프로덕트에 대해서 요청사항을 주기도 하고 사용자가 되기도 하는 다양한 사업 부서와의 협업이나 QA조직과도 협업을 하고 데이터 조직과도 상시적으로 협업을 합니다. 추가로 프로덕트의 성향에 따라서 법무나 재무와의 협업도 필요하기도 하고요. 회사의 핵심 서비스가 온라인 프로덕트로 만들어져 있는 이상 프로덕트 조직에 속한 프로덕트 매니저와 협업하지 않는 부서를 찾기가 더 어렵습니다.

Q 프로덕트 매니지먼트란 무엇일까요?

프로덕트 매니지먼트는 해야 하는 일을 찾아서 필요한 만큼 효과적으로 할 수 있도록 하는 의사결정의 과정이라고 생각합니다. 많은 사람이 프로젝트의 운영이나 프로덕트 팀의 운영 방식에 대해서 더 많이 이야기를 하고 프로덕트 매니지먼트의 중요성을 잊고는 하는데요. 단순하게 '문제 정의'라는 단어로 축소해 버리기도 하고요. 하지만 회사의 비전과 프로덕트의 비전을 바탕으로 사용자와 역학관계를 고려한 목표 지표를 설정해서 무엇을 어느 시점에 얼마만큼 할 것인가 하는 의사 결정의 과정은 정말 많은 경험과 고민이 필요하고 가장 중요하게 고려해야 하는 부분이라고 생각합니다. 현대의 소프트웨어 기업은 항상 자원과 시간이 부족하고 경쟁 또한 굉장히 치열하기 때문에 프로젝트 자체를 많이 빠르게 수행하는 것도 중요하지만. 이때야말로 프로덕트 매니지먼트 자체에 대한 공부와 집중이 더 필요하다고 생각합니다.

Ⓠ PM 업무를 진행하며 기억에 남는 프로젝트가 있으신지 궁금합니다.

저연차 때 진행했던 프로젝트인 '재고 정합성 프로젝트'와 고연차 때 수행한 '상품 통합 프로젝트'가 기억에 남습니다. 두 프로젝트 모두 내부적인 영향도가 크지만 외부 사용자 관점에서 보기에는 변화가 하나도 느껴지지 않는 프로젝트인데요. 재고 정합성 프로젝트는 주니어 연차일 때 상품 재고에서 현실적으로 불가능한 형태인 마이너스 숫자가 재고로 카운트된 것을 발견하고 직접 문제를 제안해서 해결해 나간 프로젝트였습니다. 주문 후부터 취소, 교환, 반품이 일어날 때마다 상품의 재고를 플러스와 마이너스를 시켜야 하는데 이 부분에서 문제가 있었던 것을 발견했어요. 전체적인 프로세스에서 오류를 찾은 것이지만 이 문제를 발견하고 또 구석구석 해결하는 과정에서 이커머스 전반적인 프로세스나 흐름을 많이 배울 수 있었습니다. 주니어 시절에 그 프로젝트를 했었기에 계속해서 이커머스 만드는 일을 재밌게 해올 수 있었던 것 같아요.

'상품 통합 프로젝트'는 필요에 의해서 그때그때 생겨난 여러 가지 용도로 나눠져 있던 상품 DB를 통합하는 프로젝트였어요. 차세대의 버전을 새롭게 구축해서 전환하는 프로젝트는 여러 번 했지만, 보통 한 번에 넘어가는 형태로 작업해서 전환 이후에 많은 결함을 겪은 적이 많았는데, 이 프로젝트는 달랐습니다. 애자일한 전환을 위해서 신규 DB의 MVP를 만들어서 서비스를 운영에 영향을 주지 않도록 순차적으로 이관해 나가면서 필요한 기능을 이관했지요. 상품은 이커머스에서 근간이 되는 데이터 중 하나이기 때문에 영향을 주는 곳이 많은데 그대로 운영하는 상태에서 큰 문제 없이 그 근간을 바꾼 것은 아주 큰 변화였어요. 그리고 차세대 방식이 아니라 이렇게 이관하는 게 정말 가능하다는 것을 배우게 된 프로젝트기도 했고요. 이미 10년이 넘은 연차에 하게 된 프로젝트였지만 계속해서 성장할 수 있다는 것을 확신할 수 있던 프로젝트였죠. 그리고 프로젝트의 목표도 단순히 기능을 개선한다는 것이 아니라 비즈니스적 비전을 생각한 변화였기 때문에 수행보다 목표 관점으로 일하는 프로덕트 매니지먼트에 대해서 더 집중해서 생각해 볼 수 있게 된 계기가 되기도 했습니다.

Q PM 업무를 진행하며 가장 중요하게 생각하시는 것은 무엇인가요?

PM이 담당하는 프로덕트의 특징에 따라서 다르겠지만, 제가 주로 다루는 이커머스 플랫폼 프로덕트의 경우는 호흡을 길게 가져가야 하는 경우가 많았어요. 예를 들면 사용자 UX 중심의 이커머스의 상품 리스트를 여러 가지 형태로 개선해야 한다면 2~3주의 스프린트 단위로도 여러 가지 형태를 시도해 볼 수 있겠지만, 주문이나 클레임의 경우 아무리 빠르게 진행하고자 해도 점차 복잡도가 올라가고 결함이 있거나 할 경우 치명적이기 때문에 상대적으로 긴 프로젝트 기간이 필요합니다. 리스크를 줄이려면 치밀한 개발 수정과 상세한 정책, 또 디테일한 QA도 필요하거든요. 하지만 그렇다고 무조건 기간을 길게 잡아 비즈니스적으로 필요한 부분을 지연시켜서도 안 되죠.

이런 PM 업무를 하면서 제가 요즘 중요시하는 것은 '목표에 가장 효율적인 수준의 프로젝트 범위 지정'이에요. 효율적이라는 것은 최소한의 개발로 최대 효과를 만들어 내는 것이죠. 주문 클레임은 복잡도가 높고 케이스가 많아서 모든 수준을 만족시키기 위한 비대한 요구사항의 프로젝트를 진행해서는 완성도가 높더라도 비즈니스의 빠른 변화를 만들어 내기 어렵습니다. 그렇다고 아예 복잡도를 무시하고 만드는 것은 안정성의 리스크가 있을 수 있죠.

그래서 비즈니스적인 비전을 바탕으로 나중에 필요한 비즈니스를 예상하여 기술 부채로 남아있는 레거시의 유연성을 높이는 것이 필요하고, 지금 당장 필요로 하는 비즈니스적 요구사항을 위해서 기술 부채를 의도적으로 용인할 수 있는 용기도 필요합니다. 따라서 협업자들인 개발자나 현업 부서가 모두 납득할 수 있는 의사결정 기준이 필요하죠.

이를 위해서는 프로덕트의 비즈니스적 목적과 효용 그리고 사용자의 행태에 대해서도 명확하게 아는 게 선행되어야 합니다. 이것이 프로덕트 매니지먼트의 핵심적인 본질이자 사실은 가장 어렵고 중요한 부분이라고 생각해요.

Q PM에게 꼭 필요한 역량과 이것만큼은 지켜야 한다는 것이 무엇이라고 생각하시나요?

일반적으로 PM의 역량을 '비즈니스의 이해, 기술 적합성feasibility의 판단, UX의 이해'라고 이야기해요. 3개의 원을 그리고 그 교점에 우리의 역량이 있다고 이야기하죠. 저는 이 말을 '비즈니스적인 목표를 달성하기에 프로젝트가 효과적일 수 있도록 여러 목표 지표를 잘 설정하고, 이에 가장 좋은 영향을 줄 수 있는 일을 선택할 수 있어야 한다.'라는 의미로 생각해요. 따라서 제약 조건을 모두 아는 상황에서 최대의 효과를 얻을 수 있는 최소한의 실행 범위를 정하고 실천해서 결과를 만들어 내는 것 자체가 이 일의 역량이에요.

실무적인 역량으로 설명한다면, 객관적인 근거를 통해 논리적으로 생각하는 힘이 필요하고 그 생각을 기반으로 협업자들과 투명하게 커뮤니케이션하고 납득시킬 수 있는 힘이 필요하죠. 보통 '커뮤니케이션 역량'이라고 이야기하는 부분입니다.

문제 정의와 해결책을 찾는 생각과 고민의 과정도 중요하지만 실행까지 완료해야 하기 때문에 어느 것 하나 빠져서는 안 되는 역량이라고 생각해요. 협업자도 많고 이해해야 하는 범위도 많기에 공부해야 할 것도 항상 많습니다. 역량이 하루아침에 쌓이지는 않고, 아무리 연차가 많아도 계속해서 새로운 것들을 배워야 하는 직무죠.

그래서 딱 한 가지 역량만 가지고 시작해야 한다면 저는 '**모르는 것을 잘 물어보고 이를 잘 습득하는 능력**'이라고 생각해요. 항상 본인보다 전문가인 개발자들과 실무자들의 이야기를 들으면서 조율하고 판단할 수 있어야 하기 때문에 모르는 것을 잘 이해하고 전문성을 존중하면서 커뮤니케이션하는 부분이 가장 중요한 것 같아요.

Q 처음부터 PM을 꿈꾸셨나요? 어떻게 이 일을 시작하셨나요?

제가 시작하던 시점에는 PM이라는 단어는 프로젝트 매니지먼트에서만 사용했었습니다. 프로덕트 매니저로서의 PM은 가끔 해외 아티클에서만 읽던 용어였고, 대부분은 프로젝트 수행 관점에서 화면설계서 작성이 주 업무가 되는 'UX 기획자'라고 불리는 경우가 많았어요. 점차 국내의 일하는 방식들도 더 세분화되고 복잡도가 높아지면서 프로덕트의 형태를 전반적으로 보는 '서비스'를 정비한다는 차원에서 '서비스 기획자'로 불리게 되었고 지금은 프로덕트에 대한 이해가 완전히 퍼지면서 프로덕트 매니저라는 호칭이 PM으로 잘 자리 잡아가는 것 같습니다.

국내에 아이폰이 출시된 지 얼마 되지 않고 스마트폰이 대세로 잡아가던 시절, 즉 'UX'에 대한 사회적 집중이 커질 때, 저는 대학교에서 마지막 학기를 보내고 있었습니다. 인턴십을 찾는 과정에서 우연히 이 직무를 접하게 됐고, 그때부터 이 직무를 꿈꾸게 되었어요. 사학과와 경영학과를 전공한 인문학도인 제게 사람을 이해하고 그에 맞는 온라인 서비스를 만들어 내는 것이 굉장히 멋있게 느껴졌거든요. 그래서 이 직무를 할 수 있는 회사를 지원해서 인턴으로 시작했고 감사하게도 처음부터 커리어를 쌓을 수 있었습니다. 물론 실제 일을 하기 시작하면서 UX뿐 아니라 서비스를 만들기 위해서는 더 많은 것을 알아야 하는 것도 알게 되고 더 많은 공부를 해야 했죠.

어린 시절에는 영화, 드라마, 공연 등 다양한 기획자의 꿈이 있었고, 그중에서 가장 제가 지속적으로 좋아할 수 있는 형태를 고민했는데 그게 바로 온라인 서비스였어요. 내가 만드는 변화도 빠르게 반영되고, 또 그 변화의 영향력도 빠르게 실험할 수 있는 곳이죠. 고작 텍스트를 하나 바꾸더라도 말이에요. 그리고 어떤 직업보다도 빠르게 성장해야 하는 기술 환경 속에서 매년 배워야 하는 것들이 있는 곳이기도 하고요. 지루할 틈이 없고 오히려 뒤처질까 봐 걱정하는 직업이에요.

개인적으로는 대학 졸업 이후 다른 직무를 하지 않고 처음부터 이 직무를 선택하고 성장해 왔다는 것이 굉장히 큰 행운이라고 생각합니다.

Q PM으로서 생각하는 목표와 방향성은 무엇인가요?

PM이라고 하면 죽기 전에 한 번은 이 세상을 바꿀 수 있는 혁신적인 서비스를 만들어야 할 것 같지만, 제 꿈은 사실 '직업인으로서 PM'이 되는 것이에요. 그래서 오랜 기간 일하고, 또 제가 좋아하는 이 일에 대해서 더 많은 사람이 이해하고 함께 발전해 나가는 것을 꿈꾸고 있어요.

세상을 바꾸지는 못하더라도, 각자 맡은 프로덕트를 발전시켜 나가고 그 과정에서 계속해서 성장을 만들어 나갈 수 있으면 그것만으로도 훌륭하다고 생각합니다. 새로운 기술과 비즈니스적 변화, 사용자들의 변화를 보면서 끈기 있게 해나갈 수 있는 사람이 되고 싶어요. 그러려면 계속해서 자신의 틀을 깨기 위해 공부하는 것이 중요하죠. 충분히 어려운 숙제예요.

그리고 PM 직무 자체에 대해서 직무명뿐만 아니라 지난 10여 년간 많은 발전이 있었어요. 일하는 방식이나 직업관에서도 많은 사회적인 인식 변화가 있었죠. 하지만 여전히 수많은 신입 PM 들이 현장에 와서야 이 직무에 대한 제대로 된 이해를 하게 되기도 하고, 각 온라인 비즈니스의 노하우가 사회적 지식으로 축적되지 않아 비효율이 발생하기도 해요. 그래서 저는 저의 경험이 하나의 레퍼런스가 될 수 있도록 기록을 남기고 싶었고, 이 업계에 보편적인 지식이나 노하우를『현업 기획자 도그냥이 알려주는 서비스 기획 스쿨』(초록비책공방, 2020)이나『대한민국 이커머스의 역사』(초록비책공방, 2022)와 같은 책들로 엮게 되었습니다.

무엇이 되고자 한다기보다는 그 방향으로 계속해서 성장하고 기록을 남기는 사람이 되고 싶습니다. '직업인으로서 PM'이란 모습도 저의 아이덴티티이고 싶어요.

Q 맺음말

국내에서는 여전히 서비스 기획자, PM(프로덕트 매니저), PO(프로덕트 오너)와 같은 직무명에 대해서 많은 논란들이 있어요. 아예 이 직무명 논쟁에서 인지도가 낮아서 제외되어 버린 프로그램 매니저Program manager도 있습니다. 이런 명칭이 실리콘밸리에서 사용되는 것과 다르기도 하고, 또 어떤 경우에는 명칭과 무관하게 일하는 방식이 기업별로 정해져 있기도 합니다. 그래서 직무명만 보고 판단해서는 기대했던 자신의 역할과 실제 일이 일치하지 않는 경우도 생기고 있습니다. 전체적으로 과도기에 놓여있다고 생각해요. 그래서 어떤 직무명을 쓰느냐보다는 무슨 역할을 기대하는지가 중요하다고 생각합니다.

특히 프로젝트를 관리하는 프로젝트 매니지먼트가 실무적이다 보니 프로덕트 매니지먼트의 관점은 상대적으로 덜 주목 받고 있어요. 이 때문에 프로젝트 방법론에 대한 관심이 조직의 형태가 직무의 구분처럼 사용되기도 했고요. 데이터에 대한 관심이 높아지면서 데이터 기반 기획을 해야 한다고 말할 때 애자일 조직의 의사결정 권한 이야기가 계속해서 나오는 것도 이 때문이라고 생각해요. 스크럼이나 스쿼드 조직을 하고 있다는 것이 데이터 기반 기획이나 올바른 프로덕트 관리에 필수는 아닌데 말이죠. 가끔 화면설계서를 쓰느냐 마느냐, 혹은 스프린트로 일을 하느냐와 같은 미시적인 일들로 직무를 구분하는 과도기적인 상황도 여전히 일어나고 있습니다.

하지만 이에 대한 이해도 결국은 모두 비슷해질 것이라고 생각해요. 일을 어떤 방식으로 어떤 조직에서 하더라도, 정말 중요한 것은 프로덕트가 기업의 비전을 달성할 수 있도록 올바른 방향을 가지고 만들어야 한다는 점이죠. 비전을 바탕으로 목표를 설정하고 로드맵을 설계하는 과정 자체가 '프로덕트 매니지먼트'라는 이름으로 점점 더 많은 사람의 관심을 받을 수 있을 거라고 생각합니다.

이런 과도기일수록 자신이 처한 조직의 한계나 직무명에 연연하는 것은 성장에 도움이 되지 않는다고 생각합니다. 자신이 되고자 하는 PM의 일하는 방식과 역할에 대해서 이해를 높이고, 더 많은 곳에서 우리의 바람직한 역할이 무엇인지 많이 논의될 수 있어야 직무적인 표준이 생겨나 과도기가 끝날 수 있을 거라 생각합니다.

고객의 문제를 해결하라

아마존, 김태강

Q 본인 소개와 함께 하시는 일에 대해 간단히 소개 부탁드립니다.

아마존 유럽 본사에서 프로덕트 팀을 이끌고 있는 시니어 매니저 Senior Manager, Product Management - Technical 김태강입니다. 『삼성인, 아마조니언 되다』(매일경제신문사, 2020), 『아마존의 팀장 수업』(더퀘스트, 2021)의 저자이기도 합니다.

저는 아마존 마켓플레이스 Marketplace를 이용하는 고객들과 판매자들을 위한 프로덕트를 개발하고 운영하는 팀을 담당하고 있습니다.

Q 현재 근무하고 계시는 아마존의 팀이 어떻게 구성되어 있고, 어떤 팀과 협업하는지 궁금합니다.

제 팀에는 5명의 시니어 프로덕트 매니저들이 소속되어 있습니다. 해당 프로덕트 매니저들은 각자 맡고 있는 프로덕트를 운영하거나 신규 프로젝트를 리드하는 업무를 합니다. 협업하는 부서는 프로젝트의 성격에 따라 달라지는데요. 가장 자주 협업을 하는 부서라면 프로덕트를 실제화시켜 주는 개발 팀, 최고의 고객 경험을 제공하기 위해 같이 고민하는 UX 팀, 완성된 프로덕트들을 고객들에게 알리는 역할을 하는 어카운트 매니지먼트 팀과 마케팅 팀, 그리고 프로덕트를 사용하는 고객들의 문의를 해결해 주는 고객 지원 팀 이 있습니다. 저희 팀에서 담당하는 프로덕트 중에는 유럽 판매자들의 가장 큰 어려움인 부가가치세^{Value Added} ^{Tax}(VAT) 계산을 도와주는 프로덕트도 있는데요. 그런 프로덕트를 담당하는 프로덕트 매니저의 경우 세금, 법무, 그리고 PR 팀과도 긴밀하게 협업합니다. 아무래도 프로덕트의 처음과 끝을 담당하는 프로덕트 매니저이기 때문에 프로덕트가 만들어지기 위해서 필요로 하는 모든 팀과 협업을 한다고 생각하시면 될 것 같습니다.

Q 프로덕트 매니지먼트란 무엇일까요?

제가 생각하는 프로덕트 매니지먼트란 고객들의 문제를 파악하고 해결해 주는 업무라고 생각합니다. 새로운 프로덕트를 출시함으로써 고객들의 삶을 더 편하게 하고, 기존에 완성된 프로덕트를 고객들의 피드백을 바탕으로 개선시키는 업무라고도 생각합니다. 회사 내에는 다양한 부서가 다 같이 협업하며 고객들의 문제를 해결하려고 하는데요. 그 중 프로덕트 매니저는 이 모든 과정을 한 발 떨어져서 바라보고 필요한 부분들을 이어주는 연결자^{Connector}라고 생각합니다. 이렇게 말하면 많은 사람은 프로덕트 매니지먼트가 마치 높은 직급에서 업무를 분배하는 일이라고 생각할 수도 있겠습니다. 하지만 제가 생각하는 프로덕트 매니저란 그 누구보다 앞장서서 부족한 부분을 파악하고 도움을 건네는 역할이라고 생각합니다. 외국에서는 팔을 걷어붙이다 라는 뜻으로 'roll up your sleeves.'라는 표현을 자주 사용하는데, 이 표현이야말로 프로덕트 매니저로서 갖춰야 할 가장 기본적인 자세라고 생각합니다.

뿐만 아니라 프로덕트 매니지먼트란 다양한 팀의 의견을 수렴하고 이를 올바르게 적용할 수 있도록 결정을 내리는 업무라고도 생각합니다. 따라서 각 분야에 대한 전문가 수준의 지식이 필요한 것은 아니지만 본인이 모르는 부분에 대해서도 빠르게 습득하고 이해하는 능력이 필요합니다.

Q PM 업무를 진행하며 기억에 남는 프로젝트가 있으신지 궁금합니다.

제가 아마존에서 처음으로 담당했던 프로젝트가 가장 기억에 남습니다. 당시 저는 아마존의 B2B 마켓플레이스인 아마존 비즈니스 Amazon Business 의 판매자들을 위한 프로덕트를 운영하고 개선하고 있었습니다. 특히 유럽 판매자들이 가장 어려워하던 부가가치세를 유럽 27개국과 영국 세법에 맞게 계산하고 인보이스까지 자동으로 제공하는 서비스를 운영하고 있었는데요. 제 첫 프로젝트는 해당 프로덕트를 유럽 판매자들뿐만 아니라 전 세계의 판매자들이 사용할 수 있도록 개선하는 것이었습니다.

이 프로젝트를 담당하면서 잊혀지지 않은 두 가지 배움이 있었습니다. 먼저, 프로덕트 매니저는 누구보다 고객의 문제에 대하여 깊이 고민하고 이를 뒷받침할 수 있는 데이터를 확보해야 한다는 것이었습니다. 당시 소프트웨어 개발에 대한 경험이 전무했던 터라 해당 프로젝트를 진행하면서 만났던 수많은 팀 앞에서 프로젝트를 설명하며 긴장했던 경험이 있습니다. 전문가들을 만나 제가 생각하는 프로덕트의 비전을 설명하고 그들의 동의를 얻어내는 과정이 특히 어려웠는데요. 결국 그들을 설득할 수 있는 가장 강력한 무기는 고객이었습니다. 고객의 문제가 무엇인지 누구보다 잘 파악하고 내가 설계한 프로덕트가 어떤 방식으로 고객의 문제를 해결해 줄 것인지 데이터를 근거로 설명했을 때 타 부서의 협업을 가장 쉽게 이끌어낼 수 있었습니다. 이런 점을 생각해 본다면 프로덕트 매니지먼트의 전문성은 고객의 문제를 이해하고 최선의 프로덕트를 만들어 내기 위해 주변 부서들의 협업을 이끌어내는 능력이라고 생각합니다. 두 번째로는 프로덕트 매니저는 언제나 프로덕트 개발을 위해 팔을 걷어붙이고 관련 부서를 도와줄 자세를 갖고 있어야 한다는 것입니다. 당시 프로젝트를 출시하기 한 달 전 개발 팀을 담당하던 시니어 디벨롭먼트 매니저 Senior Development Manager 가 급작스럽게 이직을 하게 되었습니다. 당시만 해도 그 영향이 프로덕트 개발에 어떠한 결과를 불러올지 상상할 수 없었는데, 막상 개발 과정이 마무리되고 테스트를 시작하면서 문제가 서서히 드러났습니다. 새로운 프로덕트는 생각보다 많은 버그를 발생시켰고 정해진 일정

내 프로덕트를 출시하기 위해서는 새로운 매니저가 오기를 기다리기보다 누군가가 개발 팀을 이끌고 가야만 했었습니다. 그리고 결국 프로덕트 개발에 대한 지식이 많지 않았지만 프로젝트 담당자였던 제가 개발 팀들을 이끌어 나가기로 했습니다. 각 개발자들이 어떤 업무를 담당할 것인지를 정하는 스프린트 계획과 진행상황을 확인하는 스탠드업 미팅뿐만 아니라 타 개발 부서의 조율이 필요할 경우회의에 참석하여 필요한 지원을 받아내는 역할을 했습니다. 그 결과 기존 일정보다 약간의 딜레이가 있었지만 원하던 프로덕트를 성공적으로 출시할 수 있었습니다. 지금 생각해 보면 프로덕트 개발에 대한 경험이 전혀 없었던 시절이었기 때문에 많은 부분이 어설플 수 있었겠지만, 개발자분들과 가깝게 업무를 진행하며 프로덕트 개발에 대한 경험을 쌓고 서로 도와주는 팀 분위기를 형성할 수 있었습니다. 이 과정을 통하여 개발자들의 신뢰를 얻을 수 있었는데 이는 추후 프로젝트를 진행하는 데 큰 도움이 되었습니다.

Q PM 업무를 진행하며 가장 중요하게 생각하시는 것은 무엇인가요?

PM 업무를 진행하며 가장 중요하게 생각하는 점은 프로덕트의 비전을 놓치지 않되 유연함을 갖는다는 것입니다. 아마존에서는 새로운 프로덕트를 개발하기 전에 가장 먼저 PR FAQ라는 문서를 작성합니다. 프로덕트 매니저의 입장에서 신규 프로덕트가 출시되는 날 신문에서 기사를 내준다면 어떠한 내용을 다뤘으면 좋겠는지에 대한 고민을 한 후 적는 글입니다. 특히 이 글에는 해당 프로덕트가 고객들의 문제를 어떻게 해결하는지, 또한 프로덕트를 사용한 고객들의 소감을 어떨지 상상하며 적습니다. 저는 이 글을 적는 것이 프로덕트의 비전을 구상하고 어떤 방향으로 프로젝트가 나아가야 할지 알려주는 나침반을 만드는 일과도 같다고 생각합니다. 이 글은 추후 협업 부서에도 공유되어 우리가 프로덕트를 만들려는 이유가 무엇인지 글을 통해 알 수 있도록 합니다. 이 나침반과 같은 글은 프로덕트 개발을 진행하면서 어려움을 겪더라도 우리가 가야 할 방향이 어디인지 알려주고 그로 하여금 프로젝트가 초심을 잃지 않도록 도와줍니다. 우리는 프로젝트를 진행하다 보면 수많은 이유로 프로덕트의 방향성을 잃습니다. 그러다 보면 처음에 의도했던 것과는 전혀 다른 모습의 프로덕트가 완성되기도 합니다. 물론 처음 구상했던 프로덕트가 아닌 다른 프로덕트를 만들어 낸다는 것이 나쁘다는 것은 아닙니다. 하지만 적어도 내가 왜 이 프로덕트를 만들려고 했는지, 그리고 이 프로덕트를 통해서 풀고자 했던 문제점이 무엇인지 잃어버리지 않는 것이 중요합니다. 그다음으로는 유연한 마음을 갖고 프로덕트를 개발하면 됩니다. 프로덕트 개발을 하다 보면 프로덕트 매니저는 수많은 결정을 해야 하는 상황이 오는데, 그럴 때마다 어떤 한 가지를 포기해야 하는 상황이 옵니다. 그럴수록 프로덕트 매니저는 유연한 마음을 갖고 선택을 하되 처음 정해 놓은 비전에서 멀어지지 않는 방향으로 결정을 내려야 합니다.

Ⓠ PM에게 꼭 필요한 역량과 이것만큼은 지켜야 한다는 것이 무엇이라고 생각하시나요?

PM에게 꼭 필요한 역량은 다음과 같은 세 가지라고 생각합니다.

가장 먼저 **커뮤니케이션 능력**입니다. 프로덕트 매니저는 다양한 팀들과 커뮤니케이션하며 프로덕트를 만들고 운영합니다. 입사한 지 얼마 되지 않은 세일즈 팀원들을 대상으로 프로덕트에 대한 설명을 할 뿐만 아니라 임원들에게 프로덕트 데모를 직접 보여줘야 하기도 합니다. 그렇기 때문에 커뮤니케이션하는 상대편의 프로덕트 이해도에 따라 그에 맞는 적합한 언어를 사용하여 커뮤니케이션할 수 있는 능력을 갖춰야 합니다. 또한 아마존 내에서는 말로 하는 커뮤니케이션뿐만 아니라 글을 작성하는 능력 역시 중요합니다. 특히 프로덕트 매니저는 복잡한 내용을 읽기 쉬운 글로 쓸 수 있어야 합니다. 단순히 쉬운 단어로 표현하는 것이 아닌 본인이 설명하고자 하는 내용을 가장 잘 표현하는 단어를 선택하되 누구나 알 수 있는 단어로 선택하는 능력이 필요합니다. 아무래도 프로덕트의 방향성을 결정하는 역할이다 보니 수많은 사람과 회의를 진행할 때 회의를 이끌어갈 수 있는 커뮤니케이션 능력 역시 중요합니다.

두 번째로는 **사람들의 신뢰**를 얻을 수 있어야 합니다. 저는 현재 아마존에서 수많은 프로덕트 매니저들을 멘토링하고 있는데, 공통적으로 그들이 가장 어려워하는 부분은 프로젝트 협업 팀들의 신뢰를 얻지 못한다는 것이었습니다. 비록 다른 팀이고 직급도 같을 수 있겠지만, 올바른 프로덕트를 만들기 위해서 프로덕트 매니저는 리더의 모습을 갖춰야 합니다. 각 팀은 각자가 맡은 역할과 목표가 있습니다. 때론 이 목표들이 내가 원하는 방향으로 향하고 있는 것만은 아닙니다. 이럴 경우 프로덕트 매니저들은 그들의 신뢰를 얻고 설득하여 본인이 이루고자 하는 방향으로 프로덕트를 만들어 나가야만 합니다. 개인적으로 이 역량이 가장 코칭하기 어려운 역량이라고 생각합니다. 그렇지만 제 경험상 회사에서 타 부서의 신뢰를 얻기 위해서는 투명성과 이타적인 모습이 필요하다고 생각합니다. 무작정 본인의 업무가 가장 중요하기 때문에 빨리 업무를 해달라고 강요하는 모습이 아닌 왜 이 업무가 중요한지 설명할 수 있어야 합니다. 만약 급한 업무가 있다면, 급한 이유에 대해서 설명하고 해당 부서가 진행하는 다른 업무들 중 내가 도와줄 수 있는 부분이 없는지 물어봐야 합니다. 한국 기업과 외국 기업을 다니며 배운 한 가지 공통점이 있습니다. 그것은 바로 도움을 받는 사람들은 결국 도움을 돌려주려고 하고 그 과정을 통해서 서로의 신뢰가 형성됩니다.

마지막으로 프로덕트 매니저는 그 **누구보다 깊이 파고들고 집착해야 합니다.** 앞선 답변 중에서 프로덕트 매니저는 한 발짝 물러서서 큰 그림을 봐야 한다고 했습니다. 하지만 필요에 따라서 깊게 파고드는 모습도 필요합니다. 프로덕트에 문제가 생겼다면 고객 경험에는 어떠한 문제가 있었고, 문제의 원인은 무엇이며, 피해를 입게 된 고객들은 누구인지 자세히 파악해야 합니다. 뿐만 아니라 어떻게 하면 해당 문제가 재발하지 않을지 해결책을 마련하고 문제를 수습해야 합니다. 물론 회사에는 각 분야의 담당자들이 있습니다. 하지만 프로덕트 매니저 역시 필요에 따라서 한 분야에 대해 깊이 파고들고 디테일을 이해하는 능력이 필요합니다. 이 과정을 통해서 프로덕트가 올바르게 나아갈 수 있도록 할 수 있을 뿐만 아니라 같이 일을 하는 동료들의 신뢰 역시 얻을 수 있습니다.

Q 처음부터 PM을 꿈꾸셨나요? 어떻게 이 일을 시작하셨나요?

처음부터 PM을 꿈꾸지는 않았지만 이 직무에 대해 알게 된 순간부터 저와 잘 맞는 일이라고 생각했습니다. 당시 저는 한국 대기업 하드웨어 개발 부서에서 근무를 하고 있었습니다. 인터넷을 통해서 아마존, 구글, 메타와 같은 기업에서 근무하고 있는 프로덕트 매니저들의 모습을 처음 보게 되었는데요. 프로덕트를 담당하는 미니 CEO이자 고객들의 문제를 해결해 나간다는 모습이 마음에 들었습니다. 특히 다양한 전문가들과 일하며 원하는 결과물을 이끌어낸다는 것 역시 제가 하고 싶던 업무와 잘 맞다고 생각이 들었습니다. 그 후 저는 다니던 회사를 퇴사하고 유럽에 있는 인시아드^{INSEAD}에서 MBA 과정을 밟았습니다. 이 과정을 통해서 다양한 국적과 배경을 가진 사람들과 부딪히며 문제 해결하는 능력을 배울 수 있었습니다. 아마존은 제가 MBA 과정을 하던 2017년도에 미디어를 통해서 자주 접할 수 있었습니다. 빠르게 성장하는 기업을 지켜보며 호기심이 생기게 되었고, 지원 후 감사하게 오퍼를 받게 되어 프로덕트 매니저로서의 커리어를 시작할 수 있었습니다.

Q PM으로서 생각하는 목표와 방향성은 무엇인가요?

저는 장기적인 목표보다는 중단기적 목표를 세우는 편입니다. 예를 들어 올해 나에게 부족한 점 중 어떠한 부분을 개선하겠다라는 목표를 세우고 이를 이루는 데 집중하는 편입니다. 처음 입사를 하고서는 아마존이라는 기업에서 살아남는 게 첫 목표였고, 그 후 새로운 프로덕트르 성공적으로 출시하는 것, 팀원을 만들어 부서를 이끄는 경험을 해보는 것, 아마존에서 할 수 있는 가장 큰 프로젝트들 중 하나를 직접 진행하는 것과 같이 새로운 목표를 세우고 달성하고 있습니다.

제 커리어의 방향성에 대해서 생각해 보면 저는 제 경험들을 바탕으로 프로덕트 매니저를 꿈꾸거나 업으로 삼고 계시는 분들에게 도움을 주는 사람이 되고 싶습니다. 그리하여 브런치라는 매개체를 통해서 제 경험들을 글로 적었고 따로 연락이 오시는 분들을 멘토링하고 있습니다.

Ⓠ 맺음말

프로덕트 매니저는 참 오묘한 직업이라는 생각이 듭니다. 이 직무를 하기 위해서 필요한 자격증 혹은 학위가 있는 것도 아니고, 생긴 지 그렇게 오래되지 않은 직무여서 생각보다 많은 전례들이 없습니다. 제 경험으로 말씀드릴 수 있는 것은 다양한 관점에서 문제를 바라보는 것을 즐기는 사람, 어려운 문제를 처음부터 풀어나가는 것을 좋아하는 사람, 그리고 다양한 사람들의 강점을 파악하고 적절하게 활용할 수 있는 사람에게 참 멋진 직업 될 것이라는 생각이 듭니다.

기본기 위에 경험이 축적된
Product Management

오픈서베이, 이해민

Q 본인 소개와 함께 하시는 일에 대해 간단히 소개 부탁드립니다.

리서치 & 경험 관리 플랫폼 오픈서베이에서 CPO ^{Chief Product Officer}로서 프로덕트 팀과 마케팅 팀을 이끌고 있습니다. 15년 넘는 구글에서의 프로덕트 매니지먼트 경험을 프로덕트로 녹여내고, 또 그 프로덕트를 책임지는 팀을 만들어 내기 위해 오픈서베이에서 일을 하고 있습니다. 구글에서는 검색, 지도 등의 영역에서 일을 했고, 안드로이드와 구글 플레이를 한국에 출시하는 일도 했습니다. 지금은 B2B 영역에서 각 기업이 고객 경험 데이터를 기반으로 하는 의사결정을 지원하고 궁극적으로 성장곡선을 변경시킬 수 있는 서비스를 제공하고자 팀과 함께 달리고 있습니다. 현재 미국에 거주하고 있으며 글로벌 B2B SaaS의 움직임을 지속적으로 오픈서베이의 프로덕트에 도입하고 있습니다.

Q 현재 근무하고 계시는 오픈서베이의 팀이 어떻게 구성되어 있고,
어떤 팀과 협업하는지 궁금합니다.

오픈서베이에서는 '프로덕트'를 중심으로 여러 직군이 함께 일합니다. 프로덕트

매니지먼트, 프로그램 매니지먼트, 품질 보증, UX/UI, 마케팅 & 커뮤니케이션 팀이 엔지니어링 팀과 함께 '가장 나은 서비스를 사용자에게 선보이기 위한다.'라는 하나의 목표를 향해 유기적으로 움직이고 있습니다. 사업 부서의 내부 리서치 전문가들의 심도 싶은 사용자 요구사항 전달과 기민한 프로덕트 업데이트가 선순환을 일으키는 방식으로 사업과 프로덕트가 발맞춰 성장하고 있습니다.

Q 프로덕트 매니지먼트란 무엇일까요?

프로덕트 매니지먼트 팀이 없었던 시기에도 프로덕트는 사용자에게 출시되고 있었습니다. 이후 물건만 만들어 팔던 시대를 지나오고, 빠르게 변화하는 사용자의 요구사항을 프로덕트에 반영하거나, 기존 프로덕트도 다양한 경쟁시장에서 우위를 차지하기 위해 노력이 필요한 시대로 접어들게 되었습니다. 그 변화에서 사용자를 중심으로 놓는 가치 실현을 위해 프로덕트 매니지먼트 팀이 자연스럽게 만들어졌다고 봅니다. 바꿔 말한다면 '사용자를 최우선으로 생각하는 프로덕트를 만들어 그 사용자에게 전달하는 일련의 과정을 책임지는 것'이라고 생각합니다. 간단하게 말했지만 그 사이 수많은 의미와 업무를 담고 있습니다. 마켓 리서치, 구체화된 PRD Product Requirements Document, UX, 마켓 커뮤니케이션, 사용자 피드백을 적용하는 전반을 책임지고 리드하는 것을 프로덕트 매니지먼트라고 생각합니다. 제가 오픈서베이에 입사를 하게 된 큰 이유 중 하나는 이러한 프로덕트 매니지먼트의 전체 라이프 사이클을 프로덕트화하겠다는 목표가 있기도 합니다.

Q PM 업무를 진행하며 기억에 남는 프로젝트가 있으신지 궁금합니다.

지금까지 정말 다양한 경험을 해왔는데요. 크게 두 가지가 떠오릅니다.

하나는 구글 북스를 맡게 되었을 때의 일입니다. 저는 사실 구글 북스에 대해 '아,

도서관 책을 스캔해서 서비스하는 거 아니야?'라는 굉장히 단편적인 생각을 하고 있었는데 리더십 팀에서 "아무래도 이건 시니어 PM인 당신이 맡아야 해."라는 요구사항을 받고 구글 북스를 맡게 되었습니다.

막상 들여다보니 복잡도 면에서 제가 예상했던 것보다 굉장히 높은 위치에 있었습니다. 시급성 면에서는 구글 파이낸스 등보다는 낮았으나, 고려해야 할 모든 팩터를 뚫어줘야 하는 상황이었지요. 예전 시스템에서 데이터를 옮기는 일부터, 전 세계 라이브러리와 연결하고, 책을 이동하는 물류와 관련된 일, 서빙 파이프라인을 구글 검색에서 사용하는 곳으로 옮겨 엔트리 포인트를 더 잘 확보하는 일, 새로운 시대에 맞춰 오디오북에 대한 전 세계 콘텐츠 파트너십을 관리하는 일, 또는 메인 서비스인 books.google.com을 새로운 FE로 완전히 개편하고 사용자를 옮겨오는 일, 심지어 본문 탐색을 위해 AI 기술을 넣는 것까지, 아! 이러한 변화를 궁극적으로 사용자들에게 제대로 전달하는 마케팅 메세지까지… 정말 모든 면을 한 곳에서 지휘해야 하는 상황이었습니다. 당시 관계자들과 이런 복잡한 업무들에 대해 같은 방향의 목표를 갖기 위한 작업을 하며, 큰 그림 하에 구글 북스가 사용자에게 전달하고자 하는 가치를 마일스톤화해서 하나씩 풀어나갔던 기억이 납니다. 그 결과는 구글 북스 15주년이라는 마케팅 메시지로 잘 포장된, 완전히 새로운 프로덕트였습니다. 프로덕트는 내놓는 순간 올드해지기 때문에 이 작업을 할 때 바로 그 다음의 마일스톤을 잡는 데에도 주력했었고, 하여 제가 그 팀을 떠난 후에도 지속적인 발전이 이뤄질 수 있도록 길을 닦아놓았던 기억이 납니다.

또 하나는 한국 관련된 일인데요. 저의 주요 일들은 전 세계 구글 서비스와 관련이 있었지만 일부 한국 사용자들을 위해 할 수 있었던 의미 있는 일이 있었습니다. 바로 안드로이드를 출시하는 일이었습니다. 조금 더 풀어본다면, 구글 플레이를 한국에 출시해야 했고, 없는 한국어 IME도 만들어야 했으며, 통신사나 제조사와 계약을 맺고 전달해야 할 시스템 레벨의 논의를 한다거나, 출시 범위나 시기를 조절하고, 구글의 주요서비스인 지메일 등을 어떤 식으로 얹을 것인지, 또는 한국에서 따라야 하는 법률 등의 이유로 쉽지 않았던 게임 카테고리와 유료 애플리케이션 출시를 하기 위한 페이먼트 관련된 일도 포함되었고, 동시에 한국어 음성 검색을 출시하는 일까지 포함되었었습니다. 다른 일들은 안드로이드 리더십 팀의 전폭적인 지원으로 어렵지 않게 풀었지만 규제 관련된 일을 푸는 데에는 1년의 시간이 걸렸고, 마침내 게임과 유료 애플리케이션이 가능해져서 한국의 게임 시장 활성화에 물꼬를 텄다는 생각에 정말 기뻤던 기억이 납니다. 한국어 음성 검색을 전 세계 8번째로 출시를 하는 과정에서는 구글 브레인 팀의 큰 도움을 받았고, 마케팅 면에서는 한국의 여러 제조사와의 협업으로 좋은 결과를 냈다라는 생각을 합니다.

Q PM 업무를 진행하며 가장 중요하게 생각하시는 것은 무엇인가요?

PM의 업무는 회사마다 프로덕트마다 상당히 열려있다라고 생각합니다. "이게 정답이야."라고 말하기는 어렵다는 의미입니다. 그 모든 걸 아우르는 가장 큰 가치는 아무래도 사용자 중심일 것이고요. 하여 사용자의 경험 데이터를 지속적으로 모니터링 하는 것이 매우 중요합니다. 좀 더 전술적인 부분에서 개인적으로 중요하게 여기는 것은 **'멀리 보면서 함께 진행한다.'** 라는 철학인데요, 하나하나의 스프린트를 쳐내고 있는 팀원들을 위해서라도 멀리 보고 이를 전달하며 순간순간의 결정사항을 큰 그림 하에서 내릴 수 있어야 한다는 것입니다.

Q PM에게 꼭 필요한 역량과 이것만큼은 지켜야 한다는 것이 무엇이라고 생각하시나요?

앞에서 업무가 회사마다, 프로덕트마다 열려있다라고 표현을 했는데요, 하여 필요한 역량도 어쩌면 스펙트럼이 굉장히 넓을 수 있다는 생각을 합니다. 예를 들면 미국의 많은 IT 회사의 경우 기술적인 지식 기반을 기본으로 두는 것에 비해 한국의 경우엔 아무래도 기획 경험을 기본으로 두고 시작하는 것 같습니다. 하여 회사가 필요로 하는 역량, 혹은 스펙은 회사에서 채용할 때 나오는 JD에 제대로 표현이 되어있다라는 생각을 하고, 개인적인 생각은 (1) 개발자와 대화를 할 수 있는 수준의 기술 이해도, (2) 출시를 해서 사용자에게 서비스를 해본 다양한 경험, (3) 커뮤니케이션 능력 이 세 가지 정도로 꼽고 있습니다.

Q 처음부터 PM을 꿈꾸셨나요? 어떻게 이 일을 시작하셨나요?

2005년에 구글에 소프트웨어 엔지니어로 면접을 진행하던 중, 한 엔지니어링 매니저에게서 "너는 PM으로 지원하는 게 어떻겠니?"라는 질문을 들으며 이 직군에 대해 처음 알게 되었습니다. 하여 저는 PM이 무엇을 하는 건지도 제대로 모른 채 긴 PM 채용 과정에 임하게 되었는데 11번의 면접 과정이 내내 즐거웠습니다. 지금 생각해 보면 무척 저에게 맞는 직군을 우연히 찾은 거였지요. 2007년 봄 구글에 입사할 때 부모님께 PM이라는 직군을 설명하기 무척 어려웠던 기억이 납니다.

Q PM으로서 생각하는 목표와 방향성은 무엇인가요?

제가 얼마 전 채용 면접을 진행하던 중 같은 질문을 받았었는데요, 저는 기본적으로 목표와 방향성을 회사와 맞추어야만 하기 때문에 아무래도 PM으로서의 가치만 똑 떼어내 이야기하기는 어렵습니다. 제가 다니는 직장은 궁극적으로 B2B SaaS 회사로서, 그중에서도 데이터의 가치를 전달하고자 하는 입장에서 '고객사가 의미 있는 판단을 오픈서베이를 통해 이룰 수 있고 그로 인한 성장을 견인할 수 있으며, 그 성장과 더불어 오픈서베이의 성장도 이루어진다.'고 보고 있습니다. 물론 이 목표 속에 한국에 제대로 된 프로덕트 팀을 만들어 보고 싶은 개인적인 희망 사항도 존재합니다.

Q 맺음말

2007년 구글코리아에서 1호 프로덕트 매니저로서 일을 시작할 때 가장 어려웠던 일은 동료애를 가까이서 느낄 수 있는 기회가 없었다는 것입니다. 구글 내에서 훌륭한 동료와 매니저가 있었으나 그래도 한국 내에서의 연대는 전무했었죠. 지금은 상황이 많이 좋아져서 관련된 여러 직군이 함께 만나고 고민을 나누고, 공부도 함께 할 수 있는 여건이 생긴 것 같아서 이 직군을 희망하는 분들께 혹은 이미 일을 하고 계신 분들께 정말 좋은 환경이 만들어지고 있다는 생각을 해봅니다. 바라건대, 여러 훌륭한 자료(책, 동영상 강의 등)를 통한 기본기를 익힘과 동시에 연대하고 함께 의논할 수 있는 다양한 채널을 통해 본인의 능력치를 키울 수 있기를 희망합니다. 프로덕트 매니저는 기본기 위에 경험이 축적되면서 그 가치가 올라갑니다. 다양하게 가치를 올릴 수 있는 길을 적극적으로 찾기를 바랍니다.

PM과의 coffee chat

구글 Wear OS, 황유식

Q 본인 소개와 함께 하시는 일에 대해 간단히 소개 부탁드립니다.

안녕하세요, 구글의 스마트워치 플랫폼인 Wear OS 팀에서 PM으로 있는 황유식입니다.

제가 하는 일은 Wear OS에서 어떤 기능과 경험을 추가할지 기획하고 추진하는 일입니다. Wear PM이 더 흥미로운 것은, 프로덕트가 '플랫폼'이다 보니 사용자가 매우 다양하다는 것인데요, Wear를 바탕으로 각자의 차별화 기능을 입혀 스마트워치를 제조하는 기기 파트너가 사용자기도 하고, 플랫폼에서 제공하는 SDK를 통해서 Wear 애플리케이션을 개발하는 Wear ecosystem의 애플리케이션 개발자가 사용자기도 합니다. 궁극적으로는 모든 Wear 스마트워치 이용자가 최종 사용자입니다.

이렇게 다양한 사용자들을 위한 프로덕트를, 여러 모자를 번갈아 쓰면서 만들어 가고 있습니다.

Q 현재 근무하고 계시는 구글 Wear의 팀이 어떻게 구성되어 있고, 어떤 팀과 협업하는지 궁금합니다.

구글 Wear는 안드로이드를 기반으로 두고 있어서 안드로이드 팀과 공유를 하고 협업을 하는 부분이 많습니다. 하지만 스마트워치라는 폼팩터에서 오는 독특한 사용자 경험과 다양한 요구사항, 제약 조건이 있기 때문에 많은 기능을 처음부터 기획하고 최적화를 할 수 있도록 모든 역할을 할 수 있게 팀이 구성되어 있습니다. 사용자 인사이트를 리서치하는 UX 리서치 담당자, UX, PM, SWE^{SW Engineer}, 프로젝트 운영하는 TPM^{Technical Program Manager}, 그리고 품질 보증^{Quality Assurance}(QA) 엔지니어와 함께 있습니다. 하나의 기능 자체가 기획이 되어 개발되고 출시되어 이후 사용과 반응 분석까지, PM으로서 저는 이 모든 멤버들과 처음부터 끝까지 협업을 하고 있습니다.

Wear 팀은 마운틴뷰, 시카고, 캐나다, 런던, 인도 등 여러 국가와 도시에 흩어져 있다 보니, 저도 구글 코리아 소속으로 한국에서 근무하지만 별 이질감 없이 헤드쿼터 역할을 하는 마운틴 뷰에 원격으로 근무하는 형태입니다. 구글에서 원격 근무의 많은 문제는 해결을 했지만 시차 앞에서는 장사가 없네요. 가끔 아침에 마운틴뷰의 팀원들과 화상회의로 하루를 시작해서, 오후 늦게 런던의 팀원들과 그들의 아침에 화상회의로 저의 하루를 마무리하기도 합니다.

Q 프로덕트 매니지먼트란 무엇일까요?

프로덕트 매니지먼트에 대한 정의는 PM의 수만큼 있다고 저자도 얘기를 하고 있더군요. 그만큼, 아직 정형화되지 않았고 이렇게 생각하면 PM은 비교적 새로운 직무가 아닌가 싶습니다. 저에게 프로덕트 매니지먼트는, 제가 지금까지 SW 개발, SW 아키텍처, 데브렐, 서비스 운영 등의 다양한 업무와 직무를 거치면서 도달한, 하나의 프로덕트에 최대한의 오너십을 발휘할 수 있는 궁극의 종착지입니다.

오너십을 발휘한다는 것은, 하나의 API든, 기능이든, 경험이든, 프로덕트든, 이를 세상에 선보이기 위한 출발과 실행을 위해 노력하는 모든 일을 연결하고 이끄는 일이라고 생각합니다. 어떤 문제를 해결할 것인가, 어떤 방법을 택할 것인가, 이 선택이 어떤 결과를 내고 있는가, 다음에는 이를 어떻게 발전시킬 것인가처럼 우리가 팀에서 함께 하는 모든 일에서 이런 질문을 던지는 모든 이해관계자의 연결자로, 우리가 하고자 하는 것을 정의하고 이를 실행하기 위해서 필요한 모든 일을 하는 게 프로덕트 매니저의 역할이라고 생각합니다.

Q PM 업무를 진행하며 기억에 남는 프로젝트가 있으신지 궁금합니다.

하나의 특정 프로젝트보다는, 늘 벌어지는 여러 일들에 끝이 없음에 아직도 항상 놀랍니다. Wear 기반인 안드로이드 OS 버전을 상위 버전으로 매년 업데이트하는 큰 변화든, 아니면 OTA^{Over-the-Air}로 펌웨어를 업데이트할 때 사용자에게 잔량 배터리에 대해서 경고를 하는 문장을 더 이해 쉽게 표현하는 작은 변경이든, PM이 해야 할 일이 끝이 없어 보일 때도 있고, 어떤 때는 아무리 많은 것을 해도 사용자가 체감하기에는 멀기만 한 그런 일들도 있습니다.

그러나 그 어떤 일이어도, 그 일 자체가 새롭거나 아니면 해결하는 방법이 새롭거나 아니면 이를 해결하는 저 자신이 전과는 달라져 있음을 느끼면서, 이를 통해서 담당하고 있는 프로덕트에 대해서 더 잘 알 수 있고(**Product**), 같이 일하는 팀원들에게 도움이 될 수 있고(**People**), 또 프로세스를 익히고 개선할 수 있습니다(**Process**).

그래도 한 가지 기억을 소환한다면 가장 최근 것이 기억에 잘 남는데, 인턴과 12주 동안 진행한 한 프로젝트였습니다. PM이라고 해서 원하는 모든 기능을 만들어 낼 수는 없습니다. UX나 개발이나 여러 이해관계자가 투입 가능한 여력이 없을 수도 있고 또 우선순위가 다를 수도 있기 때문이죠. 그래서 수개월 지지부진했던, 개선하고자 했던 한 기능이 있었는데, 이 기능 구현을 인턴과 하나의 연습 과제로 진행했고 인턴십 과정으로 처리하여 여러 프로세스를 건너뛸 수 있었죠. 우리는 빠르게 프로토타이핑을 해서 데모를 만들 수 있었고, 이 데모를 이용해서 가치를 선보일 수 있었습니다. 이를 통해 더 나아갈 수 있는 동력을 확보해 정식 기능으로 확정할 수 있었습니다.

Q PM 업무를 진행하며 가장 중요하게 생각하시는 것은 무엇인가요?

PM이 모든 문제에 대해서 해답을 가지고 있지도 않고, 또 꼭 가질 수 있다고도 생각하지 않습니다. PM이 빛을 발휘하는 것은 문제의 직접적 해결이 아니라 팀으로 문제가 해결될 수 있도록 '**문제에 대한 오너십을 갖는 것**'이라고 생각합니다. PM이라고 해도 도메인 지식이 부족할 수도 있고, 무언가 결론을 내리기 위한 데이터가 부족할 수도 있고, 또 어떤 문제는 아예 정답이 없을 수도 있습니다. 어떤 때는 실무에서 알기 어려운 다른 정보와 경험에 의해 리더십 팀에서 방향이 내려오는 경우도 있을 겁니다. 이렇듯 PM이 직접 해결책을 만들지 못할 수도 있지만, PM 한 명의 능력치의 결과가 아니라 팀으로 좋은 결과를 뽑아낼 수 있다면 그것은 오히려 한 명의 영웅에게 의존하지 않고, 어떤 문제라도 풀 수 있다는 것을 의미하기 때문에 더욱 값어치가 있다고 생각합니다.

Q PM에게 꼭 필요한 역량과 이것만큼은 지켜야 한다는 것이 무엇이라고 생각하시나요?

앞에 얘기와 같은 연장선에 있습니다.

PM의 역할 중 가장 중요한 것은 결국 연결자 역할이라고 생각합니다. 무엇과 무엇의 연결인지는 그렇게 중요하지 않을 수도 있습니다. 'Product+Management+Venn+Diagram' 검색하면 나오는 'UX-기술-비즈니스' 3개 영역의 중첩점에서 이 모든 연결을 관리하는 것일 수도 있고, 더 근본적으로 회사의 업과 사용자 간의 연결일 수도 있고, 정말 다양한 역할이 있습니다. 어떤 과제는 상위 팀 포함해서 수많은 이해관계자가 있는 규모일 수도 있고, 또 어떤 과제는 1주일에 1시간의 업무 시간으로 지원 가능한 소규모일 수도 있습니다. 하지만 어떤 이해관계자가 있는 문제가 되든, 여기서 이들과 함께 문제를 정의하고 해결될 수 있도록 앞에서 이끌고 뒤에서 미는 것이 PM의 역할인 것은 똑같습니다. 어떤 상황이어도 사용자를 생각하면서 팀과 함께 우리가 할 수 있는 최선의 결과를 만들어 낼 수 있게 노력을 할 뿐입니다.

Q 처음부터 PM을 꿈꾸셨나요? 어떻게 이 일을 시작하셨나요?

커리어를 SW 개발자로 시작을 해서, 다양한 과제와 개발 업무를 하면서 자연스럽게 하나의 기능의 설계와 구현에서, 실제 사용자가 만나는 제품 또는 서비스 자체에 대한 오너십을 가지고 되었고, 그러면서 자연스럽게 개발에서 프로덕트로 영역이 넓어졌습니다. 그렇게 해서 국내 S사에서 비교적 큰 PM 조직을 담당하게 되었는데, 직무로 PM에 대해서는 부족한 부분이 많다 보니, 조직의 리더로 조직을 통한 프로덕트에 대한 접근보다는 실무로 프로덕트 매니지먼트를 알아가고 싶은 생각을 가지게 되었고 지금은 구글에서 기대했던 것 이상으로 재미있게 PM을 하고 있습니다.

PM으로 매일 벌어지는 수많은 일에는, 전에는 없던 새로운 것을 만들어 내는 것도 있고, 또 사용자의 불편을 발견해서 최대한 불편함을 줄이는 일도 있고, 작지만 누군가는 해야 하는 여러 과제 관련 주변 일들도 있지만, 이 모든 것을 통해서 PM으로의 역량을 계속 키워가고 있습니다.

Q PM으로서 생각하는 목표와 방향성은 무엇인가요?

무언가 더 그럴듯한 답변이 있어야 할 것 같아서 이 질문이 가장 많이 고민이 되었습니다. 하지만 가장 솔직한 답변은, 지금 하고 있는 기능 xyz 외에는, 다른 목표나 기대가 있지 않습니다.

저는 지금, 이 순간 제가 기획하고 추진하고 있는 일들을 성공적으로 이끌어 내고, 또 만약 실패를 하게 된다면 그 실패에서 원인을 잘 배워 다음에 사용할 수 있는 무기로 모으고 싶습니다. 추상적으로 어떤 지향점이 있거나, 구체적으로 더 좋은 PM이 되기 위해 필요한 도구들, 전략에 대한 욕심이 그렇게 크지는 않습니다.

Q 맺음말

같이 일을 하는 여러 PM들을 보면, 개발자, TPM, 마케팅 등 다양한 직무에서 PM으로 전환한 사례들이 많습니다. 이런 다양한 배경과 경험이 좋은 PM이 되는 데 큰 도움이 된다고 생각합니다. 지금 어떤 일을 하고 계시든, 과제에서 최고의 오너십을 발휘하는 것에 갈증이 있으시면 PM에 도전해 보시는 것을 응원 드립니다.

PM으로 은퇴하고 싶은
1n년차 프로덕트 매니저

카카오뱅크, 옥지혜(개점휴업)

Q 본인 소개와 함께 하시는 일에 대해 간단히 소개 부탁드립니다.

2013년부터 프로덕트 매니저이자 서비스 기획자로 일하고 있는 옥지혜입니다. 현재는 사용자가 쉽고 정확하게 대출을 이해하고 최선의 금융 결정을 할 수 있게 돕는 금융 서비스를 만들고 있습니다. 프로덕트 매니징에 대한 콘텐츠 작성과 번역에 관심이 많습니다.

Q 현재 근무하고 계시는 카카오뱅크의 팀이 어떻게 구성되어 있고, 어떤 팀과 협업하는지 궁금합니다.

카카오뱅크에서는 서비스 기획 담당과 상품 기획/기술 담당이 한 팀을 이루어 서비스 전략을 수립하고 서비스 상세 요건을 정의합니다. 물론 프로덕트의 출시와 운영도 모두 함께 진행합니다. 프로덕트 특성상 법률과 규제를 따르는 동시에 효율적이고 안정적으로 서비스를 운영하기 위해 다양한 팀과 협업합니다. 대출 상품 역시 프로덕트이기 때문에 사용자와의 접점 확대를 위해 마케팅/PR과도 접점이 있으며 고객센터와 함께 탁월한 사용자 경험을 위해 노력합니다.

Q 프로덕트 매니지먼트란 무엇일까요?

PM은 프로덕트가 목표를 달성하는 데에 기여하는 사람입니다. 어떤 방법으로 기여할지는 조직의 구성이나 기대에 따라 다를 수 있으며 실제로 그 기대에 부합할 수 있는지는 각 개인의 역량과 상황에 따라 다릅니다. 그렇기 때문에 프로덕트 매니지먼트로 보이지 않는 일도 프로덕트 매니저가 수행해야 할 때가 많습니다.

Q PM 업무를 진행하며 기억에 남는 프로젝트가 있으신지 궁금합니다.

저는 가장 최근에 한 프로젝트를 소개해 보겠습니다. 제 경력 중에서 제가 가장 아끼고 좋아하는 프로젝트입니다. 올해 5월 개인사업자를 대상으로 하는 대출 상품을 출시했습니다. 은행에서 취급하는 금융 상품을 만든 것은 처음이었기 때문에 복잡한 비즈니스 로직부터, 정확하지만 간결한 화면 구성에 이르기까지의 프로젝트의 전반을 설계해 내느라 정말 쉽지 않았습니다. 추가로 금융권에서 일해 온 동료와 서로 다른 조직 문화에 대한 기대치와 이해를 맞추는 과정도 필요했죠. 결과적으로는 유의미한 성과를 거두었고 타깃 시장에서의 반응도 좋았기 때문에 과정은 힘들었지만, 매우 보람차고 뿌듯했습니다.

Q PM 업무를 진행하며 가장 중요하게 생각하시는 것은 무엇인가요?

PM은 한정된 자원 내에서 가장 효율적인 방식으로 사용자가 직면한 문제를 해결합니다. 따라서 '**문제를 바르게 정의하는 것**'이 가장 중요한 역량입니다. 동일한 사용자 반응이나 데이터를 확인하고도 PM에 따라 서로 다른 문제 정의를 합니다. 그리고 한정된 자원으로 문제를 해결해야 하기 때문에 문제의 경중과 그 해결책의 파급효과를 예측해서 정말로 중요한 문제가 무엇인지 가려내는 것 또한 중요한 역량입니다.

Q PM에게 꼭 필요한 역량과 이것만큼은 지켜야 한다는 것이 무엇이라고 생각하시나요?

상황에 따라 PM에게 필요한 역량이 다르기 때문에 제가 생각하는 가장 이상적인 PM에 대해서 말해보려고 합니다. 저는 PM이 프로덕트와 프로젝트에서의 미진한 점을 알아차리고 이를 자신이 메울 수 있다면 가장 뛰어난 역량을 갖추었다고 생각합니다. 팀으로서 함께 일할 때 플러스 시너지가 나는 경우도 있지만 중복된 커뮤니케이션, 부정확하거나 느린 정보 공유, 의사결정의 유보와 비효율적인 업무 할당 등 마이너스 시너지가 나는 경우도 많습니다. 오히려 마이너스가 대부분이라고 보는 게 맞을지도 몰라요. 그래서 PM은 프로덕트를 만들기 위한 업무 전반에 대하여 면밀히 파악하고 있고 프로덕트와 프로젝트의 방향성에 대한 확신이 있으며 이를 위해 무엇을 더 잘해야 할지, 그 과업에 대하여 파악할 수 있어야 합니다. 그 뒤에 각 동료의 업무적 장단점을 파악하여 어떤 업무를 배정할지 결정하고 그렇게 배정할 수 없는 나머지 일을 본인이 하는 게 가장 이상적인 PM의 업무 방식이라고 생각합니다. 이때야 비로소 팀으로서의 플러스 시너지가 날 수 있기 때문이에요.

Q 처음부터 PM을 꿈꾸셨나요? 어떻게 이 일을 시작하셨나요?

영어영문학과를 졸업하고 선생님이 되기 위해 임용고시를 준비했었어요. 학급을 맡아 담임 선생님을 한다면 학생의 1년을 같이 구획하고 학급으로서도 결과를 낼 수 있다는 점이 매력적이라고 여겼습니다. 개인적인 사정으로 임용고시를 준비할 수 없게 되었고 저의 지향점을 IT 업계에서 일하면 지킬 수 있겠다 싶어서 인턴으로 일을 시작했습니다. 하지만 막상 일을 시작할 때는 선생님을 줄곧 장차 제 직업이라고 생각해 와서인지 회사원이 된다는 것만으로도 걱정이 많았어요. 지금도 제대로 하고 있는지 잘 모르겠고 이 직업이 나와 맞는 걸까 싶기도 하지만 다시 돌아간다고 해도 같은 선택을 할 거고 더할 나위 없는 듯합니다.

Q PM으로서 생각하는 목표와 방향성은 무엇인가요?

예전에 인턴으로 일을 시작했을 때 동료가 '누군가가 밤새우며 쓰는 서비스를 위해서 우리는 밤새우며 일을 한다.'라는 말을 한 적이 있습니다. 실제로 야근이 적지 않은 직무이다 보니 지금 생각하면 맞는 말이에요. 10여 년 동안 제가 만드는 프로덕트 덕분에 사용자가 즐거워할 때, 저도 즐거웠습니다. 반대로 이따금 프로덕트를 위한 프로덕트를 만드는 건 아닌지, 내가 만드는 프로덕트로 인해 누군가에게는 꼭 필요한 자원을 낭비하는 게 아닌지 하는 생각이 들기도 했었습니다.

앞으로는 도움이 필요한 사람에게 도움을 줄 수 있는 프로덕트를 만들고 싶어요. 특히 사용자의 삶에 플러스를 주는 프로덕트보다는 마이너스를 상쇄해 주는 프로덕트에 도전하고 싶어요. 가능하다면 이런 비전에 동의할 수 있는 동료를 만나서 이 직업으로 만족할 만큼 일하고 은퇴하고 싶다는 생각을 자주 합니다.

Q 맺음말

프로덕트 매니저로 일하면서 개인적으로는 성격이 많이 바뀌었어요. 많은 사람 앞에서 모른다는 말도 잘하고 처음 보는 사람에게 말 걸어서 의견을 물어보는 일도 훨씬 편해졌습니다. 결국 프로덕트도 사용자에게 닿는 방법이고 협업하는 동료가 원체 많은 직무이다 보니까 사람에 더 닿게 되는 직업이라고 생각합니다. 프로덕트 매니저이기 때문에 경험했던 숱하게 좋은 기억들에도 불구하고 변한 그리고 앞으로도 변할 제 모습이 제가 가장 크게 이뤄낸 성과인 듯해요.

프로덕트를 만들면서도
다른 존재를 잊지 않는 것

퍼블리, 예원(루나)

Q 본인 소개와 함께 하시는 일에 대해 간단히 소개 부탁드립니다.

춤을 추고 바다를 좋아하는 프로덕트 매니저 예원입니다. 저를 표현하는 일에 관심이 많고요. 지구의 다양한 생물들과 함께 살아가는 방법을 자주 고민하고 있습니다. 지금은 작은 까만 고양이와 함께 살고 있어요.

지금까지 저는 몇 만 명 규모의 대기업에서도, 20명 규모의 스타트업에서도 프로덕트 매니저로 일하며 콘텐츠의 힘을 믿기 때문에 콘텐츠가 다양한 사용자와 만나는 경험을 고민하는 프로덕트를 많이 만들어왔는데요. 이란에서 페르시아 여성을 위한 콘텐츠 플랫폼을 만들기도 했으며 프로덕트 매니저로서 처음으로 일했던 삼성전자에서는 사용자가 비디오 콘텐츠를 더 쉽게 접할 수 있는 서비스를 다양한 시장의 파트너사와 협업해 출시했습니다. 이후에는 뉴닉에서 텍스트 콘텐츠로 세상과 독자를 연결하는 프로덕트를 만들어 보기도 했고, 가장 최근에는 50명 정도 규모의 시리즈 B 스타트업인 퍼블리에서 개발자들의 커뮤니티, 〈커리어리〉를 만들면서 비즈니스 모델을 고민했어요.

퍼블리의 프로덕트 팀은 목적조직으로 구성되어 있습니다. 목적을 중심으로 조
직이 구성되어 있는지, 기능을 중심으로 조직이 구성되어 있는지에 따라 크게 목
적조직과 기능조직으로 구분하는데요. 목적조직은 한 목적을 이루기 위해 필요한
다양한 직군이 한 팀을 이루는 것을 의미합니다. 지금은 커리어리의 비즈니스 모
델을 검증하는 것을 목적으로 프로덕트 디자이너, 테크리드, 소프트웨어 엔지니
어와 협업하며 일하고 있어요.

직군 단위로 조직이 구성되어 있는 조직에서도 일해봤는데요. 직군 단위의 전문
성을 키워가기에는 좋지만 협업하는 데 시간이 상대적으로 많이 들었거든요. 왜
냐면 PM과 디자이너, 개발자가 각각 다른 목표를 바라보고 있으니까요. 하지만
목적조직으로 일하면, 프로덕트를 만드는 모든 구성원이 하나의 목표를 향해 일
하기 때문에 협업이 훨씬 쉬워집니다. 그리고 개인적으로는 다양한 기능을 가진
구성원이 함께 문제를 정의하고 가설을 검증하기 위한 솔루션을 제안하기 때문에
더 좋은 방법을 찾을 가능성도 높아진다고 믿고 있어요. 목적조직에 따라 다르겠지
만 퍼블리에서는 디자이너나 엔지니어도 목적이 정해진 맥락과 의사결정에 모두
참여하며 일하고 있기 때문에 모두가 동기부여가 되는 환경이라고 생각합니다.

이 팀을 기반으로 일하되 우리 팀이 어떤 목표를 바라보며 일한 것인지 나아가는
방향이나 속도가 적당한지는 다른 팀의 리더들과 수시로 이야기를 나누며 조정하
고 있고, 그 과정에서 목표를 달성하기 위해 다른 기능의 직군이 필요하다고 판단
이 되면 전통적인 프로덕트 팀의 프로덕트 트리오(PM, PD, SE) 외 다른 직군과
함께 일하기도 합니다.

Q 프로덕트 매니지먼트란 무엇일까요?

주어진 제약 조건 하에 목표를 달성하는 일이라고 생각합니다. 그 과정에서 소프트웨

어 서비스 또는 하드웨어 제품을 만드는 일을 프로덕트 매니지먼트라고 많이들 부르는 것 같아요. 그런데 사실 어떤 제약 조건이 주어지느냐에 따라서 문제를 해결하는 방법이 꼭 프로덕트를 개발하는 것은 아닐 수도 있겠죠. 그때마다 필요한 일이 무엇인지 결정해서 내가 가진 자원을 활용해 목표를 달성하는 일은 무엇이든 프로덕트 매니지먼트가 될 수 있다고 생각해요. 예를 들어 콘텐츠를 만들거나 고객을 직접 만나 세일즈를 하거나 뉴스레터를 보내는 일도 모두 프로덕트 매니지먼트에 포함될 수 있는 일이라고 생각해요. 물론, PM이 가장 잘할 수 있는 일이 아닐 수는 있지만요. 그래서 꼭 기술적 백그라운드를 가지지 않았더라도 프로덕트의 영역까지 상상해서 일할 수 있다면 PM이라고 생각하는 편입니다. 프로덕트를 다루기 위해서 알고 있으면 편한 지식들이 있긴 하지만, 그건 누구나 알고자 한다면 배울 수 있는 정보들이기도 하니까요.

제약 조건에는 아주 다양한 것들이 들어갈 수 있는데요. 내가 알고 있는 것이나 잘할 수 있는 것부터 포함해서, 회사의 비전, 전략 등도 중요한 제약 조건이고요. 제가 거의 절대 바꿀 수 없는 거시 경제의 흐름 같은 것도 있을 것이고 쉽게 바꿀 수 있는 저의 지식의 범위도, 쉽지는 않지만 바꿀 수 있는 회사 안의 인적 자원/자본 배분도 있겠죠. 나에게 주어진 목표를 달성하기 위해서 제약 조건을 바꾸기도 하고 받아들이기도 하면서 최적의 루트를 찾아가는 일이 프로덕트 매니지먼트라고 생각해요.

Q PM 업무를 진행하며 가장 중요하게 생각하시는 것은 무엇인가요?

이건 시기가 지나면서 계속해서 바뀌고 있는 것 같은데요. 어떤 때는 프로덕트가 돈을 버는 것에 집중할 때도 있었고요. 어떤 때는 이걸 만드는 구성원들이 소외되지 않는 것이 가장 중요하다고 생각할 때도 있었어요. 최근에는 이걸 만들어 내는 일이 저에게 얼마나 괴로운 일인지를 생각하면서 합니다. 오늘 한 친구의 SNS 게시글에서 보았는데요. 가치 충돌에서도 번아웃이 일어난다고 하더라고요. 안 그래도 높은 수준의 몰입을 요구하는 이 일을 계속하려면 나의 가치와 충돌하는 지

점을 줄여야겠다고 생각하고 있어요.

❓ PM에게 꼭 필요한 역량과 이것만큼은 지켜야 한다는 것이 무엇 이라고 생각하시나요?

공감 능력이라고 생각해요. 그렇지 않으면 내가 만드는 프로덕트가 돈은 벌 수 있을지 몰라도 문제를 해결하기는 어렵다고 생각하기 때문이에요. 몰입해서 무언가를 하고 있었는데 갑자기 주변에서 같은 애플리케이션을 쓰고 있다고 알림이 와서 그 애플리케이션을 켜고 4원의 보상을 받는 일이 사용자가 행복해지는 데 진짜 도움이 될까요? 물론 프로덕트 매니저로 일하다 보면 일단 리텐션을, 신규 사용자 유입을, 매출 전환을 높여야 하는 상황이 반드시 생깁니다. 그렇지 않으면 프로덕트를 통해서 이뤄내려고 하려는 비전도 이루기 어려워지는 순간들이 있고요. 그 상황에서 내가 만드는 프로덕트가 사용자에게 어떤 영향을 미치는지 이해하고 결정을 내리기 위해서는 공감 능력이 필수적이라고 생각해요.

단순히 도덕적인 프로덕트를 만들기 위해서만 필요한 것은 아닙니다. 결국 프로덕트가 성공하려면, 사용자의 문제를 제대로 이해하는 것이 필요합니다. 어떤 사람이 저는 그냥 잠을 더 오래 자고 싶다고 이야기한다면 최대한 오래 잘 수 있게 알람을 울리지 않는 것이 가장 좋은 해결책일까요? 보통 사용자가 직접적으로 요구하는 것은 사용자가 생각하는 문제에 대한 해결책이지만 그것이 가장 좋은 해결책은 아닐 때도 있어요. 회사에 가는 것이 괴로워서, 새벽에 잠에 일찍 들지 못해서 더 자고 싶다고 요청할 수는 있겠죠. 그러면 회사에 가는 것이 왜 괴로운지, 덜 괴롭게 만들 수 있는 방법은 없을지를 묻고 고민해서 해결책을 주는 것이 무작정 더 오래 자도록 하는 것보다는 좋은 해결책입니다(물론, 즐겁게 회사에 갈 수 있는 방법 같은 불가능해 보이는 해결책을 제가 찾을 수 있을지는 모르겠지만요).

그리고 공감 능력은 무엇보다 실행하는 데 필수적이에요. PM은 조직에 따라서 적게는 3~4명 많을 때는 수백 명의 사람들을 움직여서 나의 제안을 실현시켜달라고 말하는 사람인데요. 그렇게 많은 사람이 기꺼이 나와 함께 움직일 수 있도록 만들려면 나와 함께 일하는 사람을 이해해야 합니다. 그렇게 해서 사람들이 나의 꿈을 이해할 수 있을 때 더 좋은 해결책을 더 빠르게 제공할 수 있어요.

Q 처음부터 PM을 꿈꾸셨나요? 어떻게 이 일을 시작하셨나요?

처음을 언제부터라고 해야 할지 모르겠지만 아주 어렸을 때부터라고 생각한다면 정확하게 PM이 꿈은 아니었어요. 하지만 세상에 변화를 가져올만한 것을 만드는 일을 꿈꾸기는 했습니다. 그런 의미에서는 PM을 꿈꿨다고도 말할 수 있을 것 같아요.

저는 페이스북이 사람들의 삶을 바꾸는 시기에 어른이 되었고 사람들의 삶에 이렇게 큰 임팩트를 낼 수 있는 일은 IT 업계에서 일어난다고 생각했어요. 그 과정에 참여하고 싶었는데 개발자나 디자이너가 아니다 보니 당시 제가 할 수 있는 일은 PM이라고 생각했고요. 그래서 마침 IT 업계에서 인턴을 하면서 PM의 일을 경험해 볼 기회가 있었는데 제가 잘할 수 있는 일이라는 생각도 들어서 그렇게 시작하게 되었습니다.

Q PM으로서 생각하는 목표와 방향성은 무엇인가요?

세상에 도움이 되는 것을 만들고 싶어 PM으로 일하기 시작했고. 지금까지 다양한 프로덕트를 만들려고 하는 회사들을 만나본 후에는 진짜 이 프로덕트가 만들어질 필요가 있는 것인지를 고민하며 만들려고 하고 있습니다. 정말로 많은 스타트업이 만들어지면서 돈이 오가는 영역이 아니었던 곳까지 파고들어 그것에 가치를 매기는 일을 하려고 하다 보니까 군이 이걸 만들었어야 하는 걸까? 하는 생각이 드는 프로덕트도 많더라고요. 그것이 만들어 낸 사람들이 돈을 버는 데는 도움이 되겠지만 결과적으로 세상에 도움이 되지는 않을 수 있겠다고 생각했어요. 아무튼 무언가를 만드는 일은 자원을 쓰는 일이고 그 과정에서 한정된 자원과 에너지를 사용하게 되니까요. 궁극적으로는 진짜 세상에 도움이 될 수 있는 프로덕트를 만들어 내는 것을 목표로 하겠지만, 이것을 만드는 일이 세상에 도움이 되지 않는다고 생각한다면 이제는 만들지 않을 수 있는 용기도 갖고 싶어요.

Q 맺음말

프로덕트 매니저로 일하는 것은 할 수 있는 일이 많은 만큼 책임도 큰 자리인 것 같아요. 그래서 어려울 때도 많고, 이 프로덕트가 만들어 내려고 하는 것이 내가 원하는 방향이 맞는지도 많이 고민하게 되는데요. 그럼에도 지금까지 계속 일하고 있을 만큼 좋아하는 일이기도 합니다. 단, 프로덕트 매니저로 일하게 되면 작게는 같이 일하는 동료들에게, 많게는 이 프로덕트를 쓰는 사용자에게 영향을 줄 수밖에 없게 되는데요. 이 일을 하고 있거나 하고 싶은 분이라면 내가 가지는 영향력을 한 번쯤 고민해 보셨으면 좋겠습니다. 결국 프로덕트를 만든다는 것은 문제를 푸는 일이니까요!

추천 도서 리스트

지난 몇 년 동안 현장의 프로덕트 매니저를 위한 양질의 콘텐츠가 폭발적으로 등장하는 것을 지켜봤다. 다음 목록은 나만의 프로덕트 매니저 실천법을 만드는 과정에서 큰 영향을 받은 책들을 검토하고 정리한 것이다. 이 목록에는 도서 형태의 콘텐츠만 정리했지만, 이 외에도 도움이 될 만한 논문, 뉴스레터, 트위터 계정, 각종 콘퍼런스의 발표 동영상도 정말 많다. 항상 관련 분야의 동향에 귀 기울이고, 프로덕트 매니저로 일하는 주변 사람들에게 최근에 읽은 책이나 글에 대해 스스럼 없이 물어보는 것도 좋은 방법이다.

『개발 함정을 탈출하라』, 멜리사 페리(지은이), 권혜정(옮긴이), 에이콘출판사, 2021년(원제: Escaping the Build Trap: How Effective Product Manage-ment Creates Real Value)

- **얻을 수 있는 것:** 프로덕트 매니지먼트가 중요한 이유와 프로덕트 매니저가 조직에 큰 가치를 전달하는 방법에 대한 개괄적인 설명
- **도움된 것:** 이 책의 저자는 비즈니스와 사용자 간의 가치 교환을 촉진하는 역할로 프로덕트 매니저를 설명하는 프레임 잡았는데, 이 방식은 여전히 내가 선호하기도 하고, 크게 강조하는 부분이다. 프로덕트 매니지먼트가 무엇이며, 왜 중요한지 알고 싶은 실무자 또는 경영진들에게 훌륭한 입문서이다.

『Customers Included』, 마크 허스트(지은이), Creative Good, 2015년

- **얻을 수 있는 것:** 프로덕트 개발 과정에서 고객을 참여시켜야 하는 이유와 방법에 대한 설득력 있고 사려 깊은 가이드
- **도움된 것:** 이 책의 저자는 인간과 기술 간의 관계를 다루는 작가이자 사상가이다(내가 매우 좋아한다). 이 책은 핵심이 잘 정리되어 있으며, 생생한 실제 사례가 가득하다.

『Strong Product People』, 페트라 윌리(지은이), Petra Wille | strong product people, 2020년

- **얻을 수 있는 것**: 프로덕트 매니저와 리더로서 자신과 타인의 강점을 이해하고 육성하는 데 필요한 풍부한 설명과 종합적인 안내
- **도움된 것**: 이 책에는 유용한 개념이 많이 담겨 있어 어디부터 봐야 할지 쉽지 않다. 하지만 프로덕트 리더십에서 코칭의 역할을 섬세하게 구분한 저자의 꼼꼼한 설명이 특히 도움이 되었다. 프로덕트 매니저로 경력을 쌓는 과정에서 딱 한 권의 프로덕트 매니지먼트 관련 도서를 선택해야 한다면, 이 책 한 권 만으로 충분하다.

『마인드셋』, 캐롤 드웩(지은이), 김준수(옮긴이) 스몰빅라이프, 2023년(원제: Mindset: The New Psychology of Success)

- **얻을 수 있는 것**: 과잉 성취 경향을 극복하고 틀리고 새로운 것을 배울 수도 있는 방법
- **도움된 것**: 이 책의 3장에서 성장 마인드셋을 키우는 것이 어떻게 프로덕트 매니저로서 성공하는 데 핵심이 되는지에 대해 논의한다. 이 책은 고정 마인드셋으로 일하는 나의 모습과 이유를 이해하는 데 도움이 되었고, 내가 똑똑한 사람이라거나 성취했다는 느낌을 얻는 순간이 팀과 조직에 물질적 손해를 끼칠 수도 있다는 것을 이해할 수 있는 여유를 주기도 했다.

『결정적 순간의 대화』, 조셉 그레니, 케리 패터슨, 론 맥밀런, 알 스위즐러(지은이), 김경섭(옮긴이) 김영사 2023년 (원제: Crucial Conversations : Tools for Talking When Stakes Are High)

- **얻을 수 있는 것**: 방어적으로 대화하거나, 대화를 단절하거나 겁먹지 않으면서 어려운 대화를 할 수 있는 전략
- **도움된 것**: 프로덕트 매니지먼트 업무는 다른 사람들의 의견과 질문에 대해 방어적이거나 비생산적인 반응을 인내해야 하는 상황이 터무니없을 정도로 많다. 이 책에는 프로덕트 매니저들이 빠질 수 있는 일반적인 커뮤니케이션 함정을 피하는 데 유용한 정보들이 많으며, 개인적인 차원에서 어려운 대화를 탐색해 보는 데도 도움이 됐다. 갈등을 다루는 한 가지 방식으로 '피해자 이야기'라는 개념은 순교자 프로덕트 매니저가 되려는 내 성향을 이해하고 극복하는 측면에서 도움이 됐다.

『인스파이어드』, 마티 케이건(지은이), 황진수(옮긴이), 제이펍, 2018년 (원제: Inspired : How To Create Products Customers Love, Second Edition)

- **얻을 수 있는 것**: 최신 프로덕트 매니지먼트에 관한 기본적인 설명
- **도움된 것**: 당신의 동료, 매니저 그리고 그 매니저의 매니저 등 모든 프로덕트 매니저가 이 책을 읽어왔고, 당신도 그래야 한다. 이 책에는 유용한 개념과 구조화된 프레임워크가 수도 없이 등장하는데, 특히 개정증보판에는 간결하고 명확하게 설명되어 있다.

『신뢰의 기술』, 데이비드 마이스터, 찰스 그린, 로버트 M. 갈포드(지은이), 정성묵(옮긴이), 김승종(감수), 해냄, 2009년 (원제: The Trusted Advisor)

- **얻을 수 있는 것**: 고객 및 상사들과 신뢰를 쌓기 위한 행동 전략
- **도움된 것**: 이 책은 그동안 내가 작업을 너무 빨리 배포해 왔던 것이 역효과를 일으키는 행동이었음을 알게 해 주었다. 다행스럽게도 이 책을 처음 집어든 때는 컨설팅 업무를 확장하면서 "나는 여기에 최고의 사람들을 투입할 것"이라고 말한 직후였다.

『Continuous Discovery Habits』, 테레사 토레스(지은이), Product Talk LLC, 2021년

- **얻을 수 있는 것**: 전체 프로덕트 팀과 팀에서 대응하는 고객 사이의 간격을 줄이기 위한 포괄적이면서도 실행 가능한 가이드
- **도움된 것**: 이 책의 저자는 프로덕트 분야에 헤아릴 수 없을 만큼 공헌을 해왔다. 특별히 "적어도 이번 주에 고객과 접점은…"으로 시작하는 지속적 발견^{continuous discovery}라는 분명하고 확실한 정의는 팀과 조직이 실제로 고객으로부터 배우기를 어느 정도 진지하게 받아들이고 있는지를 평가할 수 있는 완벽하게 실용적인 방법이다.

『The Scrum Field Guide』, 미치 레이시(지은이), Addison-Wesley Professional, 2016년

- **얻을 수 있는 것**: 애자일 프레임워크를 구현할 때 필요한 실용적인 가이드
- **도움된 것**: 프로덕트 매니저로 일을 시작할 때 애자일 소프트웨어 개발에 관련된 책을 많이 읽었는데, 그중에 가장 마음에 드는 책이다. 특히 이 책은 내가 애자일 프랙티스를 적용하기 시작할 때 팀이 보일 수 있는 반응을 이해하고 대비할 수 있도록 정말 많은 도움을 주었다.

『꼭 필요한 만큼의 리서치』, 에리카 홀(지은이), 김기성, 이윤솔(옮긴이) 웹액츄
얼리코리아 2020년 (원제: Just Enough Research: second edition)

- **얻을 수 있는 것:** 이해관계자, 경쟁자, 사용자에 관한 리서치를 수행할 때 필요한 직접적이고
  유용한 안내
- **도움된 것:** 이 책은 리서치를 수행하는 이유와 방법에 관해 구체적인 리서치 접근법과 대략
  적인 가이드 사이에서 유용한 균형을 맞춰 설명한다. 가까이 두고 보는 참고 도서이자 재미있
  게 읽을 수 있으며, 책 전체가 간결하고, 유용하며, 매력적이다. 나는 어떤 종류든 리서치를 필
  요로 하는 프로젝트에 착수할 때면 보통 이 책을 들고 다니면서 필요에 따라 특정 기술에 해
  당되는 부분을 통독하기도 하고, 나의 전반적인 접근 방식을 재정렬하기도 한다.

『구글이 목표를 달성하는 방식 OKR』, 크리스티나 워드케(지은이), 박수성(옮긴
이) 한국경제신문, 2018년 (원제: Radical Focus: second edition)

- **얻을 수 있는 것:** OKR 프레임워크에 관한 자세한 정보 및 전반적인 조직 목표를 설정하는
  새로운 방식
- **도움된 것:** 다른 조직에서 다양한 수준에서 성공을 정의하는 OKR 프레임워크에 대해 구현
  하고자 할 때 OKR을 설득력 있게 설명한 이 책을 발견하고 전율했다. 이 책에는 팀에 OKR
  을 도입할 때 저지를 수 있는 거의 모든 실수에 대해 언급하고 있다. 특히 저자는 우리가 설정
  한 목표가 한편으로는 무엇을 하지 말아야 할지에 대한 가이드가 된다는 점을 강조한다.

『좋은 기업을 넘어 위대한 기업으로』, 짐 콜린스(지은이), 이무열(옮긴이), 김영
사, 2021년 (원제: Good to Great)

- **얻을 수 있는 것:** 조직이 훌륭한 성과를 달성하도록 만드는 요인에 관한 세심하고 과학적인
  분석
- **도움된 것:** 이 책은 왜 어떤 회사는 성공하고, 다른 회사는 실패하는지에 대해 철저하게 연구
  된 명쾌하고 재미있는 안내서이다. 이 책에서 조직 리더십과 관련된 훌륭한 교훈을 발견했는
  데, 이는 고위 리더에게 언제, 왜, 어떤 방법으로 진솔한 피드백을 해야 하는지를 이해하는 데
  큰 도움이 되었다. 후속작인 『위대한 기업은 다 어디로 갔을까』(김영사, 2010)도 훌륭한 책
  이다.

『린 분석』, 앨리스테어 크롤, 벤저민 요스코비츠(지은이), 위선주(옮긴이), 한빛
미디어, 2014년 (원제: Lean Analytics)

- **얻을 수 있는 것**: 분석 방법이 프로덕트와 비즈니스에 실제로 어떻게 적용되는지를 이해하는
  데 도움이 되는 실용적인 가이드
- **도움된 것**: 린 스타트업 시리즈에는 좋은 책들이 많이 있지만, 이 책은 내가 가장 좋아하는 책
  이다. 나는 정량적 측정에 대해 과도하게 의존하는 것을 매우 경계하는 편인데, 이 책은 조직
  의 업무 방식을 개선하고자 할 때 분석하는 방법과 이유에 대해 많이 참고가 되었다.

『The Advantage』, 패트릭 렌치오니(지은이), Jossey-Bass, 2012년

- **얻을 수 있는 것**: 조직 건강(과 장애)을 잘 이해할 수 있는 방법
- **도움된 것**: 이 책은 대부분의 사람에게 첫 번째 비즈니스 도서로 추천하는 책이다. 조직의 기
  능 장애의 일반적인 패턴에 대해 가장 명확하고 풍부하게 설명하는 책이다. 이 책을 읽으면서
  내가 프로덕트 매니저로 경력을 시작하면서 부딪혔던 조직의 기능 장애 문제들이 단지 내가
  경험이 없어서가 아니라 실제로 널리 퍼져 있는 문제임을 이해하게 되었다.

참고 문헌

- 'Product Management for the Enterprise' – 블레어 리브스 Blair Reeves
  https://oreil.ly/i3Jk7

- 'Product Discovery Basics: Everything You Need to Know'
  – 테레사 토레스 Teresa Torres
  https://oreil.ly/iOYm4

- 'What, Exactly, Is a Product Manager?' – 마틴 에릭손 Martin Eriksson
  https://oreil.ly/K6MZ3

- 'Interpreting the Product Venn Diagram'
  – 맷 르메이 Matt LeMay, 마틴 에릭손 Martin Eriksson
  https://oreil.ly/cBEds

- 'Leading Cross-Functional Teams' – 켄 노튼 Ken Norton
  https://oreil.ly/BN9Ak

- 'Getting to 'Technical Enough' as a Product Manager'
  – 룰루 청 Lulu Cheng
  https://oreil.ly/9xWpa

- 'You Didn't Fail, Your Product Did' – 수자나 로페스 Susana Lopes
  https://oreil.ly/e6BdT

- 'Good Product Manager/Bad Product Manager'
  – 벤 호로위츠 Ben Horowitz
  https://oreil.ly/z3688

- 'The Tools Don't Matter' – 켄 노튼 Ken Norton
  https://oreil.ly/PUblu

- 'The Failure of Agile' – 앤디 헌트 Andy Hunt
  https://oreil.ly/HuwWb

- 'The Heart of Agile' – 앨리스터 코번 Alistair Cockburn

  https://oreil.ly/sUyhQ

- 'Incomplete by Design and Designing for Incompleteness'

  – 라구 가루드 Raghu Garud, 산제이 제인 Sanjay Jain, 필립 튀르처 Philipp Tuertscher

  https://oreil.ly/JKMoH

- 'Why Happier Autonomous Teams Use One-Pagers'

  – 존 커틀러 John Cutler

  https://oreil.ly/FFzbq

- 'One Page/One Hour'

  https://oreil.ly/nYQeP

- 'Making Advanced Analytics Work for You'

  – 도미닉 바튼 Dominic Barton, 데이비드 코트 David Court

  https://oreil.ly/RpgVO

- 'What Are Survival Metrics? How Do They Work?'

  – 아담 토마스 Adam Thomas

  https://oreil.ly/p962F

- 'Opportunity Solution Trees: Visualize Your Thinking'

  – 테레사 토레스 Teresa Torres

  https://oreil.ly/du5IJ

- 'Don't Prove Value. Create It.' – 팀 카사솔라 Tim Casasola

  https://oreil.ly/3dXpM

- 'The Truth about Customer Experience'

  – 알렉스 로손 Alex Rawson, 이완 덩컨 Ewan Duncan, 코너 존스 Conor Jones

  https://oreil.ly/mOo97

- 'People Systematically Overlook Subtractive Changes'

  – 가브리엘 S. 아담스 Gabrielle S. Adams, 벤자민 A. 컨버스 Benjamin A. Converse,

  앤드류 H. 헤일스 Andrew H. Hales, 레이디 E. 클로츠 Leidy E. Klotz

  https://oreil.ly/X8QE8

- 'Empowered Product Teams' – 마티 케이건 Marty Cagan

  https://oreil.ly/kOWUB